广东省破产管理人业务丛书

LAW & BUSINESS 法商圖書

BANKRUPTCY
Typical Case Analysis and Practical Guide

破产
典型案例剖析与实务指南

主编　崔峰
副主编　王硕　王巍　黄晓宏　程宗利　王科建

法律出版社 | LAW PRESS
北京

图书在版编目(CIP)数据

破产典型案例剖析与实务指南 / 崔峰主编. -- 北京：法律出版社, 2023
(广东省破产管理人业务丛书)
ISBN 978-7-5197-7738-8

Ⅰ. ①破… Ⅱ. ①崔… Ⅲ. ①企业破产法-案例-中国-指南 Ⅳ. ①D922.291.925-62

中国国家版本馆 CIP 数据核字(2023)第 051084 号

破产典型案例剖析与实务指南
POCHAN DIANXING ANLI POUXI YU SHIWU ZHINAN

崔 峰 主编

责任编辑 赵明霞
装帧设计 鲍龙卉

出版发行 法律出版社
编辑统筹 法商出版分社
责任校对 裴 黎
责任印制 胡晓雅
经　　销 新华书店

开本 710 毫米×1000 毫米 1/16
印张 25.5 **字数** 414 千
版本 2023 年 4 月第 1 版
印次 2023 年 4 月第 1 次印刷
印刷 永清县金鑫印刷有限公司

地址：北京市丰台区莲花池西里 7 号(100073)
网址：www.lawpress.com.cn
投稿邮箱：info@lawpress.com.cn
举报盗版邮箱：jbwq@lawpress.com.cn

销售电话：010-83938349
客服电话：010-83938350
咨询电话：010-63939796

书号：ISBN 978-7-5197-7738-8 **定价**：108.00 元
凡购买本社图书，如有印装错误，我社负责退换。电话：010-83938349

广东省破产管理人业务丛书

编　委　会

本书编委会

主　编: 崔　峰

副主编: 王　硕　王　巍　黄晓宏
程宗利　王科建

本书编委会成员简介

主　编

崔　峰　法学博士，北京德恒（珠海）律师事务所创始合伙人、名誉主任。现任广东破产管理人协会专家委员会成员、业务发展委员会主任，曾任广东省律师协会副会长、珠海市律师协会会长等职。办理破产案件多年，参与山西联盛集团、四川盛马化工重整等许多重大复杂案件办理。出版著作多部，发表论文多篇。

副主编

王　硕　法学博士，北京市中伦（深圳）律师事务所律师。现担任广东省破产管理人协会业务发展委员会副主任。办理破产案件多年。参与辽宁辉山乳业集团（沈阳）有限公司等108 家公司合并重整案、吉林华业房地产开发有限公司破产重整案等重大复杂案件办理。发表论文多篇。

王　巍　法学硕士，在金杜律师事务所从业十年，2015 年加入君合律师事务所，现任广东省破产管理人协会业务发展专业委员会副主任，广州市律师协会清算与破产专业委员会副主任。承办了超百个破产重整、债务重组案件及项目。入选广州市中级人民法院个人破产管理人名册。

黄晓宏　广东连越律师事务所高级合伙人。现任广东省破产管理人协会业务发展委员会副主任、广州市律师协会清算与破产专业委员会副主任。办理破产案件多年，曾参与海航集团、ST 猛狮、亿阳集团等一系列重大破产重整案件办理。发表学术论文多篇。

程宗利　广东南天明律师事务所副主任。现为广东省破产管理人协会业务发展委员会副主任、佛山市破产管理人协会副会长、国际破产协会会员、中国政法大学破产法与企业重组研究中心 INSOL 中国会员。办理破产业务多年,承办的三水骏升公司破产清算案件被广东省律协评为典型案例。

王科建 北京德恒(深圳)律师事务所律师。现任广东省破产管理人协会业务发展委员会秘书长,深圳市破产管理人协会个人破产业务委员会委员。曾参与山西联盛集团、山东金顺达集团、三亚中弘弘熹房地产开发公司等重大重整案、魏某某等个人破产重整案的办理。发表学术论文多篇。

序

在社会主义市场经济发展过程中,各类市场主体在竞争的博弈中不仅需要有便利的进入机制,也需要有通畅的退出机制,还需要有良好的挽救机制。随着法治的发展,我国破产法已经建立起包括重整、和解和破产清算在内的相互衔接、对市场主体有序清理的相关法律制度。

广东省破产管理人在我国破产法的发展过程中,努力践行社会主义法治的要求,贯彻管理人工作"排头兵"的理念,在审理法院的指导、支持下,发挥"敢为人先"的改革开放精神,办理了许多重大、疑难、复杂破产案件;结合破产法原则和破产实务的迫切需求,坚持理论引领实务,大胆创新,创造了破产司法实践中的众多先例,在全国破产法律界产生了重大影响。许多案件被全国及当地有影响的媒体广泛报道,其中一部分更是被列入最高人民法院发布的典型案例。

为总结全省破产管理人办理破产案件的经验,发挥典型案例的示范作用,加强业务交流,进一步提升管理人办案能力,本书编委会从广东省破产管理人协会"广东省破产管理人典型案例"征集活动收集的85个案例中,按照创新性、实用性的标准,精心挑选了54个案例编入本书。

本书的案例作为广东省破产管理人主办或参与办理的案例,内容全面而丰富。从案件类型看,有重整、和解、破产清算、个人破产以及其他破产法律服务等;从案件涉及的程序看,有执行转破产、预重整转重整、清算转重整或和解、实质合并重整或破产清算等;从涉及的行业看,有农产品加工、装备制造、矿产开采、石油化工、仓储、房地产开发、科技企业、金融证券业以及学校及幼儿园;从公司类型看,既有上市公司、也有非上市公司;从涉及的地域看,不仅包含广东省内法院管辖的案件,也辐射到广东省外如福建、湖南、四川、甘肃、辽宁等外省市法院管辖的破产案件。

本书的编委会成员都是破产业务执业经验丰富的资深律师,他们既有扎实的理论功底,又有丰富的实务经验。他们对案例的提炼、编撰,展示了广东省破产管理人办理破产案件的较高专业水平,一定会为读者提供可供参考、借鉴的管理人工作思路或方法,也为正在进行的破产法修订和完善提供鲜活素材及广东经验。

歌德曾经说过"理论是灰色的,生活之树长青",让我们一起欣赏破产法实践的广东故事,品鉴这些来自广东的真实、鲜活的案例,感受破产法的慈爱和独特魅力吧!

朱征夫

广东省破产管理人协会会长

前言

看过英国作家狄更斯（1812—1870年）的小说《小杜丽》的读者都知道，小说的主人公的父亲是因破产欠债被关在债务监狱的。英国当时社会的实际情况确实如此，狄更斯本人也是在10岁时因父亲欠债随全家迁入债务监狱的。直到近现代，英国才取消了债务监狱制度，逐渐产生了对"诚实而不幸"的债务人豁免债务，使债务人可以重新生产和生活的破产保护理念，开创了当代破产法的先河。英国人鼓励发明创造、勇于开拓冒险的企业家精神的形成，与其背后有破产保护制度关联密切。

美国仿照英国自1800年开始实施破产法，随着美国经济及社会的巨变，破产制度不断更新迭代。以挽救财务困境企业为目标的重整制度就起源于美国。美国的破产保护理念深入人心，设有专门的破产法院。作为全球第一大经济体，美国每年大约新增10万件破产案件，其破产案件数量全球领先。

中国自古就有"父债子还"的传统，却没有形成破产意识。直到1907年，清末才制定了第一部破产法，由于清朝被推翻而废止。1935年民国政府虽然制定了破产法，但因政局不稳，法律没有全面实施的社会环境。

中国从改革开放后的1986年开始实行国有企业破产制度。2007年施行的破产法虽然涵盖适用于所有企业,但该法没有规定个人破产制度。

广东省是至今连续多年蝉联中国地区生产总值最高的省份,是中国市场经济最发达的地区之一。经济越发达,市场要素的释放和重组的需求就越强烈,因而广东既是经济大省,也是受理破产案件较多的省份之一。全国人民代表大会的调研报告称,广东、江苏、浙江三省的破产案件受理数量约占全国的60%。因此,广东的破产案例就是当代中国具有代表性的案例,广东的破产案例,既是中国破产法的"本土资源",也是中国破产法的"中国故事"。

2021年3月1日实施的《深圳经济特区个人破产条例》,标志着个人破产制度在深圳正式试水。

本书精选54个案例,按照破产法的体例分类进行介绍和评析。

案件简介及相关文书概要是由承办案件的、注册在广东省的破产管理人依据真实案例撰写的。案例的评析,有的是案例提供者完成的,有的是由案例提供者与本书编撰者共同完成的,有的是由本书编撰者完成的。

我们在案例评析中试图对该案例的创新性和实用性进行提炼和总结,但每个典型案例所面临的问题都可能会千头万绪、庞大复杂,我们事后的评析有可能是"盲人摸象",不一定全面,仅供读者阅读时参考。

我国台湾地区著名民法学家王泽鉴先生说过,"法学的训练在于写作和案例研究"。破产法的条文、纯理论的著作往往深奥晦涩。愿我们通过这些案例的研习,能够深刻理解破产法的微言大义、增长理论联系实际的能力和智慧。

缩略语表

全称	缩略语
《中华人民共和国企业破产法》	《企业破产法》
《中华人民共和国公司法》	《公司法》
《中华人民共和国民法典》	《民法典》
最高人民法院《全国法院破产审判工作会议纪要》	《破产审判会议纪要》
最高人民法院《关于适用〈中华人民共和国企业破产法〉若干问题的规定(一)》	《企业破产法司法解释一》
最高人民法院《关于适用〈中华人民共和国企业破产法〉若干问题的规定(二)》	《企业破产法司法解释二》
最高人民法院《关于适用〈中华人民共和国企业破产法〉若干问题的规定(三)》	《企业破产法司法解释三》
最高人民法院《全国法院民商事审判工作会议纪要》	《九民纪要》

Contents

目录

Part I
第一部分

重整

Part Ⅲ 第三部分

破产清算

Part Ⅳ 第四部分

个人破产

Part V
第五部分
其他破产法律服务

Part I

第一部分

重　整

引　言

重整是对发生破产原因但有挽救希望与经营价值的企业，通过对相关利害关系人的协调，达成重整计划并执行，避免破产清算，使企业得到挽救、恢复经营的法律制度。

本部分精选了28个典型案例，介绍了管理人在实践中如何充分发挥主观能动性，克服重整中的困难，开创性地解决破产重整事务中的难题。

01

交易架构设计的创新

——中核华原钛白股份有限公司重整案

核心要点

中核华原钛白股份有限公司(以下简称中核钛白)地处国家核工业基地,案件办理过程中开创性采用的托管、重整与并购重组“三位一体”的交易架构,顺利实现了案件的目标,既兼顾了债权人、出资人、重组方等多方当事人的利益,也得到了相关部门的高度评价。

以本案的办理过程为素材拍摄了名为《绝境求生》的纪录片,在央视财经频道播放,在实践中特别是国有企业改革与发展过程中产生了重大影响。

办案过程

中核华原钛白股份有限公司重整计划(删减版)

2011 年 11 月 30 日,嘉峪关法院依法裁定受理中核钛白重整案,并于同日指定中核钛白清算组为管理人,负责重整工作。

一、中核钛白基本情况

(一)公司简介

中核钛白前身为甘肃华原钛白分厂,1999 年 5 月,甘肃华原(甘肃华原企业总公司的简称,中核四〇四有限公司的前身,该公司以下简称中核四〇四)向国家经贸委提出了对其下属的钛白分厂实施债权转股权的申请;国家经贸委以国经产业〔2000〕541号文件批复了《中核甘肃华原企业总公司钛白分厂债权转股权方案》,2000年12月12日,中国核工业集团公司(以下简称中核集团)以中核研发〔2000〕67号文件,批复同意对甘肃华原进行股份制改造。2001年2月23日,中核钛白正式注册成立,注册号为620000000016870。

中核钛白于2002年正式启动上市工作,2007年7月经中国证监会证监发行字〔2007〕180号文件批准,中核钛白向社会公开发行人民币普通股(A股)6000万股,2007年8月3日在深圳证券交易所挂牌上市交易(证券代码:002145)。中核钛白向公众公开发行股票之后,注册资本为19,000万元。经营范围为钛白粉、硫酸亚铁的生产、批发零售、研究,经营本企业自产产品及技术的出口业务,经营本企业生产所需的原辅材料、仪器仪表、机械设备、零配件及技术的进口业务(国家限定的除外),经营进料加工和"三来一补"业务。

(二)公司经营情况

中核钛白主营钛白粉生产与销售,拥有设计产能为4.5万吨/年的钛白粉生产线。近年来,由于经营管理问题,产量达不到设计产能,而职工人数却大大超过同规模企业,致使产品成本过高,缺乏市场竞争力;再加上财务费用大,企业负担沉重,导致中核钛白抗风险能力弱。特别是2008年世界金融危机爆发之后,钛白粉价格暴跌,中核钛白流动资金严重缺乏,生产线经常开工不足、多次停产,导致中核钛白2008年、2009年和2010年连续经营性巨额亏损,引发职工多次集体上访,公司面临退市和破产危机。如果这种情况不能扭转,中核钛白将面临摘牌退市、企业关闭、破产清算、职工失业等诸多现实风险。

(三)重整申请情况

因生产经营长期恶化、不能清偿到期债务且明显缺乏清偿能力,2011年4月22日,中核钛白债权人天水二一三机床电器厂兰州天兰机电产品经营部向嘉峪关法院提出重整申请。2011年11月30日,嘉峪关法院作出(2012)嘉法民重整字第01-1号《民事裁定书》,裁定受理该债权人对被申请人中核钛白的重整申请;同时作出(2012)嘉法民重整字第01-2号《民事裁定书》,裁定中核钛白重整,并指定中核钛白清算组为中核钛白管理人。

(四)资产与负债

1.资产评估情况

根据上海东洲资产评估有限公司(以下简称东洲评估)出具的资产价值咨询报告和资产评估报告,以2011年11月30日为评估基准日,中核钛白在假设清算条件下资产评估价值为15,661.72万元,其中抵押资产评估值为6972.54万元。在重整条件下资产评估值为20,500万元,依据重整条件下评估结果,结合清算条件下抵押物评估值占企业清算条件下评估值比率,计算出重整条件下抵押资产评估价值为9126.53万元。

2.债权审查确认情况

管理人根据《企业破产法》的规定,开展了受理债权申报、登记等工作,并对债权人申报的债权进行审查,编制了《中核华原钛白股份有限公司债权表》。

截至2012年7月10日,共有176户债权人向管理人申报了177笔债权(其中147笔为第一次债权人会议前申报,30笔为第一次债权人会议后申报),申报债权总额为34,159.02万元。经管理人审查确认的债权总额为32,182.56万元,其中有财产担保债权23,098.65万元,普通债权9083.91万元。

(五)偿债能力分析

为测算中核钛白普通债权的受偿情况,管理人委托东洲评估对中核钛白的偿债能力进行分析,并出具了《偿债能力分析报告》。

在假设破产清算条件下,经评估,可用于偿债的资产为15,661.72万元,减去:(1)破产费用1200万元;(2)优先清偿有财产担保债权对应的抵押资产6972.54万元;(3)职工债权5173.02万元(含全额提存的216.39万元与解除劳动关系应支付职工的经济补偿金4939.74万元);(4)预留用于清偿尚未确认债权的资产259万元;可供普通债权清偿的资产为2057.16万元。普通债权清偿率为8.16%。

在重整条件下,经评估,可用于偿债的资产为20,500万元,减去:(1)破产重整费用1200万元;(2)优先清偿有财产担保债权对应的抵押资产9126.53万元;(3)职工债权233.28万元(含全额提存的部分);(4)预留用于清偿尚未确认债权的资产329万元;可供清偿普通债权的资产为9611.19万元。普通债权清偿率为41.69%。

二、出资人权益调整方案

根据《企业破产法》第85条第2款规定,重整计划草案涉及出资人权益调整事项的，应当设出资人组，对该事项进行表决。重整计划草案将对中核钛白出资人权益进行调整，并设立出资人组对调整事项进行表决。

出资人组由截至2011年12月31日在中国证券登记结算有限责任公司深圳分公司登记在册的全体股东组成，涉及股份总数19,000万股。

出资人权益调整方案如下：

（一）向潜在重组方的股东转让股权

中核钛白第一大股东中国信达资产管理股份有限公司（以下简称中国信达）将其所持中核钛白4500万股股权以3.3元/股转让给安徽金星钛白（集团）有限公司（以下简称金星钛白）股东李建锋、陈富强、胡建龙。

股权受让方应当于重整计划获得法院裁定批准之日起10个工作日内向中核钛白管理人账户支付股权收购款7260万元，剩余款项在重整计划经法院裁定批准之日起4个月内支付完毕。李建锋承诺，自股权过户至其名下之日起36个月内不进行转让，陈富强与胡建龙均承诺，自股权过户至其名下之日起12个月内不进行转让，但法律法规及监管部门规定或者要求不得进行转让的期限超过受让方承诺的，则从其规定。

金星钛白的股东李建锋、陈富强、胡建龙另行无偿向中核钛白提供3600万元，用于支持重整计划的执行。该笔款项应当于重整计划获得法院裁定批准之日起10个工作日内付至中核钛白管理人账户。

如果潜在重组方的股东未按期支付上述款项，管理人有权将上述股份另行处置。

（二）向财务投资人转让股权

中核钛白第一大股东中国信达将其所持中核钛白3147.9232万股股权以3.3元/股转让给财务投资人。

股权受让方应当于重整计划获得法院裁定批准之日起10个工作日内向中核钛白管理人账户支付全部股权收购款。两家财务投资人承诺，自股权过户至其名下之日起12个月内不进行转让，但法律法规及监管部门规定或者要求不得转让的期限超过受让方承诺的，则从其规定。

财务投资人另行无偿向中核钛白提供3462.72万元，用于支持重整计划的执行。该笔款项应当于重整计划获得法院裁定批准之日起10个工作日内付至中核钛白管理人账户。

如果财务投资人未按期支付上述款项，管理人有权将上述股份另行处置。

(三)承担职工经济补偿金

重整计划获得法院裁定批准后，中核钛白控股股东的性质发生变化，根据《劳动合同法》、《国务院办公厅转发国务院国有资产监督管理委员会关于规范国有企业改制工作意见的通知》(国办发〔2003〕96号)、《国务院办公厅转发国务院国有资产监督管理委员会关于进一步规范国有企业改制工作实施意见的通知》(国办发〔2005〕60号)等文件规定，将依法向全体中核钛白职工发放置换国有企业职工身份的经济补偿金，具体补偿方案依据经2010年2月5日中核钛白职工代表大会审议通过的职工安置方案执行。

为切实维护中核钛白广大职工的合法权益，确保中核钛白重整等工作的顺利进行，中国信达以上述部分股权转让款承担总计约132,827,926.00元经济补偿金。

(四)提供部分资金提高小额债权组清偿率

为进一步支持中核钛白重整，中国信达将以不超过1700万元股权转让款、中核四〇四将以不超过300万元现金，合计不超过2000万元现金无偿用于提高小额债权组的清偿率，并于重整计划裁定批准之日起2个月内通过管理人账户支付。

(五)出借股权转让款

中国信达将部分股权转让款10,200万元借予中核钛白，用于提供清偿债务的部分资金来源。

三、债权分类方案

(一)有财产担保债权

有财产担保债权金额为23,098.66万元，经对担保资产评估并进行分析，有财产担保债权中可就担保财产获得清偿的金额为9126.53万元，在担保财产优先偿还后，剩余的债权13,972.13万元转为普通债权。

(二)职工债权

职工债权金额为16.88万元。

(三)普通债权

普通债权金额为9083.91万元，加上特定担保财产不足以清偿有财产担保债权部分转入普通债权的金额13,972.12万元，普通债权总额为23,056.03万元。

(四)小额债权

嘉峪关法院决定在普通债权中设小额债权组,债权金额600万元以下的债权人组成小额债权组,债权金额合计为7088.87万元。

四、债权调整方案

(一)有财产担保债权组

有财产担保债权组在担保财产评估值范围内100%清偿。

(二)职工债权组

职工债权组100%清偿。

(三)普通债权组

普通债权组设小额债权组后,普通债权金额为15,967.16万元,清偿率为41.69%。

(四)小额债权组

小额债权组的债权金额合计为7088.87万元。在资产清偿率41.69%的基础上,由中国信达和中核四〇四提供部分资金,将清偿率提高至70%。

五、债权受偿方案

重整计划经嘉峪关法院批准后,中核钛白对各类债权按以下期限和方式清偿:

(一)清偿期限和方式

1.有财产担保债权

有财产担保债权在重整计划裁定批准之日起的4个月内以现金方式清偿,其中2个月内清偿50%,4个月内全部清偿完毕。

2.职工债权

职工债权在重整计划裁定批准之日起的2个月内以现金方式清偿完毕。

3.普通债权

普通债权在重整计划裁定批准之日起的4个月内以现金方式清偿,其中2个月内清偿50%,4个月内全部清偿完毕。

4.小额债权

小额债权在重整计划裁定批准之日起的2个月内以现金方式清偿完毕。

(二)偿债资金来源

由李建锋等3位战略投资人无偿提供3600万元和财务投资人无偿提供3462.72

万元,为中核钛白偿债提供现金流;由中国信达借予的部分股权转让款10,200万元;这三部分资金与重整计划规定的债务清偿所需资金差额,由金星钛白承诺为中核钛白融资解决,保证偿债资金按重整计划规定的期限及时足额支付。

六、经营方案

(一)引入优质重组方,提高经营管理水平

中核钛白在重整计划获得法院批准后,引入金星钛白对其进行同行业并购重组,实现中核钛白未来可持续发展。

金星钛白成立于1996年1月,原名马鞍山金星化工(集团)有限公司,2009年5月重组后实际控制人为李建锋先生。金星钛白主营钛白粉的生产与销售,2011年实现钛白粉实际产量(含山东道恩钛业有限公司的40%)约10万吨,位居国内钛白粉行业前列;金星钛白拥有全资子公司盐城福泰化工有限公司、安徽正坤贸易有限公司以及控股子公司无锡豪普钛业有限公司(以下简称无锡豪普)等优质企业。

金星钛白在重整前已对中核钛白实施托管,对中核钛白生产线进行检修、改造,改善生产状况,为后续重组工作奠定良好基础。

(二)提供流动资金,确保正常经营

金星钛白在重整期间由其控股子公司无锡豪普向中核钛白提供技改资金借款6000万元、垫付委托加工款3065万元、代付中核钛白历年拖欠的排污费583.04万元,有力地保证了中核钛白正常生产经营的开展。

(三)改造、扩建生产线,提高企业产能

金星钛白将对中核钛白进行生产线的技术改造与扩建。根据初步安排,于2012年6月底开始实施一期6万吨扩产改造计划;2013年进行进一步改造。

(四)注入优质资产,提高盈利能力

金星钛白拟将其持有的符合监管部门要求的优质资产以定向增发的方式注入中核钛白,提高中核钛白的盈利能力,从而进一步确保中核钛白的持续经营。金星钛白拟注入的资产评估值不低于5亿元。

(五)处置部分非经营所需的资产

在重整计划经批准之后,中核钛白将根据经营情况,以变卖的方式处置非经营所需的部分资产,回收资金,更好地实施钛白粉的生产与销售业务。

上述资产的变卖价格不低于东洲评估出具的资产评估报告中列明的评估值。如

确无法变卖而需调低变卖价格时，公司将报请嘉峪关法院许可之后再行实施。

七、重整计划的执行

(一)执行主体

重整计划由债务人中核钛白负责执行。

(二)执行完毕的标准

重整计划执行完毕的标准为中核钛白向经法院裁定确认之债权人清偿的款项已转账，中国信达让渡股票已划转至李建锋等名下或管理人破产重整专用账户。

(三)执行期限

重整计划的执行期限为4个月，自重整计划经嘉峪关法院裁定批准之日起计算。在此期间内，中核钛白应严格依照重整计划的债权受偿方案向债权人清偿债务，并根据需要随时支付重整费用等支出。如非因中核钛白原因，重整计划无法在上述执行期限内执行完毕，中核钛白应于执行期限届满前15日，向嘉峪关法院提交延长重整计划执行期限的申请，并根据嘉峪关法院裁定的期限继续执行。对于因延长执行期限而产生的重整费用等支出，中核钛白应根据需要随时支付。

八、重整计划的监督期限

重整计划的监督期限与执行期限相同。在此期间内，由管理人负责监督中核钛白执行重整计划。中核钛白应接受管理人的监督，及时向管理人报告重整计划执行情况、公司财务状况，以及重大经营决策、财产处置等事项。

办案总结及实务指引

一、托管经营与重整并行

托管经营是指根据双方签订的协议，解除被托管方中核钛白原经营管理人员的职权，由托管方派驻经营管理人员负责中核钛白的经营管理。鉴于中核钛白在原经营管理人员的管理下持续亏损的实际情况，在进入重整程序之前，由大股东中国信达与中核四〇四牵头，并经股东会议审议通过，先后选择了江苏金浦集团有限公司、山东东佳集团股份有限公司和金星钛白对其实施托管，从而在一定程度上避免了中核钛白亏损额的持续扩大。

现有法律并未就托管经营的相关事项作出明确规定,在实践中,也并未见其他上市公司由非上市公司托管的先例,但该项创造性工作的效果较为理想。托管协议的期限为2011年9月1日至2012年8月31日,自嘉峪关法院于2011年11月30日裁定中核钛白重整之后,中核钛白即出现托管期限与重整期间重合的问题,而这实际上涉及的问题则是在重整期间是否继续履行托管协议的问题,经充分论证,管理人认为继续履行托管协议有利于中核钛白的债权人、出资人及职工利益最大化,故根据《企业破产法》第18条规定,决定继续履行该协议,并根据《企业破产法》第69条之规定,取得法院的许可。继续履行托管协议期间,维持了职工的稳定,并在很大程度上为重整的成功奠定了基础。

二、重整期间的继续营业问题

中核钛白地处国家核工业基地,职工的就业问题关系到国家核工业基地的稳定,而这与中核钛白的持续经营是分不开的,同时,针对化工行业生产线而言,如果在重整之后停产,重新恢复生产将涉及高昂的成本,而且,也将涉及安全生产的问题。重整程序启动后,债权利息停止计算,财务成本将大为缩减,如继续维持原有的营业模式,债务人应当能够实现盈利。但是,由于在该阶段的融资受限,生产经营规模受到较大的限制,而相应的生产设施维护、人力成本等无法同比例缩减,能否实现盈利将存在重大的不确定性,继续营业实际上存在一定的风险。虽然因受此前设计的生产线不合理影响,继续营业仍将导致亏损的金额持续扩大,但继续营业是重整成功的基础。因此,自法院裁定重整之后,管理人即根据《企业破产法》第26条之规定,向法院提出继续营业的申请,并获得法院的批准。

三、出资人权益调整时维护小股东的权益

出资人权益调整,是指在重整程序中,通过对重整企业的股权结构调整的方式引入新股东,降低原股东的持股比例或者由股东增加投资,以改变企业的投资构成,优化其治理结构,使企业获得重生的重整措施。[1] 对于债权人而言,债权额度的减少或者受偿条件的宽松是重整计划的必备内容。如出资人权益不做调整,债务人通过

---

〔1〕 赵柯:《上市公司重整中的股东权益调整问题研究》,载《民商事审判指导》(第2辑),人民法院出版社2009年版,第112页。

重整程序的适用，其债务将得以大幅削减，甚至是以相应的折扣清偿完毕，重整完成之后，公司资产负债状况明显优化，股东将为最大受益人，但其收益却以债权人的让步为前提，这在很大程度上有违重整制度的公平原则。因此，出资人权益调整具有应然性，以体现公平之理念，否则，重整计划也将仅仅是一个减债计划，而并非重整计划。对于进入重整程序的上市公司而言，调整其出资人权益的方式是多样的，且该项调整具有必要性。从我国上市公司重整的实践来看，对于社会公众股股东而言，其权益调整的比例具有逐渐趋高的趋势。正是在此背景下，监管部门对于涉及这些股东送股抵债的情形时，需要以开通网络投票的方式保护其权益。而在本案中，其调整的仅是第一大股东的权益，并不涉及其他股东权益的调整，这些股东权益获得了最大化的保护，同时，也体现了大股东的社会责任，在出资人权益调整过程中平衡了大股东与其他股东的利益。

【案例提供：北京市中伦（深圳）律师事务所　李成文；评析人：北京市中伦（深圳）律师事务所　许胜锋】

02

首宗制度化预重整适用于上市公司的案例

——深圳市飞马国际供应链股份有限公司重整案

核心要点

预重整制度是在法院监督指导下，指定独立的中介机构担任预重整管理人，对困境企业进行清产核资、债权申报和预审查、搭建各利害相关方谈判平台，引导债务人引入重整投资人、制订重整方案，并出具预重整工作报告的重整预判、预协商制度。对上市公司适用预重整，有利于识别上市公司的重整价值，通过府院联动推动重整前置审批流程，充分征询债权人意见并拟定具有可行性的重整预案，从而完善上市公司重整识别机制及提升其拯救效率。

办案过程

一、案件简介

深圳市飞马国际供应链股份有限公司（以下简称飞马国际）成立于1998年，为深圳证券交易所中小板上市公司（股票代码：002210），近年来受国内外环境的影响，出现严重债务危机，债务总额超过130亿元，资产价值仅为26亿余元。根据深圳证交所《股票上市规则》的规定，飞马国际亟须在2020年度通过重整程序对资产、债务及营业事务进行彻底的重组，否则将面临退市的风险。而飞马国际系于2019年8月19日被债权人申请重整，2020年度完成重整的时间非常紧迫。

由于时间紧迫，为尽快确定飞马国际重整方案的可行性并识别其重整价值，深圳市中级人民法院以其于2019年5月发布的全国首个制度化预重整规则为依据，于2020年1月决定对飞马国际实施预重整。同时，经综合研判，飞马国际主营业务核心子公司深圳骏马环保有限公司同样面临严重债务问题，其主营的垃圾焚烧业务系飞马国际未来经营依托。飞马国际控股股东飞马投资控股有限公司同步进入重整程序对飞马国际重整方案的实施亦具有重要意义。因此，深圳市中级人民法院决定3家公司进行同步预重整并协调审理，经债务人及主要债权人一致推荐，指定北京市中伦（深圳）律师事务所担任该3宗案件的预重整管理人。

在预重整期间，管理人主要开展了以下工作：（1）开展3家公司的清产核资工作，接受债权申报和进行预审查，进行资产调查及委托评估，监督3家公司经营事务和上市公司信息披露工作；（2）协助飞马国际与证券监管部门、市政府等职能部门进行沟通，推动深圳市中级人民法院与相关政府职能部门形成府院联动机制，促进上市公司重整前置审批程序完成；（3）协助飞马国际引入意向重整投资人，由后者提出违规担保问题的解决方案；（4）召开债权人沟通会并组织各利益相关方就重整方案进行多轮谈判，就推动飞马国际重整再生达成共识。

2020年9月16日，深圳市中级人民法院经最高人民法院批复同意，裁定受理飞马国际重整一案，并依据协调审理安排同步受理深圳骏马环保有限公司及飞马投资控股有限公司重整案，指定预重整管理人担任三案件管理人。重整期间，管理人以预重整期间形成的工作成果为基础继续推进重整程序，在预重整期间由管理人主导完成的各项工作依法在重整程序内衔接适用，在较短时间内实现了重整计划草案获得债权人会议及出资人组会议高票表决通过的目标。

2020年12月17日，深圳市中级人民法院裁定批准飞马国际重整计划，并终止飞马国际重整程序。根据飞马国际重整计划，原控股股东及实际控制人持有的50%存量股调整给重整投资人，但该存量股已存在质押及多轮查封，在此情形下实现存量股权的无偿让渡是重整程序面临的重大理论及实践难题，管理人充分发挥专业能力，对各项方案逐一论证可行性，取得重大创新突破并最终推动存量股调整工作完成，对重整实践中类似问题的解决提供了可参照案例。2021年11月12日，深圳市中级人民法院裁定飞马国际重整计划执行完毕。通过重整程序,飞马国际成功化解超过100亿元的债务危机,股权结构得到优化,低效资产得以处置,资产负债情况获得根本改善,全面实现了脱困再生。

二、相关文书摘要

(一)深圳市中级人民法院(2019)粤03破申537号决定书

2019年8月19日,债权人深圳宝安桂银村镇银行股份有限公司申请对飞马国际进行破产重整。2019年11月28日,就飞马国际同意深圳市中级人民法院对其进行预重整一案,合议庭经评议,决定对飞马国际启动预重整。

(二)深圳市中级人民法院(2019)粤03破申537号民事裁定书

预重整管理人在预重整期间完成了对被申请人的资产评估、负债核查、经营情况等事项的初步调查,并形成《关于深圳市飞马国际供应链股份有限公司预重整案临时管理人工作报告》。预重整期间,经预重整管理人推动,被申请人飞马国际与部分债权人在充分协商的基础上制订重整预案,明确重整意向投资人、出资人权益调整方式、债权分类和债权调整及受偿方案、债务人未来经营计划等主要事项。2020年9月12日,预重整管理人召集飞马国际及债权人开会,就预重整期间预重整管理人工作情况、飞马国际重整预案基本内容和重整投资人未来经营计划等事项征询意见,并就债权人提出的问题进行解答和释明,获得部分债权人现场支持。飞马国际实际控制人黄壮勉明确表示支持重整。预重整管理人经调查认为,根据飞马国际目前的资产和负债情况,经合理估值并对飞马国际的偿债能力进行初步测算,普通债权清偿率为6.82%,飞马国际无法清偿到期债务,且资产不足以清偿全部债务。飞马国际主营业务具有良好的发展空间,具备重整价值。飞马国际已经制订具有可行性的重整预案,通过重整可以合理保护职工、债权人及广大股东等主体的合法权益,避免其资产不当贬损和营运价值的流失。因此,预重整管理人建议深圳市中级人民法院受理申请人对飞马国际提出的重整申请。

深圳市中级人民法院认为:申请人深圳宝安桂银村镇银行股份有限公司对飞马国际享有的债权依法成立并发生法律效力,飞马国际未能依照约定清偿债务,故深圳宝安桂银村镇银行股份有限公司系飞马国际的合法债权人,依法有权申请飞马国际公司重整。被申请人飞马国际拖欠债务无法偿还,其账面记载也显示已经严重资不抵债,具备《企业破产法》第2条规定的重整原因。飞马国际主营业务具有发展前景,在预重整期间能够继续经营实现盈利，且已引入意向重整投资人，该公司具备重整价值；经预重整管理人推动，飞马国际与部分债权人协商制订了重整预案，预期可以获得债权人支持，具有重整可行性。经最高人民法院批复，应当受理飞马国际重整。

（三）深圳市中级人民法院（2019）粤03破568号之一民事裁定书

深圳市中级人民法院认为，飞马国际管理人在管理财产和营业事务期间，在法律规定的期限内依法制订重整计划草案，因重整计划草案涉及出资人权益调整事项，故本案设出资人组就重整计划草案中涉及出资人权益调整的事项进行表决。飞马国际管理人依法向第一次债权人会议提交重整计划草案表决，并向出资人组提交重整计划草案所涉的出资人权益调整事项进行表决。经第一次表决，有担保债权人组表决通过上述重整计划草案，普通债权组和出资人组均未表决通过。管理人根据《企业破产法》第87条第1款之规定，同未通过重整计划草案的表决组进行协商后，再次提请未通过重整计划草案的表决组就重整计划草案进行表决。经第二次表决，普通债权组和出资人组均表决通过上述重整计划草案，协商结果未损害其他表决组的利益。管理人提请各表决组的表决程序合法，各表决组通过情况均符合法律规定，重整计划获得表决通过。依据该重整计划的债权受偿方案，普通债权的清偿比例不低于破产清算程序所能获得的清偿比例。重整计划规定的债权受偿方案和出资人权益调整方案合法公平，依法可以批准。

综上所述，深圳市中级人民法院裁定：（1）批准飞马国际重整计划；（2）终止飞马国际重整程序。

（四）深圳市中级人民法院（2019）粤03破568号之十三民事裁定书

深圳市中级人民法院认为，《深圳市飞马国际供应链股份有限公司重整计划》明确规定了重整计划执行完毕的标准，现根据上述标准，经管理人监督确认，本案重整计划已执行完毕。按照重整计划减免的债务，自重整计划执行完毕之日起不再承担清偿责任。自2021年11月5日起，飞马国际管理人对飞马国际的监督职责终止。对于飞马国际重整中涉及的遗留事项应由飞马国际管理人继续完成。鉴于本案重整计划已经执行完毕，重整工作已经完成，飞马国际申请确认其重整计划执行完毕符合法律规定。

综上所述，深圳市中级人民法院裁定：（1）确认《深圳市飞马国际供应链股份有限公司重整计划》已执行完毕；（2）终结深圳市飞马国际供应链股份有限公司破产重整程序。

办案总结及实务指引

一、首宗将制度化预重整适用于上市公司的案例，充分探索预重整制度功能

2019 年 5 月，深圳市中级人民法院发布《审理企业重整案件的工作指引（试行）》（以下简称《重整案件工作指引》），在全国范围内首次以成文方式确定预重整具体规则，飞马国际预重整案则是首次将制度化预重整适用于上市公司的案例。

与一般非上市公司预重整及重整不同，飞马国际作为上市公司涉及债权人、中小投资人等利益相关方人数众多、影响范围广且涉及利害关系重大。飞马国际重整受理前面临多重困难：首先，飞马国际重整受理之前应层报中国证券监督管理委员会与最高人民法院审批，该流程较长且有较大不确定性。其次，在新《证券法》（2019 年修订）背景下，上市公司退出机制常态化，飞马国际是否仍具有重整价值和重整必要性亟待商榷。最后，飞马国际必须在 2020 年度完成重整，时间上非常具有紧迫性。

鉴于本案的特殊性及重要性，管理人在预重整期间，一方面，以《重整案件工作指引》的规定为依据，开展债权审查、资产调查和评估等各项重整基础工作，为缩短重整期间相关工作时间打下良好基础。另一方面，管理人不局限于《重整案件工作指引》的规定，将飞马国际的特殊性与预重整制度的灵活性相结合，通过实践对预重整制度能够承载的额外功能进行创新性地探索：首先，推动形成府院联动协调机制，协助飞马国际与中国证券监督管理委员会、市政府等部门的沟通，加快重整前置审批程序。其次，推动预重整期间引入重整投资人，后者不仅解决了违规担保问题，还为推动重整前置审批程序提供了进一步助力。最后，管理人协调召开债权人沟通会，促进各方就飞马国际脱困路径的可行性以及重整价值达成共识，促成各方共同推进重整的实施。

在我国供给侧改革不断深入的背景下，本案在预重整功能方面的探索对未来上市公司退出与拯救制度的进一步完善提供了借鉴思路，飞马国际预重整案后其他采取预重整的上市公司在预重整及信息披露工作上均在一定程度上借鉴了飞马国际预重整案件经验。

二、创新适用关联公司协调审理规则

本案创新性地将协调审理规则与产业重整目标相结合，通过整体方案同步化解关联企业债务危机，为上市公司重整后的经营发展提供有力依托。在预重整期间，经管理人充分调查，虽然飞马国际连续两年存在亏损，名下大部分资产属于低效资产，但是其下属子公司深圳骏马环保有限公司经营的垃圾焚烧发电业务仍具有重整价值以及未来持续经营能力。经综合分析，飞马国际整体危机的解决既需要化解债务危机，也需要通过重整保留可作为经营依托的产业。实现该两项目标的关键，一方面在于通过控股股东飞马投资控股有限公司调整股份以及资本公积转增股份让渡等方式引入重整投资人和清偿债务；另一方面在于全资子公司深圳骏马环保有限公司的保留并继续营业。在深圳市中级人民法院的指导之下，本案在预重整期间即确立了以产业重整为导向的基本原则，债务化解与产业重组并重，实现飞马国际重整再生。

经管理人推动，深圳市中级人民法院以整体性方案为基础，灵活运用2018年3月4日《破产审判会议纪要》规定的协调审理规则，同步推进三级公司预重整、同步受理重整并指定相同中介机构担任管理人。在预重整期间引入具有产业背景的重整投资人，提出整体重整方案以及有效的产业振兴方案。根据相关方案，将未来继续经营产业为核心的深圳骏马环保有限公司的股权及相关资产保留在上市公司名下并同步化解相关债务问题，其他非保留资产及低效资产予以剥离处置。凭借三级案件的协调审理与同步推进，飞马国际不仅化解了债务危机，更重要的是保留了完整的产业链条以及未来持续发展的能力。

本案在关联企业合并破产方面的前沿性探索不仅为上市公司产业重整提供了参考案例，更为人民法院发挥司法能动性、灵活运用相关协调审理规则实现企业重整再生提供了新的思路。

三、成功完成存量股调整工作

根据飞马国际重整计划的规定，原控股股东及实际控制人持有的50%存量股应调整给重整投资人，但该存量股已存在质押及多轮查封。由于前述质押及查封问题，不可避免地导致存量股过户存在极大障碍，因此在司法实践中，鲜有上市公司的重整计划对原股东的存量股份进行调整。但在飞马国际重整案中，因飞马国际可用的重整资源十分有限，调整原控股股东存量股份已经成为必须完成的事项，重整计划能否获得有效的执行，将直接影响上市公司能否重整成功，并进而影响广大债权人及中小投资者的利益。

面对这一重大理论及实践难题，管理人充分发挥专业能力，大胆创新并谨慎落实。在重整计划执行过程中，管理人与深圳市中级人民法院、中国证券登记结算有限责任公司、执行法院、质权人、执行案件首封债权人、股东等各方主体持续沟通磋商，结合实际情况提出了大宗交易、协议转让、执行权移送、附条件拍卖等多种实施方案和路径。针对每种方案，管理人深入分析、论证其可行性，经不断的努力，最终实现了存量股的成功调整。

推动上市公司存量股调整的过程中的创新实践，使管理人积累了丰富且宝贵的经验。飞马国际重整案件中存量股的成功划转，也为日后上市公司重整案件中增厚偿债资源和原股东出资人权益调整提供了有效的案例参考。

【案例提供及评析人：北京市中伦（深圳）律师事务所　王海军】

03

大型民营企业实质合并重整的识别

——山西联盛集团32家企业合并重整案

核心要点

山西联盛能源有限公司及关联企业(共32家企业,以下简称联盛集团)重整案件于2015年3月由山西吕梁市中级人民法院受理。该案债权申报金额2000多亿元,资产总额数百亿元,涉及的职工债权近万人,是新中国法院办理破产案件以来,全国法院受理的破产类案件中,债权申报金额及资产额最大的案件之一。同时,该案因涉及金融类债权、集资及民间借贷,有影响地区金融安全及社会稳定的风险。该案在府院联动机制的运用、重整期间的继续营业、实质合并重整的判断、没有重整投资人仍然能够完成重整等方面,均具有典型意义。

办案过程

一、案件简介

联盛集团组建于2002年6月,原是由邢某某、李某某夫妇共同出资设立的民营企业。

经过十几年的高速拓展,联盛集团的资产及规模不断壮大,旗下拥有数十家企业,其经营范围可概括为四大行业,分别为煤焦(包括煤业、煤化工产业)、地产、农业和其他行业(包括矸石发电、建材、教育、酿酒等)。拥有职工万余人。

2012 年 3 月 18 日,联盛集团董事长邢某某在三亚丽思卡尔顿酒店为女儿举办大型婚礼,并开办演唱会,邀请了众多明星到场,据说婚礼总费用超过 7000 万元,成为全国知名的一大新闻。其实,风光背后潜藏着危机,此时联盛集团现金流已经非常紧张。7000 万元高调嫁女的用意,极有可能是要借此机会让社会,特别是让金融债权人增加对联盛集团实力的信任和信心。

进入 2013 年 8 月,诸多媒体陆续发布了《7000 万嫁女煤老板日子不好过,负债率逼近 100%》等有关信息,对联盛集团经营情况与债务问题进行了大量报道,披露联盛集团过度负债扩张,涉及山西省多家金融机构融资,以及巨额民间借贷问题。

2013 年 11 月 29 日,联盛集团下属 12 家企业在未与债权银行进行沟通的情况下,单方面向吕梁市柳林县法院提出破产重整申请,柳林县法院召开新闻发布会,发布会公告称"已受理联盛集团重整申请"。

这则新闻一经发布,就引起了金融机构债权人的激烈反应。第二天,14 家金融机构就联名向山西省委、省政府"紧急报告",请其出面协调联盛重整事件。不久,山西省政府召开了专题会议,研究联盛集团债务风险处置工作,决定启动"山西省处置联盛集团债务风险工作机制",由政府协调金融机构债权人、联盛集团等商议债务重组。

2014 年 3 月,邢某某涉嫌刑事犯罪被带走调查。随之,债务重组基本停顿。

此后,又经多方论证,决定启动重整程序。2015 年 2 月 10 日,柳林县农村信用合作联社、中国建设银行股份有限公司山西省分行、华夏银行股份有限公司太原分行、招商银行股份有限公司太原分行、国家开发银行股份有限公司、兴业银行股份有限公司太原分行、中国工商银行股份有限公司吕梁石州支行 7 家金融债权人向吕梁市中级人民法院(以下简称吕梁中院)申请对山西联盛农业开发有限公司、山西柳林庄上煤矿有限公司等 9 家企业进行重整。3 月 6 日,吕梁中院裁定受理这 9 家企业进入重整程序。并指定清算组为管理人,清算组由吕梁市市长为组长,成员包括市政府有关部门负责人、聘请的中介机构等。

7 月 8 日和 7 月 13 日,吕梁中院裁定第二批 14 家企业进入重整程序。

8 月,清算组面向全国公开选聘清算组工作团队中的中介机构。经过竞选,正式选聘北京德恒律师事务所和利安达会计师事务所(特殊普通合伙)为清算组成员。

2016 年 1 月 15 日,吕梁中院裁定第三批 8 家企业进入重整程序,1 家企业进入清算程序;3 月 25 日,经听证程序,吕梁中院裁定进入清算程序的 1 家企业转入重整程序,至此,32 家企业进入破产重整程序。

2016 年 3 月 27 日,管理人向吕梁中院提交了 32 家企业合并重整申请。4 月 18 日,吕梁中院举行了关于 32 家企业合并重整的听证会。5 月 16 日,吕梁中院组织参与听证的债权人,召开了合并重整座谈会。7 月 8 日,吕梁中院裁定 32 家企业合并重整。

2016 年 8 月 3 日,吕梁中院组织召开了第一次债权人会议。

2017 年 3 月 20 日,吕梁中院组织召开第二次债权人会议暨出资人会议,表决重整计划草案。

2017 年 4 月 20 日,吕梁中院裁定批准联盛集团重整计划。

二、相关文书摘要

山西联盛能源有限公司(以下简称联盛能源)成立于 2004 年 4 月,主要经营范围为煤气开发利用、矿山机电设备供应;为本公司投资的企业提供相关技术咨询与管理服务。联盛能源为联盛集团的核心控制平台,在后续经营过程中,联盛集团根据经营需要,又陆续成立了多家关联企业。自 2013 年开始,由于市场变化、企业扩张过度和企业管理决策失误等多方面的原因,联盛能源财务逐步陷入困境,联盛集团内的各关联企业也受到了不同程度的影响。

2015 年 3 月 6 日,根据中国建设银行山西省分行等申请人的申请,山西省吕梁市中级人民法院(以下简称吕梁中院)裁定受理山西联盛能源重整案件。随后,分两批分别受理了 23 家联盛能源关联企业的重整申请,并同时指定山西联盛能源重整清算组担任山西联盛能源管理人。

经管理人现场调查发现,联盛能源与其关联企业之间存在大量财产混同的事实。管理人又发现了应新增纳入合并重整范围的柳林县槐树沟酿酒有限责任公司等 9 家联盛能源关联企业。

2016 年 7 月 8 日,吕梁中院根据管理人的申请裁定,联盛能源等 32 家关联企业合并重整。

2017 年 4 月 20 日,吕梁中院裁定批准了重整计划。

办案总结及实务指引

一、“府院联动”机制的高效运作

在联盛集团进入破产程序之前,该集团的财务困境及引起的社会问题已经引起了山西省及吕梁市政府部门的高度重视。山西省政府建立了“山西省处置联盛集团债务风险工作机制”,由分管金融的副省长总负责,省金融办总牵头,协调金融机构债权人、联盛集团等商议债务重组。

在进入破产程序后,法院指定清算组担任管理人,清算组由吕梁市政府市长担任组长,副市长担任常务副组长,清算组成员由政府相关部门负责人及律师事务所、会计师事务所等相关专业人员组成。

在破产重整程序进行过程中,重大活动及重大问题都由府院联动机制协商、协调解决。由于清算组担任管理人具备综合协调各种社会矛盾能力,保障了如此重大复杂重整程序的高效推进。

从实践效果看,在破产法实施的外部环境和客观条件尚不完全成熟的情况下,对重大复杂破产案件选定管理人团队时采用政府部门组成清算组为主导,律师、会计师等专业机构为成员的模式,是符合当下中国社会的务实选择。但清算组在运作中,需要注意处理好政府清算组成员与专业机构成员之间的职能分工和角色定位,形成有效的配合协同机制。

随着社会治理的逐步成熟,以及破产法律制度的完善和法治意识的逐步提升,大量需要政府支持、协同、配合的破产事务将得到常态化及时处理。破产案件的管理人由具有专业背景和经验的律师事务所、会计师事务所、专门的清算公司担任或联合担任,将成为发展的方向。

二、托管经营保障重整期间继续营业

债务人财产是重整得以进行的物质基础,管理人不但要摸清债务人家底,对债务人财产采取必要措施进行保管、保全,还要尽可能地保持企业继续营业,维护企业的重整价值。

根据《企业破产法》第 25 条、第 73 条、第 74 条之规定,重整期间,债务人企业继

续营业的管理方式可采用管理人管理或债务人自行管理。但事实上,这两种管理方式各有其弊端。

企业管理需具备企业战略及计划的制订能力、企业日常经营事务的处理能力,是一项综合性能力。而管理人团队成员的专业领域主要集中在法律、财务等方面,“术业有专攻”,懂法律、财务的人员并不一定有管理企业的能力,况且对债务人企业所属行业特点及市场供需状况并不一定熟悉。因此,管理人管理营业的方式无法充分保证债务人能够持续营业。若采取债务人自行管理财产和营业事务,其弊端也十分明显。企业进入破产程序往往就是因为债务人缺乏管理能力导致的。在重整期间仍由债务人自行管理难免事与愿违。联盛集团在进入重整程序以前,其日常经营管理、重大事项决策均由其实际控制人决定,缺乏完备的公司治理架构和科学的决策机制。2014 年,联盛集团实际控制人因涉嫌刑事案件被公安机关刑事拘留后,其经营管理即陷入瘫痪。受行业市场低迷和经营管理决策失误的影响,联盛集团财产不断缩水、财务成本不断叠加。联盛集团的主营业务是煤炭开采,而采煤属于高风险行业,一旦发生事故,往往会造成重大人员伤亡和财产损失。在这种情况下,重整期间采用债务人自行管理继续营业事务已无可能,依靠管理人团队对债务人继续营业进行管理也不具备条件。

在实务中,委托第三方对债务人的营业进行管理便应运而生。

为了妥善解决重整期间的继续经营问题,管理人决定委托山西焦煤集团有限责任公司(以下简称山西焦煤)对债务人财产及营业进行管理。

山西焦煤主营的行业与联盛集团相似,其具有丰富的采煤经营管理经验及完善的管理机制。接受托管后,山西焦煤接管了联盛集团财产,恢复了联盛集团的生产经营,稳定了职工队伍,消除了安全生产隐患,维护了债务人财产价值和重整价值。

由此可见,管理人应该根据企业的实际情况科学制定债务人财产的管理和继续经营方案,必要时应及时采取公开选聘的方式将债务人财产交由同行业的优秀企业及管理团队进行托管经营。

三、进行实质合并重整的识别

民营企业的关联企业之间往往不同程度地存在法人人格混同的情况,在破产程序中,如何判断企业是否属于法人人格混同,是否应当合并破产,在实务中如何从定性和定量分析两个方面加以判断,是当前需要规范和研究的重要问题。

在我国破产实践中,关联企业合并破产的主要法理基础是基于《公司法》中法人人格否认制度。但是在实务操作过程中,如何把握判断企业是否构成法人人格混同,缺乏定性和定量的规范意见。

联盛集团破产重整案件中,核心控制企业主要负责对外融资和内部资金的调拨,核心企业承担对外债务占全部债务的比重接近60%,而其除对下属关联方的长投之外的实体资产占全部资产不足1%,联盛集团的核心优质资产分布于各关联生产经营单位,而各关联企业由于管理控制不当,财产资金调拨随意,大部分企业核心资产所占比例与其独立承担的债务所占比例严重失调。如果仅对核心控制企业或个别关联企业进行重整,必然会导致主要债权人和多数债权人利益受损。基于以上原因,为了平等保护各债权人的权益,降低社会矛盾发生的风险,管理人通过审计团队进行前期的审计调查,基本上全面掌握了债务人企业与关联企业之间涉及财产混同的情况,进而管理人向重整受理法院提出了债务人企业与关联企业合并重整的申请。受理法院在接到合并重整申请后,召开了听证会。听证会除邀请利害关系人和债权人代表参加外,还安排了管理人的专业机构就案件合并重整的相关事项进行了答疑及接受质询。受理法院在汇总听证会所收集的相关情况后,裁定受理了合并重整的申请。联盛集团合并重整的企业共32家。

联盛集团合并重整的申请从定性和定量两方面分析,定性分析主要包括:混同事项是否存在真实交易背景,是否符合独立市场主体之间的交易惯例等;定量分析主要包括:财产混同的类别(货币资金、固定资产等)、金额大小、时间长短及数量占比等。有关定性和定量证据材料,能够证明法人人格混同的持续性、广泛性和显著性。此外,法院在裁定批准合并重整申请时遵循公开性原则,根据具体案情采取召开听证会和部分债权人会议讨论两种方式,充分听取各主要利益相关方的诉求及意见,最大限度地减少因合并重整可能引发的激烈社会矛盾和冲突。

四、重整计划中如何平衡各方利益

联盛集团破产重整中,管理人在制订债权清偿方案时,全面考虑了有财产担保债权人、职工债权人、税款债权人、小额债权人、金融债权人及其他普通债权人的利益平衡与综合保护,就重整计划涉及的利益调整和清偿安排广泛征求了各利益主体和当地政府的意见。

对于有财产担保债权人,在其对应担保财产评估值范围的债权按评估值全额进行清偿。对于职工债权人,其工资等应付职工个人部分的款项自重整计划批准之日起1年内以现金全额清偿;欠缴的职工社保、滞纳金,在充分保障职工社保利益的前提下,与地方政府协商,采取减免滞纳金、延后或分期清偿等方式处置。对于税款债权,在重整计划裁定批准之日起25年内逐步清偿。对于普通债权人,可以选择现金清偿或者债转份额清偿,如果选择现金清偿,20万元以下部分的债权全额清偿,超出20万元以上部分按8.82%的清偿率予以清偿。特别值得一提的是债转份额清偿的模式:设立若干有限合伙公司作为对重整后企业持股的平台,各债权人成为有限合伙公司的合伙人,按债权比率享有有限合伙公司的份额,以重整后的企业未来的收益清偿债务。债权人选择债转份额方式清偿,涉及第三方为联盛集团担保的,债权人采取合理措施保障担保方能继续履行担保责任。如此安排,既缓解了金融机构对于脱保情况出现的担忧,同时鉴于债转份额清偿方式的特殊性,又延缓了金融机构对担保企业追保现象的发生,给了担保企业喘息之机,对维护地方金融秩序和经济秩序稳定起了积极的稳定作用。

五、没有重整投资人仍然能够完成重整

大型民营企业虽然具有核心优质资产或营运价值,但由于体量大,组织架构复杂,如果还是非上市企业,没有市场追捧的"壳资源",往往难以吸引重整投资人的兴趣。

破产清算程序有利于对大型企业分拆变价处置及完成对债权人的分配。因为,大型公司整体出售时,很少有资金雄厚的买家,即使出现有购买能力的买家,市场竞争的不完全也会导致售价被不合理地利用,这样债权人的清偿就会受到影响。因此,大型公司应尽量避免清算,最好是进行重整。

联盛集团破产重整案件中,破产企业主营业务是煤炭开采,债务人的财产中有10对矿井,但其中5对是在建矿井。债务人名下矿井虽有煤矿储量丰富与市场前景广阔的优势,但是由于债务人资产结构复杂,无法吸引市场投资者。经过管理人的多方面调查,以及与债权人委员会反复沟通讨论,最终达成重整的总体原则是由债权人对联盛集团进行管理,综合运用现金清偿、债转股和留债等方式系统处理债务问题。同时,由债权人自愿组成若干投资主体,成为债务人新的股东,债务人日常经营可聘请委托第三方专业团队管理。重整计划在保证债务人持续经营的前提下兼顾各方利益。最终重整计划获得各债权组的表决通过。联盛集团重整案的重整路径和方式是债转股模式下的一种创新探索,充分体现了管理人与各重整参与方的智慧。

【案例提供及评析人:北京德恒(珠海)律师事务所 崔峰、曾健、张晶晶、刘伟、党涵、吴泳祺】

04

非上市民营企业集团合并重整

——辽宁辉山乳业集团有限公司等83家企业合并重整案

核心要点

辉山乳业系列企业重整案,是近年来成功审结的具有典型意义的非上市民营企业集团重整案件。该重整案件,成功完成了劳动力、产能、资本等诸要素在供给侧一端的重新配置,实现了企业重装上阵、职工稳定、债权人有保障。管理人积极搭建平台,妥善实现各类债权人核心利益,发挥市场在资源配置中的基础作用,实现了企业拯救和债务清理的重整制度目标和价值,收到了良好的法律效果和社会效果。辉山乳业集团系列企业重整案件的审结,对于进一步发挥破产法律制度功能,利用企业破产法相关制度拯救困境企业,改善地区营商环境具有重大借鉴意义。

办案过程

一、案件简介

辽宁辉山乳业集团有限公司等83家企业(以下简称辉山乳业系列企业)以辽宁辉山乳业集团有限公司为核心,为香港上市公司中国辉山乳业控股有限公司(China Huishan Dairy Holdings Limited)直接或间接在境内投资设立并有效存续的民营非上市企业集团。2017年3月,因受香港证券市场股价突然大幅下跌影响,引发债务危机,对企业的生产经营、当地金融稳定和社会稳定造成了严重影响。

经债权人申请,2017 年 12 月 4 日至 2018 年 3 月 21 日,沈阳市中级人民法院(以下简称沈阳中院)先后依法裁定受理了辉山乳业(中国)有限公司等 28 家企业破产重整。管理人接受法院指定后,在沈阳中院的指导下,基于辉山乳业关联企业众多、债权债务关系交错复杂等实际情况,以全面、彻底解决辉山乳业债务危机、化解金融风险、维护社会稳定为工作目标和立足点,全面梳理和调查了辉山乳业上百家关联企业,确定重整范围和案件审理方向。并在此基础上从法人人格是否高度混同,是否严重损害债权人利益,资产负债区分成本是否过高等维度进行事实调查和法律论证。2018 年 5 月 10 日,管理人向沈阳中院申请对辉山乳业系列企业实施合并重整,沈阳中院经审查并层报最高人民法院协调管辖权后,依法裁定辉山乳业系列企业采用实质合并方式进行审理。

持续经营稳定是辉山乳业系列企业重整成功的重要基础,结合辉山乳业系列企业生产链条长、专业壁垒高等企业特点,本案确定债务人自行管理,有效维持了生产经营的稳定和主营业务的恢复。引进投资人是辉山乳业系列企业重整成功的关键,本案先后开展三轮投资人引进工作,吸引包括产业投资人、财务投资人在内的共计近 10 家战略重组方参与竞争,最终成功引进实力雄厚的地方食品行业龙头国有企业,为重整成功奠定了基础。2020 年 10 月 14 日,辉山乳业系列企业重整案债权人会议召开,重整计划草案获得各表决组高比例通过。2020 年 11 月 9 日,沈阳中院依法裁定批准《辽宁辉山乳业集团有限公司等 83 家企业重整计划草案》,辉山乳业系列企业实质合并重整案件取得圆满成功。有效化解近 300 亿元负债,盘活 100 多亿元资产,稳定了近 8000 名职工就业,对地方经济稳定、社会稳定作出了重要贡献,是大型生产型企业集团市场化重整的典型案例。

二、相关文书摘要——《重整计划草案》(节录)

债权调整及清偿方案

方案概述

1. 设立新公司,辉山乳业(香港)持有辉山中国 100% 股权及辉山乳业(香港)持有乳业集团沈阳公司 75% 股权、辉山乳业集团持有乳业集团沈阳公司 25% 股权,根据沈阳中院裁定由新公司持有,即新公司持有辉山中国和乳业集团沈阳公司 100% 股权,进而间接持有辉山乳业集团系列企业其他公司 100% 股权。

2. 重组方以现金20亿元出资持有新公司67%股权(20亿元注册资本),转股债权人以债权作价9.85亿元出资持有新公司33%股权(9.85亿元注册资本)。

3. 重组方将提供不超过30亿元资金,具体包括:(1)上述20亿元出资用于按本重整计划草案的规定清偿各类债务、补充新公司流动资金和生产经营,自沈阳中院裁定批准重整计划之日起7个工作日内支付第一期投资款5亿元,自沈阳中院裁定批准重整计划之日起6个月内支付第二期投资款5亿元,在2021年9月30日前支付第三期投资款10亿元;(2)重组方承诺提供不超过10亿元的共益债务借款用于清偿本重整计划草案规定的各类债务、改善生产经营或补充现金流。

4. 转股债权人的股权比例按照如下原则予以确定:

(1)辉山乳业集团系列企业全部转股债权人共计持有新公司33%股权;

(2)针对有财产担保债权,有财产担保债权在担保财产评估市场价值范围内且超出评估清算价值部分的金额以8元/股转为新公司股权;

(3)针对金融类普通债权,单一金融类普通债权人持有的新公司股权比例按照单一金融类普通债权人的转股债权金额占金融类普通债权转股债权总额的比例确定,具体公式为:单一金融类普通债权人持股比例=(单一金融类普通债权人的转股债权金额÷金融类普通债权转股债权总额)×(33%-上述第2点下有财产担保债权人获得的新公司股权比例)。

经营方案

战略定位和目标

新辉山公司将保持运营管理的独立性,继续坚持全产业链模式,坚持奶源100%来自规模化自营牧场,坚持将“辉山”品牌做强做大。2—3年之后择机将新辉山公司、风行乳业及新收购乳业公司进行合并,谋划A股上市路径。

未来中国原奶供应偏紧的大趋势将长期不变,在控制成本和保证质量的前提下,原奶供应商在产业链中的地位预计会继续抬升。在此背景下,上游牧场和原奶产量的基调是稳步扩张,原奶外售未来也将是辉山乳业最重要的收入和利润来源之一。中游加工重点在于爆品研发和生产线柔性改造,通过下游销售规模的增长来提升产能利用率,最终增强盈利能力。下游市场液奶品类以恢复到2016年市场占有率为第一阶段目标,巩固在沈阳和辽宁地区的区域龙头地位,顺势向周边省份扩张。大力发展奶粉品类将是“十四五”期间新辉山乳业的核心战略举措,从团队搭建、品牌宣传、渠道建设到产品研发和质量管理,打造对标飞鹤、君乐宝两家国内奶粉龙头的婴配粉产业板块。

从具体战略目标来看,上游草业、饲料加工、牧业基本沿袭现有的生产运营体系,通过必要的投入来扩大和提升经营效率,争取在5年内恢复到20万头以上的牛群规模,成为全国前二的规模化、高端化原奶供应企业。产销端一方面加大市场投入,拓展辽宁及周边地区市场,争取恢复20亿元以上液态奶销售规模;另一方面重点发展婴幼儿奶粉,聚焦高端、超高端婴配粉领域,2025年冲击2万—3万吨的销售规模,力争将辉山南方打造为中国奶粉领域的领军企业之一。

执行措施

1. 债转股的实施

自本重整计划被沈阳中院裁定批准之日起90日内,转股债权人应根据债务人或其他相关方的要求,提供涉及登记为新公司股东的所有文件,并配合债务人或其他相关方在指定日期办理登记手续。逾期未提交相关文件或未如期配合办理登记的,债务人或新公司将按本重整计划草案的规定办理提存,如因此产生了额外费用将由转股债权人自行承担。

转股债权人未按本重整计划草案规定领受新公司股权的,根据本重整计划草案规定应向其分配的新公司股权将提存至新公司指定的第三方代持机构,自重整计划草案被裁定批准之日起满2年仍不受领的,视为转股债权人放弃受领新公司股权的权利,该等股权将按照新公司股东会议形成的生效决议予以处置。

辉山乳业集团系列企业的转股债权人共持有新公司33%股权。如转股债权人不超过50家,转股债权人可直接或者通过第三方持新公司股权,新公司以有限责任公司的形式存续。如转股债权人超过50家,为保留有限责任公司的组织形式不变,可通过以下方式实施债转股:(1)转股债权人全部或者部分通过第三方持有新公司股权;(2)转股债权人设立N家有限合伙企业,由合伙企业持有新公司的股权,转股债权人间接持有新公司股权。如通过前述方式运作后股东人数依旧在50家以上,可将新公司变更为股份有限公司。

2. 现金清偿的实施

按照本重整计划草案可以获得现金清偿的债权人应自重整计划被沈阳中院裁定批准之日起15日内提供领受偿债资金的银行账户信息,未提交银行账户信息或因其他原因导致未能按期受领偿债资金的，债务人或新公司将按本重整计划草案的规定办理提存，如因此产生了额外费用将由该债权人自行承担。

债权人未按照本重整计划草案的规定领受偿债资金的，参照《企业破产法》第119条之规定，在重整计划执行的监督期内偿债资金将提存至管理人的银行账户，监督期结束后，偿债资金提存至新公司或其指定的银行账户，自重整计划草案被裁定批准之日起满2年仍不受领的，视为债权人放弃受领清偿资金的权利，相关资金在扣除必要费用后将归新公司所有。

3. 现金延期清偿期间的整体安排

本重整计划草案规定延期清偿的债权，自重整计划被沈阳中院裁定批准后，债务人或新公司应向有关债权人送达延期清偿安排告知书，该告知书中明确延期清偿金额及支付安排，债务人或新公司按照延期清偿安排告知书确定的延期清偿金额及支付安排进行清偿，个别金融机构可根据需要另行与新公司签署留债协议。

4. 破产费用和共益债务的清偿

破产费用由债务人财产随时支付，共益债务根据辉山乳业集团系列企业经营情况随时支付，其中因融资租赁形成的共益债务的具体清偿方案由融资租赁债权人与新公司或相关方协商确定。

办案总结及实务指引

一、关联企业实质性合并重整

实质合并破产是解决关联企业间存在法人人格混同尤其是资产与负债严重混同等问题，保障债权人整体清偿公平和破产程序顺利进行的特别法律制度。辉山乳业下属企业众多，彼此关系错综复杂，从法人人格是否高度混同，是否严重损害债权人利益，资产负债区分成本是否过高等维度进行事实调查和法律分析，最终确定辉山乳业系列企业适用实质合并重整方式，为辉山债务危机的整体化解起到了重要的推动作用。该案是《破产审判会议纪要》颁布后审结的最大规模的关联企业实质合并重整案，对完善我国关联企业及大型企业集团合并重整有关制度和操作规范具有典型意义。

二、对债务人自行管理模式进行有益探索和创新

辉山乳业系列企业为乳制品全产业链大型企业集团，业务链条长、专业壁垒高，经营管理极其复杂，由律师和会计师组成的管理人并不具有能够匹配债务人企业经营管理的专业知识。债务人自行管理模式，有利于维持和提高债务人财产的价值，有利于吸引重组方，有利于维护职工队伍的稳定。针对债务人的自行管理，管理人充分发挥律师和会计师的专业优势，制定了针对性和操作性极强的债务人自行管理模式下管理人与债务人职责划分及监督方案，有效地维持了生产经营的稳定和主营业务的恢复。

三、探索创新招募重整投资人的工作机制

为确保招募过程的公开性、公平性和公众性，管理人积极探索综合招募方式，将公开招募、定向推介与谈判、自我推荐、债权人推荐等多种招募方式相结合。在牢牢把握法律时效性和权威性的同时，尊重当事人意思自治，引导各利益相关方理性博弈，通过规则的设定和调整，真正实现了市场化引入投资方。在招募过程中，管理人严格遵守法律法规规定，在充分征求主要债权人的意见基础上，制定公平公正的招募和遴选规则。充分尊重并积极引导各利害关系方进行充分的协商和博弈，高效、有序推进招募重整投资人各项工作，最终成功引进适格投资人，为重整成功带来 30 亿元的增量资金。

辉山乳业系列企业为涉及重要民生资源，一、二、三产业高度融合的全产业链大型民营非上市企业集团。本重整案件影响力大，利益关系错综复杂，疑难法律问题繁多。本案从受理至结案，始终坚持市场化、法治化的办案基本原则，有力维护了社会稳定、金融稳定、企业生产经营稳定。本案的成功办理，对探索办理大型民营非上市企业集团重整案件具有典型意义。

【案例提供：北京市中伦（深圳）律师事务所　许胜锋；评析人：北京市中伦（深圳）律师事务所　许胜锋、王硕】

05

公司营运价值的维持

——福建安溪铁观音集团股份有限公司重整案

核心要点

福建安溪铁观音集团股份有限公司(以下简称铁观音集团)虽然在重整期间面临亏损,但通过持续经营的方式维系了重整价值,并在出资人权益调整过程中通过增资方式兼顾了股东的利益。重整获得成功,既最大限度保证了债权人的利益,也使债权人获得与铁观音集团共享未来发展的机会。同时,在相关方的支持与努力下,重整过程中成功引入重组方,探索资源、资本及智力的结合,也为泉州市企业的脱困与发展提供了有益的借鉴。铁观音集团通过重整程序,获得重组方的巨额注资,这也给安溪的茶行业注入生机与活力,进一步带动茶产业的健康发展,为服务"三农"作出了贡献。

办案过程

福建安溪铁观音集团股份有限公司重整计划(摘要)

2016 年 1 月 14 日,福建省泉州市中级人民法院(以下简称泉州中院)依法裁定受理泉州晚报社申请铁观音集团重整一案,并于同日指定铁观音集团清算组担任管理人,负责铁观音集团的各项重整工作,管理人负责人为高向荣。

一、铁观音集团基本情况

(一)铁观音集团概况

铁观音集团系由林文侨等11名自然人于2007年12月7日发起设立的股份有限公司(未上市)。

目前铁观音集团持有泉州市工商行政管理局核发的《营业执照》,法定代表人为柯亚鹏,经营范围为:农产品(乌龙茶)初加工(不含需办理《食品生产许可证》的产品);销售茶具;对农、林、牧、渔、制造业等国家允许的行业投资;茶叶技术开发、咨询服务;批发兼零售预包装食品(茶叶、茶食品、饮料、矿泉水)。

(二)股权情况

铁观音集团发起设立时的股东为林文侨、钟彬彬、王大庆、詹世彬、陈华珍、柯亚鹏、林炳灿、林福地、潘梅蓉、王光田、郑丽华11名自然人,初始注册资本为60,000,000元。公司设立时,各发起人均以货币出资。其后较长的一段时间内,铁观音集团的股东变化相对较小。但自2015年5月8日以来,铁观音集团股东发生多次变动。重整受理时,其第一大股东为泉州君兴安投资中心(有限合伙),持股26,250,000股,持股比例为38.21%。

(三)经营情况

铁观音集团主要负责销售多款"凤山"牌铁观音茶叶。铁观音集团采用特许加盟连锁的方式建立了主要的销售渠道,亦通过网络途径销售铁观音茶叶。

铁观音集团自成立以来,累计投入数亿元资金启动上市计划并于2012年6月进行IPO预披露。但由于国家政策变化等原因,2013年年初铁观音集团终止上市计划。铁观音集团在品牌建设及上市过程中投入了大量资金,在终止上市计划后又受到国家宏观经济下行、消费环境变化和市场调整等不利因素影响,公司资金周转陷入困境。特别是由于铁观音集团为关联方提供担保,而主债务人陷入困境等原因,公司的经营状况进一步恶化。

(四)债务危机化解工作情况

在铁观音集团经营陷入困境之后,泉州市人民政府多次就企业债务危机化解与脱困工作召开专题会议。2015年12月2日,泉州市市直管理部门与安溪县人民政府牵头成立清算组,由安溪县人民政府高向荣县长担任清算组组长。清算组为其适用重整程序化解债务危机赢得了时间。

在法院裁定铁观音集团重整之后，经管理人报请泉州中院批准，铁观音集团在重整期间继续营业并由管理人委任铁观音集团部分经营管理人员负责公司具体经营管理事务，由此维持了铁观音集团的营运价值，为重组方的引进及重整的成功奠定了基础。

二、资产负债情况及偿债能力分析

（一）资产构成与评估情况

铁观音集团的资产包括房屋建筑物、在建工程、对外债权（含应收账款和其他应收款）、货币资金与银行存款、长期股权投资、机器设备、电子设备及办公设备、车辆、商标、著作权等。

管理人委托北京天健兴业资产评估有限公司对铁观音集团的全部资产进行评估。根据《资产评估报告》，以2016年1月14日为基准日，铁观音集团在模拟破产清算情况下资产评估总值为43,145,993.21元。

截至2016年10月20日，管理人共受理75家债权人的债权申报，申报债权总额为658,526,888.12元，其中申报有财产担保债权的债权人1家，申报金额为18,822,229.12元，担保物为铁观音集团名下的13套房产，另外74家债权人申报的债权均为无财产担保债权（普通债权），金额合计639,704,659.00元。

（二）偿债能力分析

1.模拟破产清算情况下的偿债能力分析结果

根据北京天健兴业资产评估有限公司出具的《偿债能力分析报告》，铁观音集团如破产清算，假定其资产均能够按照评估价值变现，在优先清偿破产费用与共益债务、有财产担保债权之后，可用于清偿普通债权的财产数额仅为8,206,804.49元，按照普通债权金额471,724,864.35元计算，普通债权的清偿率仅为1.74%。

2.实际破产清算的清偿率可能低于预估

铁观音集团如破产清算，普通债权能够获得上述清偿率的前提是：公司所有财产均能够按照评估价值变现，且破产费用能够控制在评估机构预测的范围内。但根据铁观音集团的实际情况，以及破产财产处置实践经验，铁观音集团如果破产清算，财产的实际变现价值将会大打折扣，并且处置时间也受不确定因素影响，破产清算进程可能变得极为漫长。而漫长的破产清算程序可能会带来超过预期的费用。基于以上因素，铁观音集团在破产清算状态下普通债权的实际受偿率可能比《偿债能力分析报告》预计得更低。

三、出资人权益调整方案

（一）出资人权益调整的必要性

铁观音集团已经严重资不抵债，生产经营和财务状况均已陷入困境，如果铁观音集团破产清算，现有资产将无法满足各类债务的清偿，出资人权益为零。为挽救铁观音集团，避免破产清算的风险，出资人应和债权人共同努力，并分担实现公司重生的成本。因此，在本重整计划中，将对出资人权益进行调整。

（二）出资人组的构成

根据《企业破产法》第 85 条第 2 款规定，重整计划草案涉及出资人权益调整事项的，应当设出资人组，对该事项进行表决。出资人组由截至 2015 年 12 月 11 日在泉州市工商行政管理局备案的章程修正案记载的 14 名股东组成，共计持有铁观音集团股份 68,700,000 股，占铁观音集团总股份数的 100%。

（三）出资人权益调整方案内容

由重组方向铁观音集团增资 2.2 亿元，每股作价 1 元，铁观音集团总股本增加至 288,700,000 股，本次增资扩股工作完成后，重组方合计持有铁观音集团 2.2 亿股，占总股本的 76.20%，原股东合计持股比例降低至 23.80%。

四、债权分类和调整方案

（一）债权分类方案

根据《企业破产法》第 82 条的规定，铁观音集团不存在拖欠职工债权与税款债权的情形，故重整计划设有财产担保债权组与普通债权组，有关债权分类如下：

1. 有财产担保债权组

有财产担保债权组有 1 家债权人，其有财产担保债权金额为 18,822,229.12 元，担保财产为房屋建筑物，担保财产在模拟破产清算情况下的评估值为 20,453,863.50 元。

2. 普通债权组

包括债权人 40 家，涉及金额 486,885,594.80 元。

（二）债权调整方案

1. 有财产担保债权调整方案

鉴于提供担保的财产评估值高于有财产担保债权金额，有财产担保债权将获得全额清偿,故有财产担保债权不做调整。

2. 普通债权调整方案

根据《偿债能力分析报告》,铁观音集团在模拟破产清算情况下的普通债权清偿率为 1.74%。如实施重整,公司现有资产均不处置,由重组方按照资产评估金额以增资款项中的等额资金清偿普通债权。此外,为提高普通债权的清偿率,在前述金额 8,206,804.49 元之外,再行将增资款中的 28,951,373.85 元用于提高普通债权清偿率。对于债权金额低于 10 万元的债权或每笔债权金额低于 10 万元的部分按照 30% 清偿,对于每笔债权金额高于 10 万元部分的清偿率提高至 7.54%。

按重整计划对普通债权履行完清偿义务后,对于未获清偿的债权部分,铁观音集团依法不再承担清偿责任。

五、债权受偿方案

(一)清偿期限和方式

在重整计划经泉州中院批准后,铁观音集团对各类债权的清偿期限和清偿方式如下:

1. 有财产担保债权

有财产担保债权自法院裁定批准重整计划之日起 6 个月内由铁观音集团以货币方式清偿完毕。其中,自重整计划批准之日起 2 个月内清偿 30%,剩余的 70% 于重整计划批准之日起 6 个月内清偿完毕。

2. 普通债权

普通债权自法院裁定批准重整计划之日起 6 个月内由铁观音集团以货币方式清偿完毕。其中,自重整计划批准之日起 2 个月内清偿 30%,剩余的 70% 于重整计划批准之日起 6 个月内清偿完毕。

(二)获得清偿的前提条件

债权人如果已经申请相关法院对铁观音集团的财产采取保全措施的,在实际获得清偿之前应当自行向相关法院申请解除对前述财产的保全措施,否则不得实际获得清偿,其应获得清偿的资金将由管理人提存。

(三)偿债资金来源

偿债资金源于重组方以增资方式提供的资金。

六、债务人经营方案

铁观音集团经营方案如下:

(一)流动资金的解决与托管经营

在重整计划草案提交债权人会议表决之前,北京和君三度投资管理有限公司(以下简称和君三度)已向管理人账户支付保证金1000万元,在重组方增资款项付至铁观音集团账户之后,铁观音集团再行将前述1000万元优先退还给和君三度。重整计划经法院裁定批准之后,铁观音集团将委托和君三度托管经营,具体事项将另行签订协议,这将使铁观音集团尽快摆脱困境。

(二)健全和完善公司治理结构

根据业务经营模式的需要,铁观音集团将建立精干的组织及高效的经营管理团队。完善公司各项管理制度及其实施流程,加强经营费用、运营成本及财务费用管理,提升公司经营效益。同时,建立规范的公司组织架构和内控机制,不断提高公司治理水平,培育良好的公司治理文化,成为权责明确、管理科学的公司,实现企业快速稳定发展。

(三)提高产品品质以确保品牌形象

茶叶质量安全是茶企立足的根本。铁观音集团将以建立茶叶质量可追溯体系为中心,继续加强和深化与国内高等院校和科研机构合作,研发一整套成本低、效果好、可持续的安全技术与管理规范。同时,将进一步依靠和发挥国家茶叶质量安全工程技术研究中心的地位和作用,保障茶叶卫生质量安全,确保品牌形象。

(四)加强产品创新并提升产品竞争力

根据最新的消费趋势,将健康功能、便捷功能和时尚功能有效切入传统茶叶产品,能够提升茶叶附加值和价值空间。在此基础上,公司将实施品类跨界合作,将茶叶纳入日常食品和文化用品范畴,开展品牌创新服务平台,将消费者引入产品创新过程,积极与新技术和新消费习惯结合,打造新产品和新消费模式,开发具有市场竞争力的创新产品。

(五)部分财产变价方案

针对铁观音集团名下设定抵押的13套房产,重整计划已规定以和君三度增资款中的等额资金清偿抵押权人,该13套房产不再重复纳入偿债资产的范围,继续属于铁观音集团所有,将由铁观音集团根据经营需要自行决定在重整计划执行完毕之前是否处置或处置方式，不再报告泉州中院和债权人会议。

七、重整计划的执行

根据《企业破产法》的规定，经法院裁定批准的重整计划由债务人负责执行，即铁观音集团为重整计划的执行人。

重整计划的执行期限为6个月，自法院裁定批准重整计划之日起计算。如因客观原因导致铁观音集团无法在上述期限内执行完毕重整计划的，铁观音集团应于执行期限届满前10日内向法院提交关于延长重整计划执行期限的申请，并根据法院的有关裁定予以执行。重整计划提前执行完毕的，执行期限在实际执行完毕之日届满。

重整计划执行完毕的标准为：已经发生的破产费用均已全额支付完毕、共益债务已支付完毕或者全额预留、应清偿各类债权的货币资金已划转至债权人指定的账户或由管理人/铁观音集团提存。

此外，虽然铁观音集团重整计划的顺利执行有赖于重组方的增资，但如重组方非因铁观音集团的原因而发生变化的，不构成对本重整计划执行的影响；和君三度亦可指定或协调相关机构或个人共同或单独作为重组方参与重整。

八、重整计划执行的监督

根据《企业破产法》的规定，自法院裁定批准重整计划之日起，在重整计划规定的监督期内，由管理人监督重整计划的执行。

重整计划执行的监督期限与执行期限相同。如果铁观音集团向泉州中院申请延长重整计划执行期限，则管理人将同时向泉州中院提交延长监督期限的申请，并根据泉州中院的批准情况依法履行监督职责。监督期限届满或者铁观音集团提前执行完毕重整计划时，管理人将向法院提交监督报告。自监督报告提交之日起，管理人的监督职责终止。

在重整计划执行的监督期限内，铁观音集团应接受管理人的监督，对于重整计划的执行情况、公司财务状况，以及重大经营决策等事项，应及时向管理人报告。

九、重整计划的生效与效力

（一）重整计划的生效

根据《企业破产法》的规定，由债权人会议各表决组对重整计划草案进行表决，各表决组中由出席会议的债权人过半数同意，并且其所代表的债权额占该组债权总额

2/3以上的，即为该组通过重整计划草案。出资人组中经出席会议的股东所持股份数额2/3以上表决通过的，即为该组通过出资人权益调整方案。各表决组均通过重整计划草案时，重整计划即为通过。自重整计划通过之日起10日内，管理人将向法院提交批准重整计划的申请。

债权人会议各表决组或出资人组会议虽未能全部表决通过重整计划草案，但符合《企业破产法》第87条规定时，管理人亦可申请法院裁定批准重整计划草案。

泉州中院依法裁定批准重整计划后，重整计划生效。如重整计划未获得债权人会议及出资人组会议通过并且未依照《企业破产法》第87条的规定获得法院批准；或者已经通过的重整计划未获得法院批准的，法院将裁定终止重整程序，并宣告铁观音集团破产清算。

（二）重整计划的效力

经泉州中院裁定批准的重整计划对铁观音集团及其全体出资人、全体债权人和重组方均有约束力。依据《企业破产法》第94条的规定，按照重整计划减免的债务，铁观音集团不再承担清偿责任。

如铁观音集团不能执行或不执行重整计划，法院经管理人或利害关系人请求，有权裁定终止重整计划的执行，并宣告铁观音集团破产清算。法院裁定终止重整计划执行的，重整计划中作出的债权调整即失去效力。债权人因执行重整计划所受领的清偿仍然有效，债权未受清偿的部分作为破产债权。

办案总结及实务指引

一、维持公司的营运价值

采用“委托公司管理层+管理人加强监管”的方式，在持续亏损的情况下仍然继续营业。

铁观音集团的重整，系再建型而非清算型的重整，目的在于摆脱债务危机。虽然通过减债也能够维持企业的持续经营，但如想实现跨越式发展，引进重组方则是重整工作的关键。而在重组方正式介入之前，维持现有的公司商业信誉和影响力，是公司恢复生产和摆脱困境的有利因素，也可以减少重组方的忧虑，增强重组方的信心。因此,在重整程序中维持安溪铁观音集团的经营,保留现有销售渠道和市场占有率也是引进重组方、重整成功的关键。重整期间继续营业,将有利于债权人、债务人、出资人、企业职工等各利害关系人,有利于社会整体价值最大化。[1] 特别是对非上市公司而言,由于不存在壳资源的价值,其重整的价值主要体现为两方面:资产及营运价值,或者其相关资质具有保留价值。在该类企业重整过程中,应当保证员工队伍的稳定、维持供应和采购关系,以及保持市场占有率,而这些工作必须通过破产企业的继续营业来实现。[2] 虽然公司的生产与维护成本高居不下,持续经营仍有大额亏损,但管理人经过分析论证后认为,持续经营是维系重整价值之关键,遂根据《企业破产法》第 26 条的规定,适时向泉州中院提出继续营业的申请,并获得泉州中院的批准。在遴选重组方过程中,多家投资人看中的正是铁观音集团的持续经营能力,并以高于正常评估价值的金额投资。在公司重整期间的亏损合计约为 500 万元的情况下,投资人用于额外提高清偿率的资金高达 3600 万元,极大地保证了债权人的合法权益。

二、采取市场化灵活措施平衡和保护相关方的利益

铁观音集团的债权人以茶农为主,考虑到这些债权人的抗风险能力较低,重整计划对于债权金额低于 10 万元的债权由模拟破产清算情况下的 1.74% 提高至 30%。同时,对于重整过程中遭受损失的茶农,管理人协调公司在未来的毛茶收购时给予优先考虑,这在很大程度上保障及兼顾了茶农的利益。另外,铁观音集团的重整成功,在很大程度上维持乃至于深化与茶农、茶配套生产商、茶叶营销加盟商的合作,带动相关产业的发展。

陷入困境的企业的重整,并不是仅仅单纯涉及债权人的利益,也涉及股东的利益,为充分调动各方利害关系人的积极性,必须让股东也参与到重整程序之中。[3] 从股东层面来看,铁观音集团原股东大部分为安溪县的制茶大师,其在茶业界具有较高的知名度与影响力,为了充分调动其在重整期间及重整后的铁观音集团发展中的

---

〔1〕 贺小荣、王富博、杜军:《破产管理人与重整制度的探索与完善——〈全国法院破产审判工作会议纪要〉的理解与适用》(上),载《人民司法(应用)》2018 年第 5 期。

〔2〕 许胜锋:《重整中债务人自行管理制度价值及风险的实用性研究》,载《中国政法大学学报》2017 年第 3 期。

〔3〕 王利明:《破产立法中的若干疑难问题探讨》,载《法学》2005 年第 3 期。

积极性,在重整过程中不对股权进行调整,而由重组方直接以增资方式取得铁观音集团的控制权。这不仅兼顾了原股东的利益,而且通过增量的出资人权益调整方案,很好地避免了出资人权益调整过程中存在的执行障碍。

【案例提供:北京市中伦(深圳)律师事务所　李成文;评析人:北京市中伦(深圳)律师事务所　许胜锋】

06

通过跨境破产挽救公司

——福建诺奇股份有限公司重整案

核心要点

福建诺奇股份有限公司(以下简称诺奇股份)重整案系国内首家H股上市公司通过重整程序涅槃重生的案例,开创了H股上市公司适用重整程序再生的先河。诺奇股份重整案不仅有破产重整程序中的普遍性问题,同时还面临内地与香港特别行政区的法律适用、重整程序与股票复牌工作的衔接、内资股股东及H股股东的权益调整、信息披露、香港证券监管部门的监管等诸多特殊问题,本案开创性的积极探索,总结并形成了宝贵的经验。

办案过程

一、案件简介

诺奇股份系一家注册地位于福建省泉州经济技术开发区的自有服装品牌零售企业,以中青年男士时尚休闲服饰销售为主营业务,主要采取外包生产、直营销售与特许加盟销售相结合的经营方式进行经营。2014年1月9日,诺奇股份在香港联交所主板上市,股票代码为01353. HK。2014年7月,公司发生法定代表人失联的风险事件,导致公司股价持续下跌并于2014年7月23日停牌,股票市值蒸发超过一半,公司经营情况也逐步恶化并爆发债务危机,陷入经营困境。

诺奇股份风险事件发生后,泉州市委、市政府高度重视,迅速组织市政府和开发区相关职能部门成立了诺奇股份风险事件应急处置工作组,并通过开展相关应对处置工作以减轻诺奇股份风险事件所造成的负面影响。2015 年 1 月 20 日,经市政府同意,在原工作组的基础上,成立了"福建诺奇股份有限公司清算组",并吸收北京市中伦(深圳)律师事务所作为该清算组成员,共同为诺奇股份妥善清理债权债务和依法开展各项脱困工作提供帮助和支持。2015 年 2 月 11 日,债权人以诺奇股份不能清偿到期债务,且面临被其他债权人起诉和查封拍卖资产的重大法律风险,有明显丧失清偿能力的可能为由向泉州市中级人民法院申请对诺奇股份进行重整。2015 年 4 月 1 日,泉州市中级人民法院依法裁定受理诺奇股份重整一案,同时指定诺奇股份清算组担任诺奇股份的管理人。

诺奇股份采取的是再建型重整模式,必须通过引入重组方提供资金,以彻底解决公司债务清偿、股票复牌及后续经营的一系列问题。为此,管理人以"公平、公正、公开"为原则,通过向境内外发布征集信息、多轮次竞争性谈判等途径择优遴选重组方,并结合诺奇股份的实际情况和 H 股上市公司复牌工作的要求制订了重整计划草案。重整计划草案的要点包括:由原股东无偿让渡一定比例的股份,其中一部分用于引入重组方,另一部分用于分配给债权人以清偿债务;重组方有条件受让股份,并需按照重整计划的规定为诺奇股份提供资金用于偿债和后续经营,以及自行承担股票复牌的工作和相关费用;公司现有的主要运营资产不进行变价处置,由重组方支付相应对价后予以保留,以维持公司后续经营的物质条件和基础。2016 年 1 月 27 日诺奇股份重整计划草案业经债权人会议和出资人组会议表决通过,并于 2016 年 2 月 1 日获得泉州市中级人民法院裁定批准。

诺奇股份负债总额约 12 亿元,负债规模巨大,若破产清算,普通债权的清偿率趋近于零,通过重整程序,普通债权的清偿率提高至 11.4%,债权人利益得到了极大的维护,H 股上市公司的地位得以维持。现重整计划已执行完毕,后续经营发展势态良好,诺奇股份实现了涅槃重生。

二、相关文书摘要

(一)泉州市中级人民法院(2015)泉破(预)字第 1-2 号民事裁定书

泉州市中级人民法院查明,诺奇股份位于福建省泉州经济技术开发区,2004 年10

月14日经福建省泉州市工商行政管理局批准注册成立,注册资本人民币9000万元。2014年1月,诺奇股份在香港联合交易所有限公司主板上市,同年7月23日公司股票停牌。2014年7月25日,诺奇股份发布指示性公告,称截至公告日期,公司已有4日未能与法定代表人取得联系。该公司2014年8月19日公告显示,其为第三方提供担保的共计约人民币454,500,000元贷款已被贷款人要求偿还,并且公司存于其他银行的现金存款已被冻结。

根据诺奇股份提供的资料显示,近几年该公司多方融资扩大经营,企业债务负担沉重。泉州市中级人民法院认为,诺奇股份住所地位于泉州市中级人民法院辖区,泉州市中级人民法院依法对本案享有管辖权。诺奇股份不能清偿其对债权人所负到期债务,债权人依法有权申请诺奇股份重整,诺奇股份对重整申请没有异议,且具有通过重整复兴再生的可能。

综上所述,泉州市中级人民法院裁定:(1)受理债权人对诺奇股份的重整申请;(2)指定福建诺奇股份有限公司清算组为诺奇股份管理人。

(二)泉州市中级人民法院(2015)泉破字第1-22号民事裁定书

2016年1月28日,诺奇股份管理人向泉州市中级人民法院提出申请,称泉州市中级人民法院受理的诺奇股份重整案于2016年1月27日上午召开第二次债权人会议,分为有财产担保债权组、职工债权组、税款债权组和普通债权组对管理人提交的《福建诺奇股份有限公司重整计划草案》(以下简称《重整计划草案》)进行表决。

鉴于债权人会议各表决组及出资人组均表决通过《重整计划草案》,根据《国企业破产法》第86条的规定,管理人请求法院批准《重整计划》,终止福建诺奇股份有限公司重整程序。

泉州市中级人民法院认为,诺奇股份管理人在法定期限内向泉州市中级人民法院及债权人会议提交的《重整计划草案》经债权人会议各表决组及出资人组表决通过。管理人申请泉州市中级人民法院批准的《重整计划》内容合法且具有可执行性。依据《重整计划》,普通债权的清偿比例不低于依照破产清算程序所能获得的清偿比例。债权受偿方案及出资人权益调整方案合法公平。债权人会议和出资人组会议的召开及表决程序合法,各表决组通过情况符合相关法律规定的标准。综上所述,管理人申请泉州市中级人民法院批准《重整计划》并终止重整程序,符合法律规定。

综上所述,泉州市中级人民法院裁定:(1)批准《重整计划》;(2)终止诺奇股份重整程序。

(三)泉州市中级人民法院(2015)泉破字第1-29号民事裁定书

2016年11月30日,诺奇股份管理人向泉州市中级人民法院提交《关于福建诺奇股份有限公司重整计划执行情况的监督报告》,称诺奇股份向其提交《关于福建诺奇股份有限公司重整计划执行情况的监督报告》,提出诺奇股份《重整计划》的执行符合《重整计划》规定的执行标准。管理人认为,诺奇股份《重整计划》的执行工作合法、合规;执行情况符合《重整计划》规定的执行完毕标准。故申请泉州市中级人民法院裁定确认诺奇股份《重整计划》执行完毕,并终结诺奇股份重整程序。

泉州市中级人民法院认为,诺奇股份《重整计划》明确规定《重整计划》由诺奇股份负责执行,管理人负责监督。同时规定执行完毕的标准为:(1)应分配给债权人的货币资金已划转至债权人指定的账户或由管理人提存;(2)应分配给债权人的股份已过户至债权人名下或债权人指定的股份持有人名下或由管理人提存;(3)应调整给重组方的股份过户至重组方名下。后续资产处置及追加分配根据实际情况进行,不作为《重整计划》执行完毕的标准。根据管理人监督报告所述,诺奇股份《重整计划》的执行情况符合《重整计划》规定的执行完毕的标准。

综上所述,泉州市中级人民法院裁定:确认诺奇股份《重整计划》执行完毕。

办案总结及实务指引

一、充分探索H股上市公司出资人权益调整方案

诺奇股份属于轻资产企业,但负债规模较大,其吸引重组方的优势资源在于其拥有H股上市公司地位,而通过重整程序取得诺奇股份控股权是重组方参与重整的动力所在,由此,调整出资人权益将是重整计划的必备内容。但由于诺奇股份的股份结构比较复杂,既有H股又有内资股,如何进行调整需要综合考虑行政审批上的要求、重组方的意愿、公司自身的现状及调整方案的可操作性等。鉴于本案系国内首家H股上市重整案例,如何设计具有可行性的出资人权益调整方案系摆在本案面前的巨大难题,为此管理人从规则与实际角度入手,对各种方案进行充分探索。

结合诺奇股份的股份结构和特点,重整程序中可采取的出资人权益调整方案主

要有存量内资股的调整、增发新股以及混合存量内资股调整和增发新股三种方式:

(1)存量内资股的调整即通过重整计划将内资股按一定比例调整给重组方,调整后重组方取得公司的控股权,其他内资股股东的持股比例相应减少,H股公众股东的持股比例不变;

(2)增发新股即指公司以定向增发H股的形式增发新股,重组方通过收购增发新股取得公司的控股权,H股公众股东和内资股股东的持股比例作相应缩减;

(3)混合存量内资股调整和增发新股即将存量股的调整方案和增发新股的调整方案相结合,内资股按照一定的比例调整,并同时增发一部分H股。

诺奇股份已公开发行的H股占公司股份总数的26.33%,公众股东涉及的人数较多、情况也相对复杂。经管理人多次沟通,从保护公众股东的利益出发,香港联交所并不认可对H股公众股东的权益进行调整。此外,H股上市公司增发新股,还涉及中国证券监督管理委员会的审批程序。因此,前述(2)(3)方案存在较大不确定性与实践操作难度。

通过对前述三种出资人权益调整方案的比选,存量内资股的调整方案操作简便,无须中国证券监督管理委员会和香港联交所的审批,重组方取得的股份均为内资股。考虑到香港联交所对出资人权益调整方案的态度、中国证券监督管理委员会行政审批程序的不确定性,以及重组方的意愿,在与重组方协商一致的基础上,诺奇股份出资人权益的调整采取了仅调整存量内资股的方案。

二、对香港联交所的监管与H股上市公司重整程序衔接进行开创性的探索

在本案的推进过程中,管理人与香港联交所保持了持续且密切的沟通,就香港联交所的监管与H股上市公司重整程序衔接进行开创性的探索。香港联交所在重整程序中,主要关注以下几个方面的问题。

(一)重组协议内容的确定

重组协议虽然于签署后即时生效,但在重整程序中,重组协议仅仅作为制订重整计划草案的基础,其主要内容将通过重整计划草案予以体现,而依法制订的重整计划草案需经提交债权人会议及出资人组会议表决,并由法院裁定批准后方能发生法律效力,只有当重整计划生效并进入执行阶段后,重组方才能按照重整计划的规定履行相关义务。对此,香港联交所也持相同的意见,认可重组协议获得履行的明确时点为法院裁定批准重整计划之日。确定该时点的意义在于,根据香港联交所上市公司收

购守则,在重组方履行重组协议的意向得到明确且重组方拥有公司超过30%的投票权时,重组方需要发出全面要约收购意向的公告。

(二)公司重组后的经营管理

为满足香港联交所的复牌条件,诺奇股份必须维持自身的经营。根据香港联交所的规定,对于重组方有新业务注入的,如果新业务与原业务属于相同行业的,可以马上注入,但如果新业务与原业务不属于相同行业,且所占比重较大的,则可能会被认定为反向收购,这意味着对公司后续经营管理及新业务的注入均提出了较高的要求,重组过程将面临香港联交所的严格审查。诺奇股份重组后并未改变主营业务,未来经营主要由重组方主导发展服装类业务。重整计划对公司的经营方案仅作出了原则性的规定,并得到了香港联交所的审查予以认可。

(三)信息披露

根据《香港联合交易所有限公司证券上市规则》的规定,发行人的信息披露主要责任主体应为其董事或高级管理人员。与联交所沟通的过程中,其对于发行人的董事或高级管理人员继续履行信息披露义务也更为接受。因此在重整程序中,应由在香港联交所备案的公司董事会秘书或执行董事继续负责履行有关信息披露义务。

虽然法律对H股上市公司于破产重整程序中应当披露的信息没有相关的直接规定,但是从上市公司信息披露的目的和要求及破产的法律概念出发,破产程序中所有重要的信息、时间节点、关键收文等均应予以披露。以破产重整程序为例,披露内容应分为程序性内容与实质性内容。程序性的内容主要包括:申请破产重整前披露董事会审议以及决议申请破产重整事宜的情况、申请主体的情况、申请时间、申请的事实和理由、法院受理或者不受理的裁定;破产重整程序进入后,有关法院裁定的具体内容、债权申报和审核的情况、债权人会议的结果、重整计划草案的制作情况、法院对重整计划的批准结果、重整执行期间执行计划情况等。实质性的信息包括出资人权益的调整方案、债权清偿方案及未来经营方案等。

(四)与复牌工作的衔接

因受法定代表人失联事件的影响,诺奇股份已于2014年7月23日在香港联交所申请股票停牌。2014年11月7日,香港联交所向公司发出复牌条件提示函,明确指出公司股票复牌需要满足以下条件:(1)证明本公司具备充足营运或资产价值;(2)委聘香港联交所接纳的独立法证专家,就有关事件(于董事会不知情或授权之情况下公司就并非隶属集团之各方取得之贷款提供担保及/或质押)进行法证调查;(3)证明本公司已采取充足财务申报程序及内部监控制度;(4)证明管理层操守并无对投资者产生风险及损害市场信心之合理监管问题;(5)公布所有尚未公布之财务业绩并处理核数师之任何保留意见;(6)向市场发布所有有关本公司之重大消息。

如前所述,诺奇股份的重整价值主要在于其拥有H股上市公司的地位,未来能够成功复牌是重组方参与重整的主要目标。诺奇股份重整程序伊始,管理人开展的各项工作便尤其注意与香港联交所提出的复牌条件相衔接,以避免给后续复牌造成障碍。例如,申请法院批准公司在重整期间继续营业以维持公司的运营价值、将重组方须出资保留公司的主要运营资产作为其参与重整的必要条件之一、在重整计划中规定由重组方自行承担复牌的工作及相关费用等。

综上所述,管理人在诺奇股份重整案件中,一方面对于首次面临的新问题,充分发挥自身专业能力,大胆创新并谨慎落实;另一方面与香港联交所、重组方积极沟通,就相关信息及时分享、高效沟通。管理人在诺奇股份重整案件中对于相关问题的经验积累,为日后H股上市公司重整案件提供了案例参考。

【案例提供及评析人:北京市中伦(深圳)律师事务所　王海军】

07

挽救农业机械重点生产企业

——广东科利亚现代农业装备有限公司破产重整案

核心要点

广东科利亚现代农业装备有限公司因资金链断裂、生产设备和厂房被查封、无法继续经营和偿还债务等原因,向法院申请破产清算。但该公司本身拥有核心技术,产品符合市场需求,其生产的高端农机装备对转变农业发展方式、提高农村生产力有重大帮助,具备恢复生产经营的能力,重整挽救的可能性较大。在详细分析破产清算和重整的区别及利弊后,该公司撤回破产清算申请,向法院提起破产重整申请,并最终重整成功。这再一次充分发挥了破产重整在拯救并维持企业运营价值、有效提升债权清偿率方面的重要功能。

办案过程

一、案件简介

广东科利亚现代农业装备有限公司(以下简称广东科利亚公司)成立于2009年12月22日,是广东省农业机械重点生产企业,其自主研发生产的联合收割机在国内同行业中处于技术领先地位。然而,因资金链断裂、生产设备和厂房被查封、无法继续经营和偿还债务等原因,其于2020年2月向广州市中级人民法院(以下简称广州中院)提出破产清算申请。经审查,广州中院认为,公司生产的高端农机装备对转变农业发展方式、提高农村生产力有重大帮助,公司具备重整价值,因此指引公司通过重整程序进行挽救。随后,广东科利亚公司撤回破产清算申请,并在法院裁定批准其撤回破产清算申请后,于2020年4月28日向广州中院提出破产重整申请。

法院认为,广东科利亚公司虽不能清偿到期债务,且已停工停业,存在明显缺乏清偿能力的可能,但其拥有核心技术,产品符合市场需求,具备恢复生产经营的能力,且其生产的农业机械产品对增加农资供应,提高农业生产力,转变农业发展方式具有重要意义,具备重整价值。因此,广州中院于2020年5月14日裁定受理广东科利亚公司破产重整一案。于2020年7月6日,广州中院批准广东科利亚公司在管理人的监督下自行管理财产和营业事务。

在重整申请被广州中院裁定受理后,根据广东科利亚公司反馈,不到半年的时间,广东科利亚公司80%的员工已复职到位,80%的机械设备已可以进入生产,为重整工作的顺利推进奠定基础。另外,公司意向投资人积极参与公司的重整工作,提供资金收购公司股东持有的股权,并代广东科利亚公司偿还了部分债务,尽可能减轻广东科利亚公司重整期间的障碍。

2021年1月13日,广东科利亚公司向广州中院提交了《重整计划草案》。根据该草案的相关内容,广东科利亚公司对职工债权组、有财产担保债权组、普通债权组均作出100%清偿方案,并对经营方案作出安排。鉴于职工债权自广州中院裁定批准重整计划之日即时全额清偿,其权益未受到调整和影响,故《重整计划草案》未设职工债权组进行表决。其他债权组别经表决,普通债权组表决通过了《重整计划草案》,出资人组表决通过了《重整计划草案》之出资人权益调整方案。广东科利亚公司与未表决通过《重整计划草案》的有财产担保债权组债权人进行了协商,有财产担保债权人再次对《重整计划草案》进行表决,通过了《重整计划草案》。2021年4月22日,广州中院根据广东科利亚公司申请,裁定批准《广东科利亚现代农业装备有限公司重整计划》,终止广东科利亚公司重整程序。

二、相关文书摘要——《重整计划草案》(节录)

出资人权益调整方案

鉴于广东科利亚公司已经严重资不抵债,重要资产已被办理抵押或者质押登记,经营和财务状况已陷入严重困境,一旦破产清算,现有资产在清偿各类债权后已无剩余财产向出资人分配，出资人权益为零。为保障全体债权人的权益，避免广东科利亚公司破产清算，需要出资人和债权人共同作出努力。因此，本重整计划中将对广东科利亚公司出资人的权益进行调整。

根据《企业破产法》第85条第2款规定，重整计划涉及出资人权益调整事项的，应当设立出资人组，对该事项进行表决。出资人组由登记在册的广东科利亚公司全体股东组成。

因广东科利亚公司已明显丧失清偿能力且自救无望，故出资人权益调整为零，广东科利亚公司全体股东无偿让渡各自所持股权，全部让渡给投资人并过户至相应的主体名下。

债权清偿方案

1. 职工债权组

已公示并获得确认的职工债权，自广州中院裁定批准重整计划之日由广东科利亚公司以货币方式100%比例全额受偿。

2. 有财产担保债权

(1)已确定的债权

已获得广州中院裁定确认的有财产担保债权，即第一笔有财产担保债权114,050,156.25元，在广州中院裁定批准通过重整计划之日起3个月内由广东科利亚公司以货币方式100%比例全额受偿。

有财产担保债权将获得全额清偿，其在重整计划执行过程中因延期清偿所产生的损失，即自广州中院裁定批准通过重整计划之日起至实际清偿之日的损失，按照全国银行间同业拆借中心发布的1年期贷款市场报价利率作相应补偿，在广州中院裁定批准通过重整计划之日起3个月内由广东科利亚公司以货币方式一次性支付。

(2)暂缓确认的债权

对暂未获得广州中院裁定确认的有财产担保债权，即第二笔有担保债权132,423,583.68元，因涉诉未决，若最终经人民法院判决确定的，则确认的有财产担保债权金额和利息，在生效法律文书判决之日起15日内由广东科利亚公司以货币方式100%全额受偿，具体金额以管理人确认及广州中院裁定为准。

有财产担保债权人应于有财产担保的债权清偿之日起10个工作日内协助涂销广东科利亚公司名下全部抵押物的抵押登记。

3. 普通债权组

已获得广州中院裁定确认的普通债权的受偿额按照普通债权金额的100%清偿，自广州中院裁定批准重整计划之日起6个月内由广东科利亚公司以货币方式清偿法院裁定确认的普通债权金额的30%；自广州中院裁定批准重整计划之日起1年内由广东科利亚公司以货币方式清偿法院裁定确认的普通债权金额的40%；自广州中院裁定批准重整计划之日起2年内由广东科利亚公司以货币方式清偿广州中院裁定确认的普通债权金额剩余的30%。

4. 待定债权

对于已申报但暂未确认的债权，根据广州中院最终裁定确认的债权性质和金额，按照相应债权调整及清偿方案进行清偿。

账面其他未申报债权，符合法律规定的，由重整后的广东科利亚公司按照相应债权调整及清偿方案进行清偿。

偿债资金实施方案

投资人向广东科利亚公司拟提供全部资金用于支付本重整计划项下破产费用、共益债务，以及按照上述"债权调整及清偿方案"清偿有财产担保债权、普通债权等；在重整计划执行期间，通过该项目运营产生的利润、融资贷款等均可作为重整资金来源，用于补足前述重整资金。重整资金实施方案具体如下：

1. 重整投资人缴纳保证金，作为执行重整计划的担保。广州中院最终未批准重整计划的，保证金退还重整投资人。如广州中院批准本重整计划的，保证金将用于偿付相关债权；

2. 其余资金由投资人依据本重整计划的安排分期支付；

3. 重整投资人应当按照重整计划按期足额提供重整资金，否则，按照法律规定和合同约定承担相应法律后果；

4. 重整投资人通过该项目运营产生的利润、融资贷款等均可作为重整资金来源，用于补足前述重整资金，但应由管理人审核批准后方能实施。

重整计划的执行期限及执行完毕的标准

执行主体

根据企业破产法的规定，经广州中院裁定批准的重整计划由广东科利亚公司负责执行，即广东科利亚公司为重整计划的执行人。

执行措施

1. 现金清偿的实施

本重整计划规定的现金清偿事项，清偿资金由广东科利亚公司或者投资人支付给债权人。债权人应自重整计划获得广州中院裁定批准之日起10日内按照管理人提供的文本提供领受偿债资金的银行信息。因债权人的原因导致偿债资金不能到账或领受偿债资金的银行账户被冻结、扣划的，后果由债权人自行承担。

按照本重整计划可以获得现金清偿的债权人未按照重整计划的规定领受偿债资金的，偿债资金将提存至广东科利亚公司管理人银行账户。重整计划获得广州中院裁定批准之日起满6个月后，提存的偿债资金仍未领受的，管理人将移交给广东科利亚公司提存，自重整计划获得广州中院裁定批准之日起满2年仍未领取的，视为债权人放弃领受清偿资金的权利。在扣除相关费用后，未领受的偿债资金留在广东科利亚公司作为生产经营所需流动资金。

2. 延期清偿的安排

本重整计划规定延期清偿的债权，广东科利亚公司应按照本重整计划的规定履行清偿义务。

3. 重整费用与共益债权的清偿

重整费用与共益债权按照相关法律及协议等规定随时优先支付。重整计划执行的监督期限内，管理人执行职务的费用根据实际发生金额由广东科利亚公司随时支付。

4. 股权变更期限

法院裁定批准重整计划通过之日起6个月内（其中有财产担保债权已清偿完毕），投资人将承接广东科利亚公司100%的股权。由相关法院根据依法批准的重整计划向工商行政管理部门发出司法协助执行通知书，由广东科利亚公司负责完成股权变更的法律手续，管理人予以协助，投资人应当予以配合。

执行期限

重整计划的执行期限最长不超过2年，自重整计划经广州中院裁定批准之日起算。如非因广东科利亚公司原因，致使本重整计划无法在上述执行期限内执行完毕的，广东科利亚公司应于执行期限届满前15日，向广州中院提交延长重整计划执行期限的申请，并根据广州中院批准的执行期限继续执行。

重整计划执行期间的财务管理

重整计划由广东科利亚公司负责执行。自广州中院裁定批准重整计划之日起,在重整计划规定的监督期内,由管理人监督重整计划的执行。在监督期内,广东科利亚公司应当每月定期向管理人报告重整计划执行情况和广东科利亚公司财务状况。

重整计划执行中的变更条件和程序

广东科利亚公司应严格执行重整计划,但因出现国家政策调整、法律修改变化等特殊情况,导致原重整计划无法执行的,广东科利亚公司可以申请变更重整计划一次。债权人会议决议同意变更重整计划的,应自决议通过之日起10日内提请广州中院批准。债权人会议决议不同意或者广州中院不批准变更申请的,广州中院经管理人或者利害关系人请求,应当裁定终止重整计划的执行,并宣告广东科利亚公司破产。

广州中院裁定同意变更重整计划的,广东科利亚公司应在6个月内提出新的重整计划。变更后的重整计划应提交给因重整计划变更而遭受不利影响的债权人组和出资人组进行表决。

重整计划执行完毕的标准

自下列条件全部满足之日起,视为本重整计划已执行完毕:

1. 本重整计划规定的债权数额已清偿或已提存达到2/3(其中有财产担保的债权已清偿或已提存);

2. 广东科利亚公司100%股权已过户登记至重整投资人或其指定主体名下。

符合重整计划执行完毕的标准后,广东科利亚公司向广州中院提交执行情况报告,管理人向广州中院提交重整计划执行监督报告,确认重整计划执行完毕,并申请广州中院作出重整计划执行完毕的裁定。

办案总结及实务指引

一、识别企业重整价值,发挥破产挽救功能

广东科利亚公司是广东省农业机械重点生产企业,在农机领域占有一定的主导地位。后因资金链断裂、生产设备和厂房被查封、无法继续经营和偿还债务,起初债

务人试图通过破产清算程序解决资不抵债、经营不善等问题。但通过综合分析来看,广东科利亚公司本身负债结构并不复杂,民间借贷资本也不高。并且,作为农机装备生产企业,广东科利亚公司本身的口碑信誉、资产状况、核心技术、生产条件、行业前景等都很好,重整挽救的可能性较大。在发挥破产拯救功能、维持企业运营价值、有效提升债权回收率理念的指导下,广东科利亚公司重新向法院提出重整申请,被法院裁定受理。

广东科利亚公司在重整审查期间,对厂房、生产设备、证照资料和财务账册进行清点、整理和封存,为后续与管理人的交接工作做好了准备。在法院裁定受理重整后,广东科利亚公司向管理人移交了上述账册资料,并在管理人监督下管理财产和营业事务。广东科利亚公司的上述行为能够证明其为“诚实”而“不幸”的债务人,在其作出的重整计划草案中对所有债务100%清偿的安排也印证了其是诚信经营的企业,保护“诚实”而“不幸”的债务人是破产法的宗旨之一,挽救诚信而有拯救价值的企业是破产法的主要功能。

广东科利亚公司申请重整正值疫情期间,党中央提出“六稳”“六保”方针政策,广东科利亚公司属于国家积极鼓励和扶持的行业,其生产的农机产品能够满足我国农业生产和科技战疫的需求。进入重整程序后,广东科利亚公司恢复经营管理架构,职工复职到岗,收到了稳定的订单,快速复工复产,广东科利亚公司实质上已经恢复造血功能,广东科利亚公司具备了执行重整计划的条件和基础。各表决组均对广东科利亚公司的重整价值达成共识,一致同意广东科利亚公司的重整计划草案,支持广东科利亚公司重整。

二、破产“智融”平台的应用

2021年1月26日,广州中院上线全国首个全流程一体化破产资产处置平台和重整投融资“智融”平台,打破市场与破产企业之间的要素流动壁垒,引进多个投资机构、平台进驻,提升破产资产处置效率和重整成功率。广东科利亚公司破产重整案,通过充分发挥“智融”平台的流动性支持功能,整合金融机构强大的综合金融服务信息功能,利用大数据分析为重整投资人精准匹配某金融机构的农业基金项目,开辟广东科利亚公司重整资金筹措绿色通道,为重整投资人及时提供融资支持,引入首期资金2.5亿元,并陆续实现全部债权人100%受偿,保障了广东科利亚公司疫情期间顺利复工复产。由于受到疫情的影响,不适宜召开线下债权人会议,而通过“智破”系统以线上会议形式召开第二次债权人会议，完成网络投票，极大地节约了表决时间，提升了破产程序的效率。

企业破产重整，远远不仅在于脱离困境、清除债务，更在于对困境企业的拯救，甚至再创辉煌，特别是在疫情期间各种条件均受影响的情况下，更加要注重对企业清理或重生的引导和监督。破产制度能够产生极强的"外部性"效果，在维护实现债务人、债权人、重组方等各方当事人利益的同时，亦能够解决案件所带来的社会问题，努力促成法律效果与社会效果相统一的局面。

【案例提供：深圳市正源清算事务有限公司　郑瑞琼；评析人：北京市中伦（深圳）律师事务所　王硕】

08

重整过程中“卡脖子”问题的顺利解决

——深圳市金凯进光电仪器有限公司重整案

核心要点

对于陷入财务困境但还有复苏希望的企业，通过破产重整程序能够实现债务调整和企业整理，使之摆脱困境、走向复兴。但破产重整中关键性“卡脖子”的问题能否得到顺利解决成为重整成功的症结所在。本案通过和解方式妥善解决了被承租人占用的债务人物业情形，通过法院出具协助执行通知书的方式解决了投资人股权过户中面临的被多家法院查封或轮候查封的情形。这为今后处理破产中的类似问题提供了有益借鉴。

办案过程

一、案件简介

深圳市金凯进光电仪器有限公司（以下简称金凯进公司）系国家级高新技术企业，成立于1995年3月17日，具备深厚的技术积累，主导产品远销美国。因受经营不善问题及财务费用负担沉重的影响，出现经营危机及债务危机。经债权人申请，广东省深圳市中级人民法院（以下简称深圳中院）于2017年2月24日依法裁定受理金凯进公司破产清算一案。

金凯进公司经营范围主要为:一般经营项目,即射击瞄准镜、单目瞄准镜、军用电筒、激光测距仪、观靶镜、双筒望远镜、枪支架的销售;货物及技术进出口。许可经营项目,即射击瞄准镜、单目瞄准镜、军用电筒、激光测距仪、观靶镜、双筒望远镜、枪支架的生产。

2017 年 12 月 12 日,金凯进公司出资人黄某向深圳中院申请对金凯进公司进行重整。申请人提出,金凯进公司具备深厚的技术积累,为国际级高新技术企业。恢复生产经营有利于解决员工就业问题、带动深圳经济的发展,且金凯进公司的土地等资产尚有使用价值,通过重组方投入资金,有利于提高债权人的清偿率。金凯进公司重整事项经征求债权人的意见,债权人对金凯进公司进行重整未提出异议。对金凯进公司进行重整符合债权人意思自治原则且有利于最大限度地保护债权人利益,有利于化解社会矛盾。金凯进公司虽不能清偿到期债务,但仍具有挽救价值和挽救希望,符合重整条件。2018 年 1 月 30 日,法院裁定金凯进公司进入破产重整程序。

2018 年 8 月 28 日,金凯进公司破产重整案召开债权人会议,除担保债权组外,其他各组均通过重整计划。之后,金凯进公司管理人与担保债权人协商,担保债权组再次对重整计划进行了表决,担保债权人再次表决同意重整计划。至此,经过两次表决,金凯进公司重整计划获得各债权组和出资人组通过。2019 年 3 月 21 日,法院裁定批准金凯进公司重整计划草案并终止重整程序。2021 年 1 月 28 日,法院裁定确认金凯进公司重整计划执行完毕并终结金凯进公司破产程序。

二、相关文书摘要——《重整计划草案》(节录)

出资人权益调整方案

(一)出资人权益调整的目的

在重整计划中进行出资人权益调整的目的是出于公平的考虑,由金凯进公司的股东和债权人共同分担损失。同时,也为引入重组方对金凯进公司进行重整提供条件。

(二)调整方案

虽然金凯进公司资不抵债,所有者权益为负,但重组方愿意以 200 万元的对价将金凯进公司股权全部转让至重组方名下,即黄某持有金凯进公司 90% 股权对价为 180 万元;李某持有金凯进公司 10% 股权对价为 20 万元,该 200 万元由重组方另行提供,不计算在 2.85 亿元的重整投资资金内。2 名股东黄某(持股 90%)及李某(持股

10%)让渡其所持有全部股权给重组方,原股东不再享有任何股东权益。

在重整计划获法院裁定批准、重组方提供的重整偿债资金全部支付到管理人账户后,金凯进公司的全部股权即归重组方所有,重组方即为金凯进公司的唯一股东,由其行使全部股东权利,金凯进公司原股东不再享有任何股东权益,原股东应配合办理股权过户手续,将股权登记至重组方名下。因黄某、李某持有金凯进公司的股权均存在质押及多轮查封,在股权登记至重组方名下之时,出资人方可获得相应的对价。如黄某、李某的股权在重整计划获得批准后未能过户至重组方名下,而是由非重组方指定第三方取得,前述出资人权益调整方案的效力及于新的股权受让方。黄某、李某基于前述调整方案可获得的受让对价,由新的股权受让方享有,在新的股权受让方将金凯进公司的股权登记至重组方名下时,新的股权受让方方可获得相应的对价。

(三)出资人组

根据破产法规定,重整计划涉及出资人权益调整事项的,应当设立出资人组,对该事项进行表决。因此,本案设立出资人组对出资人权益调整方案进行表决。

债权的调整和清偿方案

(一)有财产担保债权组

有财产担保债权组在担保财产评估价值范围内100%清偿。担保财产评估值范围外及未实现的租金的债权不享有优先受偿权,该部分属于普通债权,按照普通债权的调整和受偿方案受偿。

有财产担保债权、在担保财产评估价值范围内的债权,在重整计划经法院裁定批准后3个月内以现金方式一次性清偿完毕。

(二)职工债权组

在重整计划经法院裁定批准后1个月内全额支付至管理人账户一次性清偿。

但因职工债权存在增加的可能,重组方于重整计划裁定批准后,于支付职工债权清偿款4,443,149.68元时一并向管理人账户支付职工清偿提存款7,176,615.18元,提存金额不足以清偿经确认的全部职工债权的,由重组方补足;提存金额清偿职工债权后有剩余的,由金凯进公司普通债权人按比例追加分配;本提存款的提存时间为法院裁定重整计划执行完毕之日起1年内(仲裁、诉讼时间不计入提存时限),超出提存期限后的剩余款项由金凯进公司普通债权人按比例追加分配。

（三）普通债权组

重组方投入2.85亿元资金，在支付破产费用、共益债务，优先清偿经确认的有财产担保债权、职工债权，依据重整计划提存职工债权、税款债权偿债资金后，剩余资金按普通债权20.07%的清偿比例清偿已确认的普通债权，并按照同一比例为已申报但暂缓确认的普通债权进行提存。已经法院裁定确认的普通债权在重整计划经法院裁定批准后4个月内以现金方式一次性清偿完毕。最终清除率以执行重整计划后普通债权可获得的实际清偿为准。

（四）暂缓确认普通债权

本案暂缓确认债权均为普通债权，暂缓确认普通债权按普通债权清偿率提存，经审查确认后清偿。如暂缓确认的普通债权未获得确认或部分未获得确认，未获得确认的提存部分由金凯进公司用于支付金凯进公司应补地价及预计债权的清偿，支付后仍有剩余款项用于普通债权按比例追加分配。

（五）未申报的预计债权

1. 预计税款债权

虽然本案目前尚无税款债权人前来申报债权。但根据管理人测算，金凯进公司予以欠付土地使用税、费本金200万元。重整计划经法院裁定批准后1个月内，重组方提存税款债权金额200万元。金凯进公司于重整计划裁定批准后，进行土地使用税、费纳税申报工作。提存税款债权金额不足以清偿税款债权的，由重组方补足；提存税款债权金额清偿税款后有剩余的，由金凯进公司用于支付金凯进公司应补地价，支付后仍有剩余款项用于普通债权按比例追加分配。

2. 预计债权（不含预计税款债权）

预计债权，在重整计划执行期间不得行使权利。在重整计划执行完毕后，由金凯进公司自行负责审核债权。债权人对审核结果有异议的可以向法院提起诉讼。相关债权在经最终确认后，可依法按照重整计划规定的同类债权的清偿比例获得清偿。重组方已知悉金凯进公司存在预计债权的风险，重组方将通过暂缓确认普通债权提存款项清偿后的剩余款项进行清偿，不足部分由重组方另行提供资金进行清偿。

债务人经营方案

重组方卓航投资自愿参与金凯进公司重整，帮助金凯进公司摆脱困境，实现债权人、职工、重组方等多方利益的共赢。卓航投资拟投资2.85亿元现金作为重整资金，用于支付重整期间的各类费用(破产费用及共益债务)、清偿债务(有财产担保债权、职工债权、税款债权、普通债权),以取得金凯进公司100%的股权。

(一)经营方案内容

重组方将另行投入资金对金凯进公司名下土地、房产资源进行开发,可实现良好的经济效益。因此,重整计划裁定批准后,重组方将通过各种有效手段解决与租户、占用人之间的纠纷,以有效快捷的方式收回金凯进公司名下的房产。针对未办证部分的建筑,重组方也将自行依法解决该部分建筑遗留下来的问题,根据相关法律法规申请将该建筑合法化或作为违章建筑拆除。同时,重组方实际控制人陈女士投资了一家名为深圳市注成科技股份有限公司,该企业是深圳市重点民营军工企业,目前正准备上市。因此,重组方拟将金凯进公司的业务并入前述军工企业,帮助金凯进公司继续发展原有业务。

(二)择机注入优质资产

在重整计划执行完毕后,在法律框架范围内,重组方将择机实施资产重组,向金凯进公司注入优质资产,增强金凯进公司持续经营能力和持续盈利能力。

(三)加强内部控制管理

金凯进公司将进一步完善法人治理结构,加强内部控制的建设,构建能够有效防范和化解经营风险、促进公司持续发展的长效机制,提升公司经营管理水平。同时严格控制财务杠杆的增长,慎重选择融资方式,控制财务风险。

办案总结及实务指引

一、通过和解方式完成物业的移交,切实维护投资人权益

金凯进公司的主要财产是位于深圳市宝安区石岩街道石龙社区工业二路北侧的金凯进园区,但已分别出租给两家承租人。管理人依法通知两家承租人解除租赁合同。其中一家承租人对此提出异议,并向深圳中院提起诉讼。后经深圳中院和广东省高级人民法院审理,判决解除租赁合同。

尽管取得胜诉判决,但承租方通过各种方式阻挠重组方接管金凯进公司物业,承租方和重组方站在各自利益角度形成强硬对抗,严重影响《重整计划》的执行。为此,

在承租人仍旧拒绝腾空的情况下，债务人申请破产案件受理法院出具协助执行通知书。在面临可能要采取强制措施的情况下，破产案件受理法院没有简单化处理问题，而是坚持破产审判市场化原则，以利益导向促成承租人与重组方达成和解，最终经承租人与管理人、重组方协商实现重组方对园区的顺利接管。

二、通过司法途径，妥善处理被查封股权的过户

作为股权让渡式重整，股东持有债务人的股权被查封成为重整计划能否顺利执行的关键性因素。金凯进公司股东股权被多家法院查封或轮候查封。虽然人民法院已经裁定重整计划，但重组方也很难将重整企业股权过户至自己名下。长期以来，股权过户已经成为破产重整案件中“卡脖子”的关键问题，削弱了投资人参与破产重整的积极性。

本案中，管理人充分利用重整计划的规定对本案债权人的约束力，以及最新广东省高级人民法院的指引，申请受理破产案件的深圳中院直接出具过户协助执行通知书，直接绕过解除查封漫长且烦琐的过程，将金凯进公司股权成功过户至重组方名下。广东省高级人民法院《关于审理破产案件若干问题的指引》第 98 条第 2 款规定，“人民法院批准重整计划时，应当结合债务人资产价值、负债情况、重整计划中债务人受偿比例、调整后原股东保留权益大小等进行审查。经审查批准的，应当按照重整计划的规定执行。对股权采取查封措施的人民法院或登记机关不予执行的，管理人可以向人民法院申请协助执行”。据此，深圳中院向深圳市市场监督管理局出具协助执行通知书，依法将金凯进公司股权过户至重组方名下。这是一次有益尝试，属广东省内首次。既不损害第三方权益，又解决了金凯进公司股权过户问题，为重整企业股权过户问题的解决提供了有益参考。

综上所述，破产重整过程中面临各种各样的问题，如不及时处理不仅债务人企业得不到挽救，而且影响意向投资人重整企业的积极性。在本案的处理过程，将司法权力的运用与沟通协商相结合，妥善处理了物业移交以及股权过户事宜，尤其是通过法院出具协助执行的方式实现股权过户，为今后类似情况的处理提供了有益借鉴。

【案例提供：广东融关律师事务所　孙程旭；评析人：北京市中伦（深圳）律师事务所　王硕】

09

充分发挥破产企业的壳资源价值

——珠海市博元投资股份有限公司重整案

核心要点

珠海市博元投资股份有限公司(以下简称博元公司)作为原在上海证券交易所的上市公司,有壳资源价值,具备重整基础。虽然后续终止上市,但仍受到投资者的青睐。该公司破产重整历经了庭外重组、预重整、破产重整等程序,最终重整成功。重整投资人通过受让资本公积转增股本的方式成为博元公司的股东,其投入的资金为债务的清偿奠定了基础。在重整计划草案执行过程中,经全国中小企业股份转让系统认定,重整计划捐赠资产构成重大资产重组,博元公司股权不能变更登记至重整投资人名下。通过申请延长重整计划执行的监督期限,请求法院出具协助执行通知的方式,成功实现了重整投资人的股权登记。

办案过程

一、案情简介

珠海市博元投资股份有限公司于1988年1月21日在浙江省工商行政管理局登记注册,原名为浙江省凤凰化工股份有限公司,股票于1990年12月19日在上交所上市交易。之后名称先后变更为上海华源制药股份有限公司、东莞市方达再生资源产业股份有限公司,2011 年 9 月 9 日更名为珠海市博元投资股份有限公司。博元公司于 2015 年 5 月 28 日被暂停上市,已处于资不抵债状态。但鉴于公司属于上海证券交易所上市公司,有壳资源和重整挽救价值,众多股东自救意识强烈,同年 8 月 10 日博元公司召开临时股东会,通过了同意公司向法院申请重整的议案。2015 年 11 月 27 日,珠海市中级人民法院(以下简称珠海中院)发布(2015)珠中法破(预)字第 3－1 号公告,通知博元公司债权人自公告发布之日起 30 日内向博元公司清算组申报债权。2016 年 5 月 12 日,上海证券交易所对博元公司股票予以摘牌,公司股票终止上市。2018 年 2 月 2 日,珠海中院作出(2015)珠中法民二破(预)字第 3 号《决定书》,指定北京德恒(珠海)律师事务所为临时管理人,参照管理人管理规定开展工作,并向珠海中院提出是否受理博元公司破产申请的意见。自此,博元公司进入预重整阶段。2018 年 4 月 2 日,博元公司股票在全国中小企业股份转让系统挂牌。2019 年 12 月 26 日,珠海中院作出(2015)珠中法民二破(预)字第 3 号《民事裁定书》,裁定受理博元公司重整申请。2019 年 12 月 30 日,指定北京德恒(珠海)律师事务所担任博元公司管理人。2020 年 6 月 5 日,博元公司破产重整案召开债权人会议对《重整计划草案》进行表决,经表决该草案获得债权人会议通过。由于草案涉及对博元公司出资人权益调整事项,经出资人表决通过草案。2020 年 7 月 2 日,珠海中院批准珠海市博元公司重整计划。

珠海市博元公司破产重整案先后经历了重整受理前清算阶段、预重整受理阶段、重整受理阶段。通过招募重整投资人,最终由 11 家投资人组成了重整投资人联合体。重整投资人联合体向博元公司注入重整投资款,取得博元公司资本公积转增的股份。重整投资人联合体获得博元公司转增股票后,将所持有的广州亚美信息科技有限公司(以下简称亚美科技公司)的股权全部捐赠给博元公司。博元公司重整完成后,亚美科技公司成为博元公司的全资子公司,亚美科技公司的现有业务、资产、主要经营管理人员及核心技术人员全部划转入博元公司,使得博元公司获得持续经营能力和盈利能力。博元公司重整的成功,不仅实现了债务的清偿,并且中小股东的利益也得到了维护,实现了拯救、盘活公司的重整目标。

二、相关文书摘要——《重整计划草案》(节录)

出资人权益调整方案

(一)出资人权益调整的必要性

博元公司目前已经不能偿还到期债务、陷入资不抵债的困境。在债权人的债权未能获得公司清偿的情况下,公司没有资产向股东分配,出资人权益为零。为挽救博元公司,避免破产清算的风险,出资人和债权人须共同作出努力,共同分担实现公司重生的成本。因此,重整计划安排对出资人权益进行调整。

(二)出资人组

根据《企业破产法》第85条第2款规定,重整计划涉及出资人权益调整事项的,应当设出资人组,对该事项进行表决。出资人组由截至2020年5月26日下午收市后在中国证券登记结算有限责任公司登记在册的博元投资股东组成。《重整计划》之出资人权益调整方案对在前述日期后至《重整计划》规定的股份变更登记手续办理时限前取得博元公司股份的主体同样具有效力。

(三)出资人权益调整方案内容

1. 重整投资人投资款计为博元公司资本公积

公司原控股股东珠海华兴泰投资有限公司3.84亿元股改承诺金未真实到位,该股改承诺金由重整投资人向公司先行投资补足,并作为重整投资款。重整投资人在珠海中院批准重整计划之日起90日内,向博元公司管理人账户足额支付3.84亿元,并全部计入公司资本公积。

2. 资本公积转增股本

重整投资人的投资计入资本公积后,博元公司调增后的资本公积金总额为12.43亿元。公司实行资本公积转增股份,原出资人持有的股票不进行让渡。公司以现有总股本190,343,678.00股为基数,按照10股转增65.32股的比例实施资本公积金转增股本,共计转增1,243,394,950.00股。资本公积转增股本实施完毕后,博元公司总股本将由190,343,678.00股增加至1,433,738,628.00股(最终实际转增的数量以中国登记结算公司登记确认为准)。

3. 转增股份全部由重整投资人受让

转增1,243,394,950.00股的股份不向原股东分配,全部由重整投资人取得。

债权分类、调整及受偿方案

根据债权申报、审查确认情况和《企业破产法》的规定,本重整计划对博元公司的债权作出如下分类和调整:

1. 担保债权组

没有确认担保债权,不设担保债权组。

2. 税款债权组

没有税款债权申报,不设税款债权组。

3. 职工债权组

职工债权(工伤赔偿金)为86.10万元。该债权组不做调整,按照100%的比例现金清偿。

4. 普通债权组

普通债权总额为1,244,166,329.37元。根据偿债能力分析,博元公司在假设清算条件下,普通债权的清偿比例为0.197%(实际比例预估更低)。为最大限度地保护普通债权人的合法权益,本《重整计划》对普通债权的清偿比例作了较大幅度的提高,具体调整如下:

(1)根据珠海中院确认的博元公司普通债权的金额,由博元公司按照10%的比例,以现金对每一家普通债权人进行清偿;

(2)博元公司对截至法院受理重整之日公司存有的低效资产,按照法定程序进行处置,如有所得,用于对普通债权人的补充清偿。

博元公司按照上述方案清偿后,未获得清偿的部分,根据《企业破产法》的规定,博元公司不再承担清偿责任。

5. 预留债权

博元公司按照本重整计划预留的债权依据生效法律文书确定的结果处理。但如债权人未能在管理人实施分配前提起诉讼或自破产程序终结之日起满2年仍不能受领分配的,预留款项转为博元公司资金使用。

经营方案

(一)剥离低效资产,改善资产结构

通过本次重整,博元公司将对低效资产包括应收账款、长期股权投资等予以剥离处置,以改善、优化博元公司的资产结构。

(二)引进核心资产和业务,大幅提高持续经营和盈利能力

重整投资人在获得博元公司资本公积转增股票而成为公司股东后7日内(以中国登记结算公司登记日为准),将所持有的亚美科技公司的100%股权捐赠予博元公司。相应地,亚美科技公司的核心资产和业务也被博元公司同步吸收。

亚美科技公司是一家专注于车联网大数据研究及应用的企业,有广州市科创委

认定的企业研发机构，拥有增值电信业务经营许可证、ISO质量管理体系认证证书，是中国机械工业联合会认可的车联网平台供应商，获得中国汽车技术研究中心授权的全国VIN码库接口（车辆识别代码）。

（三）引进资金，为业务快速发展创造良好条件

通过此次重整，重整投资人投入3.84亿元资金，除按确认债权额10%的比例清偿普通债权人的债权并另行支付破产费用、职工债权、偿还共益债务之外，还有大量资金作为博元公司的经营资金使用。这大大增强了博元公司的流动性资金，为业务的快速发展和公司扭亏为盈创造了良好的条件。

（四）保留公司现有经营管理骨干，引进亚美科技公司的经营管理人才

重整后，博元公司原则上留用现有经营管理人员。同时，在现有团队基础上，引进亚美科技公司的技术、研发、管理、销售专业人才。相互融合，优势互补，助力公司发展。

（五）通过重整后的经营，尽快实现恢复上市的目标

通过重整和经营，博元公司在资产、业务、资金、人才等方面的状况得到极大改善，能够使得博元公司尽快扭亏为盈，实现净资产为正。在重整成功后尽快恢复上市，为股东创造更大的收益。

办案总结及实务指引

一、注重发挥破产企业的壳资源价值

博元公司原系上海证券交易所上市公司，具有壳资源价值，有重整基础。虽然博元公司在2016年被上海证券交易所摘牌，转入全国中小企业股份转让系统。但其具有的壳资源仍受到重整投资人联合体的青睐，为其投入3.84亿元的偿债资金。重整投资联合体的资金的注入，为博元公司重整的成功奠定了基础。博元公司重整的成功，体现出对于退市企业来说，其壳资源仍有价值，并仍能够吸引到投资人。

二、庭外重组、预重整、重整程序的衔接与运用

博元公司破产重整案，先后经历了庭外重组、预重整、破产重整三个阶段，该三个阶段前后衔接，前一阶段为后一阶段奠定基础，共同促进了企业的重整成功。

博元公司于2015年5月28日被暂停上市之时，已处于资不抵债状态，但鉴于公司属于上交所上市公司，有壳资源和重整挽救价值。同年8月10日，博元公司召开第三次临时股东大会审议并通过了《关于向人民法院申请重整的议案》。2015年8月18日，博元公司向珠海中院提交了重整申请。珠海中院以破预字号发布公告，通知博元公司债权人自公告发布之日起30日向清算组申报债权，清算组随即开展了债权申报、登记工作，并协助公司开展招募投资人工作。

2018年2月2日，珠海中院以破预字号作出决定书，指定临时管理人，参照管理人管理规定开展工作，博元公司进入预重整阶段。预重整期间，博元公司自行管理财产和营业事务，委托中介机构出具了公司资产评估报告、清产核资专项审计报告和偿债能力分析，并与公开招募的重整投资人联合体签订了博元公司重整投资协议，并在此基础上，制作了《重整计划（预案）》。临时管理人提议召开了两次债权人会议，先后对债权进行核查、对博元公司制作的《重整计划（预案）》进行预表决并通过。出资人组对出资人权益调整事项进行预表决，但未能表决通过。

临时管理人提请珠海中院裁定受理博元公司重整申请。2019年12月26日，珠海中院作出破预字号民事裁定书，裁定受理博元公司重整申请。

三、重整投资款计入资本公积后再以资本公积转增股份受让给投资人

在破产司法实践中，出于降低债务人的“负债率”目的，诞生了灵活运用破产法规定的“债权调整”尤其是“出资人权益调整”工具，以资本公积金转增股本形成的出资人权益直接分配给债权人等方法，从实证角度弥补了理论上对债转股认识的不足，拓展了债转股在破产实践中的适用。本案的特别之处在于，以资本公积转增的股份并不直接用来清偿公司债务，而是将转增的股份由重整投资人取得。重整投资人取得转增股份的对价是其投入的投资款，该投资款作为偿还债务的基础。

其具体操作模式为，重整投资人联合体投入3.84亿元资金，该资金全部计入博元公司资本公积。博元公司受赠福建旷宇建设工程有限公司95%股权，对应价值8.588亿元，全部计入资本公积。综上所述，调增后的资本公积总额为12.428亿元。博元公司以12.428亿元资本公积转增新股12.428亿股，转增新股全部由投资人联合体受让，原出资人持有的股票不进行让渡。

四、重大资产重组程序与司法重整程序双轨并行

在重整计划执行期间，经全国股转系统认定，重整计划捐赠资产构成重大资产重组,博元投资启动了捐赠资产的重大资产重组程序。因博元公司依法履行重大资产重组程序,博元公司股权不能变更登记在重整投资人名下,严重阻碍《重整计划》的执行,《重整计划》将面临规定期限内不能执行完毕的重大风险。

重整投资人联合体已根据《重整计划》之规定全面履行投资义务,重整投资人有权根据《重整计划》取得全部资本公积转增的股份。为保证重整计划的顺利执行,管理人一方面向珠海中院申请延长重整计划执行的监督期限 6 个月,另一方面与全国股转系统沟通要求先履行股权变更登记手续,并结合相关司法实践,请求珠海中院向中国证券登记结算有限责任公司北京分公司出具《协助执行通知书》。最终,中国证券登记结算有限责任公司北京分公司认可管理人意见,同意先行办理资本公积金转增股票登记手续,将转增股票登记在重整投资人名下。

【案例提供:北京德恒(珠海)律师事务所　张文京;评析人:北京市中伦(深圳)律师事务所　王硕】

10

民刑交叉重整典型案例

——小黄狗环保科技有限公司重整案

核心要点

因受“团贷网”事件影响，小黄狗环保科技有限公司（以下简称小黄狗公司）资金链断裂，面临重大生产经营风险，遂向法院申请破产重整。由于小黄狗公司名下主要资产为垃圾分类回收箱，资产高度分散，难以处置，故采取了“放水养鱼”方式，通过债务人自管模式维护企业价值。小黄狗公司破产重整案是民刑交叉的典型案例，通过府院联动模式有效化解了大量不稳定因素。以“债转股”为主要清偿方式提高债权清偿比例，最终有效盘活资产、化解债务，实现了企业、债权人和投资人等多方共赢。既保障了众多债权人的切身利益，又使小黄狗公司“涅槃重生”。

办案过程

一、案件简介

小黄狗公司成立于2017年8月，是国内首家全国性智慧环保综合运营服务商，推行“互联网+”回收模式，实现再生资源应收尽收。2019年3月，受“团贷网”事件影响，小黄狗公司银行账户被公安机关查封，资金链断裂，公司面临重大生产经营风险。经审计，公司债务高达11.86亿元，且涉及人数众多，财产复杂。在此背景下，东莞市第一人民法院(以下简称东莞一法院)于2019年9月5日裁定受理小黄狗公司破产重整。

小黄狗公司名下主要资产为垃圾分类回收箱,财产分布于全国各地26个城市,资产高度分散,难以处置,单个回收箱价值不高。因此,维持公司正常经营才能最大限度保留债务人重整价值,充分维护各方权益。进入破产重整程序后,东莞一法院批准小黄狗公司自行管理财产和营业事务,有效地维持了公司的运营及保障了债权人的利益。

在重整期间,根据东莞市人民检察院的公告显示,某科技集团有限公司及唐某、张某等人因涉嫌集资诈骗、非法吸收公众存款等一案,已由东莞市公安局移送东莞市人民检察院审查起诉。小黄狗公司虽然并非某科技集团有限公司及唐某等人涉嫌集资诈骗、非法吸收公众存款等一案的犯罪嫌疑单位,但因某科技集团有限公司、张某等将涉及犯罪的资金投入小黄狗公司,形成出资或债权,导致小黄狗公司的部分财产被查封、冻结。对此,管理人提出"应以破产程序为平台,综合处理,统一解决"的建议。在经法院同意后,管理人对涉及刑事案件的债权进行了确认,并请求法院及相关部门协调解决小黄狗公司涉及"团贷网"刑事案件的相关事宜。刑民交叉问题的解决为后续重整工作的推进排除了困难和障碍。

2020年1月19日,小黄狗公司向债权人会议提交《小黄狗环保科技有限公司重整计划草案》。其中,职工债权清偿率为100%,因职工债权的权益未受到调整或影响,故不设职工债权组,仅由普通债权组、出资人组进行表决。对于普通债权的清偿,因债权人主要为加盟商和定向融资产品的投资人,对小黄狗公司具有较强的投资意愿。因此,本案重整计划以"债转股"的清偿方式为核心实现对债权的清偿。为解决有限责任公司"债转股"股东人数受限问题,通过设立有限合伙企业的模式,使债权人间接持有小黄狗公司股权。2020年1月19日,东莞一法院依法审查并裁定批准小黄狗公司重整计划。2020年7月20日,东莞一法院裁定确认小黄狗公司重整计划执行完毕,终结小黄狗公司破产程序。

二、相关文书摘要——《重整计划草案》(节录)

出资人权益调整方案

(一)出资人权益调整的必要性

小黄狗公司已经无法清偿到期债务,且明显缺乏清偿能力,生产经营和财务状况均已陷入困境。如果小黄狗公司进行破产清算,现有资产在清偿各类债权后已无剩余财产向出资人分配,出资人权益为零。为挽救小黄狗公司,避免其破产清算,出资人和债权人须共同作出努力,共同分担实现公司重生的成本。因此,重整计划拟对小黄狗公司的出资人权益进行调整。

(二)出资人组

《企业破产法》第85条第2款规定,重整计划草案涉及出资人权益调整事项的,应设出资人组,对该事项进行表决。小黄狗公司重整计划将涉及出资人权益调整,故设立出资人组对出资人权益调整方案进行表决。

本案出资人组由截至2019年9月5日登记在册的小黄狗公司全体股东组成。重整计划之出资人权益调整方案对2019年9月5日之后至本重整计划规定的股权变更登记手续办理完毕前取得小黄狗公司股权的主体同样具有效力。

(三)出资人权益调整的内容

1. 小黄狗公司全体出资人向重整投资人无偿让渡其持有的小黄狗公司全部股权,小黄狗公司的注册资本调整为人民币1亿元。转股债权人在注册资本调整后以增加注册资本的方式实施债转股。

2. 因重整计划给予债权人债转股的选择权,因而在重整计划执行完毕后,重整投资人、转股债权人的持股比例以及小黄狗公司的注册资本将根据债权人的选择结果予以确定。

债权的调整和清偿方案

(一)职工债权

职工债权100%全额清偿,不作调整,自重整计划获得法院裁定批准之日起2个月内一次性现金清偿。

(二)普通债权

为最大限度地保护普通债权人的合法权益,本重整计划较大幅度提高普通债权的清偿比例。具体安排如下:

1. 每家债权人50万元以下部分(含本数)100%现金清偿。

每家债权人50万元以下部分(含本数)100%清偿,自重整计划获得法院裁定批准之日起6个月内一次性现金清偿。

2. 每家债权人超过50万元(不含本数)的部分给予清偿方式选择权,每家债权人仅可以选择以下一种方式获得清偿：

(1)现金清偿方式：每家债权人超过50万元(不含本数)部分按照30%的比例清偿，自重整计划获得法院裁定批准之日起6个月内一次性现金清偿，未获清偿的部分不再清偿。

(2)债转股方式：每家债权人超过50万元(不含本数)的部分按照统一的标准全部转换为小黄狗公司的股权。

3. 债转股标准说明

(1)小黄狗公司注册资本由重整受理前人民币12,686.211961万元调整为人民币1亿元。转股债权人在壹亿元注册资本之基础上，以增加注册资本的方式取得小黄狗公司的股权。

(2)每家债权人超过50万元(不含本数)的部分以25元债权转增为小黄狗公司1元注册资本。每家债权人可获得的注册资本金额按照四舍五入法保留小数点后两位。

(3)在小黄狗公司的注册资本完成调整及增资后，转股债权人在注册资本中的出资比例即为转股债权人的持股比例。小黄狗公司增资后的注册资本数额及转股债权人持股权比例需要根据债权人选择债转股的结果进行确定。

其中，注册资本金额 = 调整后的注册资本1亿元 + 全部转增注册资本金额。

(三)暂缓确认债权

暂缓确认债权待得到确认后，按照本重整计划规定的同类债权的清偿方案予以清偿。

(四)未申报债权

根据《企业破产法》有关规定，未申报债权在小黄狗公司重整计划执行期间不得行使权利。在重整计划执行完毕后，债权人可按照本重整计划规定的同类债权的清偿条件主张权利，但为保持小黄狗公司股权结构的完整性和稳定性，未申报的普通债权不享有债转股选择权。

未申报债权的偿债资金不予以预留。自法院裁定确认重整计划执行完毕并终结破产程序之日起满3年，未申报债权的债权人未主张权利的，小黄狗公司不再承担清偿责任。

执行期限

本重整计划的执行期限为6个月，自法院裁定批准重整计划之日起计算。在此期间,小黄狗公司应当严格依照本重整计划的规定清偿债务,并随时支付重整费用和共益债务。本重整计划提前执行完毕的,执行期间在执行完毕之日到期。重整计划执行完毕的条件成就后,小黄狗公司应向法院提交执行情况报告,确认重整计划执行完毕。

如因客观原因,致使本重整计划无法在上述期限内执行完毕,小黄狗公司应于执行期限届满前向法院提交延长重整计划执行期限的申请,并根据法院批准的执行期限继续执行。

执行措施

1. 受偿方式的确定

因本重整计划为金额超过50万元(不含本数)的债权提供了两种受偿方式,债权人应自重整计划获得批准之日起30日内按照管理人提供的《清偿方式选择确认书》向管理人书面告知选择的清偿方式。债权人未在规定期限内书面告知选择结果的,视为同意以现金清偿方式受偿。

2. 投资款的支付

投资款的支付是执行重整计划的基础。重整投资人以设立特定目的公司等方式筹集资金,并应当根据重整计划的规定足额支付重整费用及各类债权的清偿款项。

3. 出资人权益调整

自重整计划获得法院裁定批准之日起60日内,小黄狗公司全体出资人应向重整投资人或重整投资人指定的第三方无偿让渡其持有的公司全部股权,小黄狗公司的注册资本调整为人民币壹亿元整。

4. 债转股的实施

因普通债权人是否选择债转股有待确定,故截至本重整计划表决之日尚无法确定实际参与转股的债权人人数。如选择债转股的债权人超过50家,为保持有限责任公司类型不变,将由选择债转股方式的债权人设立有限合伙企业,间接持有小黄狗公司股权。为债转股实施设立的有限合伙企业总数不超过8家,每家有限合伙企业的有限合伙人数量不少于25名。

小黄狗公司负责统一办理注册资本和股东变更登记。为尽快完成债转股工作,选择债转股清偿方式的债权人同意按照小黄狗公司的统筹安排,自重整计划获得法院裁定批准之日起150日内,完成有限合伙企业的设立,并提供办理工商信息变更登记手续的相关材料,配合完成股东变更登记。在前述期限内,如因债权人的原因导致债权人未能成为有限合伙企业的合伙人或有限合伙企业未能完成股东变更登记的,该部分债权人自动转为以现金清偿的方式受偿。

5. 现金清偿

本重整计划规定的现金清偿事项,清偿资金从小黄狗公司管理人银行账户转账给债权人。债权人未向管理人提交受领偿债资金的银行账户信息或已提交但需要变更的,应自重整计划获得批准之日起30日内书面提交。因债权人自身原因,导致偿债资金不能到账或受领偿债资金的银行账户被冻结、扣划的,后果由债权人自行承担。

按照本重整计划可以获得现金清偿的债权人未按照本重整计划的规定受领偿债资金的,偿债资金将预留至管理人银行账户。自法院裁定批准重整计划之日起满3年,债权人仍不受领的,视为放弃受领清偿资金的权利。管理人将偿债资金移交给小黄狗公司,用于小黄狗公司的生产经营。

6. 暂缓确认债权的处理

(1)因仲裁、诉讼未决而暂缓确认的5名职工的职工债权共计144,906.92元,全额预留至管理人银行账户。本案职工债权将根据管理人最终调查确认的结果全额受偿,预留款项不足以支付的部分由小黄狗公司继续清偿。

(2)对于申报金额少于50万元(含本数)的暂缓确认债权,在确认前,按照申报金额预留偿债资金至管理人银行账户。

(3)为保持小黄狗公司股权结构的完整和稳定,对于申报金额超过50万元(不含本数)的暂缓确认债权,在确认前,按照债权申报数额以选择现金清偿方式的情形计算对应的偿债资金,并预留至管理人银行账户。

(4)暂缓确认债权得到确认后,债权人选择债转股方式受偿的,将根据重整计划的规定确定小黄狗公司的注册资本及转股债权人的持股比例;债权人以现金清偿方式受偿的,预留的偿债资金在清偿债权后如有剩余,剩余款项将归还重整投资人。

7. 转让债权的清偿

债权人在重整受理日之后转让债权的,受让人自债权转让结果告知管理人之日起行使权利,但因债权转让行为导致同一笔债权由2人或2人以上持有的,全体债权持有人按照同一笔债权行使权利,并按照其持有的该笔债权的份额受领该笔债权依照重整计划获得的清偿款项、股权。

8. 重整费用的支付

小黄狗公司重整费用包括重整案件受理费、管理人报酬、聘请中介机构的费用、管理人执行职务的费用等。在本重整计划执行完毕前，重整费用由小黄狗公司及管理人按本重整计划规定或合同约定随时支付。

9. 共益债务的清偿

小黄狗公司共益债务包括因继续履行合同所产生的债务、因继续营业而应支付的劳动报酬和社会保险费用，以及由此产生的其他债务。

10. 财产保全措施的解除

本重整计划经法院裁定批准后，如小黄狗公司财产仍存在保全措施，有关债权人应当配合管理人和小黄狗公司在重整计划获得法院裁定批准之日起15日内解除保全措施，在保全措施未能解除前，暂不向相关债权人实施清偿。必要时，管理人或小黄狗公司可以向法院申请解除保全措施。

办案总结及实务指引

一、妥善处理破产重整案件中的刑民交叉问题

在重整期间，某科技集团有限公司及唐某、张某等人因涉嫌集资诈骗、非法吸收公众存款等一案，已由东莞市公安局移送东莞市人民检察院审查起诉。某科技集团有限公司是小黄狗公司第一大股东。唐某持有某科技集团有限公司83.24%的股权，是某科技集团有限公司法定代表人及实际控制人。小黄狗公司虽然并非某科技集团有限公司及唐某等人涉嫌集资诈骗、非法吸收公众存款等一案的犯罪嫌疑单位，但因某科技集团有限公司、张某等将涉及犯罪的资金投入小黄狗公司，形成出资或债权，导致小黄狗公司的部分财产被查封、冻结。

通过对本案所涉刑民交叉问题进行的深入的调查研究，管理人根据现行法律规定及司法实践，向法院提交了《关于解除债务人工商系统冻结的报告》《关于处理小黄狗公司涉刑事项的专项报告》《小黄狗环保科技有限公司破产重整一案刑民交叉问题分析报告》。对相关问题从立法精神及破产实务层面进行了综合分析，提出“应以破

产程序为平台，综合处理，统一解决”的建议。

经各方分析论证后，管理人对某科技集团有限公司、张某等涉及刑事案件的债权进行了确认。法院与相关部门进行协调，解决了小黄狗公司涉及“团贷网”刑事案件的相关事宜。刑民交叉问题的解决为后续重整工作的推进排除了困难和障碍。小黄狗公司破产重整案中民刑交叉问题的解决为处理该类情况的处理开了先河。

二、通过“府院联动”模式有效化解不稳定因素

在重整期间，私募股权投资基金投资者为了谋求更多利益，要求穿透合同约束，按照个人债权予以清偿；并通过持续发短信及邮件的方式，向管理人、司法机关施加压力。对于该部分投资者的诉求，法院、管理人、重整投资人、投资者委派代表召开联席会议，为各方利益主体构建沟通协商平台，通过对投资者的诉求进行深入调查、分析，充分论证诉求的合法性及可操作性，妥善解决投资者的诉求，有效化解了群体性事件。

三、通过实施债转股提高清偿比例

鉴于小黄狗公司的债权人主要为加盟商和定向融资产品的投资人，其对小黄狗公司具有较强的投资意愿的实际情况，本案重整计划以“债转股”为核心进行制定。重整计划给予普通债权人选择权，债权人可选择按照30%的清偿比例一次性现金清偿，也可以选择以债转股方式清偿。同时，重整计划对于债转股的标准、持有股权的权益、清偿方式的确定、债转股的实施等相关事项逐一予以明确。其中，为解决有限责任公司“债转股”股东人数受限问题，债转股的具体实施模式为选择债转股的债权人通过设立有限合伙企业，间接持有小黄狗公司股权。债转股的实施，大幅提高债权的清偿比例，充分保护了债权人的合法权益，小黄狗公司重整计划因而获得普通债权人组高票通过。

小黄狗公司破产重整案，从接受指定到重整计划通过，在3个月内专业、高效办理完成了各项工作。首次通过微信小程序“东莞一法破产会议”召开债权人会议，顺利完成债权人会议的召开及会议议案的表决。通过“放水养鱼”方式，以债务人自管模式维护企业价值。该案件是民刑交叉的典型案例，实现了企业、债权人和投资人等多方共赢。

【案例提供：广东卓建律师事务所　唐稳、胡环宇；评析人：北京市中伦（深圳）律师事务所　王硕】

11 重大危险源企业焕发生机

——珠海市斗门区龙基发展有限公司重整案

核心要点

珠海市斗门区龙基发展有限公司(以下简称龙基公司)作为珠海重大危险源企业,直接破产清算会引发一系列问题,公司最具价值的经营资质、品牌资源将无法继续使用,油库、码头等资产无法及时变现,大量员工失业需要安置补偿,不仅债权人无法受偿,而且将产生新的社会问题。通过对龙基公司重整价值及再生可能的有效识别,经债务人申请龙基公司转入破产重整程序。龙基公司破产重整案,有效发挥了破产重整在民营企业债务负担化解、产业层次提升和民营经济市场空间拓展等方面的积极作用,最终实现破产企业营运价值和债权人利益相统一,帮助危困企业焕发生机,实现“凤凰涅槃”。

办案过程

一、案件简介

珠海市斗门区龙基发展有限公司成立于2002年,持有《成品油批发经营批准证书》《成品油仓储经营批准证书》等资质证书,拥有石油化工库一座及配套3000吨级专用码头,是一家集成品油、化工品批发经营和仓储经营于一体的能源销售企业。受

2014 年国际石油危机的影响,该公司深陷经营困境,资金链断裂,对外累计拖欠债务高达5.23 亿元。2016 年 11 月,债权人以龙基公司不能清偿到期债务,且资产不足以清偿全部债务为由向珠海市斗门区法院申请破产清算。同年 12 月,珠海市斗门区法院裁定受理龙基公司破产清算案。经调查和评估,龙基公司作为一家大型民营油企,直接破产清算会引发一系列社会问题,且该公司具有不可或缺的资质证照、人才技术、经验规模等优势,有再生价值和再生可能。2017 年 5 月,依债务人龙基公司的申请,珠海市斗门区法院裁定该案进入重整程序。

在破产重整过程中,充分发挥府院联动效应,人民法院积极协调安监、环保、消防、港务等多部门,实现安全监管与破而不停两不误、员工不失业。通过调动债务人重整积极性,利用债务人对企业生产经营和财务状况的了解,实行债务人自行管理模式。管理人与债务人、会计师共同制定对债务人的财务监督制度,严格管控企业营运期间的资金往来、人事变更、资产处分等事项。通过维持企业正常运营,降低重整成本,增强了意向投资人的重整信心。在重整过程中,以司法理念引导市场主体庭外谈判,平衡保护各方当事人的利益;创设主席竞聘上岗机制提高债权人参与重整谈判的积极性;创设双轨推荐制度,以债权人引荐和债务人推荐的投资人参与投资框架协议制定的形式,确保最终签约的投资人具备重整能力。龙基公司的重整计划草案经历了两次表决,通过法院的组织、管理人的沟通、债务人的说明后,在充分尊重市场主体意思自治的基础上,最终促使出资人组全票通过、担保债权组全票通过、普通债权组90% 的赞成票,高票通过了重整计划草案。2019 年 1 月 24 日,珠海市斗门区人民法院依据龙基公司的申请,作出民事裁定,批准珠海市龙基公司重整计划。

二、相关文书摘要——《重整计划草案》(节录)

出资人权益调整方案

(一)出资人权益调整的必要性

龙基公司已经严重资不抵债,生产经营和财务状况陷入困境。如果龙基公司破产清算,现有资产将无法满足各类债务的清偿,出资人权益为 0。为挽救龙基公司,避免破产清算的风险,出资人应和债权人共同努力并分担实现龙基公司重生的成本。因此,在本重整计划中,安排对出资人权益进行调整。

(二)出资人组

根据《企业破产法》第 85 条第 2 款规定,重整计划涉及出资人权益调整事项的,应当设出资人组,对该事项进行表决。出资人组由截至本重整计划制订之日在工商部门登记在册的龙基公司股东组成。上述股东在本重整计划规定的出资人权益调整方案实施完毕前,由于交易或非交易原因导致持股情况发生变动的,本重整计划规定的出资人权益调整方案的效力及于其股权受让方及/或继承人。

(三)出资人权益调整方案内容

按照本重整计划的规定,龙基公司股权转让所得款项为1元(龙基公司现股东薛进标与广州市吉东石油化工有限公司将其所持有龙基公司的股权转让给投资人广东丰生益生投资发展有限公司的全部对价),将不向龙基公司目前股东薛进标与广州市吉东石油化工有限公司进行分配,其余按本重整计划由广东丰生益生投资发展有限公司提供的投资款(偿债资金)将用于偿付龙基公司的各类债务和费用,股东薛进标与广州市吉东石油化工有限公司对该投资款不享有任何权益。

债权分类、调整及受偿方案

债权调整目的,是降低债务人龙基公司的资产负债率,改善龙基公司的债务偿还条件,促进债务人龙基公司再生,保证调整后的债权得到清偿。根据破产法的规定,本重整计划对债权的分类、调整与受偿方案(含受偿资金安排)主要如下:

(一)有财产担保债权组

有财产担保债权总额为人民币481,137,626.13元,共计3家债权人,其中:第一顺位有财产担保债权人为中国华融资产管理股份有限公司,第二顺位有财产担保债权人为诚毅博大有限公司,第三顺位有财产担保债权人为湖南新华联国际石油贸易有限公司。按照破产法的规定,同一担保财产已向多位债权人抵押且均设立抵押登记的,则多位债权人应按照登记的先后顺序清偿。因此,龙基公司提供财产担保形成的有财产担保债权,将由第一顺位有财产担保债权人中国华融资产管理股份有限公司、第二顺位有财产担保债权人诚毅博大有限公司、第三顺位有财产担保债权人湖南新华联国际石油贸易有限公司,就担保财产在人民币140,192,800元范围内依次获得优先受偿,无法就担保财产优先受偿部分,需列入普通债权组,按照普通债权组的受偿方案获得清偿。

(二)职工债权组

为最大限度地保护债权人的合法权益,根据龙基公司的实际情况,本重整计划将对职工债权按100%的比例进行现金清偿,不做调整。在龙基公司油库安全整改工作全部完成及经安监部门验收合格、龙基公司名下全部资质证照均仍保持有效存续及恢复正常经营,以及龙基公司股权全部变更登记(备案)至广东丰生益生投资发展有限公司或其指定第三方名下,以及龙基公司股权与龙基公司名下资产[包括但不限于土地使用权、建(构)筑物、输油管线及储油罐等]不存在任何担保、被采取强制措施或者权利限制且龙基公司名下全部资产及经营权移交至广东丰生益生投资发展有限公司或其指定第三方的情形下清偿完毕。

(三)税务债权组

为最大限度地保护债权人的合法权益,根据龙基公司的实际情况,本重整计划将对税务债权按100%的比例进行现金清偿,不做调整。在龙基公司油库安全整改工作全部完成及经安监部门验收合格、龙基公司名下全部资质证照均仍保持有效存续及恢复正常经营,以及龙基公司股权全部变更登记(备案)至广东丰生益生投资发展有限公司或其指定第三方名下,及龙基公司股权与龙基公司名下资产[包括但不限于土地使用权、建(构)筑物、输油管线及储油罐等]不存在任何担保、被采取强制措施或者权利限制且龙基公司名下全部资产及经营权移交至广东丰生益生投资发展有限公司或其指定第三方的情形下清偿完毕。

(四)普通债权组

根据偿债能力分析,龙基公司在破产清算状态下的普通债权清偿比例为0。为最大限度地保护债权人的合法权益,根据龙基公司的实际情况,本重整计划将对普通债权的清偿比例作较大幅度的提高,具体调整如下:

1. 对每家普通债权人人民币60,000.00元以下(含)的债权部分,按照100%的比例进行现金清偿,在龙基公司油库安全整改工作全部完成,以及经安监部门验收合格、龙基公司名下全部资质证照均仍保持有效存续及恢复正常经营,以及龙基公司股权全部变更登记(备案)至广东丰生益生投资发展有限公司或其指定第三方名下,以及龙基公司股权与龙基公司名下资产[包括但不限于土地使用权、建(构)筑物、输油管线及储油罐等]不存在任何担保、被采取强制措施或者权利限制且龙基公司名下全部资产及经营权移交至广东丰生益生投资发展有限公司或其指定第三方的情形下清偿完毕。

2. 对每家普通债权人超过人民币60,000.00元以上的债权部分,按5%的比例进行现金清偿,在龙基公司油库安全整改工作全部完成,以及经安监部门验收合格、龙基公司名下全部资质证照均仍保持有效存续及恢复正常经营,以及龙基公司股权全部变更登记(备案)至广东丰生益生投资发展有限公司或其指定第三方名下,以及龙基公司股权与龙基公司名下资产[包括但不限于土地使用权、建(构)筑物、输油管线及储油罐等]不存在任何担保、被采取强制措施或者权利限制且龙基公司名下全部资产及经营权移交至广东丰生益生投资发展有限公司或其指定第三方的情形下清偿完毕。

按照上述方案清偿后未获清偿的债权部分,根据《企业破产法》的相关规定,龙基公司不再承担清偿责任。

债权人会议由债权人按照上述债权分类及调整方案分为有财产担保债权组、普通债权组、小额债权组、职工债权组、税款债权组对重整计划进行分组表决。

预计债权中若因诉讼尚未终结暂无法确定的债权在经人民法院确认后,以及未申报但受法律保护的债权在重整计划执行完毕后,仍可要求龙基公司按照重整计划规定的同类债权清偿方案清偿。

办案总结及实务指引

一、充分发挥"府院联动"效应,整改与生产两不误

珠海市斗门区人民法院高度重视龙基公司破产案件的审理,主动联系斗门区安全生产监督管理局,制定"一事一沟通,整改与生产两不误"的破产工作方案。在斗门区安全生产监督管理局的监督下,准许龙基公司有限开展油库租赁业务,坚持实时沟通、实时监管、实时整顿,既要保障安全生产,又要实现"破产不停产、员工不失业"。经过调查和评估,破产审判合议庭认为龙基公司作为一家大型民营油企,具有不可或缺的资质证照、人才技术、经营规模等优势,有再生价值和再生可能。破产重整案件因牵涉利益主体众多,衍生的社会问题复杂,单纯依靠司法力量往往难以推动,而通过府院联动解决破产衍生社会事务则是一种有效的机制,合理运用和提升府院联动效能,才能让重整企业真正获得新生。

二、通过债务人自行管理,为重整成功奠定基础

龙基公司作为珠海重大危险源企业,若要维持生产经营,一方面要得益于"府院

联动”机制，保证安全生产；另一方面又要依赖于龙基公司专业性的经营管理能力。为此，通过调动债务人重整积极性，利用债务人对企业生产经营和财务状况的了解，实行债务人自行管理模式。在债务人自行管理的情况下，管理人与债务人、会计师共同制定对债务人的财务监督制度，严格管控企业营运期间的资金往来、人事变更、资产处分等事项。通过维持企业正常运营，降低重整成本，增强重整价值，也为重整成功奠定基础。

三、运用协商机制，采取公开征集与非公开谈判方式选聘投资人

在龙基公司破产重整案中，充分运用协商沟通机制，采取公开征集与非公开谈判相结合的方式，双轨制选聘投资人。鼓励债权人引荐和债务人推荐投资人，通过破产信息公开反馈、意向投资人内部询价、债权人决议排他性投资的方法，由债务人、意向投资人、债权人自行协商确定投资人，以债权人引荐和债务人推荐的投资人参与投资框架协议制定的形式，确保最终签约的投资人具备重整能力。

四、创新债权人会议主席选任机制，发挥债权人会议主席的作用

在龙基公司破产重整案中，改变由法院指定或者投票选任的惯常做法，首创债权人会议主席竞聘上岗，创新债权人会议主席选任机制。通过制定选任规程，严格选任条件，经债权人自主报名，竞聘债权人会议主席。通过该机制，龙基公司破产重整案最终选聘中国华融资产管理股份有限公司为该案的债权人会议主席。成功竞选为债权人会议主席后，其就管理人工作计划、重整计划及时沟通反馈并提出建设性建议；多次主动提议和召集债权人会议，协调各类债权人的不同意见，向其他债权人分析和解释重整方案；积极为债务人引进重组投资人。本案中，债权人会议主席发挥了其与各方沟通、协调的积极作用，能够为其他债权人会议主席的工作模式与方向提供一定的参考。

【案例提供：北京大成（珠海）律师事务所　张晓玲、张月、刘今朝、潘帅霖，广东南方福瑞德律师事务所　宋志斌、谢然；评析人：北京市中伦（深圳）律师事务所　王硕】

12 上市公司及其子公司的预重整及重整

——深圳赫美集团股份有限公司及其核心子公司重整案

核心要点

在法院正式受理重整申请前，对于具有重整原因的债务人，为识别其重整价值及重整可行性，提高重整成功率，经债务人同意，可以对其进行预重整。在时间紧迫的情况下，可在预重整期间，完成大部分重整工作，为重整程序的顺利推动争取了时间，为重整成功奠定基础。

在处理关联公司破产案件时，可以根据关联公司经营模式、业务关系以及债务关联性等特点，采用协同审理的方式。通过制定母子公司协同重整的整体重整方案，能够较大程度发挥相关公司各自的优势，使公司整体恢复盈利能力，“一揽子”解决集团及各业务板块公司的债务危机，最大程度维护债权人权益，实现多方共赢。

办案过程

一、案件简介

因深圳赫美集团股份有限公司（以下简称赫美集团）及其子公司不能清偿到期债务，债权人向深圳市中级人民法院（以下简称深圳中院）申请对赫美集团及其子公司惠州浩宁达科技有限公司（以下简称惠州浩宁达）和深圳赫美商业有限公司（以下简称赫美商业)实施重整及预重整。赫美集团是一家以服饰珠宝销售、高端制造业为主营业务的民营企业,于 2010 年 2 月 9 日在深圳证券交易所上市。2018 年起,受宏观市场影响,赫美集团陷入债务危机,因流动资金受限,经营陷入困境。核心子公司也因为股东债务提供大量担保,而陷入危机和困境。2020 年度赫美集团经审计的期末净资产为负值,公司股票于 2021 年 4 月 30 日开市起继续被实施退市风险警示,2021 年度面临退市风险。

根据债权人的申请,深圳中院分别于 2021 年 2 月 1 日、4 月 21 日决定对赫美集团、惠州浩宁达和赫美商业启动预重整程序,并指定深圳诚信会计师事务所(特殊普通合伙)、北京市君合(深圳)律师事务所共同担任赫美集团、惠州浩宁达和赫美商业管理人,沈风律师为负责人。预重整期间,管理人展开了对 3 家公司的资产调查、资产评估、债权申报通知、登记和审查、债权核查等工作,同时协助 3 家公司制订重整方案,并与债权人、投资人等利害关系人进行多轮沟通与协商,完成了大部分重整程序所必要的工作,为重整计划草案的审议表决奠定基础。

2021 年 11 月 29 日,深圳中院经审查,认为赫美集团、惠州浩宁达和赫美商业已经不能清偿到期债务且明显缺乏偿债能力,具备重整原因,且经过预重整程序,具备重整价值和重整可行性,裁定受理赫美集团、惠州浩宁达和赫美商业重整案。2021 年 12 月 2 日,深圳中院决定准许赫美集团在管理人的监督下自行管理财产和营业事务。

2021 年 12 月 20 日,赫美集团出资人组会议采取现场投票与网络投票相结合的方式召开,经表决,该次会议审议并高票通过了《出资人权益调整方案》。2021 年 12 月 29 日,赫美集团、惠州浩宁达和赫美商业召开债权人会议,审议并通过了《重整计划草案》。赫美集团重整案采用资本公积转增股份的方式引入重整投资人,并在重整计划中对赫美集团、惠州浩宁达和赫美商业的债务清偿作出安排。其中,担保债权在担保财产清算价值或实际变现价款范围内优先受偿;职工债权、税款债权全额现金受偿;普通债权 50 万元以下部分全额现金受偿,超过 50 万元部分按照每 100 元普通债权分得 10 只股票的方式,以分得的股票抵偿债务,该偿债方式远远超出模拟破产清算状态下的普通债权清偿率 8.09%;此外,重整计划还规定赫美集团在重整过程中将通过资本性投入等方式向惠州浩宁达和赫美商业提供现金和股票,用于两公司支付破产费用及清偿债务,以使得惠州浩宁达和赫美商业的主要经营性资产和业务继续保持在赫美集团体系内。

2021年12月29日,深圳中院裁定批准赫美集团、惠州浩宁达和赫美商业《重整计划》,并终止3公司重整程序。2021年12月31日,深圳中院依照重整计划的规定,依法裁定确认赫美集团、惠州浩宁达和赫美商业《重整计划》执行完毕,并终结3家公司重整程序。

2022年7月5日开市起,赫美集团股票撤销退市风险警示及其他风险警示,股票简称由"＊ST赫美"变更为"赫美集团",股票代码仍为"002356",股票价格的日涨跌幅限制由"5%"变更为"10%"。

二、相关文书摘要——《深圳赫美集团股份有限公司重整计划草案》(摘要)

(一)资产情况

根据评估机构出具的《资产评估报告》,在评估基准日2021年6月30日,赫美集团账面资产总计237,152.64万元,清算价值为46,364.32万元。

(二)负债情况

1.债权申报情况

截至2021年11月29日,共有199家债权人向管理人申报债权,申报债权金额共计7,920,671,087.78元(申报利息暂计至2021年2月1日)。

2.债权审查情况

(1)确认债权

截至2021年11月29日,经管理人审查确认的债权共涉及128家债权人,确认债权金额共计1,880,406,700.61元。其中,有财产担保债权人3家,确认有财产担保债权金额共计451,481,181.29元;税款债权人1家,确认税款债权金额107,935.33元;普通债权人124家,确认普通债权金额共计1,428,817,583.99元。

(2)暂缓确认债权

暂缓确认债权申报总额为1,527,531,920.22元。其中,14家债权人申报的债权(申报金额合计132,271,399.11元)因诉讼、仲裁程序未决、待补充提交证据材料等原因,暂缓确认;6家债权人申报的债权(申报金额合计1,395,260,521.11元)涉及尚未解决的违规担保责任或相关赔偿责任,暂缓确认,最终以生效法律文书确认为准。

此外,中国对外经济贸易信托有限公司(以下简称外贸信托)部分申报债权因诉讼未决且未明确对赫美集团诉讼金额,暂缓确认。

(3)不予确认债权

上述已申报债权中,管理人审查不予确认的债权人60家,涉及债权申报金额4,230,513,917.02元。

3. 职工债权调查情况

经管理人调查,职工债权金额为502,903.18元。

以上数据为管理人审查确认结果,债权人的债权性质及金额以深圳中院裁定确认为准。

(三)模拟破产清算条件下偿债能力分析

管理人对赫美集团在假定破产清算条件下的偿债能力进行了分析,计算出普通债权清偿率为8.09%,供债权人等利害关系人参考。

(四)出资人权益调整方案

根据《企业破产法》第85条第2款规定,重整计划涉及出资人权益调整事项的,应当设出资人组,对该事项进行表决。出资人组由截至股权登记日2021年12月15日在中国结算深圳分公司登记在册的赫美集团股东组成。上述股东在股权登记日后至重整计划规定的出资人权益调整方案实施完毕前,由于交易或非交易等原因导致持股情况发生变动的,重整计划规定的出资人权益调整方案的效力及于该股票的受让方和承继方。

出资人权益调整的主要内容为:

以赫美集团总股本527,806,548股为基数,按每10股转增约14.8股的比例实施资本公积金转增,共计转增783,447,973股。转增后,赫美集团总股本将由527,806,548股增至1,311,254,521股(最终转增股票数量以中国结算深圳分公司实际登记确认的数量为准)。上述转增783,447,973股股票不向原股东分配,全部无偿让渡,用于清偿赫美集团及其核心子公司债务,引进重整投资人。

上述出资人权益调整方案完成后,赫美集团出资人所持有的公司股票绝对数量不会因本次重整而减少,同时,本次重整引进了实力雄厚的重整投资人。在重整完成后,随着债务危机、经营困境的化解,以及重整投资人对公司业务发展的支持,赫美集团的基本面将发生根本性改善,并逐步恢复持续经营能力和盈利能力,重回良性发展轨道,全体出资人所持有的和债权人分得的赫美集团股票将成为真正有价值的资产,有利于保护广大出资人的合法权益。

（五）债权调整及清偿方案

担保债权在担保财产清算价值或实际变现价款范围内优先受偿；职工债权、税款债权全额现金受偿；普通债权50万元以下部分全额现金受偿，超过50万元部分按照每100元普通债权分得10只股票的方式，以分得的股票抵偿债务。为支持赫美集团重整，惠州浩宁达、赫美商业在赫美集团重整计划获得深圳中院裁定批准后，免除赫美集团对其债务的清偿责任。

此外，外贸信托申报部分债权因诉讼未决且未明确对赫美集团诉讼金额，暂缓确认，最终以生效法律文书为准。如生效法律文书认定外贸信托对赫美集团享有债权，清偿该债权所需的偿债股票等资源由孝义市富源金来热源有限公司（以下简称富源金来）无偿提供，且不得向赫美集团追偿。

（六）经营方案

赫美集团通过重整程序引进重整投资人，在重整投资人对赫美集团战略投资之后，赫美集团将保留销售服饰珠宝等主营业务，通过重整投资人注入流动资金、加强内部管控、降低成本费用、完善激励约束机制等一系列措施，从根本上改善公司生产经营，实现高效有序的经营状态，维持并进一步提升赫美集团在批发零售行业的竞争力，使赫美集团成为经营稳健、运营规范、业绩优良的上市公司。

1. 引进重整投资人

在赫美集团预重整期间，通过协商、公开招募的方式引进意向重整投资人海南时代榕光实业投资合伙企业（以下简称时代榕光）、王雨霏、富源金来。重整投资人按照以下安排支付现金对价，受让转增股票：

无偿让渡的转增股份中，重整投资人以每股1元的价格受让598,843,962股。其中，时代榕光受让315,414,040股，支付股权转让款315,414,040元；王雨霏受让219,429,617股，支付股权转让款219,429,617元；富源金来受让64,000,305股，支付股权转让款64,000,305元。重整投资人合计支付股份转让款为598,843,962元，将用于支付赫美集团及其核心子公司破产费用、清偿赫美集团及其核心子公司债务及补充赫美集团流动资金；同时，为支持赫美集团重整，重整投资人将无偿提供172,825,273股赫美集团股票及3,000,000元资金，用于清偿赫美集团可能承担清偿责任的违规担保及相关赔偿责任债权，以及根据赫美集团公告的重整投资人需解决的偿债安排。时代榕光承诺，自受让转增股票之日起18个月内，不转让其所持有的赫美集团股票;王雨霏、富源金来承诺,自受让转增股票之日起12个月内,不转让其所持有的赫美集团股票。如前述锁定期内外贸信托申报债权所涉及的诉讼案件尚未作出终审判决,则富源金来持有的股票继续锁定。如有赫美集团重整计划规定的预留股票不足以清偿的未申报债权及其他历史遗留问题须清偿的债权,清偿股票由富源金来无偿提供。

2. 现有主营业务发展战略

重整计划草案获得深圳中院批准之后,赫美集团将以重整为契机,在化解赫美集团债务危机后,进一步巩固赫美集团在品牌代理和运营领域的优势,扩充代理品类,重拾市场规模,并择机注入盈利能力强的优质资产。

办案总结及实务指引

一、预重整期间完成主要工作,为正式重整程序奠定坚实基础

深圳中院发布的《审理企业重整案件的工作指引(试行)》对预重整程序作出了有关规定,以识别债务人重整价值及重整可行性,提高重整成功率。深圳中院对赫美集团及子公司及时启动了预重整程序,在预重整期间,管理人完成了债权申报登记和审查、债权核查、资产调查、资产评估等基础工作。根据赫美集团重整案的实际情况和审理要求,管理人结合财务清查结果、债权人及债务人提供的证据,依法对申报债权进行严格审查并作出审查结论,在预重整及重整阶段完成债权核查工作,为法院在债权人表决重整计划草案前能够先行裁定确认债权表,提供了前提和基础。此外,预重整期间即着手重整方案的制定,债务人、债权人等利害关系人就重整方案进行了多轮协商;对于重整投资人的引进也进行了多轮谈判。这些都为赫美集团及子公司在正式进入重整程序后快速推进后续工作、保证重整成功奠定了坚实基础。

二、通过公开招募引进重整投资人,为公司发展提供动能

上市公司重整价值具有“主营业务+资本市场加持”的双重属性,上市公司的运营价值是重整的核心资源。赫美集团主要从事商业运营、电能表销售和研发,具有重整价值。公司因陷入债务危机,无新增融资能力,流动资金不足,严重影响了正常经营。而公司的实体运营价值对投资人具有一定的吸引力,因此本案通过重整

程序公开招募的方式,面向全国公开招募并引进新的投资人,为公司后续发展提供资金及其他相关资源的支持。在重整投资人资源的加持下,公司既有价值得到整合,经营价值得到增强,公司得以恢复持续经营能力和盈利能力,彻底走出困境获得重生。

三、出资人组会议先行召开,为重整计划获得通过赢得先机

赫美集团不能清偿到期债务且已资不抵债,经过各方努力,公司进入司法重整程序。为挽救赫美集团,避免破产清算,赫美集团出资人和债权人共同作出努力,分担实现赫美集团重生的成本。同时,赫美集团面临退市风险,需要在 2021 年度内完成重整工作。公司于 2021 年 11 月 29 日正式进入重整程序,债权人会议于 2021 年 12 月 29 日召开,项目时间十分紧急。在重整程序中,出资人组会议先行召开,审议并高票通过了出资人权益调整方案。出资人对于重整计划草案的支持,不仅为重整计划在债权人会议中获得全部表决组通过增强了信心,也为后续重整工作赢得了宝贵时间,是公司重整成功、走出困境的重要前提。

四、母子公司协同重整,助力上市公司及关联公司走出经营困境

赫美集团的两家子公司惠州浩宁达、赫美商业是其核心业务板块的关键组成部分,在赫美集团的整体经营布局及整体重整方案中具有重要意义,是赫美集团重要的重整资源。

因两家子公司为赫美集团大量债务提供了担保,母子公司的债权人重合度较高,此外 3 公司之间也存在大量往来款负债。受股东债务危机影响,惠州浩宁达及赫美商业也已经无法偿还到期债务,被债权人申请破产。

母子公司协同重整的整体重整方案,能够较大程度发挥 3 家公司各自的优势,并适当结合 3 公司的资产、负债、业务特点。一方面,作为母子公司协同重整方案的内容,经各公司债权人会议表决同意后,赫美集团、赫美商业、惠州浩宁达之间存在的应收款均予以豁免,这一安排在一定程度上减少了 3 公司过重的负债规模,对 3 公司重整后的恢复经营具有积极影响。另一方面,通过赫美集团向子公司提供一定数额的股票和资金的方式清偿子公司债务,不仅使子公司债权人获得了上市公司流通股份的清偿,在化解子公司债权危机的同时,亦为赫美集团继续保留了商业运营、电能表制造等核心经营资产及运营价值。上述做法既彻底化解了赫美集团及其核心子公司的经营危机,又维持和提升了公司的持续经营和盈利能力,使公司整体恢复盈利能力,“一揽子”解决集团及各业务板块公司的债务危机,最大限度维护债权人权益,实现多方共赢。

【案例提供及评析人:深圳诚信会计师事务所(特殊普通合伙)、北京市君合(深圳)律师事务所　相恒祥、沈凤】

13

调整思路实现重整价值最大化

——广东亿龙新材科技有限公司重整案

核心要点

因资金链断裂导致资不抵债,广东亿龙新材科技有限公司(以下简称亿龙公司)于2018年年底被债权人申请破产清算。截至债权人提交破产申请时,亿龙公司的债权数额高达3.7亿余元,还拖欠105名职工的工资、经济补偿金、社保费用等合计900万余元。亿龙公司在评估报告范围内的财产已经过四次拍卖均流拍,最后一次流拍价已降至7617万余元。在亿龙公司财产即将进行第五次降价拍卖前,管理人积极与对亿龙公司有重整意向的投资人沟通、协调,并通过《重整保底投资意向函暨承诺书》确定了预重整投资人,避免了债务人财产价值进一步贬损,实现了债务人的财产价值最大化。本案在从破产清算转重整程序,以及根据具体情况变更重整计划,想尽一切办法助力企业重生等方面具有一定的典型意义。

办案过程

《广东亿龙新材科技有限公司变更重整计划方案》(删减版)

广东亿龙新材科技有限公司管理人(以下简称管理人)依据债权人会议表决通过并经人民法院批准后的广东亿龙公司重整计划,于2021年8月28日至29日通过淘宝网司法拍卖(变卖)网络平台处置亿龙公司、佛山市高明冠龙高分子材料有限公司(以下简称冠龙公司)重整投资权益,保底投资人广东中鑫广建筑废料处理技术有限公司(以下简称中鑫广公司)竞得两公司重整投资权益。

2021年11月8日,亿龙公司债权人会议作出决议,通过《广东亿龙新材科技有限公司变更重整计划方案》,中鑫广公司根据《广东亿龙新材科技有限公司变更重整计划方案》支付700万元,累计付款1500万元。上述1500万元投资款,管理人已根据重整计划分配给职工债权、税款债权、部分担保优先债权。

2022年2月26日,亿龙公司债权人会议作出决议,通过《广东亿龙新材科技有限公司重整计划延期付款方案》。

2022年3月28日,亿龙公司债权人会议作出决议,通过《广东亿龙新材科技有限公司变更重整计划方案》。

2022年4月8日,管理人收到中鑫广公司提交的《变更广东亿龙新材科技有限公司重整计划申请书》,中鑫广公司引进了华润资产管理有限公司(以下简称华润公司)联合推进重整目标项目。

中鑫广公司根据华润公司的要求对亿龙公司重整计划部分条款提出修改申请,管理人根据中鑫广公司的申请制作变更重整计划方案提交亿龙公司债权人会议表决,具体方案如下:

1. 在此前变更重整计划方案的基础上,调整重整计划第6部分第7条第2款为:"由于亿龙公司的可供分配的财产不能全额覆盖破产清算费用及全部已经确认债权的,出资人权益调整为零,出资人杨升零对价向投资人中鑫广公司指定的深圳市弘雅投资企业(有限合伙)让渡所持亿龙公司99%股权,零对价向投资人中鑫广公司指定的深圳市弘昀投资企业(有限合伙)让渡亿龙公司1%股权。"

2. 在此前变更重整计划方案、延期付款方案基础上,调整亿龙公司剩余投资尾款61,170,732.22元的付款时间为:"债权人会议表决同意本变更重整计划方案且经高明法院裁定批准后,中鑫广公司在收到管理人缴款通知的五个工作日内一次性支付至管理人账户。"

3. 将亿龙公司原重整计划第4部分第2条第2项"管理人在收到投资人全部款项后,担保权人、资产查封人应配合投资人办理注销亿龙公司土地、地上建筑物、股权等资产的抵押、质押登记及查封手续,如担保权人、资产查封人不配合办理上述事项的，管理人将申请高明法院出具法律文书予以强制注销相关资产的抵押、质押登记及解除查封”调整为“在投资人付清重整投资款10个工作日内，管理人应当申请高明法院出具法律文书予以强制办理注销亿龙公司土地及地上建筑物与股权等资产的抵押、质押登记及查封手续”。

4. 将亿龙公司原重整计划第4部分第2条第3项“管理人在收到投资人全部款项后，亿龙公司股东杨升应立即配合投资人办理其所持有的亿龙公司100%股权的过户手续，否则，管理人有权申请高明法院向工商行政管理部门发出《协助执行通知书》，依法强制办理股权过户”调整为“在投资人付清重整投资款10个工作日内，管理人应当申请高明法院向工商行政管理部门发出《协助执行通知书》，依法强制办理股权过户”。

5. 在亿龙公司重整计划中第7部分第1条补充以下内容：“管理人于2022年4月1日后收到的重整投资款，在亿龙公司股权按重整计划完成过户、亿龙公司土地及地上建筑物完成解除查封并涂销抵押、亿龙公司土地证、房产证原件交接给中鑫广公司指定的深圳市弘雅投资企业（有限合伙）之前，暂不进行分配。若亿龙公司100%股权无法过户到中鑫广公司指定的深圳市弘雅投资企业（有限合伙）及深圳市弘昀投资企业（有限合伙）名下的，管理人需将2022年4月1日后收到的重整投资款原路退回。”

6. 债权人会议表决同意本变更重整计划方案，且中鑫广公司按本变更重整计划方案履行的，亿龙公司不再追究中鑫广公司此前未按期付款的全部责任。

7. 若中鑫广公司未按本方案第2条期限付款的，管理人将取消中鑫广公司的重整投资人资格，没收其已支付的保证金800万元及首期款700万元，并申请人民法院宣告亿龙公司破产，通过淘宝网司法拍卖（变卖）网络平台按2021年1月11日的流拍价格人民币××元拍卖亿龙公司名下土地及房产。

除上述变更事项外，原重整计划其他条款维持不变。此前两份《广东亿龙新材科技有限公司变更重整计划方案》及《广东亿龙新材科技有限公司重整计划延期付款方案》的内容与本次《广东亿龙新材科技有限公司变更重整计划方案（2022－04－08）》的内容有冲突的，以本次《广东亿龙新材科技有限公司变更重整计划方案（2022－04－08）》的内容为准。

表决人应于2022年4月26日前对上述事项进行表决，并将表决票提交予管理人；未按期提交表决票或未按表决规则填写表决票的，视为表决人同意《广东亿龙新材料科技有限公司变更重整计划方案(2022－04－08)》。因职工债权、税款债权已清偿完毕，且本次重整计划延期付款方案不影响出资人组的权益，故职工债权组、税款债权组、出资人组不参与本次表决。

办案总结及实务指引

日本破产法泰斗伊藤真曾指出：重整计划是重整程序的根本规范，其效力并不局限于债务人与债权人之间，而对整个重整程序发挥着指引作用，[1]管理人在本案的办理过程中，办理思路清晰、计划完备，通过与多方沟通、协调，灵活变通，不断深挖债务人的价值促成重整，达到各方利益的最大化，因此，本案的办理具有一定的典型意义。

一、在人民法院、管理人、投资人、债权人多方同心协力下，共同推进亿龙公司破产程序

亿龙公司的重整过程并非一帆风顺。2021 年 8 月，投资人向管理人递交《重整保底投资意向函暨承诺书》，并缴纳了保底投资保证金人民币 800 万元，但在投资人竞得亿龙公司重整投资权益后，由于银行贷款政策收紧，导致投资人无法按期付款。于是投资人向管理人提出延期付款的申请，并承诺在债权人会议同意变更重整计划后的 7 个工作日内，支付 700 万元至亿龙公司管理人账户，作为延期付款的保证，如投资人未按变更后的重整计划履行义务的，投资人同意将原已支付的保证金 800 万元以及首期款 700 万元，合计 1500 万元作为违约金由管理人予以罚没。剩余投资尾款 6117 万余元，自支付首期款 700 万元后的 45 日。内一次性支付至亿龙公司管理人账户。经管理人与债权人沟通、释明，经债权人会议表决后，同意变更重整计划。

2022 年 3 月，投资人再次向管理人申请变更重整计划，称已引进了有资金实力的合作机构联合推进重整目标项目，需要管理人在其付清全部投资款后配合将亿龙公司 100% 股权过户至投资人指定的第三方名下。

---

〔1〕［日］伊藤真：《会社更生法》，有斐阁 2012 年版，第 547 页。

因投资人提出申请时已超过变更后的重整计划付款期限，已有债权人多次要求管理人罚没投资人的保证金及首期款，且重整计划已经法院裁定变更过一次，再次变更重整计划存在多重困境。

通过管理人的不断协调，并且投资人与债权人取得直接沟通等多方努力下，债权人明白到继续推动重整将更有利于提高债权清偿率，原本持反对意见的债权人最终对变更重整计划的方案予以认可。同时，人民法院也对亿龙公司的重整给予大力支持，虽然重整计划已变更过一次，但人民法院仍再次裁定批准变更重整计划，为亿龙公司重整提供巨大的帮助。

二、妥善解决职工问题、化解维稳风险

接管亿龙公司后，管理人多次到亿龙公司厂区，了解到亿龙公司已经停产，大部分员工已通过劳动仲裁等方式主张权利，并已取得生效裁决。经管理人调查，亿龙公司拖欠105名职工的工资、经济补偿金、社保费用合计900万余元。因涉及职工数量众多，且大部分职工在亿龙公司破产申请受理前已经离职，存在难以联系的问题。管理人通过与公司原职工代表积极沟通，请求其协助管理人收集职工的联系方式，及时与亿龙公司100多名职工取得联系，告知其亿龙公司破产的情况。此外，管理人通过建立微信群的方式，及时、有效地向亿龙公司100多名职工送达职工债权公示表等重要文件、通知，并及时回应职工的问题，稳定职工的情绪，妥善解决了100多户职工问题，为公司的后续重整，以及引入投资人创造了有利条件。

职工问题不仅关系到破产程序的有效推进，也关系到社会民生问题，国家和地方都有对劳动者保障的法律、规章和制度。管理人在办理破产案件中，应当妥善解决职工问题，不能固执地搬运法条，而应当从实际出发，结合社会经验、社会习惯等综合考虑。

三、即使经过多次流拍，管理人仍然不放弃，继续深入挖掘亿龙公司重整价值，改变重整思路，引导亿龙公司进行重整

亿龙公司的债权人多达201户，债权数额共计3.7亿余元。亿龙公司在评估报告范围内的财产经过四次拍卖均流拍，最后一次流拍价已降至7617万余元。

企业破产重整价值判断是建立在企业破产重整价值评估的基础上，而其评估的重点其实是考虑破产重整与破产清算二者带来的不同收益之间的对比，这一对比是企业破产重整价值判断中的定量因素。[1] 根据管理人测算，在破产清算状态下，以第五次拍卖起拍价6855万余元进行测算，亿龙公司在支付破产费用，清偿共益债务、职工债权、税款债权、有财产担保的债权后，普通债权人清偿率仅为7.41%。因此在清算状态下，亿龙公司的债权清偿率较低，不利于保障普通债权人的权益。

考虑到亿龙公司的土地使用权及地上建筑物位于佛山市高明区，交通方便，产业聚集度较高，区内道路、供电、供水等基础设施齐全，且已列入佛山市高明旧区改造规划，因此具有较高市场价值，重整成功率高。同时，存在有重整意向投资人，意向投资款亦高于公司资产拍卖价格。重整较清算而言，资金到位更快，债权清偿率也更高，是维护全体债权人利益的最佳选择。

因此，从亿龙公司资产价值最大化的角度出发，为保障全体债权人的利益，管理人经与主办法官进行充分沟通后，决定将亿龙公司往产业重整的方向推进。

“路漫漫其修远兮，吾将上下而求索。”无论遇到什么困难，我们都要勇敢面对，永远不要向困难屈服，只要我们转换思路、灵活变通，解决问题的办法永远比遇到的问题更多。

【案例提供及评析人：广东南天明律师事务所　程宗利、肖福来、岑景源、郑博、吕敏浩、冯可欣】

---

〔1〕 栾甫贵、张丽群：《企业破产重整价值评估的环境约束及其理论框架》，载《商业会计》2010年第6期。

14

联合招募投资人

——广东迪生铁塔股份有限公司及关联公司合并重整案

核心要点

广东迪生铁塔股份有限公司（以下简称迪生公司）是中国华南地区电力行业中资质较全面、技术实力较强的公司之一，已取得了原国家质检总局、国家电网、南方电网颁发的多项资质证书，拥有多项知识产权，在国家特高压输电等新基建的大背景下，具有广阔的发展前景。广东自生电力器材股份有限公司（以下简称自生公司）主要经营加工、生产、销售电力紧固件、高强紧固件、防坠落装置、电力金具，以及上述产品的出口及相关原材料进口。两公司实际上为关联企业，因资金链断裂导致资不抵债。本案中，管理人通过入围意向投资人内部竞价等创新遴选方式确定了预重整投资人，使债务人的财产价值最大化，在充分保障职工及其他债权人的合法权益的同时，使两家公司得以破茧重生。

办案过程

《预重整投资人联合招募公告》（删减版）

佛山市中级人民法院于2020年7月3日依法裁定受理广东自生公司破产清算一案，并于2020年7月10日指定广东南天明律师事务所为自生公司管理人。

佛山市中级人民法院于2020年7月10日依法裁定受理广东迪生公司破产清算一案,并于2020年7月10日指定广东南天明律师事务所为迪生公司管理人。

管理人自接受指定以来,严格按照《企业破产法》的规定,勤勉尽责、忠实履行管理人职责,依法开展接管工作。为保障债权人合法权益最大化,维护佛山地区社会和谐稳定,推进自生公司、迪生公司进入重整程序,现管理人拟向全社会公开招募意向重整投资人。有关事项公告如下:

一、迪生公司、自生公司基本情况

(一)工商信息

……

(二)自生公司、迪生公司产业价值

1. 迪生公司产业介绍

迪生公司成立于2008年3月,坐落在佛山市三水中心科技工业区芦苞园C区8-1号,占地约150亩,建筑面积约8万平方米。公司主要生产输电1100KV特高压及以下各电压等级输电线路项目的角钢塔、钢管电杆、户外电梯钢构、建筑塔吊,热镀锌加工等系列产品。主要客户有国家电网、南方电网及国外国家电力公司,日立电梯公司及建筑塔吊租赁公司。产品主要用于国内外电力电网建设及高层建筑户外电梯,专利产品起重塔吊机械。公司拥有先进的自动化数控流水线22条、大型镀锌流水线2条、完善的自动化检测仪器等。工厂年生产能力达13万吨。

迪生公司目前是中国华南地区一家有着独立且完善的全套铁塔及相关产业的加工能力,同时拥有着国家电网以及南方电网世界最高电压等级特高压铁塔生产资质,以及海外出口业绩及资质的铁塔供应商。目前,在电力市场深耕十余年,与中国国家电网公司以及南方电网公司有合作关系。

2. 自生公司产业介绍

自生公司是迪生公司的股东,自创立以来即专注于电力紧固件的生产,配套迪生公司钢构件产品,做到了产业链的整合及供应上的顺畅,同时能保质保量地完成迪生客户的需求,是对迪生公司质量水平的进一步提升。而自生公司更是于2015年介入汽车紧固件行业,专职为本田、丰田及其供应商提供紧固件产品,在打开了更为高端广阔的市场的同时,在质量把控及流程管理水平上更上一层楼。

3. 自生公司土地资产增值潜力

自生公司坐落于佛山市南海区松岗工业大道北6号,占地55亩,其位处南国桃园西南门约600米处。其土地未来升值空间巨大,其周边地块皆已调整为居住或商业用地,在可预见的未来3—5年内,公司所持有的地块将有极大可能进行改造以实现价值提升。

(三)自生公司、迪生公司财产状况

……

二、意向重整投资人基本条件

……

三、报名程序

……

四、遴选程序

管理人将根据公告载明的标准,对提交报名材料进行资格审查,发出入围通知书,入围意向重整投资人在缴纳投资诚意金后,进入投资人遴选程序:

(一)尽职调查

意向重整投资人在提交报名材料、缴纳投资诚意金和与管理人签订《保密协议》后,可以自行或者委托中介机构开展尽职调查,并可以与管理人就相关问题进行沟通、询问。

(二)提交《报价承诺函》

意向重整投资人在2021年2月5日前,应当向管理人提交《报价承诺函》。《报价承诺函》内容必须包括:(1)意向重整投资人拟投入资金;(2)出资人权益调整方案、偿债方案和后续经营方案等内容,意向重整投资人应当保证初步投资方案的可行性、真实性、准确性和完整性;(3)意向重整投资人承诺额外清偿自生公司职工债权、破产费用(包括但不限于公告费、刻章费、管理人报酬、邮寄费、案件受理费)11,110,000元;(4)意向重整投资人承诺额外清偿迪生公司职工债权、破产费用(包括但不限于公告费、刻章费、管理人报酬、邮寄费、案件受理费)16,180,000元。

意向重整投资人向管理人提交的《报价承诺函》,一旦管理人确定其为预重整投资人,则该预重整投资人即受约束,不得撤回、撤销、更改《报价承诺函》且应按照《报价承诺函》履行投资义务(但增加投资金额的除外)。

（三）确定预重整投资人

管理人将在佛山市中级人民法院的指导、监督下，按照企业破产法等法律、法规的相关规定，结合债务人的实际情况组织对已入围的意向重整投资人及其报价，按照“价高者得”的原则进行遴选并确定预重整投资人。

已入围但未被选任为预重整投资人的，已缴纳的投资诚意金均于自生公司、迪生公司全部财产处置完毕并进行分配前或自生公司、迪生公司重整计划草案获得佛山市中级人民法院裁定批准且重整投资人支付重整投资款后10个工作日内无息退还意向投资人。

（四）预重整投资人的义务

1. 缴纳重整保证金

预重整投资人必须在收到管理人确定其为预重整投资人的通知之日起7日内，向管理人缴纳重整保证金人民币3600万元（含投资诚意金300万元），并与管理人签订《重整投资协议》。如预重整投资人未按期缴纳重整保证金或与管理人签订《重整投资协议》的，管理人有权没收投资诚意金。

2. 配合管理人制作预重整计划草案

预重整投资人应积极配合管理人制作预重整计划草案。

3. 重整投资人自行承担一切税、费

重整投资人自行承担自生公司、迪生公司欠付、应付的一切税、费（已申报的税款债权除外）和投资自生公司、迪生公司产生的一切税、费及风险（含自生公司、迪生公司应承担的一切税、费），包括但不限于所得税、增值税、地上建筑物税、土地使用税费、土地增值税、契税、过户手续费、印花税、权证费、水利基金费、出让金以及地上建筑物及土地交易中规定缴纳的各种费用及有可能存在的物业费、水、电等欠费。

（五）重整保证金的处理

如非因预重整投资人原因导致重整失败的（如预重整计划草案经表决未通过，或者佛山市中级人民法院未裁定批准重整计划等），其支付的重整保证金无息退还。

本案转入重整程序且重整计划经佛山市中级人民法院裁定批准后，重整保证金将从重整投资人依据重整计划应提供的最后一期款项中等额抵扣。

如因重整投资人自身原因退出重整或者导致重整失败的，或佛山市中级人民法院裁定批准重整计划后重整投资人不能按重整计划规定支付重整投资款或不履行其他主要义务的，重整投资人已经交纳的保证金及其他一切款项均予以没收，不予退还。

五、招募须知

1. 本招募公告仅限于确定自生公司、迪生公司预重整投资人，待法院裁定自生公司、迪生公司转入重整程序后，预重整投资人即为重整投资人；

2. 本招募公告不具有约束力，仅为重整投资人提供参考，解释权由广东自生公司管理人、广东迪生公司管理人享有；

3. 本招募公告所披露的相关情况为管理人调查所得，不代表管理人对债务人现状的承诺；

4. 本次重整以债务人现状进行重整，意向重整投资人向管理人提交《报价承诺函》，视为其同意按自生公司、迪生公司现状进行重整，投资风险由投资人自行承担；

5. 本次重整招募预重整投资人，管理人可以根据实际情况决定延长、变更、中止或撤回招募计划，且不承担任何违约赔偿责任；

6. 管理人可以根据债权人会议或佛山市中级人民法院的意见，调整确定重整投资人。

办案总结及实务指引

重整程序是我国《企业破产法》明文规定的一项破产制度，是指专门对可能或已经具备破产原因但又有维护价值和再生希望的企业，经由各方利害关系人的申请，在法院的主持和利害关系人的参与下，进行业务上的重组和债务调整，帮助债务人摆脱财务困难、恢复营业能力的法律制度。[1] 管理人在本案的办理过程中，通过与多方沟通、协调，不断深挖债务人的价值，达到各方利益的最大化，因此，本案的办理具有一定的典型意义。

---

〔1〕 施天涛：《商法学》，法律出版社2010年版，第734页。

一、管理人通过与职工沟通、协调，并实施职工安置方案，妥善解决职工问题、化解维稳风险

接管迪生公司和自生公司后，管理人多次到两家公司的厂区，向职工做好释明和安抚工作，并将上述情况向佛山市中级人民法院及三水区人民政府报告。本案主办法官了解到相关情况后，立即与管理人一同到厂区，与职工面对面座谈，安抚职工情绪，向职工讲解相关法律规定，以及职工最关心的工资问题，并要求管理人依法做好职工债权的审核工作，切实保障职工的合法权益。

管理人在本案主办法官的指导下，与职工保持良好的沟通，并在两公司厂区设置管理人办公室，方便职工向管理人了解相关案件情况以及咨询相关法律问题。由于两家公司均已进入破产程序，根据相关法律规定，管理人本应当于接管公司后即时遣散职工。但为了避免激化矛盾，同时也基于两家公司重整复工和保障职工就业的考虑，管理人努力与意向投资人磋商以承包经营的方式对公司进行复工复产，使得职工工资在两家公司进入破产程序后仍可以正常发放，在进入破产程序之前所拖欠的工资也可以利用承包经营的收入，分期、有序补发。但因为各种原因，承包经营未能实现，且两家公司每月业务收入不足以支付当月职工工资等各项成本。鉴于上述情况，管理人与部分职工进行沟通，在对相关问题进行研究并向法院、政府报告后，决定对两家公司依法停产，同时为了充分保障职工权益，提出停产待岗及发放部分工资的职工安置方案。方案公布后，大部分职工情绪稳定，但仍有少数职工对于公司停产未结清工资有较大抵触情绪，个别职工甚至阻拦厂区出入。虽然破产程序中对于职工予以适当保护，是实质正义的必然要求，但如果一味强调对劳动者的保护而无视其他市场参与主体的利益，无异于涸泽而渔，极有可能发生的情况是企业生存条件持续恶化。[1] 因此，管理人通过开会和约谈的方式向其进行解释说明，并引导其咨询劳动部门意见，最终得到职工的理解与支持，化解了矛盾。通过上述方式，管理人成功稳定住职工情绪，平稳解决职工清场的问题，为两家公司的后续重整，以及引入投资人创造了有利条件。

职工问题不仅关系到破产程序的有效推进，也关系到社会民生问题，国家和地方都有劳动者权益保障的法律、规章和制度。管理人在办理破产案件中，应当妥善解决

---

〔1〕 陈国斌、陈豪：《破产企业职工债权优先性的解读与重塑》，载《民司法》2020 年第 16 期。

职工问题，不能固执地搬运法条，而应当从实际出发，结合社会经验、社会习惯等方面综合考虑。在职工债权保障问题上，搭建破产法之外的特殊保障制度体系，设置保障基金，明确专门管理机构的职能和权威，充分发挥劳动与社会保障法、民商法等相关实体法的主导作用，才是解放破产法并实现职工债权优先保障的切实可行的办法。[1]

二、确定对两家公司进行重整后，利用"互联网"招募预重整投资人，保证两家公司的价值实现最大化

"互联网+"已经作为国家战略重点推进，互联网已经渗透到生活的方方面面，顺应信息化发展趋势。[2] 管理人通过网络的招募方式既符合破产法立法原意，又能满足现实之需。根据2016年11月25日最高人民法院《关于司法拍卖网络服务提供者名单库的公告》，截至2016年11月25日，共有5家网络服务提供者提供的网络司法拍卖平台纳入名单库，分别是：淘宝网、京东网、人民法院诉讼资产网、公拍网、中国拍卖行业协会网。[3]

为了维护社会稳定，保障债权人的利益，使自生公司、迪生公司两家企业的资产价值最大化，顺利推进两家企业的重整进程，管理人在本案主办法官的指导下，结合两家企业的资产情况和实际问题，确立了"联合招募，分开报价，分别竞价"的重整方向。管理人组织意向投资人在淘宝网司法拍卖（变卖）网络平台对自生公司、迪生公司分别进行竞价，按照"价高者得"的原则分别确定自生公司、迪生公司的预重整投资人。因在第一轮报价中出现入围意向投资人对两家公司的最高报价相同，故管理人组织入围意向投资人进行第二轮竞价，最终根据竞价结果确定两家公司的预重整投资人。

"沉舟侧畔千帆过，病树前头万木春。"愿我们身处困境，依然不改豪迈，永向希望。目前，两家公司重整计划执行顺利，投资款项全部到位，正稳步推进产权过户、债

---

〔1〕 王欣新、杨涛：《破产企业职工债权保障制度研究——改革社会成本的包容与分担》，载《法治研究》2013年第1期。

〔2〕 孟祥、张根大、何东宁、詹晖：《〈关于人民法院网络司法拍卖若干问题的规定〉的理解与适用》，载《人民司法（应用）》2016年第31期。

〔3〕 淘宝网，网址为 www.taobao.com；京东网，网址为 www.jd.com；人民法院诉讼资产网，网址为 www.rmfysszc.gov.cn；公拍网，网址为 www.gpai.net；中国拍卖行业协会网，网址为 www.caa123.org.cn。——编者注

务清偿等事宜。迪生公司在国家特高压输电等新基建的大背景下,发挥着本身在资质和技术上的优势,继续经营电梯、角钢塔、铁塔等多个方面的产品,销量仍然火热。

【案例提供及评析人:广东南天明律师事务所 程宗利、肖福来、岑景源、郑博、吕敏浩、冯可欣】

15

重整计划批准后再通过拍卖方式招募投资人

——长沙赛尔透平机械有限公司重整案

核心要点

本案是广东省外破产重整成功案例。外地驻场办案考验管理人对团队的协调管理能力，管理人通过充分运用专业知识、发挥管理人职能，优质高效办理企业破产案件，妥善解决 118 户职工安置难题，化解遍布全国 22 省 34 市共计 138 户债权人的债务问题，盘活 86 亩工业用地、1.5 万平方米厂房，充分发挥破产法律制度的经济价值和社会价值。特别是创新重整思路，通过“先表决通过《重整计划（草案）》，后公开选定投资商”方式实现高效成功重整，值得同类案件借鉴。

办案过程

赛尔公司《重整计划（草案）》（删减版）

第一部分　前　　言

2018 年 7 月 16 日，长沙市中级人民法院（以下简称长沙中院）裁定受理长沙赛尔透平机械有限公司（以下简称赛尔公司）破产重整案［（2018）湘 01 破 12 号］，2018 年 9 月 3 日指定广东天地正律师事务所担任管理人。

为顺利开展赛尔公司破产重整工作，管理人成立40人的办案团队，下设派驻小组、财产处置小组、债权审查小组、诉讼小组、评估小组、审计小组、协调小组、会务小组、招商小组，分别负责赛尔公司的日常审批、债权债务清理、调查财产、招商引资等。

2018年9月30日，管理人在《湖南日报》第9版刊登《赛尔公司招商公告》，并在管理人微信公众平台（公众号：广东天地正律师事务所）进行公告。有一家意向投资商报名并已支付尽调诚意金人民币100万元。

经与长沙中院、赛尔公司管理层、主要债权人等进行充分沟通，为公平公正公开处置，为提高债权人尤其是普通债权人受偿率，管理人决定在淘宝网司法拍卖平台（网址：https://sf.taobao.com），采取价高者得的原则，以人民币75,928,274.69元为起拍价，公开拍卖赛尔公司重整投资权益。

为依法维护全体债权人合法权益，管理人在充分考虑债权人、职工等各方利益的基础上，依法制作本重整计划（草案）。

第二部分 特别说明

如重整成功，按起拍价人民币75,928,274.69元计，赛尔公司将全额清偿破产费用、职工债权、税款债权、社保债权、担保债权，普通债权按30.3%受偿率先行受偿，剩余债权依法参与再分配。受偿时间预计在2019年6月前。如将106笔暂未申报债权、4笔有异议暂未报债权人会议核查债权中不确认部分提存款项依法分配给全体债权人，普通债权受偿率将提高至36.29%。

如破产清算，处置赛尔公司资产（尤其是不动产）将面临高额税费，且专利权、著作权价值将为零。赛尔公司资产价值将严重贬值，债权人受偿率将大大降低，受偿时间无法预计。

第三部分 基本情况

一、赛尔公司基本情况

（一）赛尔公司概况

赛尔公司成立于2004年1月16日，股东系西安交大赛尔机泵成套设备有限责任公司，持有100%股权；法定代表人为张晓毅；经营范围为：气体压缩机械、通用零部件的制造；机电设备的维修及保养服务。

（二）经营情况

赛尔公司是一家专业生产离心鼓风机、离心压缩机、能量回收透平膨胀机的高新技术企业。其拥有多项发明专利，产品具有完全自主知识产权，广泛应用于石油化工、冶金、有色、能源环保工业，以及空分装置和煤气化领域。

2016年起，因资金链断裂，无法清偿到期债务，陷入大量诉讼纠纷，大部分资产被查封，生产经营陷入困境。

2018年6月19日，负债累累的赛尔公司以资产不足以清偿到期债务，但公司具有行业领先技术，具备引进投资商盘活的价值与希望为由，向长沙中院申请破产重整。

二、资产负债情况

（一）资产构成及评估情况

赛尔公司的资产包括86亩工业用地、1.5万平方米厂房、机器设备、14项专利技术及3项计算机软件著作权、133笔应收账款。

根据《资产评估报告》，赛尔公司不动产、设备及存货评估价值为81,099,582元。

（二）负债情况

截至2019年2月18日，共有140户债权人向管理人申报145笔债权，金额合计147,114,491.48元。

经管理人审查、债权人会议核查及长沙中院裁定确认，赛尔公司无异议债权金额合计106,701,398.58元。

第四部分　重整方案

一、重整方向

为维护全体债权人合法权益，综合考虑赛尔公司实际情况及投资商的意向，经长沙中院同意，管理人决定在淘宝网司法拍卖平台（网址：https://sf.taobao.com），采取价高者得的原则，以75,928,274.69元为起拍价，公开拍卖赛尔公司重整投资权益，竞得者（买受人）依法取得赛尔公司100%股权。

二、重整方案

（一）赛尔公司100%股权的权利范围及限制

1.权利范围（对应的资产）

买受人取得赛尔公司100%股权的权利范围为（对应的资产）：

赛尔公司不动产、设备及存货；

赛尔公司14项专利及3项计算机软件著作权；

赛尔公司133笔应收账款。

2. 权利限制(不包含的资产)

买受人取得赛尔公司100%股权的权利限制为(不包含的资产):赛尔公司管理人专户、账户的银行存款。

上述银行存款,管理人日后依法再分配给债权人。

(二)起拍价

管理人决定以75,928,274.69元为起拍价,公开拍卖赛尔公司重整投资权益,买受人依法取得赛尔公司100%股权。

(三)处置方式

1. 处置规定

2016年8月2日最高人民法院《关于人民法院网络司法拍卖若干问题的规定》第10条规定:"网络司法拍卖应当确定保留价,拍卖保留价即为起拍价。起拍价由人民法院参照评估价确定;未作评估的,参照市价确定,并征询当事人意见。起拍价不得低于评估价或者市价的百分之七十。"

第11条规定:"网络司法拍卖不限制竞买人数量。一人参与竞拍,出价不低于起拍价的,拍卖成交。"

第17条规定:"保证金数额由人民法院在起拍价的百分之五至百分之二十范围内确定……"

2. 淘宝网拍

为依法维护全体债权人合法权益,经征询长沙中院、赛尔公司管理层、主要债权人等的意见,为公平公正公开处置,为提高债权人尤其是普通债权人受偿率,管理人决定在淘宝网司法拍卖平台(网址:https://sf.taobao.com),采取价高者得的原则,以75,928,274.69元为起拍价,公开拍卖赛尔公司重整投资权益,从而促成赛尔公司成功重整。

一人报名参与竞拍,出价不低于起拍价的,拍卖成交。

债权调整方案

（一）债权分类方案（见表1－1）

表1－1　债权分类统计

序号	债权类型	笔数（笔）	确认金额（元）
1	担保债权	2	23,242,194.04
2	职工债权	118	10,196,610.13
3	税款债权	1	2,873,293.34
4	社保债权	1	280,920.54
5	普通债权	129	67,534,350.22
合计		251	104,127,368.27

（二）债权调整方案

根据债权申报及审查情况，结合赛尔公司可分配的财产，该方案债权调整方案如表1－2所示（暂按起拍价75,928,274.69元计）：

表1－2　债权调整统计

<table>
<tr><th>序号</th><th>债权类别</th><th>本次调整方案</th></tr>
<tr><td>1</td><td>担保债权</td><td>全额清偿，不予调整</td></tr>
<tr><td>2</td><td>职工债权</td><td>全额清偿，不予调整</td></tr>
<tr><td>3</td><td>税款债权</td><td>全额清偿，不予调整</td></tr>
<tr><td>4</td><td>社保债权</td><td>全额清偿，不予调整</td></tr>
<tr><td>5</td><td>129笔已报无异议、债权人会议核查、已审查债权</td><td>1. 按普通债权受偿率30.3%受偿；
2. 未受偿的债权参与再分配；
3. 按生效法律文书及重整计划处理</td></tr>
<tr><td>6</td><td>4笔有异议未报核查债权（含提存部分）</td><td rowspan="2">1. 按普通债权受偿率30.3%计提；
2. 未受偿的债权参与再分配；
3. 按生效法律文书及重整计划处理</td></tr>
<tr><td>7</td><td>7笔待审查债权</td></tr>
</table>

备注：

106笔未申报的债权、4笔有异议暂未报债权人会议核查债权中不确认部分，按普通债权受偿率30.3%予以提存。

如将106笔暂未申报债权、4笔有异议暂未报债权人会议核查债权中不确认部分提存款项依法分配给全体债权人，普通债权受偿率将提高至36.29%。

第九部分　执行方案

一、重整计划的执行

长沙中院裁定批准重整计划后，管理人依法监督赛尔公司执行重整计划，督促其按时向管理人汇报执行情况及财务状况。重整计划执行期限自长沙中院裁定批准之日起6个月。管理人可依法根据实际执行情况申请延长该期限。

二、重整程序的终止

长沙中院将在裁定批准重整计划的同时终止重整程序，并予以公告。如重整计划最终未获得批准的，长沙中院将依法裁定宣告赛尔公司破产清算。

办案总结及实务指引

一、多措并举，实现资产保值增值

赛尔公司因资金链断裂，随时面临停产风险。管理人接管后，全面了解其经营模式，收集正在履行的合同25份，分析继续履行及维持生产经营的可能性。

经与企业管理层充分讨论研究，有选择性地履行利润较高的合同，维持部分经营，并获得第一次债权人会议表决通过，此举有效维护设备价值，保持生产经营的连续性。

关于赛尔公司账面记载的133笔应收账款，管理人综合分析财务凭证、履约能力等，出具《关于133笔应收账款的分析报告》，以有回收可能性的23笔应收账款为作价依据，将133笔应收账款整体纳入重整投资权益对应的权利范围，投资商支付对价后整体持有该133笔应收账款权益，实现快速处置回收。

二、巧妙构思，逐一化解职工难题

赛尔公司在职员工118人，工龄长，经济补偿金超过1000万元。管理人在不解除劳动关系的前提下，先行调查确认118户职工截至2018年12月31日前的职工债权，工龄从2019年1月1日起重新计算。此举既安抚了职工情绪、减少了工资成本，又为后续调整在岗安排铺平道路。赛尔公司原安排23名职工休假，保留95名职工在岗，这大大增加了赛尔公司用工成本。管理人调查确认该118户职工债权后，立即确定重整过程中必须在岗的40名职工，其余78名职工均安排休假并按照当地最低工资标准支付工资。此举有效降低费用支出，获得债权人的充分认可。

三、创新重整思路，促成赛尔公司涅槃重生

为依法维护全体债权人合法权益，报长沙中院同意后，管理人决定通过“先表决通过《重整计划（草案）》，后公开选定投资商”的方式进行重整。

2019年4月8日，管理人出具《重整计划（草案）》。2019年4月25日，债权人会议表决通过重整计划。2019年5月24日，长沙中院裁定批准重整计划。后赛尔公司重整投资权益以7592万余元在淘宝网挂拍并成交，赛尔公司成功重整。

此种重整方式有效缩短重整时间，且通过淘宝公开拍卖平台实现投资人之间充分竞争，实现企业重整价值最大化，提高全体债权人受偿率，帮助困境企业重获新生，还充分发挥了破产法律制度的经济价值及社会价值，有效助力困境企业涅槃重生、重返市场。

四、充分实现企业经营价值

赛尔公司作为生产鼓风机、压缩机等设备的高新技术企业，拥有完备的技术人才，具有充足的客户资源，具有行业发展前景。

通过促成赛尔公司成功重整，有效盘活危困企业，维持其主营业务继续发展，充分利用生产要素资源，实现资源的可持续有效利用，有效助力供给侧结构性改革。

赛尔公司债权人依重整计划受偿，抵押债权、职工债权、税款债权均获得全额清偿，普通债权受偿率高达41%。

重整制度是市场配置资源与国家调控结合的产物，更为直接地体现了“公权力在维护当事人权益的同时，也强调对社会整体利益的保护与资源的优化配置”。[1] 本案盘活86亩工业用地、1.5万平方米厂房、机器设备、14项专利技术，使赛尔公司重获新生；清偿1200万元职工债权，妥善解决118户职工安置难题；有效化解遍布全国22省34市共计138户债权人的1.2亿元债务；实现资源优化配置，充分发挥破产法律制度的经济价值与社会价值。本案在充分发挥破产重整程序的特殊功能，挽救危困企业，帮助符合国家产业政策的企业恢复生机、重返市场，推进供给侧结构性改革等方面，具有重要意义。另外，本案入选长沙中院破产审判典型案例、广东省律师协会

---

〔1〕 王欣新：《论破产法在市场资源配置中的重要作用》，载《中共杭州市委党校学报》2014年第6期。

2019 年度律师典型案例,并在“人民网”予以专题报道。

2021 年 5 月 18 日,全国人大财经委及全国工商联相关领导到赛尔公司厂区调研,了解赛尔公司重整经过及重整成功后生产经营情况,并对管理人高效高质工作表示认可,对本案重整成功予以高度评价。

【案例提供及评析人:广东天地正律师事务所 郭敏、田雅雯】

16

阳江烤炉大王“涅槃重生”

——阳江市汉能工业有限公司及其关联企业合并重整案

核心要点

“如果说破产是各种矛盾冲突集中爆发的体现，重整可以说是其中的典型。”[1]在阳江市汉能工业有限公司及其关联企业实质合并重整案中，管理人面临着职工债权人与社会和谐稳定的冲突、同一集团公司内不同法律实体债权人之间的冲突、不同类别债权人之间的冲突等多种利益冲突形式。在充分尽职调查的基础上，管理人坚定地以重整为目标，通过借用重整投资人投资保证金的方式解决职工债权引发的维稳问题，通过实质合并重整将其资产和负债合并和集中起来整体处置，通过管理人、重整投资人与AMC共同合作的模式保障重整计划草案二次表决的通过，保障了破产重整程序的有序推进。该案为阳江市辖区范围内首例重整成功案件。该案的重整成功最大限度地维护了债权人的合法权益，化解社会矛盾，对地区经济高质量发展、地方就业率的维持、社会和谐稳定的维护，以及地方金融风险的化解都具有重要的意义。

办案过程

阳江市汉能工业有限公司（以下简称汉能工业公司）成立于2009年5月21日，

[1] 许德风：《破产法论：解释与功能比较的视角》，北京大学出版社2015年版，第472页。

注册资本人民币3000万元,行业类型为金属制造业,经营范围为产销烤炉、燃气用具;货物进出口;太阳能光伏发电场的开发、建设、经营、管理和电力销售等。汉能工业公司系烤炉生产、销售的高新技术企业,产销规模位列全国第三、阳江市第一,年销售额曾超过人民币10亿元,产品亦远销海外。

2015年9月,因重要客户美国炳文公司破产,汉能工业公司的生产经营戛然而止,汉能工业公司及关联企业阳江市新力工业有限公司(以下简称新力工业公司)、阳江汉能科技有限公司(以下简称汉能科技公司,三家企业以下合称汉能三家公司)3000余名职工面临失业危机,金融机构纷纷断贷,供应商加快催收账款。

2017年3月,汉能三家公司引进阳江市佰邦厨工业有限公司,以租用汉能三家公司厂房及保留主要技术骨干的方式进驻汉能三家公司,通过接收部分小额订单维系经营,保持汉能三家公司机器设备的维修保养及核心员工的留守,为汉能三家公司重整创造机会。与此同时,汉能三家公司与金融机构债权人、供应商债权人就汉能三家公司重整进行艰难的谈判工作。

因涉及职工人数众多,金融机构债权金额巨大,为妥善化解汉能三家公司停产所带来的社会稳定风险,2018年2月,阳江市人民政府成立阳江市汉能(新力)工业有限公司司法重整领导小组,由阳江市人民政府常务副市长任组长,各职能部门及法院主要领导任小组成员,指导、协调汉能三家公司的司法重整工作。

2018年7月20日,阳江市中级人民法院(以下简称阳江中院)依法作出《民事裁定书》,分别裁定受理阳江市汉能工业公司、阳江市新力工业公司、阳江汉能科技公司的破产重整申请,并通过摇珠的方式指定广东禅都律师事务所、佛山市鸿正会计师事务所(普通合伙)为汉能工业公司、新力工业公司及汉能科技公司管理人。2018年7月23日,阳江中院依法作出裁定,对汉能工业公司、新力工业公司及汉能科技公司进行合并重整。管理人接管汉能三家公司后,成立10人办案团队,分别负责对三家公司进行日常管理、财产调查、债权审查、应收账款清收、诉讼法律事务代理等工作。此时,摆在管理人面前的主要问题是1200余名职工被拖欠了近3年的工资及补偿金能否尽快清偿、100余名核心留守人员何去何从、9亿余元债务如何清偿。

2018年9月28日,汉能三家公司第一次债权人会议召开。经管理人调查,汉能三家公司主要资产如下:汉能三家公司名下国有土地使用权近500亩,厂房面积29万多平方米,均已抵押予金融机构;机器设备3000余台(套),大部分已抵押予金融机构。除此之外,汉能三家公司无其他重大资产。汉能三家公司主要负债情况如下:汉能三家公司近140户债权人合共申报债权总额约12.67亿元(汉能三家公司合并重整实际债务总额约为9.5亿元),其中税收债权2000余万元。经管理人调查,汉能三家公司尚拖欠共计1200余名职工工资及补偿金合共2300余万元。在对汉能三家公司的股权结构、资产、负债调查核实的基础上,管理人认为汉能三家公司难以区分各自的财产,法人人格高度混同,汉能三家公司合并重整更有助于债权人整体清偿水平的提升、增加重整成功机会。经管理人提请,汉能三家公司债权人会议分别表决同意汉能三家公司进行合并重整。

管理人接管三家公司后,多次与三家公司股东、债权人及阳江中院沟通,积极探讨三家公司的重整方向。2018年10月至11月,管理人先后接触多家意向投资人。2018年10月31日,管理人在《南方日报》《人民法院报》、阳江中院网站、全国企业破产重整案件信息网等媒体发布《重整投资人招募公告》,并制作《重整投资人招募方案》供意向重整投资人领取。2018年11月21日,经三家公司债权人委员会会议确认,阳江市新嘉投资有限公司(以下简称新嘉公司)成为三家公司投资人。

2019年3月10日,管理人向阳江中院及汉能三家公司债权人会议提交重整计划草案。根据重整计划草案及投资人向管理人提交的《破产重整投资方案》,汉能三家公司重整成功后,投资人拟恢复汉能工业公司原有的烤炉项目,并上马一个全新的拥有自主知识产权的新项目(奇门遁甲—汽车安全反冲器),同时对新力工业公司进行"三旧"改造。

2019年4月12日,汉能三家公司召开第二次债权人会议,对汉能三家公司重整计划草案进行审议、表决。经表决,职工债权组、税款债权组、普通债权组及出资人组均表决通过重整计划草案;担保债权组过半数同意重整计划草案,但其所代表的债权额未达到该组债权总额的2/3以上,担保债权组未通过重整计划草案。

第二次债权人会议结束后,管理人与案件主审法官分别多次与担保债权组债权人进行沟通,并根据《企业破产法》第87条第1款规定,组织担保债权组再次进行表决。2019年6月18日,经债权人会议分组表决,税款债权组、职工债权组、出资人组全票通过重整计划;普通债权组以98.1858%(金额)高票通过重整计划草案;担保债权组以99.7414%(金额)高票通过重整计划草案。汉能三家公司重整计划得以通过。

2019年6月28日,阳江中院经管理人申请裁定批准汉能三家公司重整计划,终止汉能三家公司重整程序。汉能三家公司重整计划于后续及时执行完毕，重整的成功使债权人等利害关系人合法权益获得了强有力的保障。

办案总结及实务指引

一、深刻认识实质合并破产的法律和经济逻辑，运用实质合并破产提高重整效率和成功率

经济一体化的进程使得企业呈现纵深发展的趋势，大量的集团公司、关联公司应运而生。传统的公司法律规则大多围绕单一企业制定，难以应对集团公司、关联公司带来的一系列复杂问题。现代公司法律则通过股权、合同交易等方式将规制扩展至关联关系、集团公司。其中，公司法律对公司集团和关联公司的规制中最重要的部分系负面规制，如我国《公司法》（2018 年修正）第 20 条和第 21 条。换言之，在公司集团中，若母公司或者集团公司等法律实体，利用其控股股东或者实际控制人的优势地位，滥用股东权利，通过关联交易或者其他方式掏空、侵占其他子公司等法律实体的资产，间接损害子公司、子公司的债权人等其他利害关系人的利益，尚有《公司法》第 20 条和第 21 条的负面条款加以规制。但是，若集团公司滥用法人的独立人格后，利用破产程序规避公司法上的滥用公司人格的法律责任，进而摆脱债权人可能对自己的责任追究，以单一法律实体作为规制对象的《企业破产法》将对此无能为力。因此，《企业破产法》应当在对单一法律实体进行规制的基础上，通过赋予法院实施实体合并的权力，将规制对象拓展到关联公司、公司集团等多个法律实体。这正是关联企业破产合并的基本法律和经济逻辑。[1]

合并重整可以分为程序合并与实体合并。程序合并仅系出于降低破产重整成本、提高破产重整效率而设立的，并不影响不同法律实体的债权人、股东的实体性权益。而实体合并，则是指在涉及多个关联实体的破产案件中，允许法院在适当情况下不考虑这些实体的单独特性，而将其资产和负债合并和集中起来，当作一个单一实体

〔1〕 参见王佐发：《上市公司重整中债权人与中小股东的法律保护》，中国政法大学出版社 2014 年版，第 253—257 页。

的资产和负债来处理。[1]

实体合并必须满足基本的法律条件。实践中,法院实际上是延续了破产重整之外的法人人格否认制度的思维模式,认为申请人需要证明公司集团成员之间在公司治理上高度混同,符合法人人格否认的条件。例如,在海航集团等321家公司合并重整案中,受理法院从人员、资产等多个角度论证了海航集团等321家公司没有独立的法人人格,应当实质合并重整。此外,破产重整实体合并考虑的另一个条件是合并的成本与收益。如果集团公司之间的事务盘根错节,以至于将它们区分开来会花费大量成本,实质合并规则亦有适用的空间。例如,在美国世界通信公司重整案中,世通公司旗下各公司在一个月的时间里,发生了多达60万次交易,交易额更是达到了1万亿美元。在我国,最高人民法院亦在《全国法院破产审判工作会议纪要》第32点中明确指出,如果"区分各关联企业成员财产的成本过高",可例外适用关联企业实质合并破产方式进行审理。

本案中,管理人接管汉能三家公司后,对汉能三家公司的股权结构、资产、负债进行调查核实。管理人调查后发现,汉能三家公司法人人格高度混同。第一,人员和办公地址混同:汉能三家公司股东及办公地址相同,核心成员兼办汉能三家公司业务;第二,财务混同:汉能三家公司之间存在资金混同使用的情形;第三,供应商和客户重合度高:汉能三家公司的供应商和客户绝大多数重合,分别破产不利于重整;第四,生产的产品高度一致;第五,资产混同:汉能三家公司设备混同使用,区分汉能三家公司各自财产的难度较大,且成本过于高昂;第六,三间公司之间存在大量关联债务与相互担保,存在债权归属混乱等问题,给资产清理、债权审核和案件审理带来困难。此外,汉能三家公司进行合并重整将增加重整成功机会,且合并重整更有助于债权人整体清偿水平的提升。阳江市政府大力支持汉能工业公司重整工作,希望汉能工业公司能重新恢复生产,重新树立起阳江工业制造业龙头企业旗帜。汉能三家公司合并重整,对投资商、债权人、债务人而言均不失为最佳选择。因此,管理人向阳江中院提交报告,建议对汉能三家公司实质合并重整,并将汉能三家公司合并重整事宜提请第一次债权人会议审议、表决。经表决,汉能三家公司债权人会议分别表决通过汉能三

---

〔1〕 参见联合国国际贸易法委员会第五工作组:《破产企业集团对待办法》(中文),A/CN.9/WG.Y/WP.74,第4页。转引自许敏妮:《企业集团破产中适用的实体合并规则研究》,华东政法大学2010年硕士学位论文,第12页。

家公司实质合并重整。

管理人和法院在特殊情况下突破了法人的独立人格和有限责任，对汉能三家公司实行实质合并重整，不仅有利于保护债权人的利益，防止债务人利用破产制度损害债权人的利益，[1]而且有利于保留营运价值，降低重整成本，提高重整效率，提升重整收益，实现重整成功。

二、把握“二次表决”机会，促使债权人表决通过重整计划草案

重整计划是破产重整过程中最为关键的法律文件，破产法对其规定了更为严格的表决规则，其能否通过取决于各方能否通过利益博弈达成一致。尽管法院在各方无法达成一致时可以通过强制批准制度强制介入，但为了防止滥用强制批准制度损害对重整计划持异议的类别组的正当权益，我国《企业破产法》和《全国法院破产审判工作会议纪要》对强制批准制度的适用原则和施行条件进行了规定，并明确指出应当“慎用”强制批准制度，实践中各地法院对强制批准亦采取审慎的态度。因此，在重整计划草案第一次表决未通过后，如何抓住二次表决的机会促成重整计划草案的通过实乃重中之重。

从二次表决的方式来看，实践中主要有以下几种做法：(1)在表决结果接近(通过)时，经短暂协商即进行二次表决；(2)暂时休会，确定复会时间，并于复会时再次表决；(3)重新召开债权人大会，进行第二次表决。最后一种方式要依法完成通知等程序，成本较高。[2]

本案中，管理人于2019年4月12日组织召开第二次债权人会议，对汉能三家公司重整计划草案进行审议、表决。经表决，担保债权组过半数同意重整计划草案，但其所代表的债权额未达到该组债权总额的2/3以上，担保债权组未通过重整计划草案，其余表决组则通过了重整计划草案。由于担保债权组异议债权人反对声音较大，故管理人决定组织担保债权组再次进行表决，以争取时间与异议债权人进行进一步的磋商。第二次债权人会议结束后，管理人与案件主审法官分别多次与担保债权组债权人进行沟通。在重整方案表决的关键时期，管理人鼓励、游说某AMC债权人主动收购了部分金融机构债权，进而在重整计划草案的二次表决中取得了担保债权组

〔1〕 参见王欣新、周薇：《关联企业的合并破产重整启动研究》，载《政法论坛》2011年第6期。

〔2〕 参见郭毅敏主编：《破产重整：困境上市公司复兴新视野》，人民法院出版社2010年版，第295页。

的支持,保证了重整方案的顺利通过。这种管理人、重整投资人与 AMC 共同合作的模式,不仅顺利解决了因重整受偿率低导致的金融债权表决不通过重整计划草案的问题,而且丰富了 AMC 处置不良资产债权包的模式,是对促成破产重整计划表决、通过经验的有益探索。

【案件提供:广东禅都律师事务所叶宗坚、佛山市鸿正会计师事务所(普通合伙)陈燕华;评析人:广东连越律师事务所 黄晓宏】

17

“执转破”案件重整成功

——佛山市三水粤景汽车运输有限公司重整案

核心要点

本案是广东省首宗“执转破”并重整成功的案件，在执行程序、破产清算程序及重整程序中实现转换，不但化解了执行难题，而且使破产企业“起死回生”，实现了资产价值从少到多的质变，维护了各方利益，实现债权人、债务人以及其他主体共赢的局面，达到了法律效果与社会效果的统一。该案的处理结果为今后处理同类型案件树立了标杆，意义重大。管理人在甄别企业重整价值的基础上，逐一化解各方争议，协调各方让步，创新性地制定了《重整计划（草案）》，为挽救危困企业提供了新思路。在办案过程中，管理人认真学习、贯彻最高人民法院关于办理破产案件的精神，积极主动向法院、政法委、交管局、车管所等有关部门、机构汇报，争取其支持，充分发挥法院及相关政府部门在破产案件中的协调作用，积极促成企业重整成功，有效化解债权人，尤其是车辆承包人集体上访、信访的社会问题，有力维护了佛山地区的和谐稳定，值得同类案件借鉴。

办案过程

《重整计划（草案）》（删减版）

自2016年5月起至2016年9月，管理人共进行三轮招商工作，先后接触佛山市广长运客运有限公司、佛山市高明区明之旅汽车运输有限公司、上海申龙客车有限公司等多家意向投资商，其中有4户投资商向管理人提交初步书面报价，但因各意向投资商提出的收购范围及要求不同，且初步报价差异较大，故管理人暂未与任一意向投资商达成一致。

为维护全体债权人合法权益，综合考虑佛山市三水粤景汽车运输有限公司（以下简称粤景公司）资产实际情况及三轮招商工作，在充分考虑债权人、职工、承包人及投资商等各方利益的基础上，经报告佛山市三水区人民法院（以下简称三水区法院）后，管理人提出如下重整方案（节选）：

第三部分　基本情况

一、粤景公司概况

粤景公司成立于2005年3月1日，股东系丁炳林（持股93.333%）、丁石全（持股6.667%）；法定代表人为丁炳林；经营地：佛山市三水区云东海街道南丰大道1号9座201。

二、经营情况

经调查发现，粤景公司虽资不抵债，但其现有的道路运营指标为无形资产，具有较大的市场价值，若停止营业，价值将为零；若允许其继续运营，可充分实现现有道路运营指标的价值，有利于资产处置价值最大化，最大限度地维护全体债权人合法权益，维护佛山市三水区交通运输秩序的正常发展。

2016年6月20日，管理人根据上述法律规定及结合实际情况考虑，决定粤景公司继续营业，并向三水区法院提交(2016)粤景破管字第1－7号《关于许可粤景公司继续营业的申请书》。

2016年6月22日，三水区法院作出(2016)粤0607民破1号《决定书》，决定允许粤景公司继续经营。

第四部分　重整方案

一、重整方案

（一）重整思路

为维护全体债权人合法权益，综合考虑粤景公司资产实际情况及三轮招商工作，在充分考虑债权人、职工、承包人及投资商等各方利益的基础上，经报告三水区法院后，管理人提出如下重整思路：

1. 关于投资收购

管理人、债权人、承包人等各方共同努力,积极引入投资商,按下列条件投资收购粤景公司100%股权,清偿粤景公司债务。

(1)收购权益项下持有的资产范围

①市际包车客运指标30个;

②县际包车客运指标1个;

③县内包车客运指标6个;

④城巴线路3条(分别为三水广场至大旺;三水广场至高要金利;迳口至大旺);

⑤登记在粤景公司名下的43辆汽车;

⑥存放在粤景公司办公场所内的一批设备,包括柜式空调等18项。

(2)投资要求

①投资金额:不低于900万元(不含预付金额);

②预付金额:对14户承包人补偿款434万元;

③报价时间:三水区法院裁定批准重整计划后7日内进行书面报价;

④诚意金:提交书面报价前需向管理人专户汇入诚意金200万元。

(3)付款时间

管理人依法确定投资商后7日内一次性付清投资款及预付14户承包人补偿款434万元。

(4)关于确定投资商

三水区法院裁定批准重整计划后7日内,管理人依上述条件依法确定投资商。

2. 关于其余91辆汽车

除正在运营的43辆汽车外,其余91辆汽车未纳入上述收购范围。管理人将另行处置后再分配给债权人。

3. 关于分配

(1)管理人暂按最低投资金额900万元制作本重整计划(草案)及测算各债权人受偿金额、受偿率。如投资商愿意投资且最终投资金额超出900万元,管理人将依法追加分配。

(2)未纳入股权转让的资产包括管理人专户存款、其他91辆汽车(不含43辆正在运营的汽车)及依重整计划提存的款项。对于该部分款项,管理人将按重整计划再分配给债权人。

4. 关于受偿率及受偿时间

各债权人本次分配受偿率不低于本重整计划(草案)规定的9.59%(不含追加及再分配);预计首次受偿时间在2017年1月28日(农历春节)前。

如生效法律文书判决确认管理人专户内的中央燃油补贴2,694,780元属粤景公司财产的,普通债权人受偿率至少可以提高5%。

……

二、重整成功与破产清算的对比

1. 重整成功

预计债权人将在2017年1月28日(农历春节)前依重整计划获得清偿。其中,全额清偿破产费用、共益债务、职工债权;担保债权分两种情况清偿:(1)若抵押车辆属43辆正在运营汽车的,按车辆评估价的30%先行清偿,未受偿的债权转为普通债权统一参与分配;(2)担保物不属43辆正在运营汽车的,抵押权人以债权人会议核查及三水区法院裁定确认的债权全额纳入普通债权参与分配。如日后成功处置抵押车辆且抵押权人可获得清偿的,管理人再作出相应扣减。

按最低投资金额900万元测算,如粤景公司成功重整,普通债权受偿率至少为9.59%(不含追加及再分配)。

2. 破产清算

粤景公司最有价值的资产,即道路运营指标及城巴线路因无法转让价值将为零;剩余可处置资产为134辆汽车,目前已查明下落的有93辆,其他41辆下落不明。已查明下落的93辆汽车中78辆已设定抵押,15辆未设定抵押,且除43辆正在运营的汽车外,其他汽车基本报废停在多个停车场(已产生巨额的停车费)。

依司法实践,如汽车脱离运营指标进行拍卖,恐怕难以处置;即使成功处置,处置价也不高。处置款远远不足以清偿担保债权,共益债务、破产费用、职工债权及普通债权人受偿率为零。

办案总结及实务指引

破产法是在执行法的基础上建立起来的,这就意味着,不能仅因破产法的产生或破产程序启动而认为执行法不再适用,而应默认尊重执行法上的结果,再去探究有无加以突破的理由。[1] 本案是广东省首宗“执转破”并重整成功的案件,具有一定的典型意义。

一、思路决定出路,清算转重整

粤景公司主要有两部分资产:134 辆汽车及 37 个道路运营指标、3 条公交线路。其中,104 辆汽车已设立抵押、部分车辆对外承包经营或下落不明,现状复杂且权属争议大,处置难度大、价值低。

若破产清算,其主体资格消灭,已取得的 37 个道路运营指标以及 3 条公交线路将被政府无偿收回,普通债权人受偿可能为零。

为最大限度实现资产价值,管理人及时建议申请清算转重整,通过公开处置 100% 股权的方式选定投资商,促成重整成功。

这不仅使粤景公司“起死回生”,而且让无法再使用的社会公共资源重新投放市场实现资源的再配置,从而提高债权人受偿率,维护了全体债权人的合法权益。

二、苦心协调各方让步,耐心化解重整困难

本案涉及车辆承包人、抵押权人、普通债权人及投资商等各方利益。其中,车辆承包人主张汽车所有权,拒绝移交;抵押权人要求尽快处置后全额优先受偿;第一顺位股权冻结人拒绝解除对粤景公司股权的冻结。以上致使投资商顾虑重重,重整陷入僵局。

为依法推进重整程序,管理人逐一化解各方争议,协调各方让步。对于车辆承包人,由投资商额外支付补偿款后移交车辆;对于抵押权人,按抵押物评估价 30% 优先清偿其债权后,让渡部分权益;对于第一顺位股权冻结人,给予相应补偿后配合解冻股权,扫清股权处置障碍;对于投资商,赋予其一定期限内撤回投资的权利。

经管理人苦心协调沟通,各方均让渡部分权益,有效突破重整障碍。

三、创新重整方式,促成企业“涅槃重生”

管理人制定《重整计划(草案)》,依法采取多种创新性措施:

1. 剥离劣质资产,优化资产结构。将具有较大价值的 37 个道路运营指标、3 条公交线路及 43 辆运营汽车纳入资产范围,剥离剩余 91 辆废旧汽车,优化资产结构。

---

[1] 何欢:《债务清理上破产法与执行法的关系》,载《法学研究》2022 年第 3 期。

2. 附条件重整，兼顾各方利益。本案各方利益冲突严重，管理人设置多个重整前提，分别将车辆承包人、解冻股权的补偿方案、抵押权人清偿方案纳入《重整计划（草案）》，充分保障各方合法权益。

3. 先表决通过《重整计划（草案）》，后公开选定投资商。本案中的不确定因素多，难以确定投资商。为此，管理人在《重整计划（草案）》中明确投资范围、投资要求等，待债权人会议表决通过重整计划后，再通过公开处置100%股权的方式选定投资商。

4. 赋予投资商撤资权。为消除投资商投资顾虑，管理人开创性地提出建议并获得三水区法院同意：给予投资商一个月附条件的撤资权，充分保障其合法权益。

四、解决后续经营难题，助力企业更好发展

粤景公司虽然重整成功，但仍然有大量的历史遗留问题，如废弃汽车涉及的交通违法行为，严重影响其正常经营；因执行案件被纳入失信人名单，难以再融资；欠缴税款30多万元等经营难题。

管理人积极协调解决上述难题，最终妥善处理车辆历史问题，消除交通违法不良记录，恢复日常经营；依法撤销对粤景公司的失信限制，恢复其征信信用；妥善处理补缴税款事宜，助力重整后的粤景公司更好发展。

本案在执行程序、破产清算程序及重整程序实现转换，不但破解了执行难题，而且使得破产企业“起死回生”，实现了资产价值从少到多的质变，维护了各方利益，实现债权人、债务人以及其他主体共赢的局面，达到了法律效果与社会效果的统一。

2018年4月26日，最高人民法院于深圳召开“全国法院执转破工作推进会”。广东省高级人民法院在汇报时特别指出：该案是广东省法院最先受理并审结、当时唯一“执转破”重整成功的案件。

2018年9月，该案入选广东省律师协会2017年度破产与清算类典型案例。

【案例提供：广东天地正律师事务所　郭敏、秦豫；评析人：广东天地正律师事务所　郭敏、秦豫，广东南天明律师事务所　程宗利】

18

通过破产重整程序挽救非营利性民办学校

——东莞市寮步明珠现代幼儿园重整案

核心要点

东莞市寮步明珠现代幼儿园破产清算转重整案是法院充分利用破产程序转换功能、整合债务人重整价值、保障民生需求的典型案例。通过破产清算向破产重整程序之间的转换,为进入破产清算但仍具有保留价值的企业提供获得挽救的机会。东莞市寮步明珠现代幼儿园通过破产清算转入重整程序,引进投资人对现有资源进行整合,维护了广大债权人的利益,保障了教职员工、学生、家长的民生需求。该案重整的成功,对于通过破产重整程序挽救非营利性民办学校起到了良好的示范作用。

办案过程

一、案件简介

东莞市寮步明珠现代幼儿园(以下简称明珠幼儿园)成立于 2000 年 12 月 1 日,住所地为东莞市寮步镇石龙坑大富地,机构类型为民办非企业单位,办学内容为学前教育全日制非学历教育。明珠幼儿园设有 17 个班级,其中小班 6 个、中班 5 个、大班 6 个,学生规模约为 500 人。明珠幼儿园因在多起执行案件中被纳入被执行人,经债权人申请,东莞市中级人民法院在报请广东省高级人民法院批准后,于2021年2月2日作出民事裁定书,指定东莞市第一人民法院审理明珠幼儿园破产清算一案。

明珠幼儿园主要资产为收取的学费以及教学设备、校车等资产。总体而言,幼儿园财务状况尚可维持正常经营,幼儿园在职员工的工资、社保正常发放,幼儿园的教学正常开展。虽然明珠幼儿园被裁定进入破产清算程序,但鉴于幼儿园办学条件完备、运营资金充裕、机构运转正常,继续经营有利于债务人财产价值的最大化,亦有利于维护社会稳定。通过对明珠幼儿园的资产状况及继续经营的利弊分析,管理人向法院提交继续营业的报告,法院准许明珠幼儿园在破产清算期间继续经营。

明珠幼儿园破产清算案件关系到债权人、教职人员、受教儿童、学生家长等多方利益,处理不当将会造成社会不稳定,对公共利益亦有重大影响。若以破产清算方式进行处理,不仅明珠幼儿园的经营无法维持,并且按照《民办教育促进法》的规定,要先清偿学生退费、教职员工的工资经济补偿及社会保险费用后,再来清偿普通债权,普通债权人的利益不能得到最大化保障。另外,明珠幼儿园的价值主要在于其具备的办学资质,而非现金、教学设备、校车等资产,而破产清算将无法保留其资质价值。经明珠幼儿园申请,法院于2021年12月23日裁定明珠幼儿园进入破产重整程序。

2022年1月17日,明珠幼儿园一案以书面方式召开债权人会议,全体债权人对《东莞市寮步明珠现代幼儿园重整计划(草案)》进行表决。普通债权组表决同意《东莞市寮步明珠现代幼儿园重整计划(草案)》的债权人4家,所代表的债权额占该组债权总额的比例为100%。出资人组1人,亦表决同意《东莞市寮步明珠现代幼儿园重整计划(草案)》。《东莞市寮步明珠现代幼儿园重整计划(草案)》获得债权人会议表决通过,经管理人申请,法院于2022年1月27日裁定批准了明珠幼儿园重整计划。在法院的指导、监督和各位债权人的积极配合下,明珠幼儿园重整计划顺利执行完毕,债权人已依照重整计划依法获得清偿。

二、相关文书摘要——《重整计划草案》(节录)

引进重整投资人

(一)引进重整投资人的方式

鉴于债务人的出资人已同意无偿让渡出资人权益,为在确保债务人资产价值最大化之基础上提高重整效率,本案以拍卖出资人权益的方式引进重整投资人。

出资人权益的拍卖以明珠幼儿园现有资产价值作为起拍价,拍卖成交后的买受人即成为明珠幼儿园的重整投资人。出资人权益拍卖所得价款作为重整资金,用于支付破产费用、共益债务以及清偿明珠幼儿园债务。

(二)重整投资人须满足的条件

重整投资人应满足如下条件:

1. 重整投资人应保证明珠幼儿园的继续正常经营,保障教学条件,维持教学稳定。在明珠幼儿园出资人权益转让过户完成前,不得对明珠幼儿园现有教职员工及聘用人员实行解聘等行为。投资人权益转让过户完成后,如需对明珠幼儿园现有教职员工及聘用人员进行解聘的,由投资人自行协商解决,且所产生的一切责任后果由投资人自行承担。

2. 重整投资人应自行与明珠幼儿园使用场地及地上建筑物的所有权人协商解决租用场地及房屋的事宜。

3. 重整投资人除支付出资人权益拍卖价款外,对于明珠幼儿园未申报债权,应按照《企业破产法》之规定承担清偿责任。

债权分类和调整方案

(一)债权的分类

鉴于本案仅有普通债权,根据《企业破产法》第 82 条规定,本案仅设普通债权组对重整计划进行表决。

(二)债权的调整

普通债权按照《企业破产法》第 113 条规定的顺序清偿。因本案仅有普通债权,出资人权益拍卖价款在优先支付破产费用及共益债务后,剩余款项用于清偿普通债权。普通债权的清偿比例将根据拍卖出资人权益所得价款进行确定。

出资人权益调整方案

(一)出资人权益调整的必要性

明珠幼儿园目前已处于资不抵债状态。如果明珠幼儿园破产清算,现有财产将无法满足各类债权的清偿,出资人的出资权益为零。本着公平调整各方权益的原则,本重整计划对明珠幼儿园出资人权益进行调整。

(二)出资人权益调整的范围

出资人权益调整范围涵盖截至 2021 年 4 月 15 日在政府主管部门登记的明珠幼儿园出资人。明珠幼儿园的出资人在 2021 年 4 月 15 日至本出资人权益调整方案实施完毕前，因交易或非交易原因导致持股情况发生变动的，出资人权益调整方案的效力及于其出资人权益的承继人及/或受让人。

（三）出资人权益调整的方式

出资人无偿让渡其所持有的明珠幼儿园全部出资人权益。重整后，重整投资人取得明珠幼儿园全部的出资人权益。

经营方案

重整投资人应自行根据法律法规及相关规定依法经营明珠幼儿园，并根据自身优势，改善明珠幼儿园的经营状况，恢复明珠幼儿园持续运营能力，维护教学稳定。

对特定财产限制措施的解除

根据《企业破产法》第19条规定，人民法院受理破产申请后，有关债务人财产的保全措施应当解除，执行程序应当中止。管理人自接受指定后，积极协调有关保全措施申请人解除保全措施。截至目前，管理人知悉的财产保全措施已经解除，但不排除部分法院未向明珠幼儿园寄送保全裁定而导致管理人无法知悉保全信息的情形。

为确保明珠幼儿园重整程序顺利进行，保障明珠幼儿园重整程序结束后能够继续经营，各保全措施申请人应当自法院裁定批准重整计划之日起20日内，申请法院解除对明珠幼儿园财产的保全措施。如因债权人原因未能及时解除对明珠幼儿园财产的限制措施而对幼儿园日常经营造成影响及损失，以至于影响重整计划执行的，由相关债权人向明珠幼儿园及重整投资人承担责任。在保全措施未能解除前，管理人暂不向相关债权人实施清偿。必要时，管理人或债务人可以向法院申请解除保全措施。

办案总结及实务指引

一、维持继续经营，确保幼儿园教学秩序稳定

明珠幼儿园破产清算案，不论是债务人财产管理及处置，还是案件的发展走向、债权人的情绪疏导等工作事项，均涉及广大群众的工作学习与日常生活，稍有不慎可能造成重大负面影响。在案件办理初期，法院即对明珠幼儿园的教学秩序稳定性保持高度关注，与明珠幼儿园及教育主管部门保持了顺畅沟通，多次召集管理人、明珠

幼儿园等各方就案件办理事项专门组织了座谈会，广泛听取各方建议，评估破产程序对学校教学的影响。当收到债权人针对明珠幼儿园的破产清算申请时，法院充分评估了受理破产案件的影响，并在案件办理过程中积极监督管理人履职，及时响应明珠幼儿园对于继续经营的申请，充分关切幼儿园在破产清算期间以及重整期间的办学需求。在办理过程中，法院及管理人充分听取群众意见，高度关注群众诉求，妥善化解潜在矛盾冲突。在本案办理期间，未发生破坏学校教学秩序的恶性事件，明珠幼儿园教学秩序稳定，学生正常上课，师生家长未受到破产案件的负面影响。

二、创新重整思路，发挥破产重整法律制度优势

在明珠幼儿园清算进程中，因明珠幼儿园具备资质价值，且对公共利益有重大影响，债权人提出了重整申请。根据明珠幼儿园的具体情况，管理人以合法性及市场竞价相结合为基本原则，将明珠幼儿园以现有资产作为对价资产，采取拍卖出资人权益方式获得相应的资金；出资人权益拍卖成交款不支付给债务人出资人，而用于清偿明珠幼儿园债务；明珠幼儿园出资人权益将被全部调整并以拍卖方式让渡给重整投资人；明珠幼儿园维持法人主体资格，重整投资人将持有明珠幼儿园100%出资人权益。前述方案通过发挥拍卖程序的公开竞争和比价功能，充分实现财产的市场价值，并确保公开、公平、公正。以该方式拟订的《东莞市寮步明珠现代幼儿园重整计划（草案）》，获得了全体债权人组及出资人组的同意，并获得法院裁定批准。

三、通过转入重整程序，充分保护债权人合法权益

明珠幼儿园的价值主要在于其具备的办学资质，在破产清算程序中无法对该资质类价值进行评估。若仅以明珠幼儿园的现金、教学设备、校车等资产进行分配的话，债权人利益很难得到保障。这些教学设备、车辆等实物资产将随着使用期间的拉长而继续贬值。上述资产随着拍卖的不确定性及变价的漫长过程，将导致可供清偿债权的财产价值进一步减少，普通债权将获得更低的清偿比例。

通过公开拍卖100%投资人权益方式引进重整投资人，不仅能够保留明珠幼儿园的资质价值，亦能够最大化保护债权人利益。通过京东拍卖平台，明珠幼儿园100%出资人权益被东莞市福晨教育投资有限公司拍得，其已经支付全部成交价款，成为明珠幼儿园重整投资人。本案通过市场化手段实现了民办幼儿园资质的价值变现，大幅提高了普通债权清偿比例，保护了各债权人的合法权益。

本案是民办幼儿园破产重整典型案例，为全省同主体类型破产案件提供了参考样本。其充分实现财产的市场价值,实现了相关利益主体共赢,维护了广大债权人的利益,保障了教职员工、学生、家长的民生需求,对于做好“六保”工作具有积极意义,充分体现了破产审判对于优化营商环境、服务辖区经济发展的积极推动作用。

【案例提供:广东卓建律师事务所　唐稳、胡环宇;评析人:北京市中伦(深圳)律师事务所　王硕】

19

通过“府院联动”协调机制完成民办学校重整

——东莞市南城区尚城学校重整案

核心要点

尚城学校破产重整案是广东省第一例民办学校破产重整案，破产主体具有特殊性，涉及学生受教育权与社会稳定问题。在“府院联动”协调机制下，人民法院及管理人通过预重整方式探索尚城学校重整价值，并创新性地通过咨询委员会、评审委员会遴选出债权人、教职工、家长满意的重整投资人，使尚城学校顺利完成重整。管理人在东莞市第一人民法院（以下简称东莞第一法院）指导下，承办该案，既有开拓性与创新性，也做到了法律效果与社会效果相统一。

办案过程

一、尚城学校情况

尚城学校成立于2009年，是一所提供小学、初中全日制学历教育的九年一贯制民办学校，历年小考、中考成绩位于全市前列。因尚城学校为他人债务提供担保，导致学校背负超过学校办学收费总额数倍的巨额外债，致使学校因被人民法院采取执行措施而无法保障正常的办学经费。因出现严重干扰教育教学秩序的问题，东莞市教育局于2019年4月27日对尚城学校作出停止招收新生的行政处罚决定。

二、案件受理情况

2019年4月16日,广东鹏辉家具有限公司以尚城学校不能清偿到期债务,且资产不足以清偿全部债务为由,向东莞第一法院提交了破产清算申请。东莞第一法院于2019年5月17日裁定受理广东鹏辉家具有限公司对尚城学校的破产清算申请,并于同日指定广东名道律师事务所担任管理人。经管理人申请,2020年3月27日,东莞第一法院裁定对南城学校进行重整。

三、案件主要办理情况

(一)继续经营

尚城学校破产重整案是在尚城学校继续营业的情况下办理的案件。由于要求继续留在学校就读的学生比例为69.9%,在政府高度重视下,2019年7月29日,尚城学校第一次债权人会议表决同意继续尚城学校的营业。2019年11月8日,东莞第一法院作出(2019)粤1971破15-3号决定书,决定准许尚城学校在管理人监督下继续经营。

(二)探索重整可能性,招募预重整投资人

管理人委托评估机构对尚城学校资产进行评估,尚城学校采用资产基础法及收益法的评估价值为4181万元,采用成本法的评估价值为162.22万元。另外,尚城学校债务合计20,259万元。因尚城学校收取的费用足以维持正常教育教学活动,且师生与家长强烈要求继续办学,东莞第一法院与管理人积极探索尚城学校重整的可能性及可行性。

在本案转入重整程序之前,2019年12月20日,管理人发布《东莞市南城区尚城学校预重整投资人招募公告》及《东莞市南城区尚城学校预重整意向投资人招募说明》,公开招募预重整投资人,该次招募共有4名投资人报名。因其中3名投资人中途退出,1名投资人不符合报名条件,该次招募未能招募到适格投资人。本案转入重整程序之后,2020年10月16日,管理人发布《东莞市南城区尚城学校重整投资人第二次招募公告》与《东莞市南城区尚城学校重整投资人第二次招募说明》,公开招募重整投资人。该次招募共有9名投资人报名,7名投资人进一步提交了重整计划。东莞第一法院与管理人通过"府院联动"协调机制,召开了由教育专家组成的咨询委员会与由"府院联动"会议组成的评审委员会,对7名投资人进行评审,最终选定了一名正

选投资人、一名备选投资人。

（三）重整计划

2020 年 12 月 23 日，尚城学校第四次债权人会议有财产担保债权组与普通债权组通过管理人提交的《重整计划草案》。管理人组织实际出资人组、举办者组进行二次表决后，申请东莞第一法院裁定批准重整计划。2021 年 4 月 9 日，东莞第一法院作出（2019）粤 1971 破 15－6 号民事裁定书，裁定批准尚城学校重整计划。因尚城学校在一个月的重整计划执行期限内顺利执行了重整计划，东莞第一法院于 2021 年 5 月 10 日作出（2019）粤 1971 破 15－10 号民事裁定书，裁定确认尚城学校重整计划执行完毕，终结尚城学校破产程序。

办案总结及实务指引

本案的办案思路：大方向为“府院联动”，政府负责维稳工作与大力支持教育教学工作，法院与管理人负责案件的办理；案件专业方向为清点资产、厘清债务，寻找处理资产和债务的最佳模式。办案思路中涉及的府院深度联动、通过预重整探索重整价值、创新性地运用由教育专家组成咨询委员会对意向投资人办学能力进行评分、通过评审委员会遴选重整投资人，以及选出一名正选投资人和一名备选投资人的做法具有典型意义。

一、府院分工合作，又深度联动，共同推进尚城学校破产案

案件受理前，东莞市南城街道办事处教育办公室向东莞第一法院反映尚城学校资金不足以支付支出，办学经费断裂，希望通过破产程序从根本上化解尚城学校的债务危机，保障尚城学校现阶段的教育教学秩序和社会稳定。

案件受理后，东莞第一法院与管理人负责处理债务、资产、重整问题，东莞市教育局、东莞市南城街道办事处负责处理学校维稳问题，以及大力支持教育教学工作，并及时了解家长意见；在尚城学校第一次债权人会议表决同意继续尚城学校的营业后，管理人申请东莞第一法院批准尚城学校继续经营。

二、探索处理尚城学校资产和债务最佳处置模式

本案经过评估，若进行破产清算，尚城学校的清算价值为 162.22 万元，不利于维护债权人利益,且在破产清算下,学校要注销,不利于保障学生的受教育权。若进行破产和解,尚城学校原有的经营问题得不到解决,尚城学校有可能再次陷入债务危机,不利于保障学生的受教育权。

(一)通过预重整探索尚城学校重整的可能性及可行性

预重整是相对于法定重整而言的,之所以采取预重整方式,是因为:(1)避免法定重整程序"6+3"期限的约束;(2)在没有民办学校破产重整成功的案例可供参考的情况下,管理人需要时间进行探索;(3)新冠疫情期间,企业迟延复工,耽误了重整的进度。采取预重整方式,可以将大部分任务和工作在法院裁定进入重整程序之前解决,为高效且高质量完成破产重整案件提供充足的时间。

(二)创新性地设立咨询委员会和评审委员会遴选投资人

因为本案破产主体具有特殊性,本案投资人遴选涉及学生受教育权的保障问题,不能仅凭投资人的出资额选定最终投资人,故本案遴选投资人的方式在不违反法律规定的前提下,需要结合案件的实际情况进行创新。东莞第一法院成立了咨询委员会,由东莞市教育局从专家库中随机抽选10名专家组成咨询委员会,对意向投资人的办学经验、办学成果、办学规划及安排进行评分。随后,由东莞第一法院、东莞市教育局、东莞市南城街道办事处、管理人组成的评审委员会对重整投资人的综合方面进行评审。

(三)本案根据案件实际情况选定一名正选投资人和一名备选投资人

若尚城学校重整计划不能执行,尚城学校可能被宣告破产,不利于维护社会稳定及保障师生权益,也不利于维护债权人利益。故《东莞市南城区尚城学校重整投资人第二次招募说明》载明:"评审委员会最多可选取两名重整投资人,如评审委员会选取两名重整投资人的,其中一名为正选投资人,另一名为备选投资人。正选投资人与备选投资人分别提交的《重整计划草案》将合并为一份《重整计划草案》,优先执行正选投资人提交的重整计划草案,在正选投资人的重整计划草案出现无法执行的情况时,执行备选投资人提交的重整计划草案。合并后的重整计划草案将提交债权人会议表决"。设置一名正选投资人和一名备选投资人,有利于保障重整计划顺利执行完毕、重整程序顺利完成。最终该合并重整计划草案获得债权人会议的表决通过。

三、发挥"府院联动"协调机制作用

本案充分发挥"府院联动"协调机制的作用是重整成功的重要因素。

2010 年 12 月 29 日最高人民法院《关于对因资不抵债无法继续办学被终止的民办学校如何组织清算问题的批复》规定，[1] 民办学校因资不抵债无法继续办学被终止，当事人依照《民办教育促进法》向人民法院申请破产清算，人民法院应当依法受理。《企业破产法》并没有明确民办学校破产的规定，该批复对《企业破产法》是一个补充，为民办学校的破产清算扫清了法律上的障碍。

民办学校相比一般企业而言具有特殊性。民办学校与公办学校具有同等的法律地位，国家保障民办学校的办学自主权。学校进行清算涉及学校办学资格、学生学业前途、学校教职工的安置等比较特殊的情况，如果仅仅按照一般企业对待，民办学校的破产清算会带来很多社会问题，也不是仅仅通过破产清算这一法律途径能够解决的，需要政府和法院进行配合，发挥联动协调机制的作用。本案中，管理人负责依据《企业破产法》及《民办教育促进法》处理债务、资产、重整问题，东莞市教育局、东莞市南城街道办事处负责处理学校维稳问题及大力支持教育教学工作。在尚城学校第一次债权人会议表决同意继续尚城学校的营业后，管理人申请东莞第一法院批准尚城学校继续经营就是"府院联动"协调机制起作用的结果，也是本案重整成功的重要因素。

笔者作为破产管理人承办破产案件时也切身感受到了"府院联动"的重要性。笔者还曾经就深圳市破产工作府院联动协调机制撰写论文。2020 年 7 月 31 日，深圳市中级人民法院、深圳市人民政府国有资产监督管理委员会等 18 家单位共同出台了

---

[1] 2010 年 12 月 29 日最高人民法院《关于对因资不抵债无法继续办学被终止的民办学校如何组织清算问题的批复》的内容为："依照《中华人民共和国民办教育促进法》第九条批准设立的民办学校因资不抵债无法继续办学被终止，当事人依照《中华人民共和国民办教育促进法》第五十八条第二款规定向人民法院申请清算的，人民法院应当依法受理。人民法院组织民办学校破产清算，参照适用《中华人民共和国企业破产法》规定的程序，并依照《中华人民共和国民办教育促进法》第五十九条规定的顺序清偿。"

《关于完善破产工作府院联动协调机制的实施意见》(以下简称《实施意见》)。[1]《实施意见》提出要建立衔接有序、运转顺畅的破产工作"府院联动"协调机制,统筹

---

[1] 《关于完善破产工作府院联动协调机制的实施意见》第一点"主要任务"中规定:"(二)建立衔接有序、运转顺畅的破产工作府院联动协调机制,统筹解决债务人破产处置工作中的风险防范、财产接管、资产处置、涉税事项、金融协调、费用保障、企业注销、防止逃废债等问题,着力维护债权人、债务人利益和社会公共利益。(三)积极防范化解重大风险,建立重点领域和企业敏感案件事件信息共享机制,定期监测、评估、通报破产企业和'僵尸企业'相关信息,协调联动,形成合力,依法惩治恶意逃废债违法行为,强化社会诚信意识,优化破产司法环境。"第二点"成员单位及职责"中规定:"(一)市中级法院:统筹汇总全市法院在市场主体破产处置中需要政府相关部门协调解决的问题。(二)市发展改革委:协助组织召开府院联动工作会议,协调督促政府相关部门积极做好市场主体破产处置相关工作。(三)市教育局:协助处置民办教育机构破产事项。根据破产办理府院联动工作需要,依托信息化平台办理与本单位相关业务。(四)市公安局:加强对恶意逃废债犯罪行为的立案查处,依法加大对恶意逃废债行为的打击力度;配合开展强制接管工作,依法惩治拒绝接管等违法犯罪行为。协助办理债务人车辆查扣、处置及过户工作。根据破产办理府院联动工作需要,依托信息化平台办理与本单位相关业务。(五)市民政局:配合业务主管单位做好破产管理人协会管理工作,救助债务人基本生活困难人员。根据破产办理府院联动工作需要,依托信息化平台办理与本单位相关业务。(六)市司法局:指导深圳市律师协会下设公司解散与破产清算法律专业委员会开展工作。依法处理破产从业律师事务所、律师的违规违法行为。(七)市财政局:协助落实无财产市场主体破产清算的经费保障工作,按照相关法律法规以及财政预算管理有关规定,提供必要经费支持。根据破产办理府院联动工作需要,依托信息化平台办理与本单位相关业务。(八)市人力资源保障局:协助处理债务人劳动争议纠纷,协助查询债务人社保参保、劳动仲裁等信息。完善企业破产与欠薪保障及失业救济的衔接机制。为债务人员工再就业提供相应服务。根据破产办理府院联动工作需要,依托信息化平台办理与本单位相关业务。(九)市规划和自然资源局:协助破产案件办理所涉不动产登记查询、保全、抵押涂销、过户登记等事项。协助解决债务人不动产破产处置问题。根据破产办理府院联动工作需要,依托信息化平台办理与本单位相关业务。(十)市住房建设局:协助查询住房公积金缴纳记录、房产交易信息等事项。协助处理债务人不动产破产处置问题。根据破产办理府院联动工作需要,依托信息化平台办理与本单位相关业务。(十一)市交通运输局:协助查询债务人名下小汽车指标更新资格等事项。根据破产办理府院联动工作需要,依托信息化平台办理与本单位相关业务。(十二)市国资委:清理、监测我市国有'僵尸企业'情况,推动此类企业依法退出。协调落实国有'僵尸企业'破产处置维稳、职工安置工作。(十三)市市场监管局:协助查询债务人工商信息、变更登记、查控对外投资、划转股权等事项。落实简易注销制度,统一破产企业简易注销的标准、要求和流程。完善企业破产信息登记制度。依职责对怠于或拒不履行清算义务的责任人探索实施信用惩戒。根据破产办理府院联动工作需要,依托信息化平台办理与本单位相关业务。(十四)市地方金融监管局:加强对破产处置的金融事务协调,建立涉金融重大风险事件和不稳定因素信息共享机制等。根据破产办理府院联动工作需要,依托信息化平台办理与本单位相关业务。(十五)市政务服务数据管理局:根据破产办理工作需要,按照破产工作府院联动协调共享需求清单,依托深圳市政务信息资源共享交换平台,实现社保、税务、工商等破产信息互通共享。(十六)市税务局:依法处理债务人领用税务发票、税收优惠、税务注销、税款争议等事项。根据破产办理府院联动工作需要,依托信息化平台办理与本单位相关业务。(十七)深圳银保监局、人民银行深圳市中心支行:协调金融机构债权人积极参与、推进债务人破产程序,加快内部决策流程,有效保障债权人合法权益。协调银行业金融机构依法办理管理人查询债务人银行账户开立、账户流水,解除保全措施等手续。指导、监督、协调金融机构做好风险处置工作。推动完善债务人信用修复机制。根据破产办理府院联动工作需要,依托信息化平台办理与本单位相关业务。(十八)深圳证监局:加强对上市公司、证券公司破产处置的事务协调、政策指导、风险防控工作,建立重大风险事件和不稳定因素信息共享机制。"

解决债务人破产处置工作中的风险防范、财产接管、资产处置、涉税事项、金融协调、费用保障、企业注销、防止逃废债等问题。积极防范化解重大风险,建立重点领域和企业敏感案件时间信息共享机制,定期检测、评估、通报破产企业和"僵尸企业"相关信息,协调联动,优化破产司法环境。但是,实务中有些事项的处理方式仍待进一步完善。比如,企业清算义务人不配合接管甚至采取消失的手段逃避接管,会给破产清算工作带来很大阻力,若没有公安机关的配合,人民法院、管理人无法强制接管。又如,破产企业法定代表人涉嫌逃废债,但管理人和人民法院调查取证的手段有限,管理人的报案往往被公安机关认定为民事纠纷而不予立案。再如,破产案件终结破产程序后,由于破产企业股权冻结无法解封导致企业无法注销等。另外,《实施意见》未提及但与《企业破产法》有效实施密切相关的法律制度,如银行贷款监管法律制度、政府破产重整并购基金制度等应引起高度重视。[1] 而《深圳经济特区优化营商环境条例》的出台很大程度上解决了破产重整并购基金制度问题。[2]

如果说《企业破产法(试行)》时期的政策性破产阶段中,所谓"府院联动"协调就是政府领导,那么《企业破产法》时期的市场化破产阶段中的联动协调就是形成个案解决方案,即一事一议,无统一标准,亦无统一处置方案。受世界银行《营商环境报告》的启发与激励,以我国2019年10月22日发布《优化营商环境条例》、成立深圳市破产事务管理署并赋予实际职能为标志,"府院联动"协调机制已经进入新的、高水平发展阶段。这种高水平的"府院联动"协调机制并不是退回政府干预破产程序的"政策性破产"的老路,相反,这种"府院联动"协调机制是市场化破产中市场化、法治化、常态化的联动协调机制,[3]是建立在转变行政机关监管理念,并以市场化、法治化手段引导市场主体及时退出,促进企业重生基础上的联动协调机制。我们期待,在《企业破产法》修改时,将这种成熟的,市场化、法治化、常态化的联动协调机制写进

---

〔1〕 参见李曙光、刘延岭主编:《营商环境与破产重组》,载王福祥、李锴:《破产法之有效实施与配套法律制度之完善》,法律出版社2021年版,第73、77页。

〔2〕 《深圳经济特区优化营商环境条例》第23条规定:"支持人民法院探索建立重整识别、预重整等破产拯救机制,推动建立市场主体重整费用保障基金,完善不良资产处置平台,为有市场价值的市场主体扩大投融资渠道,加速不良资产处置,实现破产财产价值最大化,降低债务重组成本。"

〔3〕 王福祥认为,"市场化破产在本质上是指企业是否破产、何时采取破产行动,完全由市场决定。凡市场经济发达国家,都有发达的市场化破产制度保驾护航。"参见王福祥:《论市场化破产及其实施机制》,载李曙光、郑志斌主编:《公司重整法律评论》(第1卷),法律出版社2011年版,第27页。

法律。

【案例提供:广东名道律师事务所　林楚泉、戴勇、王奋发、谭碧芯、林俊豪、冯继刚、彭朝政、何衬兴;评析人:广东名道律师事务所　林楚泉,北京德恒(深圳)律师事务所　王科建】

20

高尔夫公司重获新生

——佛山市南海西樵高尔夫发展有限公司重整案

核心要点

佛山市南海西樵高尔夫发展有限公司(以下简称西樵高尔夫公司)在广东省佛山市登记设立,其名下建设、经营了18洞国际标准高尔夫球场、会所及相应的生活服务设施。截至2013年12月31日,西樵高尔夫公司严重资不抵债,无力清偿到期债务。经债权人申请,广东省佛山市中级人民法院于2015年5月25日裁定受理西樵高尔夫公司破产重整的申请,同日指定广东源浩律师事务所作为西樵高尔夫公司管理人。

西樵高尔夫公司重整案存在如下的特殊性:其一,其名下部分土地无法确认权属关系;其二,其出资人下落不明、无法联系;其三,其名下经营的高尔夫球协会消费者众多;其四,税务负担沉重……以上种种,皆导致西樵高尔夫公司重整一案困难重重,难以协调。最终能够重整成功,可见其有一定的典型性。

办案过程

《重整计划草案》(删减版)

西樵高尔夫公司因不能清偿到期债务,出资人失联,资产不足以清偿全部债务。2015年5月25日法院裁定受理西樵高尔夫公司破产重整申请,案号为:(2015)佛中法民二破字第18－6号，同时指定广东源浩律师事务所为管理人。

西樵高尔夫公司于1994年12月30日成立，是经广东省对外贸易经济合作厅批准，在佛山市南海区工商行政管理局登记注册成立的中外合作经营企业，注册号为：企作粤南总字第000986号。公司经营范围：建设、经营18洞国际标准高尔夫球场、会所及相应的生活服务设施。

截至2015年5月25日，工商内档显示，西樵高尔夫公司作为中外合作企业，注册资金为1120万美元，共有2家出资人，分别为：陈氏（南海）投资有限公司、南海市中旅集团公司。其中陈氏（南海）投资有限公司认缴出资额为1120万美元，实缴出资额为0美元，根据禅山会计师事务所出具的验资报告显示，截至1995年12月31日，陈氏（南海）投资有限公司已实缴297.7634万美元；南海市中旅集团公司以土地使用权出资。出资人陈氏（南海）投资有限公司为一家香港企业，在重整期间，管理人一直无法与该公司取得联系。经管理人安排人员到该公司注册地址查看，其地址是居民楼，未发现有标注该企业名称，亦未能询问到企业相关情况。出资人南海市中旅集团公司于1990年8月9日成立，经查，已于2012年2月5日因逾期未年检而被工商部门吊销营业执照。

重整期间，管理人在各级政府、法院及相关部门的大力支持和悉心关怀下，一方面做好生产经营及职工的稳定工作；另一方面做好与重整程序相关的各项工作，包括资产清理和委托评估、债权申报受理和审查、信息披露、偿债能力测算、投资人征集、重整计划制定、债权人会议筹备等。但由于西樵高尔夫公司重整案的特殊性，导致协调、拟定有利于各债权人且可执行的重整方案难度很大，包括：

1. 作为公司核心资产的8块土地中，有4块无法确认权属、无法办理产权证明，国土部门也无法确定是否需要缴土地出让金、契税及其他费用；

2. 公司出资人失联，逃避责任，且由于缺位导致管理混乱、经营不善，公司必须寻求外力拯救；

3. 公司经营的高尔夫球会，有众多会员消费者，且公司因历史问题还存在部分会籍身份存争议的会员，若不能妥善处理，会员纠纷等衍生问题会演变为拖垮公司的重大包袱；

4. 公司负债总额数倍远超过可变现资产价值，依相关税务规定，重整削债后涉及巨额应缴计所得税的重组收益，税务负担沉重；

5. 随着市场发展,高尔夫行业已成为高竞争门槛的行业,球场硬件设施、软件服务均需要巨额投资作为基础,且经营球场需要非常专业的独特管理经验,对投资人要求极高等。

就此,管理人多轮次与债权人、行业专家、潜在投资人进行真诚的沟通、交流。充分听取、吸收了各方意见和建议,在充分尊重评估机构的专业评估结论,并对偿债能力初步估算的前提下,在充分进行法律风险评估和论证、可行性预判和分析的条件下,管理人研究、对比了众多可能的重整方案,最终制订本重整计划草案,现提交债权人会议审议表决。根据本重整计划,西樵高尔夫公司本次重整如获实施则:

1. 西樵高尔夫公司法律主体不变。经重整的西樵高尔夫公司仍是一家具有高尔夫球场经营资质的有限公司。

2. 西樵高尔夫公司以原有注册股本由原全体出资人以零元价格转让并由投资人有条件受让。投资人受让上述股本同时对西樵高尔夫公司投入资金,用于支付重整费用、清偿非债转股部分债权人债务、提存初步确认债权和预计债权及作为西樵高尔夫公司后续经营的流动资金。集成产业、集成高尔夫、嘉友高尔夫以其可清偿债权全部转为股权。在按照本重整计划债权调整方案完成债权受偿后的全部剩余资金,以及未来不再提存的分配额,均作为西樵高尔夫公司后续经营的流动资金。

3. 职工债权和税款债权的优先部分全额受偿;有财产担保债权按照担保物评估价值优先受偿,未能就担保物评估价值受偿的部分作为普通债权受偿(质押给中国建设银行佛山南海支行的会员证除外);普通债权按照5%的比例受偿。按照上述方案受偿后未获清偿的部分,西樵高尔夫公司不再承担清偿责任。初步确认债权和预计债权按照同类债权的受偿标准提存分配额。

4. 西樵高尔夫公司将继续原有部分经营业务,并将重新制订经营计划和改造现有球场环境,提高经营效率和盈利能力,争取恢复经营能力。西樵高尔夫公司拟实施资产重组,由投资人适时向西樵高尔夫公司注入资产,提高西樵高尔夫公司持续经营和盈利能力。

特别说明:依据破产法的相关规定,本重整计划如不能获得债权人会议、出资人组会议表决通过及法院裁定批准,西樵高尔夫公司将破产清算。

办案总结及实务指引

一、以瑕疵测算的方式测算各种情形清偿率，为普通债权人表决重整计划提供充分参考依据，普通债权人表决通过重整计划

债务人的财产情况对案件能否重整成功起着关键作用。西樵高尔夫公司正在使用的土地共有8块，其中4块土地已获得土地使用权证，另有4块土地由于历史原因而一直未能获取土地证，且相关部门未明确是否能办理土地证。2015年8月18日佛山市南海区国土城建和水务局回复上述4块土地在佛山市南海区产权产籍信息系统内没有土地登记记录，也没有相关的土地实体档案，无法确定权属信息。

由于在法律上这4块未办证土地的权属不明确，而土地的权属与功能对评估的价值有重大影响，也会对资产的处置结果产生重大影响。因此重整计划草案结合财产的实际情况，通过对资产瑕疵分两种情形进行测算：

1. 债权清偿情形1清偿率——将8块土地整体拍卖测算清偿率；

2. 债权清偿情形2清偿率——仅含4块有证土地的整体拍卖测算清偿率。

将上述4块未办证土地分为属于破产财产和不属于破产财产两种情形分别测算清偿率，提供债权人参考。债权人在表决重整计划时，能充分考虑各种情况可能获得清偿情形，为债权人决策提供充分参考依据，普通债权组最终表决通过重整计划。

在重整计划执行完毕后，上述4块土地仍未能办理权属证，现仍继续由西樵高尔夫公司使用。

二、通过保底拍卖的方式确定重整投资人

为实现公开、公平、公正，以及为了实现债权人利益最大化原则，以意向投资人的意向对价为起始竞价价格，通过法院委托淘宝网公开竞价，同等条件下出价最高的竞价者由法院依法裁定成为重整计划的投资方，执行重整计划。若经过淘宝网公开竞价、未能满足竞价方案要求产生投资方，则报法院直接依法裁定意向投资人成为《重整计划》的投资人，裁定通过《重整计划》。该种以保底拍卖的方式确定重整投资人的好处在于通过公开拍卖方式，由市场检验西樵高尔夫公司价值的同时设置保底价，即如在拍卖期间发生在竞价时间无人竞价，或者竞价无法达到保留价的情况下，则由人

民法院裁定意向投资人为重整计划的投资人，按保底价参加重整，避免破产清算。

三、在重整计划中创设质押高尔夫会员证保底拍卖处置方式，充分保护质押权人利益

重整计划规定通过拍卖方式处置中国建设银行佛山南海支行（以下简称南海建行）拥有质押权的编号为 AA101—AA150 西樵高尔夫公司 50 份空白会员证，若拍卖成功，则由南海建行在拍卖成交之日起 10 日内将会员证交付给买受人，拍卖款归质押权人。但考虑到西樵高尔夫公司处于重整阶段，重整不成功的，则会员证价值为 0 元。为保护质押权人利益，先通过拍卖方式处置质押的会员证，并根据质押权人和投资人双方协商确定的最低价，当流拍价低于该最低价时，由西樵高尔夫公司按最低价回购质押的会员证。

四、创新原有会员处置方式，减少各方冲突、化解社会矛盾

截至佛山市中级人民法院裁定受理对西樵高尔夫公司进行重整之日，西樵高尔夫公司曾有在册记录的会员共计 860 名，其中永久会员 540 名，休闲会员 310 名。管理人于 2015 年 10 月 21 日在《佛山日报》刊登了《关于佛山市南海西樵高尔夫球场发展有限公司会员登记通知》，启动会员权益申报程序，核对会员的基本情况，通过多种途径告知重整相关事宜并要求会员在重整期间仍需遵循球会规章。管理人详细解答会员疑问，安抚会员情绪，缓解政府维稳压力。

但因历年久远，部分会员入会凭据已遗失或无法提供，后经多方研究，确定以实际是否照球会规章缴纳管理费及消费为依据，真正维护最广大会员的利益，减少会员因西樵高尔夫公司重整所受到的损失。

在重整方案（包括会员处理方案）通过后，依最终确定的原会员处理程序，由管理人牵头，球会成立专职会员沟通小组，推进每一会员的沟通处理；对个别有异议及纠纷会员，协商不成的，可转以诉讼形式处理。

管理人通过上述方式，多方协商、沟通，以维护债权人、广大会员利益及债务人财产最大化为原则，制定符合实际的会员处理方案，减少各方因重整受到的损失、缓解政府部门社会维稳压力，也为重整后债务人更好地经营公司打下坚实的客户基础，获得债权人和球场会员的一致好评。

五、人民法院依法行使强制批准重整计划权利是本案成功关键

西樵高尔夫公司的重整计划草案经历了两次表决，除税款债权组及出资人组外，其他组表决均已通过。本案出资人失联无法表决,而重整计划对税款债权是100%受偿。基于破产清算出资人权益为0的测算,根据《企业破产法》第87条规定,重整计划对税款全额清偿,对出资人权益调整公平、公正。佛山中院从最大限度实现债权人利益的角度出发,行使强制批准权。

重整是一门渗透着理论与实践的债务人拯救艺术,必要时人民法院需要有担当,依法行使强制批准权。西樵高尔夫公司重整一案经各方努力,法院最后“临门一脚”行使强制批准权,有效解决了困难企业的经营危机,使西樵高尔夫公司通过重整解决了历史“包袱”,通过新的资金注入重新走向市场,在重整计划执行期间实现了盈余,稳妥处理了可能造成的社会不稳定因素,取得了良好的社会效果和法律效果。

【案例提供及评析人:广东源浩律师事务所　胡聪、陈海】

21

通过预重整快速化解烂尾楼

——广州市百筑房地产开发有限公司重整案

核心要点

2018 年,最高人民法院发布的《全国法院破产审判工作会议纪要》为各地法院探索“执转破”与预重整的衔接提供了规范基础。2021 年 6 月 17 日,广州市中级人民法院(以下简称广州中院)批准广州百筑房地产开发有限公司(以下简称百筑公司)重整计划并终止重整程序,此时距离百筑公司结束预重整阶段且法院正式裁定受理百筑公司重整申请仅 47 日。按照重整计划,引入人民币(下同)8000 万元的共益债务资金即可盘活债务人企业资产,解决债务人逾 14 亿元的债务,实现 307 户回迁户的“家园梦”。

法院和管理人上述积极探索“执转破”与预重整程序相结合的做法,最终取得了巨大成功,实现了庭外重组与庭内重整程序的精准衔接。这是继 2020 年 5 月广州中院印发《关于破产重整案件审理指引(试行)》后广州市的首次成功实践。

百筑公司破产(预)重整案的成功经验,不仅有效助力了广州市乃至整个广东地区营商环境的优化,更在“府院联动”机制的运用、引进共益债务方式重整、预重整与庭内重整程序衔接等方面,均具有典型意义。

办案过程

一、案件简介

2013年,百筑公司建设开发新塘百晟广场项目,后因资金链断裂被多个债权人提起诉讼,项目资产被法院查封。

2019年9月26日,某抵押债权人申请对百筑公司进行强制执行,执行标的近3亿元。经评估,百筑公司项目资产估价7.62亿元。此外,通过执行系统发现,除本案外,百筑公司另有12件执行案已被广州市增城区人民法院(以下简称增城法院)立案受理。总体来看,百筑公司共有17件涉诉执行案,负债金额总计逾14亿元。

经现场调查,百晟广场项目虽烂尾,但剩余工程量不多,如果直接将项目资产执行拍卖,实际拍卖所得将大幅减少。而且,由于执行程序是依据查封顺序对债权人进行分配,故在扣除抵押债权人的债权额后,可供普通债权人受偿的金额寥寥无几,很可能出现债权人受偿不均和受偿不能的情况,也可能进一步诱发潜在的执行分配异议之诉等问题。同时,该资产项目还涉及3.2万多平方米的政府安置房交付问题,若依据整体现状拍卖的执行措施,可能引发大量群体性维稳事件。

在广州中院执行局、增城法院和增城区人民政府的共同努力下,增城法院征得12个债权人的一致同意后,决定对百筑公司案件启动执转破程序,将本案移送广州中院破产法庭进行破产审查。

2020年12月29日,广州中院决定对百筑公司进行预重整。同日,经百筑公司及其主要债权人协商一致推荐,广州中院指定广东金轮律师事务所担任本案预重整临时管理人。

2021年1月1日,临时管理人发布《预重整案之申报债权通知书》《意向投资人招募公告》等公告性文件,并同步进行审计机构选聘、沿用有效评估报告的工作,迅速开展了关于预重整期间厘清债务人债务总额、债务人资产状况、招募投资人、形成初步重整方案等重点工作。

2021年4月20日,在临时管理人组织下,百筑公司预重整期间顺利召开了债权人会议,并分组表决通过了《预重整计划草案》。

2021 年 4 月 27 日，临时管理人向广州中院提交了《执行职务的报告》《预重整计划草案表决情况的报告》等相关履职文件。同日，债务人百筑公司向法院提交了重整申请。

2021 年 4 月 30 日，广州中院在短短 3 日内正式裁定受理百筑公司的重整申请，并于同日指定广东金轮律师事务所担任百筑公司重整管理人。自此，百筑公司结束预重整程序，正式进入破产重整。

2021 年 6 月 1 日，广州中院组织召开了第一次债权人会议，表决重整计划草案。

2021 年 6 月 17 日，广州中院批准百筑公司重整计划并终止重整程序，此时距离法院裁定受理百筑公司重整申请仅 47 日。

二、相关文书摘要

因百筑公司资金链断裂，剩余少量工程未完工，未能按期办理预售证及交付政府保障房，无法实现去化回笼，无资金清偿到期债务。百筑公司因此涉大量债务被强制执行，该项目资产亦被执行法院查封，百筑公司陷入财务困境。因资不抵债，经执行法院移送破产，广州中院对百筑公司进行破产立案审查。在法院审查期间，百筑公司申请预重整，广州中院于 2020 年 12 月 29 日决定对百筑公司进行预重整，并根据债务人与主要债权人的一致推荐，指定广东金轮律师事务所为百筑公司预重整期间的临时管理人，由临时管理人组织债务人与债权人在庭外自主谈判，协商拟定预重整计划草案。

2021 年 4 月 20 日，临时管理人召集百筑公司预重整优先债权组、普通债权组、出资人组进行分组表决：优先债权组出席会议的债权人全票表决通过，其所代表的债权额占该组债权总额 100%；职工债权组出席会议的全部债权人表决通过，其所代表的债权占该组债权总额的 66.99%；共益债权组全票表决通过，其所代表的债权额占该组债权总额的 100%；税款债权组出席会议享有表决权的债权人全票表决通过，其所代表的债权占该组债权总额的 100%；普通债权组出席会议 92% 的债权人表决通过，其所代表债权额占该组债权总额 94.11%；出资人组全票表决通过，其所代表的股权比例为 100%。所有组别中，表决同意百筑公司预重整计划草案的债权人人数均过半数且所占债权额占该组债权总额的 2/3 以上，出资人组亦表决通过，百筑公司预重整计划获得通过。

2021 年 4 月 30 日，百筑公司向广州中院申请重整，广州中院作出民事裁定书，以百筑公司经审计虽已属资不抵债，但其名下的“新塘百晟广场”项目若能引入资金盘活资产，将有利于实现政府安置房的交付，解决工程款拖欠问题，提高债权受偿率，且百筑公司预重整计划草案已表决通过，百筑公司具备重整价值为由，裁定受理百筑公司的重整申请，同时继续指定广东金轮律师事务所为百筑公司重整期间管理人。广州中院依法发布公告并确定债权申报期限，定于2021年6月1日召开百筑公司第一次债权人会议。

2021年6月1日，因提交第一次债权人会议审议的重整计划草案中，对出资人权益进行了实质调整，经出资人组重新表决，出资人组全票表决同意，其所代表的股权比例占100%。普通债权人组中，因按特定债权额分段递减清偿，特定债权额以下的普通债权人在重整计划草案中的受偿率仍为100%，权益未受调整，该部分债权人中，仅由重整期间新增申报的3家普通债权人对重整计划草案进行了表决，其他普通债权人在预重整中同意预重整计划草案的意见，视为对重整计划表决同意；特定债权额以上的普通债权人因在重整计划草案中测算的清偿率由39.6%变为37.7%，有所降低，经重新表决，该部分普通债权人中，出席会议并享有表决权的15家债权人表决同意重整计划草案。经管理人统计，按照上述表决情况，普通债权人组中，享有表决权的债权人为29家，出席会议并对重整计划草案表决同意的债权人为22家，占该组人数的75.86%，其所代表的债权额占该组债权总额的80.12%。

在第一次债权人会议中，出席会议的全体债权人及出资人均表示管理人在制定百筑公司预重整计划草案及重整计划草案过程中，两份草案提交表决前，管理人已履行全面、充分、客观的信息披露义务，使各债权人、出资人对预重整计划草案及重整计划草案均可发表符合自己权益的意思表示。

同时，本案中，百筑公司因陷入财务困境而处于资不抵债的状态，被执行移送破产审查。经预重整，百筑公司的债务人与债权人在临时管理人的组织下，自行谈判协商确定预重整计划草案，并在预重整期间由债权人分组表决通过，挖掘百筑公司的重整价值，使百筑公司具有拯救和重生的可行性而顺利进入重整。管理人以预重整计划为依据及基础，制订百筑公司重整计划，并提请广州中院裁定批准，对该重整计划表决情况的审核，应引入上述预重整与破产重整效力衔接的规则予以审查。

最终，2021年6月17日，广州中院裁定批准百筑公司重整计划，终止百筑公司重整程序。

办案总结及实务指引

一、广州首件执行转破产并预重整成功案件

百筑公司案主要有以下两大方面的办理难点：一是“执转破”程序以前的实践样态多为“执行转破产清算”，本案是“执行转重整”，而且要在重整程序之前加入“预重整”，三种程序杂糅并存，大大增加了本案的办理难度。二是本案重整企业的信用修复以及融资款的引入问题。

上述两大难点中，因预重整是破产审判实务中的新领域，如何办好广州首个预重整案件对办理破产案件共同体来说均是全新的挑战。

2020 年 5 月，广州中院印发的《关于破产重整案件审理指引》对预重整案件如何处理进行了详细规定：指引当事人协商选定临时管理人；预重整期间仅进行规则引导，重大事项均由临时管理人组织各方利害关系人在庭外自主协商确定；确定预重整计划效力从庭外向庭内延伸的审查规则等。这成功开辟出了一条挽救困境企业的“新路径”。

百筑公司重整案成功引导了执行债权人将案件转入破产程序，在较短时间内挽救了债务人企业，提升了债权人的受偿率。这对提升破产案件办理质效、提高困境企业重整成功率、减少重整时间、降低司法成本、优化营商环境等有着积极的现实意义。

二、管理人维护各方当事人合法利益，提高各方当事人的满意度

百筑公司所涉资产项目复工复建可能性大，如果进行破产清算，考虑到按现有建设情况拍卖土地使用权和在建工程，清偿完毕巨额税费和优先债权后，普通债权还能否获得清偿存疑。而且，本案担保权人、建设工程优先权人与普通债权人等利害关系人长期对百筑公司不能清偿到期债务不满，各方之间的矛盾利益分歧严重，抵押债权人亦曾以“直接拍卖新塘百晟广场就可直接获得全部抵押债权受偿”为由反对百筑案件利用“执转破”与预重整程序进入破产重整。

同时，百筑公司的主要资产“新塘百晟广场”项目停工已久。该项目涉及 307 个回迁户，共计需交付 3.2 万多平方米的政府安置房。广州中院、增城法院及增城区人民政府对上述回迁户权益的保护极其重视。如果百筑公司无法快速引入重整投资

款,加速启动项目楼盘建设,极易引发社会问题。

在综合考虑上述因素后,为保障全体债权人的合法权益,结合百筑公司主要资产复工复建可能性大、直接拍卖将导致清偿不均、可能产生严重社会问题等诸多因素,管理人充分进行了法律风险测评和论证、可行性预判和分析,并在广州中院的指导下,充分调动各方利害关系人的积极性,创造性地将“执转破”程序与“预重整”程序相结合,这是破产案件司法实践中的一项创新。

需要说明的是,管理人在招募重整意向投资人时,对各方利害关系人的意愿做了大量的摸排统计工作,并从中协调、沟通,在平衡各方利益的基础上,最终促成了各方谈判,这也是重整计划得以快速通过的关键。百筑公司从进入预重整到法院批准进入正式重整仅花费4个月;从重整受理到重整计划获得批准,仅用时47日,极大地缩短了重整周期,取得了良好的社会效果。

在管理人的努力下,百筑公司最终化解了清偿率低、严重资不抵债的危机,也使烂尾楼资产得以盘活,实现了社会价值、效率价值、市场价值的有机统一。

三、项目运用共益债务方式实现烂尾楼续建投入并完工交付300多套安置房,对解决相似问题提供了一种可行路径,为实务操作提供了宝贵经验

近几年,经济形势下行,企业债务风险增大,破产重整案件逐年增加,如何通过制度优化,让进入破产重整程序的企业能够及时获得融资实现新生,既考验着投资人的投资风险管理能力,也考验着管理人的办案水平。如何解决资金问题,保障百晟广场项目顺利复工复建,是本案首先要解决的问题。在我国融资环境下,企业得到融资,有两个基本条件:一是信用等级,二是担保(主要是物的抵押担保),两者相辅相成。满足信用条件的假设前提是企业能够持续经营,任何财务报告、审计报告都基于这样的假设。将此与破产企业相对比,发现如果企业已经进入破产程序,则必然具备了破产原因,实践中对破产原因的判断主要是基于资产标准和现金流标准。通俗来讲,具备破产原因的表现是资不抵债和无现金。在此种情况下,破产企业已经不具备融资的信用基础,没有融资能力。因此,只能寻求于第二个条件即资产抵押,暂不说进入破产的企业一般没有可供抵押的资产,即便是有抵押资产,在《企业破产法》框架下,也不能给某项债权单独提供抵押,否则就构成了《企业破产法》上的可撤销事由。鉴于此,破产企业主客观条件都不具备融资的条件。

考虑百筑公司的重整需要持续投入,同时又受限于客观的融资风险,假使能将重整中的新债权融资认定为具有优先清偿保障的共益债务，债权融资将会更为便捷。重整中债务人融资的目的是为公司经营提供必需的现金流，融资结果更是服务于原债权人、债务人、员工等各主体的共同利益，即系为维护全体债权人和破产财产利益而发生，因此将其定性为破产法上的共益债务并无不妥。

本案管理人据此提出了共益债务的融资方案。根据重整计划，本案引入的8000万元融资将作为共益债务，全部用于复工复建，盘活资产项目，完成剩余工程，保障政府安置房的优先交付及工程款的优先全额受偿。由此百晟项目得以完工，资产价值被盘活，普通债权人的受偿率也因此得到巨幅提高，百筑公司也因此得以重生。

将重整程序中的融资款认定为共益债务制度，实际上是《企业破产法司法解释三》给破产企业提供的一个融资便利条件，也可以说是一项配套机制。本案运用共益债务的模式保障了重整计划的顺利执行，同时也为解决重整企业解决相似问题提供了新的路径选择和实务经验。

四、案件处理结果具有行业引导力和价值引领力，在同类案件中具有突出的代表性和指导意义

重整过程中，部分金融机构以百筑公司存在信用不良信息为由拒绝办理按揭贷款。如果因信用无法修复导致债务人企业在重整计划执行期间无法获得新融资，则本案很可能重整失败而不得不宣告破产。关于重整程序中债务人企业的信用修复问题，实践中已有不少探索，但多表现为各地方、各部门基于条块管理思维下的“各自为战”，既缺乏全局性，又缺乏针对性，更缺乏持续性和常态性。而且，现行《企业破产法》又缺少关于信用修复的基本规定，管理人往往会在案件办理中陷入僵局，此种僵局甚至已经严重影响到了债务人企业的正常重整进度。

令人欣喜的是，2018年3月4日最高人民法院发布的《破产审判会议纪要》指出：“人民法院要通过加强与政府的沟通协调，帮助重整企业修复信用记录，依法获取税收优惠，以利于重整企业恢复正常生产经营。”自最高人民法院在《破产审判会议纪要》中专门就重整企业信用修复问题提出要求后，全国范围内各类“府院联动”会议纪要中涉及信用修复的规定逐年增加，特别是2021年2月25日国家发展和改革委员会等十三部门联合发布的《关于推动和保障管理人在破产程序中依法履职进一步优化营商环境的意见》（发改财金规〔2021〕274号）第9条（优化破产企业注销和状态变更制度）规定：支持重整企业金融信用修复。在该规定精神的引领下，广州中院、中国银行保险监督管理委员会广东监管局、中国人民银行广州分行营业管理部印发了《〈关于进一步提升破产程序质效、合作优化营商环境的实施意见〉的通知》(穗中法〔2020〕87号),其第17条明确规定了支持重整企业信用恢复的相关内容。管理人据此向有关金融机构和征信部门申请恢复百筑公司的企业信用信息。

百筑公司的重整成功,与管理人妥善把握执行时机、成功引导执行债权人将案件转入破产程序密不可分。该案的成功办理,也为全国类似案件的处理,提供了一套可行的"广州方案"。

五、管理人将办案经验结合学理进行分析,赢得学界和实务界的一致认可

本案负责人广东金轮律师事务所高级合伙人郑飞虎律师受邀参加了"第十二届中国破产法论坛",并结合办理本案的经验撰写了《预重整在"执转破"案件中的适用问题——以广州百筑房地产开发有限公司预重整一案为分析样本》,该论文被论坛论文集收录,得到了与会专家的一致好评。该文为类似案件所涉疑难、复杂问题的解决,提供了理论支持,对破产重整业务领域的发展亦起到了积极作用。

【案例提供及评析人:广东金轮律师事务所　郑飞虎、何肖洁】

22

多年的广州烂尾楼得以盘活

——广州市华康地空开发有限公司重整案

核心要点

广州市华康地空开发有限公司重整案,存在无法办证、长期未交楼等历史遗留问题及众多小业主债权人。管理人通过引入重整投资人,实施《重整计划》衡平各方利益,不仅挽救了企业,使其走出困境,而且使职工债权、税收债权以及 5 万元以下的小额债权人债权全部获得清偿,其他普通债权的清偿率也比清算状态下大幅提高,实现了相关各方的共赢。该案在“历史烂尾楼”盘活重生、小业主/债权人群体维稳及清算转重整程序的衔接等方面具有典型意义。

办案过程

广州市华康地空开发有限公司(以下简称华康公司)成立于 1997 年 1 月 21 日。现任法定代表人陈雪云,注册资本人民币 6930.745 万元,企业类型为有限责任公司(法人独资),住所地广州市荔湾区康王北路 903 号。经营范围为房地产开发经营;物业管理;房地产中介服务;房地产咨询服务;自有房地产经营活动;场地租赁(不含仓储)。

华康公司成立之初是香港与内地合作企业,由内地企业广州市荔湾区飞龙经济发展有限公司(以下简称飞龙公司)和港方企业香港泰华国际投资有限公司(以下简称泰华国际)合作设立,飞龙公司负责提供合作开发地下人防工程项目经批准征用的土地使用权,泰华国际负责认缴全部注册资本 6000 万港元。后港方投资人由泰华国际变更为香港康明集团有限公司(以下简称康明集团)。

2017 年 11 月 16 日,广东省高级人民法院作出(2017)粤破终 33 号《民事裁定书》,指令广州市中级人民法院(以下简称广州中院)立案受理广州市志燊物业管理有限公司(以下简称志燊公司)对广州市华康公司提出的破产清算申请。

广州中院于 2018 年 1 月 12 日裁定受理并于 2018 年 1 月 24 日经摇珠选定管理人的程序,指定北京市中伦(广州)律师事务所担任华康公司管理人。华康公司管理人于 2018 年 1 月 26 日正式开展工作。

在资产方面,经华康公司管理人调查及委托评估审计,华康公司主要资产为位于康王商业城的共 84 间商铺、公司账户剩余部分现金以及部分对外应收款项。华康公司开发建设的康王商业城,系广州市老城区主要大型商场之一,地理位置优越,具备良好商业价值,商业城自 2005 年取得房屋预售许可,预售物业中超过一半面积办理了抵押登记。根据华康公司提供的《商铺明细清单》和经华康公司管理人调查,属于华康公司的未售房产合计约 1.7 万平方米。其中大部分场地(约 1.5 万平方米)被志燊公司、广州市恒懋旺物业经营管理有限公司占用、出租和收益。并且,部分商铺建设开发后未出售,其上存在抵押权等权利负担,多次拍卖均流拍,无法实现商业城整体正常经营。

在债权方面,该案小业主债权人申报债权额虽小但人数众多,且存在无法办证、长期未交楼等情形,如予以清算拍卖,拍卖价值较低,普通债权人难以得到有效清偿,企业清算注销也将导致小业主无处主张权利,并进一步引发信访上诉等社会矛盾激化的情形,增加社会不稳定因素。

若能为开发商成功引入重整投资,便可提高资产价值,解决小业主办证和交楼的合法诉求,同时可以有效盘活公司资产和商场资源。因此,华康公司管理人在《广州日报》《南方都市报》分别刊登公开招募意向重整投资人公告,吸引意向重整投资人报名参与重整。

截至 2019 年 8 月 16 日,有一家意向重整投资人广州市振涛投资咨询有限公司(以下简称振涛公司)报名参与重整,其股东和实际控制人充分利用自身商业运营投资人才和业内丰富经验，对项目本身存在的问题、区域商业形态、客户人群特点、客户需求特点等作了全面详细的前期调研，对本项目升级改造措施和项目精准定位作了详细分析，调动社会、政府、商业合伙人资源，做了大量的前期意向合作洽谈工作，为快速激活和提升本区域的商业价值作了充分的准备。振涛公司针对华康公司的状况及康王地下商业城的现状，于2019年9月12日提交《华康公司重整投资计划草案》，拟定了如下重整经营方案：

(1)聘请业内具有知名度的运营规划设计机构，对整个商圈按高规格标准进行整体运营方案设计，提升商圈的整体形象；(2)投入足额资金对经营环境进行改造升级，提升硬件环境的感观与档次；处理历史遗留问题，对公司所有物业进行消防整改，完善消防验收；(3)协助业主按政府相关部门要求完善办理不动产登记证的资料，力争在短时间内完成办证手续；(4)与地铁公司已进行初步的意向沟通，争取在原康王商业城一区地铁口的基础上，在七区多增加一个地铁口，届时将大大增加商城来往的人流，对负一层商户受益最大；(5)招商启动时，将运用行业杂志、报纸、广播、网站、微信、抖音等立体宣传手段，并招募明星商业企业和国内外著名的品牌超市、零售业卖场等进驻商场，增强商圈的人流量和商业吸引力，提升整个商场的定位。同时根据需要不定期举办招商会、推介会、座谈会及品牌商户进驻签约活动，提高项目的热度，提高集群效应，刺激目标商家踊跃进驻。

华康公司管理人按照破产法的有关规定，依据意向投资人所提条件，并结合公司实际情况，制定了重整计划草案，依法提交法院，并提请债权人会议进行审议。经债务人申请，广州中院于2019年12月16日作出(2018)粤01破5－4号《民事裁定书》，裁定对华康公司进行重整。

2019年12月31日，华康公司管理人作出《广州市华康地空开发有限公司重整计划》，重整计划介绍了现阶段华康公司的基本情况及资产负债，明确了出资人的权益调整方案、债权人的债权受偿方案，以及后续的重整经营方案。其中出资人的权益调整方案和债权人的债权受偿方案涉及债务人挽救和债权人利益保障，尤为引人关注。

(一)关于出资人的权益调整方案

1. 出资人权益调整：华康公司资不抵债，所有者权益为负值。依据破产法规定，华康公司原股东将无偿让渡全部股权。管理人及华康公司原股东应在重整计划获法院批准生效后15日内向法院申请解除对华康公司100%股权的质押、冻结等权利限制措施（如有）。当第一笔偿债资金汇至管理人银行账户后，飞龙公司、康明集团应在收到重整投资人书面通知后10日内配合重整投资人办理华康公司100%股权变更备案、过户及其他工商登记事项变更等相关手续。在与重整投资人办理股权变更前，华康公司、飞龙公司、康明集团不得处分华康公司部分或全部股权。

2.出资人组设立：《企业破产法》第85条第2款规定，重整计划涉及出资人权益调整事项的，应当设出资人组，对该事项进行表决。华康公司重整计划将涉及出资人权益调整，故设出资人组对出资人权益调整方案进行表决。本案出资人组由华康公司两名出资人组成，即飞龙公司和康明集团两家企业。

（二）关于债权分类和债权调整方案

1.债权分类：华康公司管理人将债权分为4类，有财产担保债权组；职工债权组；税款债权组；普通债权组。同时，有财产担保债权中无法就担保财产获得清偿的部分债权将列入普通债权组受偿；企业职工中董事、监事和高级管理人员的职工债权超出该企业职工平均工资的部分列为普通债权，列入普通债权组受偿。债权人会议由有财产担保债权组、职工债权组和普通债权组对重整计划草案进行分组表决。

2.债权调整方案，华康公司管理人将债权调整方案分为两大类，一类是已确认债权的调整方案，另一类是预计债权的调整方案。具体如下：

（1）已确认债权的调整方案：①有财产担保债权组的调整方案。该组包含有财产担保债权人，按照其担保财产的评估快速变现价全额优先受偿。其余未优先受偿的金额转为普通债权，在重整计划经法院裁定批准后按普通债权的受偿方案清偿。如有关担保财产无法区分的，则以办理抵押登记的登记面积为限，参照担保财产所在区域平均单价（按经评估的快速变现价值计算的平均单价）核算可优先清偿的金额，其余未优先受偿的金额转为普通债权，在重整计划经法院裁定批准后按普通债权的受偿方案清偿。②职工债权的调整方案。职工债权按广州中院裁定确认金额全额清偿。企业董事、监事和高级管理人员的工资按照该企业职工的平均工资计算，超出部分列为普通债权，在重整计划经法院裁定批准后按普通债权的受偿方案清偿。③税款债权的调整方案。税款债权根据《审计报告》测算金额予以全额提存。④普通债权的调整方案。因华康公司在破产受理时账户已几年无现金收入且资产几乎全部抵押，在破产清算情况下，经测算，如主要资产以快速变现评估价值进行变现和分配，在扣除相关交易税费后，普通债权人的债权平均清偿率约为1%。为考虑社会稳定（历史遗留小业主小额债权众多)，重整投资人在主要资产快速变现评估价值上增加630万元投资款，对每户普通债权人5万元以下部分的债权金额进行全额清偿(一户债权人有多笔债权的，其债权金额合并计算)，剩余偿债资金依法按比例分配。(在此清偿方案下，普通债权人的总体平均清偿率可由1%提高至约6%。以上清偿率为目前测算结果，实际以重整计划执行完毕后经审计的普通债权清偿率为准。)

(2)预计债权的调整方案：因诉讼未决、逾期申报、待补充审查等原因所涉待定债权金额共88,350,787.61元(均为普通债权)，华康公司管理人对于其所主张的债权按上述债权调整方案和受偿方案予以提存。如生效裁判文书对其债权不予确认，则该提存金额将向普通债权人追加分配。为不减少已确认债权的分配金额，针对在本方案提交债权人会议后申报的债权以及未申报且无法预计的债权，重整计划将不专门为其安排提存，由重整后的华康公司按照重整计划执行完毕后经审计的同类债权的总体平均清偿率依法清偿。

上述《广州市华康地空开发有限公司重整计划》经债权人会议表决通过后，广州中院于2020年4月26日作出(2018)粤01破5-7号《民事裁定书》，裁定终止华康公司重整程序，批准华康公司重整计划，确认振涛公司为重整投资人，重整投资额约1.54亿元。

根据重整计划，华康公司的抵押债权获全额清偿，有效盘活资产；职工债权得到全额清偿，保障职工合法权益；重整投资人的额外出资，在不损害其他债权人利益的前提下，让近百名小业主债权的清偿比例显著提高(近7成普通债权人的清偿率超过50%)，债权金额在5万元以下的56名普通债权人得到了全额清偿，解决康王商业城多年历史遗留问题和矛盾；重整投资人将自主补交历史潜在欠税并承诺成立物业维修基金，为地下商业城的建设和完善注入新的资金。该重整计划衡平了各方的利益，同时华康公司得以继续经营，创造了就业机会，为国家和地方带来新的税收收入，继续为广州的经济社会发展作出贡献。

2020年5月，本案作为广州破产法庭的典型案例获登《人民日报》；2020年9月，本案作为广州中院的典型案例刊登在《广州日报》；2021年3月，本案被广东省破产管理人协会评为2020年度八大优秀案例；目前本案被广州中院作为世界银行优化营商环境调查的典型案例之一进行报告。

办案总结及实务指引

一、债务人资产特殊且社会影响大

因案施策灵活应变，采取合理处置措施。随着社会经济结构调整、市场环境变化，融资渠道收紧企业资金链日益紧绷，经济实力不强、管理能力较弱的企业面临生存困境，导致项目“烂尾”。本案就是“烂尾楼”的成功处置案例。本案债务人的主要资产为其开发建设的康王地下商业城项目，该项目部分商铺建设开发后未出售，而是被抵押给多家银行，经多次拍卖均流拍，未出售房产中大部分被两家物业管理公司长期占有、出租和收益。债务人由于无法正常经营收益而资不抵债，更进一步使其经营陷入僵局。这就要求管理人灵活施策全面清查、回收债务人资产，并设法盘活债务人资产和商场资源。

积极沟通及时协调，回收场地追收租金。本案管理人对该部分场地的回收和历史租金的追收，在判决生效后及时申请执行，通过执行和解方式，与各方反复沟通协调最终取得执行款项，既保障了债务人对场地的可控性及现场经营管理的稳定性，又极大地增加了本案可供分配的财产金额，保障了债权人的合法权益。

深入调查合理评估，引入重整投资人。实践中，资金链断裂往往是房地产开发商陷入破产的主要原因，若能有效清偿债务、盘活资产，既能维护众多债权人的合法权益，又使项目续建，企业获得重生。本案管理人必须充分调研债务人主体合法存续性、企业股权情况、企业相关资质、资产负债情况、对外担保情况、重大交易、劳动关系、关联关系等一系列法律问题，同时尊重众多债权人及利害关系人对债务人破产重整的意见，必要时进行普法宣传活动，综合判断以破产重整程序解决“烂尾楼”遗留问题的可行性。管理人经调研并评估资产后，在报纸刊登公告，多方宣传造势吸引重整投资人，成功获得投资。该案依法合规积极探索多元解决方案，以市场为导向盘活债务人资源，保住了债务人具备经营潜力和市场价值的商业城项目，也使得债权人利益最大化。

二、债权人众多且历史遗留问题复杂

为防止激化矛盾，缓解社会压力，破产重整需要平衡多方利益，有关房地产项目

的债权人，其权益的维护往往涉及社会稳定，是管理人关注的重点。鉴于本案中小业主债权人众多且年龄偏大，且存在无法办证、长期未交楼等情形，管理人面对该部分债权人的首要任务是梳理资金缴付情况，扫清障碍尽快办证交楼。

对本案小业主债权人而言，破产重整较为陌生，这就要求管理人须向相关债权人做大量的解释说明工作，不仅要通过常规宣传方式通知、公告，更需要投入充足人手和时间精力到现场驻点答疑、普法宣传。只有充分向小业主债权人阐明重整是对其利益最大化的保护，安抚债权人情绪，使其了解重整法定程序和利益均衡等问题，才能顺利推进后续的表决方案、重整计划。通过反复答疑解问，对部分无证债权人，管理人既收回了购房尾款，又配合开具发票和办理房产证，有效解决小业主无法办证的历史遗留问题。

同时，管理人与长期盘踞场地上的物业管理公司协调，注重疏通与物业管理公司间的关系，为解决双方关于破产重整项目的分歧多次交流沟通，有效疏导了社会矛盾，通过非诉讼、非冲突的方式避免了案件因涉及多方利益而出现外部力量干扰破产进程的情形。本案管理人成功防止各方当事人间矛盾激化，维护各方当事人合法权益，缓解社会压力，在促进项目顺利重整、维护区域稳定上起到了较为积极的作用。

本案是“烂尾楼”破产重整的典型案例。破产案件的通常做法是，将破产财产通过拍卖变现，所得款项按比例进行分配。但本案中，通过严格核查债权、区别对待不同性质“购房人”，创新性地通过非诉讼途径化解纠纷和矛盾，积极参与衍生诉讼并均获得法院判决或裁定支持，有力维护了秩序与稳定。将重整价值理念运用到破产清算程序之中，投资人获得破产企业原有营业事务、商业资产及区域影响力，原优质资产与专业技术人才资源在新企业内得以优化，清算功能与重整再生目标得以统一，实现“腾笼换凤”的良好效果。

【案例提供：北京市中伦(广州)律师事务所 邹阳；评析人：广东连越律师事务所黄晓宏】

23

盘活商业购物广场

——珠海市扬名房产开发有限公司重整案

核心要点

本案是通过司法重整避免房地产开发公司破产清算，成功盘活商业购物广场的典型案例。在进入破产清算程序后，债务人企业仍在正常经营，为提高债务人的偿债能力，经申请准许债务人企业继续营业，实现了企业破产不停业，最大限度保留债务人破产重整的可能性。根据债务人企业的具体情况，人民法院及管理人按照法律规定针对债务人企业情况精准识别和研判，依法灵活运用恰当的破产方式，及时推动企业由破产清算转入重整，实现了相关利益主体共赢，成功盘活企业资产，充分体现了破产对于优化营商环境、服务辖区经济发展的积极推动作用。通过破产重整程序，清理了债务人巨额的债权债务，化解了债务人与众多购房人、商铺承租人之间的群体性矛盾，维护了社会稳定。

办案过程

一、案件简介

珠海市扬名房产开发有限公司（以下简称扬名房产公司）成立于 1995 年 7 月，企业类型为有限责任公司（香港与内地合作）。扬名房产公司主要资产是位于珠海市香洲区凤凰南路的综合购物中心“扬名广场”，包括扬名广场二期和扬名广场一期5—6层的约10万平方米的房产。因受对外举债过重等综合因素影响，扬名房产公司出现重大债务风险和经营困境，公司资产几乎全部抵押，且被多个法院查封、轮候查封。法院根据债权人的申请，于2019年11月4日裁定扬名房产公司进入破产清算程序。

扬名房产公司的主营业务为经营大型商业综合体扬名广场，本案受理前扬名广场的经营由珠海市珠免商业管理有限公司进行托管经营。为提高债务人的偿债能力，以及最大限度保留债务人进行破产重整的可能，经管理人申请，法院准许扬名房产公司继续经营。

根据扬名房产公司的具体情况，债权人提出了重整申请。在广泛征求债权人委员会、主要债权人意见的基础上，法院于2021年10月12日裁定转入重整程序。重整期间，为有利于招募到最为合适的重整投资人，最大限度维护债权人的合法权益，管理人经报债权人委员会同意后，聘请珠海产权交易中心有限责任公司辅助管理人面向全国招募意向重整投资人。通过委托专业服务机构开展意向投资人招募行动，在充分扩大宣传力、影响力的基础上，拓展了招募渠道，创新了招募方式，最终为扬名广场项目找到了意向投资人，为扬名房产公司重整奠定了坚实基础。2022年1月17日，本案第二次债权人会议召开，各债权组均表决通过了重整计划草案。2022年1月19日，法院裁定批准扬名房产公司重整计划草案并终止重整程序。目前，各项执行事务有序进行，重整计划稳步执行。

二、相关文书摘要——《重整计划草案》（节录）

出资人权益调整方案

（一）出资人权益调整的必要性

扬名房产公司已无法清偿到期债务，且明显缺乏清偿能力，生产经营和财务状况均已陷入困境。如果扬名房产公司进行破产清算，现有资产在清偿各类债权后已无剩余财产向出资人分配，出资人权益为零。为挽救扬名房产公司，避免其破产清算，出资人和债权人需共同作出努力，共同分担实现公司重生的成本。因此，重整计划对扬名房产公司的出资人权益进行调整。

（二）出资人组

《企业破产法》第85条第2款规定，重整计划草案涉及出资人权益调整事项的，应设出资人组，对该事项进行表决。本案出资人组由出资人香港扬名投资有限公司及珠海市航城水产集团有限公司组成。

（三）出资人权益调整的内容

出资人香港扬名投资有限公司及珠海市航城水产集团有限公司的权益调整为零，全体出资人须向重整投资人无偿让渡其持有的扬名房产公司全部股权及权益。

债权的调整和清偿方案

根据《企业破产法》第82条的规定，本案设有财产担保债权组、职工债权组、税款债权组、普通债权组，具体情况如下：

（一）有财产担保债权组

1. 有财产担保债权组的债权范围

有财产担保债权组由对债务人的特定财产享有担保权或优先受偿权的债权组成，具体包括拆迁补偿款债权、购房款债权、享有建设工程价款优先受偿权的债权、抵押担保债权。

2. 有财产担保债权组的调整原则

（1）有财产担保债权在对应财产的评估价值范围内优先受偿。

（2）同一财产存在多类有财产担保债权的，按照“拆迁补偿款债权 > 购房款债权 > 享有建设工程价款优先受偿权的债权 > 抵押担保债权”的顺序依次进行清偿。

（3）同一财产存在多个抵押担保债权的，按照抵押登记的先后顺序清偿。

（4）有财产担保债权对应财产价值不足以全额清偿的，未获清偿的债权转为普通债权，按重整计划中普通债权清偿条件进行清偿。

（二）职工债权组

职工债权全额受偿，不做调整。

（三）税款债权组

税款债权组全额受偿，不做调整。

（四）普通债权组

1. 确认为普通债权的债权人。

2. 因特定财产价值不足以清偿而转为普通债权的债权人。

3. 既有普通债权又因特定财产价值不足以清偿而转为普通债权的债权人。

普通债权按比例清偿，清偿比例为20%。

经营方案

重整投资人将出资盘活扬名房产公司的资产，加强内部控制、完善治理结构；引入专业人才、组建经营管理团队；整合资源、明确定位；强化运营策略、提升商业价值。具体经营措施主要包括：

（一）完善公司治理结构，明确治理主体的权责界限，建立现代企业制度，构建有效可行的经营风险防范和化解体系，建立促进公司持续发展的长效机制，提升公司经营管理水平。

（二）为扬名广场的日常招商、运营引入具备专业商业综合体的成熟运作经验专业人才，组建高效的管理团队，拟定营运管理文件及与经营商户相关的营运指导准则等企业规范化运营文件。

（三）在现有商业生态平稳过度的前提下，将进行资源整合，迅速导入各项优势资源，增强流动性，明确项目的业态定位、功能定位、形象定位、客户定位、消费群体定位、项目战略定位。

（四）重新设定项目商业管理模式，提炼项目核心竞争要素，做好项目品牌规划，制定科学的招商和销售计划，提高项目盈利能力，提升项目的整体形象，实现项目的可持续发展。

执行措施

1. 重整资金来源

执行重整计划所需要的资金由重整投资人提供。

2. 投资款的支付

投资款的支付是执行重整计划的基础，重整投资人应当自重整计划获得法院裁定批准之日起 1 个月内将清偿职工债权的资金 7,551,478.41 元支付至管理人账户，并自重整计划获得法院裁定批准之日起 10 个月内将执行重整计划所需要的其余偿债资金 1,665,180,421.59 元支付至管理人账户。如在重整计划执行期间内，偿债资金金额发生变动的，投资款的具体金额以实际需要的偿债资金为准。

3. 出资人权益调整

重整计划执行期间，扬名房产公司全体出资人应向重整投资人或重整投资人指定的第三方无偿让渡其持有的扬名房产公司全部股权及权益，并应当配合办理股权变更手续。

4. 营业事务及资产移交

自法院裁定批准重整计划后10日内管理人按现状将已接管的营业事务及财产移交给债务人。投资人在管理人移交营业事务及财产后负责扬名房产公司的经营管理。

5. 重整费用的支付

扬名房产公司重整费用包括重整案件受理费、管理人报酬、聘请中介机构的费用、管理人执行职务的费用等。在本重整计划执行完毕前,重整费用按本重整计划规定或合同约定随时支付。

本案管理人为维持抵押担保财产价值做了大量工作,根据《关于审理企业破产案件确定管理人报酬的规定》,管理人有权向抵押担保债权人就抵押担保债权优先受偿对应的财产收取管理人报酬,具体报酬金额由管理人与抵押担保债权人协商确定。管理人报酬未协商确定前,暂不向抵押担保债权人进行清偿。

6. 债权清偿

本重整计划规定的清偿资金从管理人账户以银行转账方式分配给债权人。债权人未向管理人提交受领偿债资金的银行账户信息或已提交但需要变更的,应自重整计划获得批准之日起15日内书面提交。因债权人自身原因,导致偿债资金不能到账或受领偿债资金的银行账户被冻结、扣划的,后果由债权人自行承担。

债权人未按照本重整计划的规定受领偿债资金的,偿债资金将预留至管理人银行账户。自法院裁定批准重整计划之日起满3年,债权人仍不受领的,视为放弃受领偿债资金的权利,管理人将偿债资金退回重整投资人。

重整计划执行期间,扬名房产公司可与债权人就债权清偿方式、清偿期限等事项进行协商,另行达成清偿协议且不损害其他债权人利益的,视为债权人已按照本重整计划的规定获得清偿。

7. 暂缓确认债权的处理

暂缓确认债权按照申报金额所对应的偿债资金预留至管理人银行账户,但债权人同意不作预留的除外。暂缓确认债权待得到确认后予以清偿,预留的偿债资金在清偿债权后如有剩余,剩余款项将归还重整投资人。

8. 转让债权的清偿

债权人在管理人审查确认后转让债权的,受让人自债权转让结果告知管理人之日起行使权利，但因债权转让行为导致一家债权人的债权由2人或2人以上持有的，全体债权持有人按照一家债权人的债权行使权利。

9. 财产保全措施的解除

本重整计划由法院裁定批准后，如扬名房产公司财产仍存在保全措施，有关债权人应当配合管理人和扬名房产公司在重整计划获得法院裁定批准之日起15日内解除保全措施，在保全措施未能解除前，暂不向相关债权人实施清偿。必要时，管理人或扬名房产公司可以向法院申请解除保全措施。

10. 债务人财产抵押登记的解除

自重整计划获得法院裁定批准之日起30日内，债权人应配合管理人和扬名房产公司办理解除债务人财产抵押登记的手续。若债权人逾期未配合解除财产抵押登记的，管理人有权将债权人依重整计划可获得的偿债资金予以暂缓分配，待债权人配合解除抵押登记后再行分配。

办案总结及实务指引

一、保持债务人继续稳定经营，维持企业重整价值

扬名房产公司的主营业务为经营大型商业综合体扬名广场，虽然以破产清算进入程序，但为提高债务人的偿债能力，最大限度保留债务人破产重整的可能性。经管理人申请，法院准许债务人企业继续营业，实现了企业破产不停业。

在破产清算受理前，扬名广场由珠海市珠免商业管理有限公司（以下简称珠免公司）托管经营。管理人作为处理破产清算事务的中介机构，自身人员配备难以对扬名广场进行有效的管理。为了解决这一难题，管理人综合考察了珠免公司的经营管理能力及前期托管扬名广场的运营情况，认为珠免公司具备托管扬名房产公司营业实务的经验和能力。在报告法院后，以扬名房产公司与珠免公司签订的原《委托合同》所约定的条件为基础，继续将扬名广场整体委托珠免公司进行经营管理，并在报请债权人委员会表决通过后，与珠免公司续签了《委托经营合同》，继续将扬名商业广场整体委托珠免公司进行经营管理。

在托管期间，由管理人对经营管理行为、财务收支行为进行监督，对签订合同及

经营管理文件进行审查。扬名房产公司的财务收支实行预结算制度,各项费用须在报请管理人审查核准后才可进行支付。在管理人监督下,扬名房产公司进入破产程序的两年多时间里平稳运营。

二、创新招募方式,成功招募意向投资人

为有利于招募到最为合适的重整投资人,最大限度维护债权人的合法权益,管理人经报债权人委员会同意后与珠海产权交易中心有限责任公司(以下简称珠海产权交易中心)签订了《招募重整投资人服务合同》,聘请该中心辅助管理人面向全国招募意向重整投资人。

珠海产权交易中心自2020年12月1日起在《珠海特区报》《深圳特区报》《广州日报》和《南方都市报》等省内各大平面媒体,以及珠海产权交易中心、深圳联合产权交易所、广东联合产权交易中心和京东司法拍卖等各大平台上发布《珠海市扬名房产开发有限公司重整意向投资人招募公告》,并于2021年1月15日协助管理人在珠海横琴国际知识产权运营交易中心召开扬名房产公司重整意向投资人招募项目现场推介会,吸引了珠海越彬发展有限公司等17家意向投资人参会。

本案通过委托专业服务机构开展意向投资人招募行动,在充分扩大宣传力、影响力的基础上,拓展了招募渠道,创新了招募方式,最终为扬名广场项目找到了意向投资人,为扬名房产公司重整奠定了坚实基础。

三、执破衔接顺畅高效,通过破产化解执行难题

从债务人处接管资料、公开途径检索等方式了解到,扬名房产公司正在审理的诉讼、仲裁案件17宗,扬名房产公司作为被执行人的执行案件141宗。众多的诉讼、仲裁案件反映出,单一的执行程序无法全面保障所有债权人的公平清偿,而且拍卖处置成本将使本来就不足以清偿债务的财产因支付各种费用受到削减,降低了债权的实际效益。另外,扬名房产公司作为房产开发及经营企业,在本案中涉及500多家购房人(含70多家香港、澳门户籍购房人)、240多家商铺承租人等群体的利益需要保障。

在充分调查资产的前提下,本案通过重整程序,从制度上引导债权人从帮助债务人摆脱困境的角度出发,为债务人维护或提高其资产价值提供新的机会和条件。在重整计划中将拆迁补偿款债权、购房款债权纳入有财产担保债权序列,有效地保障了该类特殊主体的权益。

综上所述,根据扬名房产公司的具体情况,针对企业情况精准识别和研判,依法

灵活运用恰当的破产方式,及时依法裁定由破产清算转入重整,高效完成整个重整程序,实现了相关利益主体共赢,化解了潜在社会矛盾,成功盘活企业资产,充分体现了破产审判对于优化营商环境、服务辖区经济发展的积极推动作用。

【案例提供:广东卓建律师事务所　唐稳、胡环宇;评析人:北京市中伦(深圳)律师事务所　王硕】

24 运用合同解除权排除重整障碍

——开平富琳裕邦房地产开发有限公司重整案

核心要点

房地产开发企业重整案件牵涉面较广，法律关系错综复杂，社会矛盾突出尖锐，是破产案件审理的痛点、难点。在开平富琳裕邦房地产开发有限公司破产重整案中，管理人在对重整可行性充分论证的基础上，克服了社会维稳、资金短缺、工程停摆等难题，采用了“原有经营管理层+管理人强化监督职能”机制继续债务人企业的营业，并灵活运用法定解除权决定是否继续履行双方均未履行完毕的合同，并在难以通过正常表决机制通过有利于全体债权人的重整计划草案的情况下果断申请开平法院强制批准富琳裕邦公司重整计划草案，保障了破产重整程序的有序推进。该案在房地产企业复工复产的路径、管理人在重整程序中的角色定位和重整计划草案强制批准的理解适用等方面具有一定的典型性。

办案过程

开平富琳裕邦房地产开发有限公司（以下简称富琳裕邦公司）成立于2011年1月11日，主要从事房地产开发、销售等业务。因业务发展需要，其于广东省江门开平市开发建设了“裕邦·新外滩”项目，前期经营状况良好。但自2017年以来，富琳裕邦公司因经营管理不善导致资金链断裂，引发了一系列建设工程、劳资、民间借贷等债务纠纷，其房屋、土地、银行账号等资产先后被全国各地多家法院查封或冻结，房地产开发项目均无法正常施工，以致无力偿还到期债务。其中，因其严重逾期支付施工方的工程进度款，使上千名农民工不能及时收到劳动报酬，导致农民工不定期围堵该公司销售中心，严重影响其正常经营的开展。因公司资金不足，难以有效解决农民工的诉求，农民工亦向政府有关部门信访，给当地政府造成了极大的维稳压力。此外，该小区近500名业主因无法办理不动产确权登记，导致无法解决子女上学等民生问题，纷纷向政府有关部门投诉。可见，富琳裕邦公司的整个经营陷入困境、难以为继。

此时，富琳裕邦公司债务高达24亿元，涉及各类债权人超过600名，涉及的债权主要集中于借贷债权、工程债权和业主债权。同时，债务人财产仅为20.4亿元，若考虑在破产清算中快速变现、破产费用等因素，债务人财产的实际变现总值还会减少，富琳裕邦公司已严重资不抵债。经债权人申请，广东省开平市人民法院（以下简称开平法院）于2018年10月8日裁定受理富琳裕邦公司破产重整案，并于2018年10月16日依法指定江门北斗会计师事务所有限公司担任管理人。

2018年10月26日上午10时，开平法院在富琳裕邦公司办公室主持、指导监督管理人与破产重整企业进行交接。为了尽早顺利开展重整工作，尽快恢复企业活力，管理人下设综合事务部、债权审核部、资产清收部、资产管理部等机构，分别开展日常行政事务，与司法部门的日常联络，组织债权人会议会务、编制重整报告等工作，从而依法有序地履行管理人职责。其中，对证照、印章日常管理和使用、发文存档管理、工作保密、安全保卫责任制管理、处理突发重大事件的应急预案、重整期间企业财产管理、留守人员人事薪酬管理、对外签订合同管理等事项逐一制定了相应的规章制度。

管理人接管企业后，迅速依据富琳裕邦公司诉讼情况陆续解决了土地房产解封解押、工程续建、房产预售、综合验收、办理产权证、税款缴交及开票、职工安置等关键问题。

首先，因公司大部分不动产和银行账户被外地多家法院查封、冻结，工程建设陷入停滞，导致近500多套符合预售条件的商品房无法投入市场销售。管理人了解情况后，立即向开平法院报告，开平法院迅速向相关法院发出协助解除查封的通知，山西省、北京市等多地法院积极配合，及时解除了对富琳裕邦公司涉案不动产的查封和银行账户的冻结。

其次,管理人迅速对公司资产进行了全面的梳理,了解到富琳裕邦公司拥有229亩土地,总建筑面积约61万平方米,该项目是开平市“三旧”改造重点项目,不动产已全部取得土地规划手续和项目备案证。其中,3幢住宅楼已经销售近95%且已通过业主综合验收并交付使用;10幢住宅楼临近预售条件,待土地解封施工后陆续可办理预售证。新外滩项目具有较好的区域优势,未开发面积较大,若项目进展顺利,可以顺利进行销售,从而使公司尽快回笼资金,维持企业正常运作。管理人根据富琳裕邦公司的状况,充分论证了富琳裕邦公司重整的可行性,向开平法院提请公司继续经营的申请。2018年11月8日,开平法院许可继续债务人的营业。经管理人及富琳裕邦公司管理团队的多番斡旋,取得富琳裕邦公司对外融资1000万元作为启动资金,为恢复项目工程建设和工程施工提供了最大的支撑。这使工程施工在富琳裕邦公司重整过程中可以正常进行,做到在建工程不停建并快速运转,为富琳裕邦公司的成功重整奠定了基础。

再次,因富琳裕邦公司拖欠多家工程公司的工程款项,导致施工工人及实际施工班组聚众闹事,堵塞公司主要道路和入口,且向政府有关部门进行信访,给当地政府造成极大的维稳压力。在开平市政府的大力协助下,管理人和政府与施工班组人员进行多次、密切的沟通,深入了解他们的目的和诉求,耐心解答施工人员提出的问题,妥善解决工程款及工人工资的问题,有效地应对了维稳难题。

最后,管理人在开平法院指导下,管理人与各债权人主动沟通、协调并积极引导。其中,因富琳裕邦公司楼盘历史遗留问题较多,部分房产无法办理不动产确权。数百位业主债权人不理解富琳裕邦公司破产重整程序,多次欲拉横幅游街维权。管理人耐心地通过业主微信群和业主小会及时告知案件重整进度,收集业主的问题和诉求,逐步消除业主的疑虑,使业主由对抗转变为配合。同时,在债权人会议中管理人积极尝试采用网络投票方式,根据债权人的类别进行分组,并采取网络投票同步直播与现场投票相结合的方式召开债权人会议,大大提高了债权人的参会率和投票表决率。

2019年7月9日,在重整计划草案获得多数债权组表决通过的情况下,开平法院强制批准富琳裕邦公司重整计划草案,终止重整程序。重整计划于后续及时执行完毕,强有力地保障了债权人等利害关系人合法权益。

办案总结及实务指引

一、是否继续履行双方均未履行完毕的合同

管理人依法接管债务人企业后，对于尚在履行期限内的合同应如何处理是首先面临的问题。《企业破产法》第 18 条规定了破产申请受理后的待履行合同的履行规则。依据该条第 1 款之规定，并非所有正在履行过程中的合同均可由管理人解除。管理人可行使法定解除权解除的合同类型需同时满足以下两个条件：其一，合同为破产申请受理前已经成立的合同；其二，债务人企业和合同对方当事人均未履行完毕的双务合同。对于债务人企业或者合同对方当事人一方已经将合同履行完毕，另一方则应将自己尚未履行或者尚未履行完毕的合同义务予以全面履行，管理人无权予以解除。[1]

商品房买卖合同继续履行与破产解除权行使的权益冲突问题是房地产企业破产案件审理的一大难点。在当前房产买卖市场上，存在大量期房销售现象和按揭购房现象，导致购房人从订立合同到付清购房款，再到开发商交房、办理登记手续需要持续较长的时间，房地产企业进入破产程序时，可能存在众多双方均未履行完毕的合同。因此，在破产程序中，管理人如何妥善处理双方均未履行完毕的商品房买卖合同，如何平衡购房人、其他债权人及债务人的合法权益显得尤为关键。此外，管理人能否正确决定是否继续履行债务人企业与房地产工程承包人之间签订的建设工程施工合同，与债务人企业能否重整成功亦息息相关。

鉴于房地产破产案件的特殊性，富琳裕邦公司破产管理人按照破产程序顺利推进、债务人财产价值最大化和债权人债权清偿比例最大化的原则，在开平法院裁定受理富琳裕邦公司破产重整之后的两个月内与公司留守人员积极沟通，筛选继续履行合同名单，寄送继续履行合同通知书，与合同相对方斡旋谈判，为增加债务人财产价值、提高债权清偿比例、顺利推进破产重整提供了必要保障，达到了拯救破产企业、化解社会矛盾、维护社会稳定的目的。

---

〔1〕 参见最高人民法院民事审判第二庭编著：《最高人民法院关于企业破产法司法解释理解与适用——破产管理人制度·新旧破产法衔接》，人民法院出版社 2007 年版，第 201 页。

二、维持债务人企业的营运价值

进入重整程序后，债权人、股东等利害关系人最为关心的仍然是进入重整程序的资产价值能否最大化。这说明资产价值最大化仍应是债务人企业的重要目标。那么，由何者控制相关资产使之价值最大化？[1]从国际趋势上看，《美国破产法》第1107条原则上赋予了债务人完整的经营管理权，以提高重整的效率和成功率。换言之，债务人进入破产重整程序后，除非当前的管理层在破产前存在重大不诚实、欺诈行为或者严重管理能力缺陷，否则其管理层不发生改变，继续保留经营管理权。虽然我国破产法立法以及最高人民法院的司法解释均把管理人模式作为我国公司重整的首选和预设制度，但仍然对债务人自行管理模式给予一定的认可。本案中管理人使用的"沿用原有经营管理层＋管理人强化监督职能"模式则综合了管理人模式和债务人自行管理模式进行，能够较好地衡平破产重整的效率目标和债权人的权利保护。

鉴于富琳裕邦公司名下项目10幢住宅楼即将满足预售条件，待土地解封施工后陆续可办理预售证；办理预售证后，公司即可收回购房尾款，可为公司的重整成功提供充足的资金保障；因此，公司需要较为健全的经营管理团队负责商品房预售事宜及企业日常经营管理。本案管理人系由人民法院指定的会计师事务所担任，并不专精于企业的经营管理，亦不具备房产开发销售公司的经营能力，而公司原有经营管理团队仍然健全，熟悉债务人企业的经营情况和财务情况，具有房地产企业运营管理经验，有利于债务人企业的资产价值最大化。故管理人根据《企业破产法》第74条之规定，与公司原有管理团队积极沟通，使双方建立信任基础，并沿用债务人的经营管理人员负责营业事务。沿用原有经营管理团队固然提高了重整的效率，但如何保护债权人的利益亦是需要关注的问题。在本案中，管理人承担起了对原有经营管理团队权力制衡与监督的责任。这种"沿用原有经营管理层＋管理人强化监督职能"的权力运行、监督和制衡机制不仅维持了债务人企业的营运价值，实现了债务人资产最大化的目标，而且兼顾了债权人利益保护，为重整成功奠定了坚实的基础。

三、敢于强制批准重整计划草案，维护债权人的整体利益

在破产重整程序中，管理人首先要把债权人划分为不同的类别组，由各类别组分

---

〔1〕 参见王佐发：《上市公司重整中债权人与中小股东的法律保护》，中国政法大学出版社2014年版，第11页。

别对重整计划进行投票表决。若重整计划涉及出资人权益调整,出资人亦应对重整计划进行投票表决。如果所有的表决组均表决通过重整计划,则说明各类别组的债权人和出资人组对重整计划形成了合意。如果各类别组的债权人和出资人组投票不能取得一致,重整计划的提出者则可以申请人民法院强制批准重整计划。从立法论上来说,强制批准是在重整表决出现“僵局”时,出于对社会利益和其他利益加以保护等目的,以强制批准取代当事人的意思自治,实现重整困境企业。[1] 事实上,强制批准制度是一把“双刃剑”,一方面,其能够较好地防止少数债权人“搭便车”的心理,避免少数债权人严重拖延重整程序进程,损害其他类别组债权人的合法利益;另一方面,强制批准制度亦因其可能侵犯当事人自由意志,损害异议类别组的正当权益而备受争议。为了防止滥用强制批准制度损害对重整计划持异议的类别组的正当权益,我国《企业破产法》和《全国法院破产审判工作会议纪要》对强制批准制度的适用原则和施行条件进行了规定。

本案中,管理人将债权分为建设工程优先债权组、有抵押债权组、职工债权组、税款债权组及普通债权组对重整计划草案进行表决。在建设工程优先债权组、职工债权组、税款债权组及普通债权组,重整计划草案获得高票通过。在有抵押债权组,重整计划草案获得了除山西信托股份有限公司外的该组别另一债权人支持。虽然有抵押债权组的第二次表决仍未能通过重整计划草案,但反对者山西信托股份有限公司可以以车位和住宅抵偿债权,担保权未受到实质性损害,能够获得的清偿利益不低于依照破产清算程序所能获得的利益,故开平法院强制批准了开平富琳裕邦房地产开发有限公司重整计划草案,这不仅最大限度地保证了全体债权人的整体权益,而且实现了破产企业、债权人、重整投资人等各利害关系人的共赢,体现了我国企业破产法维护社会主义市场经济秩序,拯救破产企业的初衷。

【案例提供:江门北斗会计师事务所有限公司 管世宇;评析人:广东连越律师事务所 黄晓宏】

---

[1] 参见邹海林:《法院强制批准重整计划的不确定性》,载《法律适用》2012 年第 11 期。

25

工程款优先权的认定及实现

——长沙汇丰置业有限公司重整案

核心要点

本案在审查工程款债权时，先不考虑施工工程的房屋存量，全额认定工程款优先债权，顺利通过债权核查并申请法院裁定确认；在重整计划债权调整方案中，再根据存量房屋面积和工程款总额按比例分摊方式计算债权可实现的优先权金额，实现公平清偿。为保证存量房的顺利销售回款，同时防止房屋销售款被挪用，重整计划中规定管理人可拍卖存量房屋偿债，且销售款直接进管理人账户，充分保障了存量房去化回款及资金安全。

本案在2020年被评为长沙中院破产审判典型案例。

办案过程

长沙汇丰置业有限公司（以下简称汇丰公司）于2002年3月6日登记成立，以房地产开发为主营业务，名下有位于长沙市天心区新姚北路399号的博林金谷住宅小区开发项目。博林金谷住宅项目规划住宅43栋，建筑面积约60万平方米。2014年8月，汇丰公司因资金链断裂，无力偿还对外债务，导致名下博林金谷项目D1、D2栋无法如期交房，D3—D5栋烂尾，引发购房业主前往省、市政府上访，公司陷入停止经营状态。

2018 年 4 月 18 日，长沙市中级人民法院(以下简称长沙中院)裁定受理湖南省三环消防安全工程有限公司对汇丰公司破产清算申请。鉴于案件的复杂性，长沙中院在全国范围内公开招募案件管理人，经公开申报、评审和公开摇珠，于 2018 年 7 月 9 日指定广东融关律师事务所和深圳市中天正清算事务有限公司为汇丰公司破产管理人(以下简称管理人)。

管理人进驻前，汇丰公司开发项目博林金谷的购房业主因未交房、未办证而多次上访。长沙市天心区成立了由区委政法委书记牵头负责的工作小组，并引进投资人投入复工资金，区委政法委设立专门账户监管复工资金，工作小组同时协调督促施工单位推进项目复工。但由于汇丰公司拖欠总承包单位数千万元工程款，总承包单位和汇丰公司对抗激烈，复工推进艰难。

基于小业主、施工单位与汇丰公司矛盾尖锐，汇丰公司资产状况不明，小业主和债权人质疑公司股东转移资产的状况，管理人与承办法官商议决定以最快速度推进案件基础工作，并确定债权申报期仅为 40 日。同时为了厘清、理顺法律关系，法院组织区委政法委和管理人、施工单位召开协调会，确定由管理人接管复工事务。管理人安排专门力量负责对接施工单位推进复工，经常与施工单位召开工作会议，同时针对复工单位发出继续履行合同通知书，告知施工单位复工产生的工程款属于共益债务，其安全有保障。针对小业主关心的复工和办证问题，管理人让每栋选出业主代表，定期组织代表座谈，通报工作进展并征求意见。管理人还开通微信公众号，通过公众号发文及时向债权人和小业主发布重大事项和案件进展。

本案在管理人进驻的第 2 个月，2018 年 8 月 24 日召开了第一次债权人会议，会议报告了债权登记和初步审查情况、债务人财产情况、复工情况。债权人会议公开的信息让小业主和债权人了解到，汇丰公司名下财产有未开发住宅土地 6 宗，另有 2 宗住宅用地已开发且有已规划未建住宅各 1 栋(合计土地面积 12 万余平方米)，结合主要债权情况和复工情况，使小业主和债权人看到了解决问题的希望。第一次债权人会议的及时召开有效缓和了小业主、债权人和汇丰公司的对抗情绪。但只有迅速筹集资金，全面推进复工和办证，才能彻底化解本案的主要矛盾。汇丰公司着急，其债权人和小业主更着急。推进重整程序成为本案的不二之选。一债会后，汇丰公司和债权人隆回瀚基投资有限公司就向长沙中院提交了重整申请。经听证，债权人基本同意汇丰公司重整。2018 年 11 月 26 日,长沙中院裁定对汇丰公司进行重整。

面对复杂的债权债务和尖锐的矛盾冲突,管理人请示法院后采取公开招募方式遴选重整投资人。但投资人招募远没有管理人想象得顺利。管理人经报长沙中院同意,第一次于 2018 年 11 月 29 日公开招募重整投资人,无人正式报名;第二次于 2019 年 1 月 3 日公开招募重整投资人,无人正式报名;第三次于 2019 年 6 月 6 日公开招募重整投资人,只有湖南浩诚置业有限公司正式报名并缴纳保证金 5000 万元,其承诺重整偿债资金 11.93 亿元。依照已公布的招募规则并经长沙中院同意,管理人于 2019 年 6 月 17 日发布《关于确定湖南浩诚置业有限公司为汇丰公司重整投资人的通知》,正式确定湖南浩诚置业有限公司为汇丰公司重整投资人。

本案是管理人管理财产和营业事务,依法由管理人制定重整计划草案。制订完备的重整计划草案,提请债权人会议和出资人表决通过,是管理人工作的核心。案件中不同的利益主体有不同的要求,在重整计划草案中要平衡把控各方利益绝非易事。本案最大的债权人(以下简称抵押债权人)有土地和房屋抵押担保,债权数额约占本案债权总额的一半,话语权极大,且特别关注与抵押物相关的债权审查确认。本案另有工程款债权人 16 家,联合起来力量也不小。若全额保障工程款债权,抵押债权的优先额必然减少,因此工程款债权不可避免地与抵押债权发生利害冲突。抵押债权人还向管理人提交了书面意见,明确提出不能全额清偿工程款债权,因为工程款债权所涉房屋很多都已出售。

管理人就如何处理工程款债权多次组织研讨、征求施工单位意见及约谈抵押债权人,最终确定:“在债权审查环节,全额认定工程款优先债权性质(利息、违约金、损失除外);在重整计划草案之债权调整方案中,再对可实现优先额进行调整。”至于如何调整工程款债权,以平衡其与抵押债权的利害关系,管理人经认真研究及充分沟通各相关方后确定:“以评估市场价作为房屋的价值,单项工程无法评估则以工程结算价或鉴定的工程造价作为单项工程的价值,再把单项工程的工程款按建筑面积进行分摊,未出售仍在汇丰公司名下的存量房和非消费性售房之面积分摊的工程款就是可以实现优先权的工程款。评估市场价减去可实现优先清偿的工程款优先额,即为可实现优先清偿的抵押债权额。”

具体调整时,由于各单项工程欠付工程款比例不同,有些工程前期已付工程款多,欠付工程款少,所以能够全额优先清偿;有些工程前期已付工程款少,欠付工程款多，所以不能全额优先清偿。经管理人计算，需要调整工程款优先债权的施工单位共有10家，需调整为普通债权清偿的工程款合计1100余万元。由于管理人事先充分释明，并且面向施工单位征集更好地调整计算方法时无人提出更优方案，只有3家施工单位出于调整金额超过100万元向法院提出异议。抵押债权人亦认可管理人针对工程款优先债权的调整方案。

本案的另一个重点问题，是偿债资金能否按期顺利回笼。汇丰公司有未售房屋400套，面积44,000余平方米。重整投资人前期可用于偿债的仅有保证金5000万元，本案重整偿债资金总额11.93亿元，其中11.43亿元都要依靠销售房屋回款。重整投资人的压力非常大，法院、管理人和债权人也十分担心。就此，管理人经与法院沟通，提出可在偿债资金范围内直接拍卖存量房。通过管理人直接拍卖的方式处置存量房，可能不受限购制约，且能一次性收取购房款，更有利于资金快速回笼偿债。然而，由于担心销售资金安全，抵押债权人提出要直接监管，以防止重整投资人和汇丰公司挪用。在破产程序中，由债权人直接监管偿债资金没有法律依据，这样做也会让管理人和法院陷入尴尬和被动，管理人否定了抵押债权人的意见。经几方反复磋商，最后确定销售资金直接进管理人账户。多方妥协的结果在重整计划草案中规定：

"偿债资金支付到位之前，汇丰置业公司存量房和后期开发房屋销售收入必须直接进管理人账户，重整投资人及汇丰置业公司不得另行收取销售收入……对于存量房的销售，在销售出现障碍或困难可能影响债权人利益时，在重整方确定的偿债资金范围内，管理人可以直接拍卖或变卖，拍卖或变卖所得款项进入管理人账户用以偿债，并抵扣重整投资人应支付的等额偿债资金。"

解决了工程款优先债权调整、房屋销售资金回笼及安全问题后，又有债权人提出："重整计划执行过程中，债务人公章、财务资料及合同签订必须严格监管，否则，万一出现执行不能导致二次破产，或者执行过程中汇丰公司财产增加少、债务增加多的情况怎么办？耗费各方时间精力推进了重整程序，不能反而让债权人利益受损。"关于监管问题，重整投资人和汇丰公司比较开明，主动提出印章和财务资料可以先不移交，由管理人监管。但如何保障重整计划执行过程中汇丰公司不增加负债，让人颇费脑筋。管理人最后提出"重整投资人和债务人作为所有合同的共同方，债务人只在合同增值范围内承担责任"的办法，获得各方支持和认同。于是，重整计划草案中又规定："重整投资人应保证在重整计划执行期间，汇丰置业公司如因经营/管理需要与第三方签订合同及/或向第三方出具承诺函,重整投资人应与汇丰置业公司作为共同的签约主体、承诺主体,并明确汇丰置业公司仅在因履行该合同或承诺而使汇丰置业公司财产增值范围内承担责任,其他责任均应由重整投资人自行承担。"

为了重整后顺利推进项目开发建设,管理人也事先与原来的总承包单位进行充分沟通,把总承包单位提出的具有可行性的工程款债权清偿要求直接写进重整计划草案,同时与总承包单位达成退场的书面意见。因此重整计划草案中又规定:"相关施工单位债权人没有退场的,必须在重整计划经法院裁定批准后七日内退场。"

经过承办法官的细心指导,管理人与重整投资人的充分沟通,管理人、法院、重整投资额人与主要债权人的反复协商,重整计划草案顺利定稿并提交长沙中院和债权人会议。长沙中院于2019年9月20日组织召开本案第二次债权人会议和出资人会议,债权人会议和出资人会议均表决通过了重整计划草案。2019年9月23日,管理人以重整计划草案表决通过为由申请长沙中院裁定批准汇丰公司重整计划。长沙中院于2019年9月25日裁定批准汇丰公司重整计划并终止汇丰公司重整程序。2019年9月29日,管理人向汇丰公司移交财产和营业事务。

经清理评估,汇丰公司名下的土地房产清算价值为822,775,400.00元,市场价值为1,029,453,400.00元,快速变现价值为904,600,900.00元。本案已经管理人审查确认、债务人和债权人核查无异议并由长沙中院裁定确认的债权共517家,裁定债权总额为1,161,631,784.82元。其中,享有工程款优先权的债权12家,债权金额为123,627,960.57元;有财产担保债权1家,债权金额为860,113,473.59元;普通债权509家,债权金额为177,890,350.66元。汇丰公司顺利重整,职工债权、工程款债权(就对应工程)、税款债权获得100%清偿,普通债权清偿率由破产清算状态下的0清偿提高为12.05%;盘活闲置资产1,029,453,400.00元(评估市场价值),化解执行案件65件,创造就业岗位308个,预计创造税收3.2亿元;汇丰公司已销售房产之竣工验收、权证办理得到有效解决。汇丰公司重整,取得了良好法律效果和社会效果,具有典型示范作用。

重整计划执行第一年,因破产信誉和房产办证难问题,重整投资人和汇丰公司对于销售存量房基本无法推动。管理人第一时间介入,启动公开拍卖,经过努力拍卖处置存量房389套,面积合计29,000余平方米,回款3.3亿余元,有力保障了重整计划的顺利执行。

本案中，管理人坚持公开透明的工作机制，直接接管复工事务，坚持重要事项请示报告和日常工作月报制度，与债权人和小业主定期座谈交流案件进展，使案件顺利推进，也未发生上访维稳事件，获得法院和当地政府的高度评价。2020 年 9 月，本案被长沙中院评定为长沙破产审判典型案例。

办案总结及实务指引

本案作为长沙中院公司清算与破产审判庭成立后受理的第一宗破产案件，也是长沙中院的第一宗破产重整案件，同时也是一宗有重大维稳隐患和重大社会影响的房地产企业破产重整案。法院对此高度重视，在全国范围内公开招募管理人。广东融关律师事务所和深圳市中天正清算事务有限公司作为广东省本土机构管理人，走出广东和全国管理人机构竞争胜出，并且案件办理质效得到法院和当地政府的充分肯定，其在本案中的诸多做法值得借鉴和推广。

一、工作机制公开透明

本案中，管理人通过微信公众号发布案件信息，组织施工单位、小业主代表、债权人代表召开座谈会，使得案件办理公开透明，有利于打消债权人和小业主对案件疑虑，也使法院和管理人的工作得到债权人的理解和支持，从而确保案件的顺利推进。特别是作为房地产开发企业破产案件，本案涉及工程烂尾无法按时交房办证，为此，管理人定期与小业主的座谈交流、及时通报案件进展和复工进度，对于稳定小业主的情绪、避免群体上访维稳事件的发生起到了关键作用。

本案涉及众多迟延交房和办证的小业主，在进入破产程序前，小业主多次到省、市政府群体性上访，区政府成立专项工作组应对。而在进入破产程序后，未再发生过上访事件，这是非常难能可贵的。

二、工程款优先债权调整科学合理

在破产重整案件中，通常做法是对工程款优先债权全额清偿，很少进行调整。但是否进行调整，确实是一个有争议的法律问题。工程款优先债权可实现数额如何确定？如果是在执行程序或破产清算程序中，工程款优先债权肯定是以建设工程的最终处置所得优先分配。处置所得大于所欠工程款，则可全额清偿；处置所得小于所欠工程款,则无法全额清偿。那破产重整程序中,是否应考虑假定最终处置所得。若不考虑,对抵押债权人和普通债权人是否公平,对抵押债权人和普通债权人提出的异议又该如何处理?

《民法典》第807条规定,建设工程的价款就该工程折价或者拍卖的价款优先受偿。最高人民法院《关于建设工程价款优先受偿权问题的批复》(法释〔2002〕16号,2021年1月1日废止)规定,消费者交付购买商品房的全部或者大部分款项后,承包人就该商品房享有的工程价款优先受偿权不得对抗买受人。最高人民法院《关于人民法院办理执行异议和复议案件若干问题的规定》(2020年修正)第29条规定:金钱债权执行中,买受人对登记在被执行的房地产开发企业名下的商品房提出异议,符合下列情形且其权利能够排除执行的,人民法院应予支持:(1)在人民法院查封之前已签订合法有效的书面买卖合同;(2)所购商品房系用于居住且买受人名下无其他用于居住的房屋;(3)已支付的价款超过合同约定总价款的50%。

基于上述规定及对抵押债权人和普通债权的公平清偿,在破产重整程序中,还是应该坚持工程款优先债权仅能针对实际还在债务人名下能进行处置的建设工程(房屋),并以其价值为限对工程款优先债权进行调整。是在审查债权时就调整,还是在重整计划草案的债权调整方案中调整?具体如何调整?这都需要管理人慎之又慎。

本案中,管理人先按工程款债权性质全额确认优先权,既符合法律规定,债权人也未提出异议,保证了债权审查结果的确定性。如果在确认环节就进行调整,债权人肯定会提起异议诉讼,债权审查结果就变得不确定。异议诉讼多了,必然影响到案件的推进,也增加管理人和法院的工作量。在重整计划草案的债权调整方案中调整可清偿的优先权金额,"单项工程无法评估就以工程结算价或鉴定的工程造价作为单项工程的价值,再把单项工程的工程款按建筑面积进行分摊,未出售仍在债务人名下的存量房和非消费性售房之面积分摊的工程款就是可以实现优先权的工程款",以此既符合法律规定,也具有科学合理性。对于该调整方案,抵押债权人和普通债权人一般不会有异议;工程款债权人即使有异议,也因重整计划经债权人会议表决通过且内容不违反法律规定,而无法阻止重整计划的批准和执行。

三、存量房处置方式创新高效

破产案件中保护债权人合法权益是核心原则,也是管理人工作的价值导向。无论是重整还是清算,都要保障债权人的清偿款及时支付。在重整案件中,管理人协助执行重整计划已经是一种常态,无论是协助办理债权清偿还是协调处理其他事务,管理人都要安排。但在房地产企业重整案件中,管理人以拍卖方式协助销售处置房产,是较为创新且高效的处置方式。

本案中,管理人公开拍卖处置存量房389套,在较短时间内实现偿债资金回款3.3亿余元,有力推动了重整计划的执行,同时有效保障了债权人的合法权益。本案中1亿余元的工程款债权背后涉及诸多农民工家庭,管理人拍卖处置存量房顺利回款,保障了工程款优先债权的实现,保护了农民工的合法权益,维护了社会的和谐安定。

【案例提供及评析人:广东融关律师事务所 杨江苏】

26 烂尾房地产项目的浴火重生

——佛山市百业房地产开发有限公司重整案

核心要点

按照经济学中的企业"剩余索取权和剩余控制权对应"理论，[1]本案通过引入新的投资商提供偿债资金及后续项目开发资金的方式进行重整，平衡及维护了重整程序中各方的合法权益，使全体债权人在短短3个月内依法获得清偿；使已停工的楼盘重新复工，避免项目烂尾，保障了全体购房者的利益；盘活了优质资产，依法削减了债务人背负的沉重债务，使危困企业重新恢复经营。

本案在房地产企业频频爆雷，购房者问题突出的当下，对于正确审理房地产企业破产案件、处理购房者问题，特别是充分发挥破产重整程序的特殊功能，挽救危困房地产企业，推进供给侧结构性改革、改善营商环境、维护社会和谐稳定等，具有一定的典型意义。

办案过程

一、《重整计划（草案）》（删减版）

佛山市百业房地产开发有限公司（以下简称百业公司）成立于2013年3月21

[1] 张维迎：《企业理论与中国企业改革》，上海人民出版社2015年版，第100—105页。

日，是佛山市禅城区的一家房地产企业。其开发有“百业沣尚”等房地产项目。

2014年至2015年，百业公司项目销售不景气，资金压力大。加之其对外提供巨额保证担保，负债高达8亿多元，公司经营陷入困境。2015年3月16日，佛山市中级人民法院（以下简称佛山中院）裁定受理百业公司重整，并依法指定天地正律师所担任管理人。

为维护全体债权人合法权益，维护77户购房者合法权益，维护佛山地区房地产市场健康发展，维护佛山地区社会的和谐稳定，管理人积极推介项目，积极促成百业公司重整成功。

2015年3月23日，接管百业公司后，管理人多次与百业公司管理层、股东的管理层、债权人、投资商及佛山中院沟通，积极探讨百业公司重整方向。

2015年4月16日，管理人向南洋商业银行（中国）有限公司佛山分行、中国光大银行股份有限公司佛山分行等7家银行发出《关于百业公司重整案的征询意见函》，征询重整意见。上述两银行复函表示希望管理人尽快落实投资商，促成重整成功。其他5家银行亦口头回复相同意见。

根据债权人意见，结合百业公司实际情况，征得佛山中院同意，管理人决定通过引入投资商整体收购百业公司资产（含“百业沣尚”项目权益，不含4笔对外应收债权）、百业公司无偿转让100%股权给投资商的方式进行重整。

2015年6月12日，天地正律师事务所制订《重整计划（草案）》。后经债权人会议表决通过。

2015年6月15日，佛山中院裁定批准重整计划，终止重整程序。

2017年9月29日，佛山中院裁定确认重整计划执行完毕，终结重整程序。

二、相关文书摘要——《重整计划（草案）》（节录）

第二部分 特别说明

若重整成功，普通债权人受偿率最低为6.57%，最高为9.83%，且将在2015年6月30日前按重整计划受偿。

若破产清算，成功处置“百业沣尚”项目的，普通债权人受偿率可能仅为3.22%，且必须待买受人开发建设完工、77户购房者收楼后才可以进行分配，预计在2017年12月底受偿。

若破产清算，未成功处置“百业沣尚”项目的，参照佛山“四通大厦”（现佛山恒安瑞士大酒店,处置期10年)、佛山兆银酒店(现星星华园国际小区,处置期16年)及佛山时代广场(自1994年至今尚未处置成功)处置情况,项目可能低价处置或无法处置,受偿率可能为零,受偿时间无法预计。

第三部分　基本情况

一、百业公司概况

百业公司成立于2013年3月21日,股东系广东一百房地产发展有限公司持有100%股权;法定代表人为邝瑞波;经营范围为:房地产开发经营,物业管理。

二、"百业沣尚"项目概况

百业公司投资开发的"百业沣尚"项目位于佛山市禅城区聚边路8号,项目用地四至为:东至规划道路,南至规划道路,西至聚边工业路,北至兴业二路。该项目宗地面积10,910.20平方米,规划建筑面积40,600.32平方米,其中地上6座14层,地上2座2层及地下室一层。

截至2015年5月15日,项目建设已完成全部工程的46%,已预售77套(含3套认购)。

第四部分　重整方案

一、重整方向

2015年3月23日接管百业公司后,管理人多次与百业公司管理层、地产公司管理层、债权人、投资商及佛山中院沟通,积极探讨百业公司重整方向。

根据债权人意见,结合百业公司实际情况,征得佛山中院同意,管理人决定通过引入投资商整体收购百业公司资产(含"百业沣尚"项目权益,不含4笔对外应收债权)、百业公司无偿转让100%股权给投资商的方式进行重整。

二、资产负债情况

(一)资产构成及评估情况

百业公司的资产包括"百业沣尚"项目、办公设备及银行存款。

根据《资产评估报告》,百业公司"百业沣尚"项目、办公设备评估价值为62,284,991.05元。

(二)负债情况

截至2015年5月15日,共有30户债权人向管理人申报债权,金额合计906,115,053.24元。

经管理人审查、债权人会议核查及佛山中院裁定确认,百业公司无异议债权金额合计885,283,422.12元(未含共益债务)。

三、依法选定投资商

管理人多次与百业公司管理层、地产公司管理层、债权人、投资商及佛山中院沟通,积极探讨百业公司重整方向,依法选定投资商。

四、破产重整与破产清算的对比

1.重整成功,普通债权人受偿率最高9.83%,可在2015年6月30日前受偿

若百业公司重整成功,普通债权人受偿率将不低于6.57%,最高可达9.83%,且债权人可在2015年6月30日之前按重整计划受偿。

2.重整失败,依法应破产清算,普通债权人受偿率分如下两种情况

(1)成功处置项目的,普通债权人受偿率仅为3.22%,预计在2017年12月底受偿

结合佛山地区司法拍卖实践及房地产市场的情况,预计2016年6月前成功处置项目。若经两次调价,第三次拍卖成交,普通债权人受偿率仅为3.22%,且必须在新买受人投入完成全部工程并向77户购房者交楼后才能进行分配,预计在2017年12月底才能受偿。

(2)未成功处置项目的,受偿率可能为零,受偿时间无法预计

参照佛山地区烂尾楼处置实践,通过破产清算方式成功处置项目难度较大。若没有买受人,"百业沣尚"项目彻底烂尾,无限期搁置。即使可以成功,耗时较长。债权人损失巨大,血本无归。

案例一:佛山"四通大厦"(处置期10年)

该项目占地面积9.32亩,规划建筑面积99,168.48平方米,1993年动工,1998年烂尾停工,先后3次进行司法拍卖均流拍。直至2005年6月30日进行第四次司法拍卖,上海静安城建配套发展公司以底价1.2亿元拍得。经过3年的投资建设,于2008年12月5日才正式开业(更名为"佛山恒安瑞士大酒店")。

案例二:佛山兆银酒店(处置期16年)

该项目占地面积117亩,规划建筑面积约27万平方米,1992年开始筹划,是佛山打造的首个"五星级酒店",后因资金链断裂于1997年停工搁置。2006年,该地块重新规划为大型商业综合体,并由佛山市永利德房地产开发实业有限公司拍得。2013

年,该项目改造成为星星华园国际小区。

案例三:佛山时代广场(自2006年至今仍未处置成功)

该项目占地面积40.05亩,规划建筑面积19万平方米,位于佛山市商业黄金地带,曾被誉为佛山"北大门"的标志性建筑。后因资金断裂烂尾,成为佛山地区有名的烂尾楼。从2006年1月27日首次司法拍卖开始,至今仍未处置成功。

办案总结及实务指引

2016年5月6日最高人民法院发布的《关于依法开展破产案件审理积极稳妥推进破产企业救治和清算工作的通知》强调,"要以市场化为导向,积极开展破产重整"。[1] 本案的办理遵循市场的发展规律,积极开展破产重整,存在以下典型意义:

一、创新重整思路,维护各方利益

企业破产法的立法目的在于公平清理债权债务,保护债权人和债务人的合法权益,进而实现对社会整体利益的维护。[2] 本案涉及施工单位、供应商、购房业主、相邻村民、职工、银行等各方主体,关系复杂。若不妥善解决,易引发群体性事件。

本项目具有投资价值,可引入投资商盘活百业公司,避免项目烂尾,向购房业主交楼,使各债权人依法受偿,真正平衡各方利益。

经不断研究,管理人创新重整思路,确定采用引入投资商投资、无偿转让100%股权给投资商的方式进行重整。

"有恒产者有恒心。"住房问题关系着老百姓的生存权,涉及民生根本、社会和谐稳定,必须妥善、慎重处理。百业公司破产重整时,已有77户购房业主购买了项目房屋,且大部分系按揭贷款并用于自住。若解除购房合同,77户购房业主作为普通债权人参与分配,受偿甚微,其不但无法取得房屋、毕生积蓄化为乌有,而且还需背负巨额银行贷款;若百业公司重整成功,购房合同继续履行,则可保障其生存权,且继续履行购房合同可稳定购房业主情绪,避免项目状况进一步恶化。

---

〔1〕 最高人民法院《关于依法开展破产案件审理积极稳妥推进破产企业救治和清算工作的通知》(法〔2016〕169号)。

〔2〕《企业破产法》第1条。

鉴于上述情况，管理人及时向77户购房业主送达《继续履行合同通知书》，继续与其履行购房合同，同时与每一位购房业主均进行电话、当面沟通，耐心解释百业公司及项目现状、破产重整程序、重整方案等，稳定其情绪。在重整计划通过后，管理人积极监督重整计划实施，促使项目顺利竣工验收及交楼，依法维护了77户购房业主的合法权益

当百业公司内忧之时，外患也严重，几十户相邻村民以项目施工打桩造成其房屋开裂为由上门索赔。为避免矛盾激化，管理人积极与村民联系、沟通，耐心向其解释权利行使依据及方式，引导其依法维权。通过管理人积极沟通引导，村民依法申报债权主张权利，及时化解了干扰百业公司重整的外部矛盾。

经评估，百业公司总资产价值7000万余元。但同时存在大量问题需要解决，投资具有相当的风险。为吸引投资商，管理人采用引入投资商投资、无偿转让100%股权给投资商的方式进行重整。如此，投资商虽然要承担一定风险，但同时可取得项目后续开发权益。经招商，在比对多个意向投资商、测算债权人受偿率后，债权人会议依法选定报价最高、具有多年房地产开发及盘活烂尾楼盘经验的投资商进行重整。其愿意承担项目后续资金投入和开发、建设、销售、竣工及交楼等责任及相应风险。

二、预分配工程款，促成复工

为解决复工所需资金，管理人多次与意向投资商、施工单位沟通，最终达成一致：意向投资商支付投资保证金，管理人将其中部分款项先行预分配给施工单位作为复工启动资金（日后在其按重整计划受偿的金额中抵扣）。

2015年5月20日，在重整计划草案提交表决前，项目顺利复工。此举不仅极大地稳定了购房业主、施工单位的农民工、债权人、索赔村民的焦灼情绪，而且极大地提高了重整成功的可能性，坚定了投资商的投资信念，促成本案重整成功。

三、依法执行重整计划，项目顺利竣工及交楼，盘活楼盘项目，推动当地实体经济高质量发展

2015年6月，管理人依法向全体债权人划付受偿款。管理人仅用时3个月即促成百业公司重整成功，清偿债务8000万元，避免了项目烂尾，各债权人受偿时间及金额均远超预期。

同时，为保证项目顺利完工，按时交楼，管理人每周定期参加项目工程例会，监督项目进展。2015年8月31日，项目顺利封顶。2016年9月，项目竣工验收合格，陆续

向全体购房业主交楼。

2017 年 9 月 29 日,佛山中院作出(2015)佛中法民二破字第 12 - 197 号《民事裁定书》,裁定确认百业公司重整计划执行完毕。

至此,百业公司通过重整程序,依法削减了沉重的债务,彻底摆脱危困状态,获得重生。

管理人在本案中充分发挥破产重整法律制度的经济价值和社会价值,有效盘活烂尾楼盘项目,推动佛山当地实体经济高质量发展。2016 年 4 月 8 日,本案入选最高人民法院《十起依法平等保护非公有制经济典型案例》。2017 年 7 月 4 日、10 月 18 日,本案作为供给侧结构性改革典型案例在 CCTV - 2《经济与法》栏目中报道。

【案例提供:广东天地正律师事务所　丁学平、陈思梅;评析人:广东南天明律师事务所　程宗利】

27

“一揽子”解决关联公司重整问题

——广东景盛置业有限公司等5公司合并重整案

核心要点

本案如果分别对5家公司单独重整，需对各自的资产、负债及内部的资金往来进行独立的调查核实和审计，工作效率将大大降低。如适用实质合并的重整方式，“一揽子”开展工作，则有利于从整体上安排财产调查、债权申报、审计和评估，最大限度地缩短重整周期、降低重整成本，且因5家公司内部关联交易产生的巨额债权债务关系在实质合并重整后归于消灭，负债总额减少，有利于提高整体受偿率。本案在关联企业合并重整方面具有一定的典型意见。

办案过程

《实质合并重整计划(草案)》(删减版)

奥特莱斯置业公司、景盛公司、冠昇公司、奥特莱斯物业公司、荣信公司均系有限责任公司(港台澳法人独资)，上述5家公司均以普通住宅、写字楼、商业设施、酒店等开发建设及经营和物业管理为主营业务。

奥特莱斯置业公司、景盛公司、冠昇公司、荣信公司、奥特莱斯物业公司5家公司自佛山奥特莱斯项目立项至今，一直遵循“统一规划、统一开发、统一建设、统一物业管理”原则开展相关的开发运营工作。5家公司的重大事项均由股东决策层审批，拥有相同人员组成的董事会。5家公司仅有一个组织架构和经营管理团队，用同一套管理审批制度，以及各自内部资金、主要贷款、一般经营性资产、办公场所，全部服务于同一个佛山奥特莱斯项目，在5家公司内按需统一调配。

近年受市场融资环境影响，5家公司采取以自身为债务主体、其他项目公司提供担保的方式，通过融资解决资金问题。从2018年开始，5家公司已发生大量债务违约事件，2019年因职工欠薪集中爆发职工类债权诉讼和仲裁，名下不动产均存在抵押、查封情形，资金链断裂导致5家公司运营全面陷入困境，深陷重大债务危机，导致资不抵债的情况发生。

因5家公司均不能清偿到期债务，且资产不足以清偿全部债务，债权人奥诚东星公司分别以5家公司作为被申请人，向法院申请破产重整。法院根据申请于2020年9月7日依法作出裁定分别受理5家公司破产重整案。

在法院的主持下，奥特莱斯置业公司、景盛公司、冠昇公司、荣信公司、奥特莱斯物业公司重整五案第一次债权人会议于2020年11月13日召开。债权人奥诚东星公司向法院申请对上述5家公司实质合并重整，法院在第一次债权人会议上组织听证。2020年12月3日，法院作出对5家公司进行实质合并重整的裁定。

5家公司的重整工作受到了当地政府、法院的高度重视和大力支持。为确保重整成功，5家公司在法院、管理人的监督和指导下，严格按照《企业破产法》的规定履行相关职责，全力以赴做好与重整程序相关的各项工作，包括协助管理人完成债务人财产接管及调查、债权申报及审查、评估机构的聘请、继续履行合同梳理与审查、与债权人沟通协商、债权人会议的召开等各环节。在法院监督下，管理人管理5家公司财产，并根据5家公司的实际情况制作重整计划草案。本案从案件受理阶段的形式审查、实质审查，到指定管理人后各个工作环节，法院均严格把关和监督，并在重大事项上给予直接指导，确保重整程序依法合规地开展，切实保障各方主体的合法权益。

本案以定向邀请的方式，选定多弗集团作为重整投资人，并于2020年12月30日向全体债权人报告。

依据《企业破产法》第80条之规定，管理人负责管理财产和营业事务的，由管理人制作重整计划草案。目前，5家公司已不具备管理财产和营业事务的能力，管理人在接受法院指定后，忠实履行职务，在听取和吸收法院、债权人、投资人意见和建议的基础上，在充分尊重中介机构出具的专业结论的前提下，在充分进行法律上的风险评估和论证、可行性预判和分析的条件下，结合5家公司情况制作本重整计划，供债权人会议审议和表决，并由出资人组会议对本重整计划中涉及的出资人权益调整事项进行表决。

在重整计划获得法院批准之后，5家公司将以重整为契机，借助重整投资人的优势，在化解公司危机、彻底消除公司债务负担后，适时、分阶段调整建筑规划与产品定位后复工复产，优化5家公司项目结构、提升开发质量、改善项目开发环境、实行标准化项目管理，在产品品质及成本控制两方面不断提升以巩固并强化重整成果。

重整投资人多弗集团指定的其全资子公司作为重整后5家公司的唯一股东，支持5家公司重整后的经营和管理。5家公司在对本行业现状及未来发展进行分析后，基于对广东省房地产市场的预测，结合自身优势，维持5家公司房地产开发主营业务不变的前提下，形成重整后的开发经营计划如下。

(一)项目定位调整

充分挖掘项目自身的自然禀赋，依托重整投资人的产业资源、融资平台与经营性物业开发运营经验，将本项目定位为一站式、度假型、康养型的美好城市新中心。本项目将打造成为粤港澳大湾区面向粤北的旅游门户、引领佛山市的城市新中心和会客厅、高端康养度假及产业发展的集聚区，成为提升佛山文化影响力的特色新名片、人与自然和谐共融的生态保护典范、文化旅游与康养融合的目的地。

根据项目区位特质，紧跟大湾区全面放开养老服务市场、兴办养老等社会服务机构的相关指导意见、开展国家级医养结合试点工作，本项目拟采用“重康养+泛文旅+实地产”的操作模式；注入完善的康养理念及其运营体系，作为核心引擎带动项目整体开发；同时辅以“泛文旅”的概念带动区域环境品质提升，最终打造一座“国际生态城”。

(二)开发经营计划

根据项目体量近3000亩，考虑“国际生态城”的区域特色所需培育期，项目整体开发计划需8—10年。搭建完善后，持续延伸配套链条，完善成熟的康养和文旅体验，实现人居氛围浓厚。

(三)优化管理制度，提高经营效益

优化公司各项管理制度及实施流程，加强经营费用、运营成本及财务费用管理，

提高公司经营效益，提升整体管理水平和经营效率，增强核心竞争力，实现企业快速稳定发展。

（四）整合各方资源，实现项目效益最大化

在新规划中，为增加区域人居氛围，从优化维稳角度盘活项目资产来提高项目现金流量价值；为通过提升项目资金回笼能力以确保偿还所留存债务，应尽可能解决当前项目布局和产业结构不合理的问题。再开发后的收益好于传统破产清算结果，且仍有进一步提升的可能。多弗集团作为投资人参与本项目重整，将与政府及其他开发企业共同努力，通过休闲产业、教育资源的导入，拉升产品品质，优化生活环境，提高开发项目的溢价空间，实现该项目的最大化价值。

办案总结及实务指引

在关联企业同时或相继进入破产程序时，为了公平对待那些将各关联企业视为一体而与之进行交易的债权人，可以运用实质合并制度，将对存在有高度一致性或对外作为一个整体的关联企业，归入同一破产程序，合并其资产与债务，对所有关联企业的普通破产债权人适用同一比例的破产清偿程序。关联企业的设置存在经济上的合理性，以大型集团为背景的关联企业设置能够降低交易成本，企业间多存在上下游供应链关系或者专业化分工合作模式，会因其之间存在的依存支撑关系形成完整的市场经营体系以抵御市场风险。实质合并在关联企业重整中的意义尤其重大。[1]本案的办理具有一定的典型意义。

如果分别对5家公司单独重整，需对各自的资产、负债及内部的资金往来进行独立的调查核实和审计，将出现许多无法妥善解决的问题，例如无法确切拆分各公司的资产并确定权属问题、各关联公司债务的重叠及受偿问题等，导致工作效率将大大降低。

如适用实质合并的重整方式，“一揽子”开展工作，则有利于从整体上安排财产调查、债权申报、审计和评估，最大限度地缩短重整周期、降低重整成本，并且因5家公

〔1〕 肖彬：《实质合并破产规则的立法构建》，载《山东社会科学》2021年第4期。

司内部关联交易产生的巨额债权债务关系在实质合并重整后归于消灭，负债总额减少，有利于提高整体受偿率。若直接将关联企业分别出售可能破坏原本集团企业经营体系的完整性，无法实现资源的有效整合。打包处置企业可以有效保留企业间存在的合理经济关系，妥当解决分别重整时容易出现的经营结构不完善情形，能够实现企业价值的提升或者资产的快速市场化处置，从而真正实现破产法的拯救功能。[1]

通过借鉴了国内的一些实质合并重整的成功案例，案件如果适用实质合并的重整方式，能够大大加快企业的重整进程，妥善解决区分5家公司财产的成本过高、债权人清偿的利益不公等问题，提高重整成功的可能性。

2020年11月，佛山中院采取“线上+线下”方式同步召开第一次债权人会议，就实质合并重整的申请进行听证，获得多方支持。次月，佛山中院裁定对5家公司进行合并重整。

关于5家公司的负债情况，在管理人进行梳理后发现，本案涉及债权人众多，申报债权金额巨大，刷新了佛山地区有史以来破产重整案的最大标的额。如此巨大的债务规模，在执行重整计划的执行期间及能否顺利执行完毕问题，都关系到当地社会经济的健康平稳发展，也关系到如何在保障当事人合法权益的同时，实现法律效果与社会效果的统一。因此，在佛山中院的指导下，5家公司与意向投资人提前开展磋商工作，双方就债权债务调整、清偿方案及经营方案等事项达成共识。5家公司破产重整计划草案获表决通过。2021年2月，佛山中院正式裁定批准奥特莱斯系列5家公司破产重整计划，标志着该系列案在重整期间顺利完成司法重整程序。2021年4月12日，佛山中院裁定5家公司重整程序终结。

集团式企业重整案件涉及的企业数量多、影响范围广、资产负债规模大，并且一旦企业集团母公司重整，会带动子公司、孙公司连带破产，通常需要适用实质合并程序、协调审理程序、程序合并程序等多种程序。这类案件在价值追求上与中小型的关联企业实质合并重整不同，其追求的价值更加多元，如社会稳定、金融稳定、经济发展、产业整合，这对《企业破产法》提出了更高要求。例如，李晓燕、王昕娅提出，公司之间存在控制与从属关系是关联企业的一大特点，核心层对成员公司的人事、财务或

---

〔1〕 肖彬：《实质合并破产规则的立法构建》，载《山东社会科学》2021年第4期。

业务等重要经营管理事项具有长期的经常性的支配性或决定性影响。[1] 另有,石一峰从会计学的角度,或是借鉴英美的经验,将关联企业的认定与转移定价行为的认定联系起来,或是参考日本的方法,强调企业间资本持有关系和业务经营上的实际联系,并明确了相应的数量判断标准。[2] 在集团式企业的运营过程中,可能出现因集中管控、高度一体化经营等原因,使各关联企业在资产、负债、管理、经营、财务、人事等多方面出现严重混同,法人人格独立制度常常成为关联企业破产债务人的避风港,[3]以至于在发生破产原因后失去独立进行重整的基础。

王欣新、蔡文斌认为,在构建我国关联企业破产法律制度时,公平原则应为首要之价值目标选择。[4] 实质合并重整是处理关联企业重整的一种特殊方法,是实质合并原则在重整制度中的运用。实质合并重整需要通过实质合并的方式以实现破产法的公平清偿等立法目标。立足于破产关联企业之间的具体关系模式,采取不同方式予以处理——既要通过实质合并审理方式处理法人人格高度混同的关联关系,确保全体债权人公平清偿,也要避免不当采用实质合并审理方式损害相关利益主体的合法权益。关联企业实质合并破产对管理人的综合素质要求极高:(1)对关联企业各利益相关方态度的把握能力;(2)对司法实践中各主体权利义务配置的衡量能力;(3)对制度追本溯源的能力;(4)娴熟切换经济学和法学研究方法的能力;(5)公平、公正、公开解决实际问题的能力。

目前,本案的重整计划执行顺利,债务将如期得到清偿。5家企业得以延续,荒置已久的开发项目也将于近期重新动工。重整投资人在后续项目的开发经营中,将结合佛山市三水区产业特点,引入养老、医疗等优质资源,为当地"乡村振兴"注入活力。昔日的"网红"小镇,即将焕发新的生机。

【案例提供:广东源浩律师事务所　胡聪、陈海、崔春、赵琦;评析人:广东南天明律师事务所　程宗利】

---

〔1〕 李晓燕、王昕娅:《论关联企业的法律识别》,载《晋阳学刊》2020年第1期。

〔2〕 石一峰:《违反信息披露义务责任中损失计算的利益衡量》,载《法学评论》2017年第4期。

〔3〕 黄辉:《公司集团背景下的法人格否认:一个实证研究》,载《中外法学》2020年第2期。

〔4〕 王欣新、蔡文斌:《论关联企业破产之规制》,载《政治与法律》2008年第9期。

28

信息公开助力重整

——东莞市富林智慧城木业家居产业园建设有限公司重整案

核心要点

东莞市富林智慧城木业家居产业园建设有限公司（以下简称富林智慧城）原为项目公司，开发建设市重点项目，因其为股东、法定代表人提供了高额担保，资金链断裂等原因导致停业及项目烂尾。该案为东莞市第三人民法院（以下简称东莞第三法院）审结的首个破产清算转重整案件，该案典型性包括：在两个意向投资人有冲突时，破开僵局，最终重整计划草案获债权人百分之百表决通过。案件办理过程中还创建了东莞市首个破产案件管理人微信公众号，推动案件信息公开。

该案作为重大典型案例，获得了东莞第三法院、东莞市中级人民法院、广东省高级人民法院、东莞阳光网、东莞市时光网、中国清算网、《广州日报》、东莞广播电视台等作为优化营商环境、促进供给侧结构性改革的典型案例宣传报道。

办案过程

一、富林智慧城基本情况

富林智慧城成立于 2013 年 1 月 22 日，为外商投资企业法人独资的有限责任公司。2013 年年初，其通过出让方式取得了位于东莞市常平镇司马村东深路旁的一块

14.7万平方米土地的使用权,拟开发建设“富林木业家居产业智慧城联合交易中心”项目,计划打造以木业交易所为核心,集研发、商务、拍卖、展示、物流于一体的国际化发展平台。该项目建设之初被列为市年度重点项目,并被东莞市常平镇政府视为带动集体经济收入的新增长点。富祥智慧城还获得了东莞市产业转型升级基地开发企业资格。可不到两年,富祥智慧城就因经营管理不善及为股东、法定代表人的巨额债务提供担保,导致资金链断裂,负债累累、诉讼缠身,主要资产相继被多地司法机关查封,2014年底已全面停工,项目土地上仅建设了小部分未完工建筑,重点项目变成了烂尾项目。

二、案件受理情况

2017年2月10日,经债权人申请,东莞第三法院裁定受理富林智慧城破产清算一案,案号为(2017)粤1973民破1号。东莞第三法院于2017年2月28日指定广东众慧律师事务所担任管理人。

三、案件办理情况

经管理人调查及统计,富林智慧城对外负债超过3亿元,包括建设工程优先受偿债权、有财产担保债权、职工债权、税款债权、普通债权等。然而,经破产程序中评估,债务人主要资产即前述项目土地及地上建筑物评估值仅为1.2亿元。若进行破产清算,按照分配顺序,担保债权可能无法全额清偿,税款债权、职工债权和普通债权更将面临颗粒无收的境况。

本着挽救有拯救价值的危困企业,实现债务人财产价值及债权人利益最大化的原则,法院、破产管理人和债务人多方合力推进重整,在获得重整意向投资人提出申请及重整方案后,2017年11月8日,东莞第三法院裁定富林智慧城进入重整程序。由于进入重整程序后,有两个意向投资人均向管理人提出了重整意向,管理人制作了《破产重整投资人招募公告》(以下简称招募公告),并分别通过《人民法院报》、全国企业破产重整案件信息网、“富林智慧城破产管理人”公众号公开发布了招募公告。在指定期限内,共有两名意向投资人缴纳了保证金,并向管理人报名参与重整。管理人经请示东莞第三法院,决定通过竞价方式遴选出投资人。

2018年4月16日,东莞第三法院主持召开了债务人破产重整投资人遴选竞价会。经两意向投资人竞价,万科集团旗下企业东莞云晟投资服务有限公司(以下简称东莞云晟)以最高应价竞得富林智慧城重整投资人资格。然而,东莞云晟首次提出的重整计划草案却未获得债权人会议表决通过，原因在于另一意向投资人杭州某企业未放弃竞争，其通过争取到部分债权人的支持，使他们对重整计划草案投出反对票。至此，两意向投资人互不相让，竞争呈现白热化，案件重整一度陷入僵局。若重整不成，富林智慧城又将回到破产清算这条老路。

为此，承办法官和管理人多次与两意向投资人进行沟通，分析案件重整形势，强调合作共赢，希望双方能权衡利弊。同时，东莞市常平镇党委、政府及司马村委会亦发挥属地优势，大力促成重整。经过近 3 个月的商业谈判及东莞第三法院、管理人多次组织协调后，杭州某企业才终于与东莞云晟达成合作，由东莞云晟再次修改重整计划草案提交债权人会议表决。

2019 年 12 月 18 日，东莞第三法院主持召开富林智慧城第四次债权人会议及第二次出资人组会议分别对重整计划草案进行表决。根据重整计划草案，优先债权、职工债权、税款债权将得到全额清偿，普通债权组清偿比例为 10%，债权人受偿比例大幅高于破产清算。经表决，有财产担保债权组、职工债权组、税款债权组、普通债权组及出资人组均 100% 通过重整计划草案。

2019 年 12 月 19 日，东莞第三法院裁定批准富林智慧城重整计划，本案自此进入重整计划执行阶段。重整计划获批后，东莞云晟依约投入了重整资金用于清偿债务，并成功变更登记为富林智慧城的股东，相关项目将有望纳入万科物流版图，在适当时机作为万科物流的资产包上市，届时其资产价值将极大提升，对地方经济起到有力的拉动作用。

本案是东莞第三法院首宗审结破产清算转重整成功的案例。通过执行重整计划，担保债权、职工债权、税款债权全额清偿，普通债权取得了较高比例清偿。在东莞第三法院、东莞云晟和管理人的积极努力工作下，2020 年 3 月，债务人原股东持有的富林智慧城 100% 股权已过户至重整投资人东莞云晟名下。债务人相关资产及材料，管理人亦悉数移交给了东莞云晟。根据东莞云晟计划，其将着手对富林智慧城闲置超过 5 年的土地进行重新开发，并计划打造“电子制造业 + 采筑平台为一体的综合产业园——常平万科智能定制产业园”，昔日“烂尾”重点项目终于涅槃重生，迎来希望的曙光。

办案总结及实务指引

一、对症下药，破产清算与重整有序衔接

本案因债务人不能偿还到期债务，最初作为破产清算案件处理，然而管理人并没有墨守成规，一味优先推进资产处置工作，而是在与东莞第三法院对案件实际情况及债务人财产价值进行了深入调研及分析后，力求建立破产重整企业的识别机制，对症下药。

经调查分析，富林智慧城所属土地位于东深公路旁（东深公路北起东莞市桥头镇，向南经东莞市常平镇、樟木头镇、塘厦镇，至凤岗镇，进入深圳市），交通便利，土地方正，是东莞市常平镇目前未开发土地中较大的地块之一，存在较大的投资价值。若能进行重整，投资人可承继富林智慧城的相关权益，可以减少土地拍卖的交易税费的负担，还可以保留富林智慧城主体资格，减少土地使用的报批手续，更有利于项目土地的开发建设。若能实现重整，显然更有利于债务人财产价值最大化及债权人的清偿。即富林智慧城属于虽经营管理出现困难，但具有运营价值和挽救可能的企业。

在前述分析基础上，东莞第三法院、管理人加强了与债务人的分析，引导其分析陷于困境的原因，寻找突破困境的途径，准确判断重整的可行性，在有意向投资人时，及时推进本案转入破产重整程序。破产重整的根本目的，是拯救危困企业，实现债务人财产价值及债权人权益的最大化。进入重整程序后，管理人充分尊重债权人，无论是重整招募条件的设置及投资人遴选规则的制定，均听取了债权人的意见，保障了债权人的知情权及参与权。

同时，为保障债权人公平获偿的权利，在遴选前已有意向投资人提出意向出资2.37亿元的情况下，为了避免意向投资人竞争时，通过收购部分债权，在控制债权人数及债权比例的情况下，降低投资资金，进而使其未收购的债权人权益受到损害，本案经请示东莞第三法院，创设性使用了设有保留价的增价竞价方式，保留价为人民币2.37亿元，竞价全场首次出价为保留价。经遴选确定了云晟公司为投资人，从其提出的重整资金总额而言，无疑更具有优势。

破产重整不仅是法律行为，更是商业行为，有时甚至成为商业战场，让案件办理成为没有硝烟的战争。本案由于另一意向投资人掌控了部分债权人，在重整投资人

遴选确认后,最初仍试图通过声明不同意重整方案及申请更换投资人等方式阻碍重整。经办过程中,通过法官、管理人与两意向投资人不厌其烦地多次有效沟通,最终促成其握手言和,避免了重新走回破产清算的老路,导致投资人两败俱伤,以及债务人债权人权益受损,实现了多方共赢。

本案是东莞第三法院第一宗破产清算转重整案件,重整计划草案虽历经波折,但最终获债权人会议100%表决通过,建立了有效的识别机制,拯救了有价值的企业,扮演好了"生病"企业的"医生"角色,在合法有序的前提下实现了利益衡平和多方共赢,彰显了破产审判的制度价值和社会责任,在东莞市乃至全国范围均有代表性意义。

二、创建东莞市首个破产个案微信公众号,保障案件公开性并提高效率

破产案件审理周期长、涉及主体多、文书资料多,对法官、债权人及破产管理人均造成不少困扰。法官及管理人一直在探寻更合理、更高效、更便民的送达方式。

经充分探讨,发现相对于传统的纸质送达,微信公众号送达节约了文书的打印、复印及邮寄成本,避免债权人地址变化或不在原址时不能及时送达的风险;与网站公告、电子邮箱等传统电子送达方式相比,破产个案微信公众号送达具有公信力高、安全性强、反馈即时等优点,有效解决了当事人因担心查收电子邮件或浏览网站不及时而抗拒电子送达的心理。在信息化多元化的社会中,利用微信拥有广大的用户群且免费使用的便利,通过微信公众号送达,每发一条信息都是以免费推送通知的形式发送,并能让债权人即时获知相关信息,到达率可以说是百分之百,无疑具备更多优势。

在这种背景下,东莞第三法院批准及指导管理人通过建立破产个案的特定公众号解决送达及公示难题。2017年7月10日,本案微信公众号——"富林智慧城破产管理人"正式上线,当天便发布了本案破产清算案件的受理裁定书、指定破产管理人决定书、第一次债权人会议决议、管理人工作报告及债权表等材料。后续财产估价报告、表决情况汇报、招募公告、会议通知、管理人工作报告、法院文书公告等,经报东莞第三法院审核许可后,均通过该公众号发布。该公众号的建立,对法院而言,能够减少接受咨询的压力,也可以更好地监管破产管理人的工作进度;对于破产管理人而言,能够更加便利、高效地发布案件信息,减轻与债权人一对一沟通的工作量;对于各债权人而言,也能够更及时、全面地了解破产案件的进度,增加案件透明度;此外,在重整招募过程中,该公众号作为公告途径之一,起到更便捷传播、更易推广及吸引更多潜在投资人注意的作用,亦可方便投资人对案件来龙去脉及现状进展作初步了解,提高招募效率。创建公众号之举,着实达到了多赢的效果。

本案公众号作为东莞市破产管理人的首个公众号,开创了东莞第三法院破产案件管理人微信公众号实行“一案一号”制的先河,作为对破产案件信息公开的一次创新尝试,取得了良好的效果。

三、推动破产案件信息公开,完善相关规定

本案还涉及一个非常重要但很少人关注的破产程序中信息披露的问题。管理人提到,案件办理过程中创建东莞首个破产案件管理人微信公众号,推动案件信息公开的内容。

笔者认为,破产重整程序相对复杂,重整程序具体的信息类型包括重整程序本身的有关信息、债务人与债权保障的信息重整程序过程中的新信息等。重整程序本身的有关信息包括破产案件的受理、公告、债权人会议、重整计划及执行等信息。债务人与债权保障的信息包括债务人历史信息、现状信息、预测性信息等。重整程序过程中的信息包括重整权益的信息、运营价值信息、外部环境信息与重整信息、重整方案制定、执行及相关信息等。[1] 管理人称发布了本案破产清算案件的受理裁定书、指定破产管理人决定书、第一次债权人会议决议、管理人工作报告及债权表等材料,后续财产估价报告、表决情况汇报、招募公告、会议通知、管理人工作报告、法院文书公告等,经报东莞三院审核许可后,均通过该公众号发布。

笔者认为,上述公开信息更多是重整程序本身的有关信息,但是,债务人的相关信息特别与重整有关的预测性信息、运营价值信息、外部环境信息如果也能够披露,将会有更多信息披露出来,有助于各方充分了解相关信息,从而更加准确作出判断,有利于重整的成功。

2022 年 3 月 31 日,深圳证券交易所发布《深圳证券交易所上市公司自律监管指引第 14 号——破产重整等事项》,[2]同日,上海证券交易所也发布了《上海证券交易

[1] 2022 年 4 月 22 日,破产法百家谈星友读书会第 25 期,杨忠孝分享《重整程序中信息披露:价值、立场与规则构造》。

[2] 为全面贯彻落实《证券法》要求,进一步规范上市公司破产事项,保护中小投资者合法权益,深圳证券交易所总结上市公司破产事项监管实践经验,制定了《深圳证券交易所上市公司自律监管指引第 14 号——破产重整等事项》,自 2022 年 3 月 31 日起施行。

所上市公司自律监管指引第 13 号——破产重整等事项》。[1]

上述指引从破产事项的申请和受理、重整投资人、债权人会议、出资人组会议及权益调整安排、法院裁定及破产事项实施等几个方面详细规定进入破产程序的上市公司信息披露的内容。笔者期望《企业破产法》修改时,将信息披露作为一项重要内容在《企业破产法》进行规定。

【案例提供:广东众慧律师事务所　何少红、金莎、肖昭伟、祝智慧;评析人:广东众惠律师事务所　何少红、金莎,北京德恒(深圳)律师事务所　王科建】

[1] 为进一步规范破产重整等事项中的信息披露行为、切实提高上市公司质量,上海证券交易所制定了《上海证券交易所上市公司自律监管指引第 13 号——破产重整等事项》,适用于主板、科创板上市公司,自 2022 年 3 月 31 日起施行。

Part Ⅱ

第二部分

和 解

引 言

和解，是指具备破产原因的债务人为避免破产清算而与债权人团体达成延期或减免清偿债务的协议，该协议经法院认可后生效的法律制度。和解程序具有成本小、时间短等制度优势，为债务人创造重整旗鼓、东山再起的条件。

本部分精选了7件典型案例，可为和解案件的办理提供参考和借鉴。

29

尽力利用和解方式，挽救危困企业

——深圳融太科技有限公司破产和解案

核心要点

管理人在财产接管调查中发现融太公司高级管理人员在经营过程中，存在重大过失导致公司财产损失的情况。经过深入地调查，管理人收集了相关证据材料，形成了调查报告，并准备了起诉材料。后经过管理人与债权人、融太公司、融太公司责任人员沟通，管理人认为本案存在和解的可能。在管理人主持协调下，债权人与融太公司及融太公司股东多次商议，最终就破产和解事宜达成一致意见，并签署了和解协议。深圳中院根据融太公司的申请，依照《企业破产法》第105条之规定，以(2016)粤03民破66号之三《民事裁定书》认可《深圳融太科技有限公司和解协议》并终结融太公司破产程序。

本案作为非常稀少且较为成功的破产和解案件之一，彰显了破产和解制度独特的特点和优势，是入选典型案例的重要原因。

办案过程

一、融太公司情况

融太公司成立于2011年12月8日，企业性质为有限责任公司，经营范围为计算机软硬件、光电影像器件、电子元件、接触式影像传感器、图形图像识别和处理系统、五金塑胶、模具制品的技术开发与销售。

二、案件受理情况

基于公司管理混乱、内部控制失效等原因,融太公司陷入了严重的债务危机,已无法开展正常的生产经营。鉴于公司严重资不抵债的情况,经债权人深圳市光太科技有限公司申请,深圳市中级人民法院(以下简称深圳中院)于2016年6月23日依法受理了融太公司破产清算一案,指定国浩律师(深圳)事务所为管理人。

三、案件办理情况

在法院下达受理破产清算裁定之后,管理人积极展开接管工作,发现融太公司已经严重资不抵债,属于无产可破的企业,且公司股东出资到位,若继续进行破产清算程序,债权人将无法得到任何清偿,债权人的利益将受到严重损害。

管理人在调查过程中发现,融太公司的资质比较优越,其经营的业务在国内市场空间较大,属于有潜力、可持续发展的企业,且融太公司的股东希望公司可以继续经营,只是苦于公司负债较大,未能找到合适的方式解决公司的负债问题。基于多年办理破产清算案件的经验及对该案件的细心研究,管理人认为本案具有和解的可能性,融太公司可以通过破产和解的方式,解决债务问题,并继续存续与发展。同时,破产和解也将使债权人获得清偿,保障债权人的利益。

管理人就破产和解事项与公司股东、债权人展开了积极的沟通与协商。由于对破产和解制度尚不了解,公司股东和债权人起初对和解事项的抵抗情绪较严重。但管理人并未放弃,耐心向公司股东和债权人就破产和解制度进行了解释,并就破产和解带来的好处进行了逐一分析。此后,公司股东和债权人接受了破产和解的建议,并就和解事项展开了友好协商。协商期间,管理人组织并主持了公司股东与债权人的多次和解谈判会议。由于对债权清偿数额的意见不一致,和解协商的过程并非一帆风顺,公司股东与债权人的谈判数次濒临破裂。管理人多次与公司股东和债权人进行沟通协商,稳定公司股东和债权人的情绪,推进双方谈判进程。经过多轮的谈判与协商,在各方不懈的努力及管理人的主持下,公司股东和债权人就清偿债务事宜达成了和解协议。最终,管理人向深圳中院递交的和解协议,得到了法院的认可,该案件取得圆满的结果。

管理人在本案的工作得到了深圳中院的高度认可。同时,融太公司迅速恢复生产经营,解决了企业现有员工的就业问题,债权人获得了清偿,各方均取得了满意的结果。本案取得了良好的法律效果和社会效应。

办案总结及实务指引

一、本案作为非常稀少的破产和解案件之一,其产生的法律效果和社会效果值得肯定

《企业破产法》第105条规定的破产和解制度,是企业与债权人之间以协议形式,就企业清偿债务事宜达成一致,以实现企业复兴和债务清偿的一种拯救手段,其核心在于债权人与债务人采用让步方法了结债务,其优点是能够充分发挥当事人自治的作用,避免司法拯救程序常有的时间长、费用高、企业信息披露度高、企业市场信用损失大等缺点。但是这种拯救方式也存在一定难度,因为如果没有全体债权人的一致同意,所达成的协议就没有普遍约束力,而在债权人人数众多的情况下,要取得全体债权人一致同意是比较困难的。我国《企业破产法》之所以对破产程序期间的法庭外和解制度作出规定,主要是考虑到程序外当事人有这样的积极性。这种法庭外和解,允许当事人采用各种灵活的方式进行充分磋商,而不是像庭内和解那样严格遵守债务人提出和解协议草案交债权人会议一次性投票这样的方式。在这种庭外和解中,债权人可以扮演更加积极主动的角色。因此,允许当事人在程序之外自行协商解决,体现了尊重私法自治和尽可能拯救困境企业的精神,也有利于缩短程序时间和节省司法资源。

法庭外和解又包括两类情形:一是在未启动破产程序情况下,债务人与部分或全体债权人通过自行协商达成的和解,主要依靠债权人与债务人自行协商;二是在已经启动破产程序的情况下,债务人与全体债权人通过自行协商达成的和解,管理人可作为第三方进行斡旋协调。二者间最重要的区别在于,前一种和解无须法院裁定认可即可生效,而后者必须经过法院裁定认可方能生效。即第一类和解在破产程序之外,不适用《企业破产法》的规定;第二类和解,在破产程序之中,适用《企业破产法》的相关规定。

第二类和解,应当符合以下条件:(1)须债务人的破产程序已经开始并依照《企业破产法》的规定完成债权申报;(2)须在法院受理破产申请后,破产宣告前达成协议;

(3)债务人须与全体债权人达成协议;(4)协议须以债务清偿为内容;(5)协议不得损害财产担保的债权人的权益;(6)协议须经人民法院裁定认可。

和解制度具备如下特征:(1)债务人已具备破产原因。按照和解制度理论的一般看法,立法者设立和解制度的目的,在于为债务人提供避免破产清算的机会。若债务人不具备破产原因,则破产清算程序无从使用,自然也没有适用和解制度的必要。(2)由债务人提出和解的请求。一般认为,适用和解制度以避免破产清算,是出于债务人利益的需要。一般来说,通过和解,可以在债权人让步的基础上,使债务人免予破产清算,故债务人具有和解的动机。但是,由于和解以后,债务人将继续承担债务清偿责任,故破产清算也不失为破产企业的出资人"甩掉包袱"、另谋发展的一种选择。因此,是否请求和解应由债务人自行决定。(3)和解请求以避免破产清算为目的。在符合法律程序的情况下,债务人为避免破产清算而提出减少、延缓债务、第三人承担清偿等请求,为法律所认许。《企业破产法》设立和解制度的目的是尽可能减少破产清算事件的发生,以避免破产清算可能带来的一系列消极后果。(4)和解协议采用让步方法了结债务。破产清算是以债务人的现有财产即时了结债务。这虽然有及时清偿之利,但债权人所得受到现有财产的局限,往往损失巨大。而和解不仅以债务人的现有财产,而且以其将来财产,作为债权人实现债权的基础。所以,债权人通过和解协议的执行,往往能够获得比在破产清算情况下更多的清偿。为了达到这一目的,债权人通常需要作出减少本金、放弃或减少利息、延长偿债期限及同意第三人承担债务等方面的让步,以利于债务人保持继续经营的能力,并避免债务人选择适用破产清算程序。(5)债务人与债权人团体之间达成协议。以让步方法了结债务属于当事人对自己权利的处分,必须在平等自愿的基础上达成协议,而不能加以强迫。法律设立和解程序,实际上是为当事人提供一种平等协商的缔约机制。在这一缔约过程中,债务人提出的和解请求及和解协议草案属于要约,而债权人会议表决通过和解协议草案则为承诺。和解协议草案经债权人会议表决通过,即成为债务人与债权人团体之间有关债务清偿的具有法律约束力的合同。

法庭外和解,与法庭内和解的基本区别在于,前者和解协议的成立不通过法院主持的债权人会议,不适用"少数服从多数"的表决制度。如果债权人人数较多,债务人需要在庭外与全体债权人均达成一致意见,其难度不言而喻。与法庭内和解相比,法庭外和解并没有将和解协议的缔结过程置于人民法院的控制之下。在这一过程中,当事人应当本着平等、自愿、公平和诚信的民法原则进行协商缔约,并遵守《民法典》的相关规定。如有欺诈、胁迫、乘人之危、显失公平等不法情势,当事人可以依据相关法律的规定,请求人民法院撤销和解协议。

法庭外和解协议的法律效力在于,债务人与全体债权人自行达成和解协议后,应当向人民法院提出裁定认可的申请,人民法院经审查认为符合和解协议的意思表示真实、内容合法公平并已取得已知债权人全体同意的,应当裁定认可,和解协议自人民法院裁定认可之日起生效。法庭外自行达成的和解协议,经人民法院裁定的,具有与法庭内达成并经人民法院裁定认可的和解协议相同的法律效力。

同时,法庭外和解一般不惠及连带债务人,破产和解制度的首要目的在于拯救企业,债权人在和解协议中的让步,虽也有使自己免于更大债权损失之利,仍不失为对他人和社会作出贡献。所以,如果允许《企业破产法》上的和解协议具有更广的惠及面,有违公平原则,也不利于鼓励债权人加入企业拯救。因此和解债权人对债务人的保证人和其他连带债务人所享有的权利,不受和解协议的影响。

本案中,债权人与债务人因债务纠纷积怨已久,双方对立情绪较大,管理人分别向各方说明其中利害关系,分析利弊,最终经多次协调,双方达成和解。

同时,和解协议达成后,和解协议的执行是法律调整的重心。和解协议生效后,债务人作为和解协议的当事人,有履行和解协议的义务。和解协议虽以债权调整为主旨,但促使债务人按照和解协议规定条件清偿债务终究是法律制度的基本目标。和解协议生效后,法院裁定程序终止。只有和解协议得到履行,债务人依照和解协议规定的条件清偿了债务,和解制度的预防的制度目标方才得到实现。最终在管理人的敦促下,本案债权得以获得全部清偿。

本案是 1993 年深圳中院破产庭成立以来第二宗破产和解案件。本案得以圆满解决,企业得以存续,主要是因为管理人在其中充分发挥了能动作用,积极协调债权人与企业、企业股东就清偿债务事宜进行有效沟通。管理人的工作得到了深圳中院破产庭领导的高度认可,同时,融太公司迅速恢复生产经营,解决了企业现有员工的就业问题,取得了较好的法律效果和社会效果。

二、破产和解的运用极为稀少,破产和解程序距离充分发挥其立法目的仍然任重道远

在司法实践中,目前和解案件的数量在全部破产案件中的占比极小,自 2007 年以来,每年适用和解的案件数量平均不超过两位数。[1] 以2021年广东省各级管理人新接受指定案件和办结案件为例,广东省各级管理人新接受全省法院指定的破产和强制清算案件共7219件,办结的破产和强制清算案件7067件。新接受指定和办结的破产案件,总体上仍然以破产清算案件为主,重整案件居次,和解案件数量最少。新接受指定和解案件11件,和解成功30件。新接受指定和解案件仅占新接受全部案件的0.15%,和解成功案件仅占办结全部案件的0.42%。[2]

三、破产和解制度不足之处较多,需进行改革

《企业破产法》第九章规定的破产和解制度整体上有诸多不足之处,比如只有债务人才能申请,和解内容主要是债权人让步,和解协议的表决通过实行多数决原则,担保权不受和解程序的影响及和解协议的约束,[3] 和解协议的履行主要以撤销和解协议中的让步和宣告破产作为保障等,[4] 因此,和解制度功能性缺陷依然存在,并将在一定程度上制约该制度的适用,以及破产预防目的的实现。我们期待,《企业破产法》修改时,和解制度能够根据破产的实际需要进一步得到完善。有学者撰文指出,对于和解程序的改革方向主要有两个方向:其一,将和解程序改革成为适合中小微企业适用的拯救再生程序;其二,在和解程序中加入法庭外债务重组的相关程序内容。[5]

【案例提供:国浩律师(深圳)事务所　卢林、陈铖、宋青;评析人:国浩律师(深圳)事务所　卢林,北京德恒(深圳)律师事务所　王科建】

---

〔1〕 参见李曙光、刘延岭:《营商环境与破产重组》,载最高人民法院、中国政法大学破产法与企业重组研究中心:《〈企业破产法〉实施情况的评估报告》,第26页。

〔2〕 参见广东省破产管理人协会《广东省破产管理白皮书(2022年)》,第1页。

〔3〕 《企业破产法》第96条规定,对债务人的特定财产享有担保权的权利人,自人民法院裁定和解之日起可以行使权利。

〔4〕 《企业破产法》第103条规定,因债务人的欺诈或者其他违法行为而成立的和解协议,人民法院应当裁定无效,并宣告债务人破产。第104条规定,债务人不能执行或者不执行和解协议的,人民法院经和解债权人请求,应当裁定终止和解协议的执行,并宣告债务人破产。

〔5〕 参见李曙光、刘延岭:《营商环境与破产重组》,载最高人民法院、中国政法大学破产法与企业重组研究中心:《〈企业破产法〉实施情况的评估报告》,第41页。

30

创新多元化调解机制挽救破产企业

——深圳市大族能联新能源科技股份有限公司和解案

核心要点

深圳市大族能联新能源科技股份有限公司(以下简称大族能联公司)破产和解案是国内为数不多的破产清算转和解的典型案例。该破产和解案件创新性地引入专业调解机构协助债务人和管理人共同推进调解工作,促成各方达成依法尽快推动和解程序的共识。在破产和解程序启动一个月的时间内,债务人通过分期偿付债务本金的方式,化解了债务危机,企业迅速恢复生产经营,充分发挥了破产"避免清算""保留营业"的保护功能。各方通过破产保护程序实现了共赢。

办案过程

一、案件简介

大族能联公司成立于2010年4月20日,主要从事分布式光伏电站的投资、建设业务,隶属于深圳高科技明星企业大族激光集团,是一家新能源领域高新技术企业。因国家新能源产业政策收紧,新能源补贴大面积拖欠导致公司无力清偿到期债务。2020年9月28日,经债权人申请,深圳市中级人民法院(以下简称深圳中院)裁定受理大族能联公司破产清算。截至破产受理之日,大族能联公司已累计实现税收3950万元;累计参与电站规模251MW,发电量13.84亿度绿电,累积减少二氧化碳排放

138.3万吨。另外,大族能联公司作为大族激光集团管理下的公司之一,股东多有央企、国资背景,股东构成合理科学,公司治理机构有序,内部治理机制正常运转。

破产清算过程中,债务人多次反映大族能联公司具备继续经营的价值,管理人经调查也认为该公司因行业问题导致其流动资金紧缺陷入困境,但其管理架构完善具有经营能力,具备由破产清算转为破产和解的条件。为此,大族能联公司提出了和解计划草案,列明了清偿方案和清偿资金来源,明确了和解清偿比率、执行期限、还款步骤及和解协议的保障执行,通过该草案债权人的本金能够得到清偿。在第三方调解机构蓝海法律查明和商事调解中心的介入和协助下,该和解计划草案得到了绝大多数债权人的同意。2021年1月25日,深圳中院组织召开了转和解程序听证会,大族能联公司提出了和解计划草案,管理人发表了本案转和解程序的可行性和必要性。2021年1月26日,深圳中院裁定本案转入和解程序。

2021年1月29日,大族能联第一次债权人会议对和解协议草案进行表决,36家有表决权的债权人进行了投票表决,最终共有35家债权人表决通过,其所代表的债权额占无财产担保总额94.4%,债权清偿比例高达94.3%。2021年2月3日,深圳中院依法裁定和解协议草案并终止和解程序。

二、相关文书摘要——《和解协议草案》(节录)

清偿方式说明

本《和解协议草案》的清偿方式为"只偿还债权本金全额,免除利息、违约金、诉讼费",之所以采用该清偿方式,主要考虑以下原因:

1.本案所涉及的均为经营性债权,不涉及金融债权。而经营性债权的形成原因大多发生在正常的业务合作过程中,债权人的主要经营利润体现为本案债权本金,现考虑到债务人与各债权人已经合作多年且未来仍存在继续合作的可能性,因此对债权人申报本金全额清偿已经维护了经营类债权人的合法权益。同时,本案经确认的免除利息、违约金、诉讼费为2,075,874元,仅占管理人审核确认总债权的5.7%,免除该部分金额对债权人整体利益无较大影响。

2.据管理人向债务人了解,大部分经营性债权的拖欠时间集中在2017年年底至2018年年中,而债务人出现无法及时偿还该批到期债务的原因系因为国家新能源产业政策收紧,新能源补贴欠付等原因,该原因直接导致了包括债务人在内的新能源行业均出现逾期违约的情形,因此虽然债务人存在过错,但其主观上并没有拒不履行的故意,因此对于违约金、利息、诉讼费的产生不应由债务人独自承担。

3. 债务人在进入和解程序前,已就该清偿方式征询了全体债权人的意见,36 家已经确认的债权人已经有 33 家债权人同意,其所代表的债权额也超过了无财产担保总额的 2/3 以上,因此该清偿方式已经得到了绝大多数债权人的同意,这其中也包括了免除利息、违约金、诉讼费的债权人,该行为符合法律规定,应当予以确认。

具体清偿方案

(一)普通债权

1. 自债权人会议通过和解协议草案且深圳中院裁定认可《和解协议草案》之日起 3 个工作日之内,全部债权本金均先行受偿 1 万元(债权本金低于 1 万元的,以实际金额为准);债权本金超过 1 万元的债权人,本金扣除壹万元后按照 25% 偿付。

计算方式为:第一期受偿金额 =(债权本金金额 -1 万元)×25% +1 万元;

2. 2021 年 3 月 31 日前,债权本金超过 1 万元的债权人,本金扣除壹万元后按照 25% 偿付。

计算方式为:第二期受偿金额 =(债权本金金额 -1 万元)×25%

3. 2021 年 6 月 30 日前,债权本金超过 1 万元的债权人,本金扣除壹万元后按照 50% 偿付。

计算方式为:第三期受偿金额 =(债权本金金额 -1 万元)×50%

(二)职工债权

职工债权按照有关法律规定清偿,不参与本次和解程序。

(三)建设工程优先债权

建设工程优先债权按照有关法律规定清偿,不参与本次和解程序。

(四)暂缓认定的债权

对暂缓认定的债权按照上述债权的清偿方式向管理人提存相应的偿债资金,待人民法院裁定确认无异议债权后按照和解协议草案中载明同类的清偿方案向债权人进行清偿。

(五)破产费用、共益债务

破产费用包括因破产和解发生的办公费用、诉讼费用、管理人报酬、中介机构服务费用、管理人聘请工作人员费用等。共益债务包括因管理人或者债务人请求对方当事人履行双方均未履行完毕的合同所产生的债务及为债务人继续营业而应支付的劳动报酬和社会保险费用，以及由此产生的其他债务等。

（六）管理人报酬

根据2007年4月12日最高人民法院《关于审理企业破产案件确定管理人报酬的规定》第2条之规定，本案管理人报酬根据债权人在本案中获得最终清偿的财产价值总额确认。

（七）逾期申报的债权

债权人未在债权申报期限内申报债权，但其在和解协议草案提交债权人会议表决前补充申报债权的，管理人受理并进行审查。在人民法院裁定认可和解协议草案后，该债权人被确认的债权可依照和解协议草案确定的债权受偿方案获得清偿。

债权人未在债权申报期限内申报债权，在人民法院裁定认可和解协议草案后和解协议草案执行完毕前补充申报债权的，管理人受理申报并进行审查，但债权人在和解协议草案执行期间不得行使权利；在和解协议草案执行完毕后，可以按照和解协议草案规定的同类债权的清偿条件行使权利。

和解协议草案的执行保障

（一）和解款项的回款及支付工作由管理人进行监督及分配

债务人已按照管理人的要求将自筹资金500万元转至管理人账户，上述资金已经足够覆盖除债务人关联公司外的其他已确认债权人的第一次和解金额。管理人将在深圳中院裁定《和解协议草案》后尽快向债权人进行分配。

另外，针对债务人后续回款，管理人将依法予以监督并要求债务人将回款转至管理人账户，由管理人负责监督和支付。

（二）偿债资金的提存

债权属于本和解协议草案规定的暂缓认定的，应向其分配的资金将参照同类债权的清偿方案分期提存至管理人开立的银行账户。

（三）经营限制

和解协议执行完毕之前，禁止债务人转让所持股份、应收账款、机器设备及价值超过5万元的资产。

（四）股权转让限制

裁定和解后，和解协议执行完毕前，未经人民法院同意，债务人股东不得办理股权转让手续。

办案总结及实务指引

一、债务人企业和解价值的识别

法律规定的三种破产程序中，破产清算约占破产案件总量的90%，重整约10%，和解不到1%。[1] 从目前的统计上看，破产和解程序在实务当中的应用不高，但应该看到破产和解制度在化解企业债务风险维护企业生产运营方面的优势。以本案来看，从深圳中院裁定认可和解协议并终止和解程序历时不到2个月，真正做到了提高审判质效，程序快进快出，既化解企业的债务危机，又有效维护了企业的正常生产运营。大族能联公司破产和解案，为探索企业破产和解制度树立了典范。破产和解是债务人与债权人团体就债务清偿达成的合意。和解制度虽然与重整制度均为破产法上的破产预防制度，但是和解制度的设计初衷是达成债权清偿安排而不考虑营业保护的需求。因此，不必为债务人的继续营业而限制担保物权的行使。[2] 鉴于此，识别债务人企业的和解价值及和解可能性尤为重要。

以本案来看，首先，大族能联公司所处行业为朝阳行业，未来具有巨大成长空间，能够较好适用市场需求，企业具有发展潜力和经营价值。其次，大族能联公司作为大族激光集团管理下的公司之一，股东多有央企、国资背景，股东构成合理科学，公司治理机构有序，内部治理机制正常运转。再次，债务人企业的债权主要为经营性债权，不涉及金融债权，均为普通债权。并且，经营性债权的形成原因大多发生在正常的业务合作过程中，未来仍存在继续合作的可能性。最后，偿债资金有保障，如自筹资金、应收账款、对外投资分红收益、政府补贴等，上述保障资金能够覆盖债权本金。通过对大族能联公司以上和解价值及和解可能性的识别，可以看到，对于暂时经营困难但救助有望的企业，运用和解手段能够化解企业债务风险，实现对企业的有效救治。

二、创新多元化调解机制

在大族能联公司看来，公司之所以出现破产情形，一方面是由于受国家新能源产

---

〔1〕 2021年8月18日在第十三届全国人民代表大会常务委员会第三十次会议上，全国人民代表大会常务委员会执法检查组《关于检查〈中华人民共和国企业破产法〉实施情况的报告》。

〔2〕 王卫国：《破产法精义》，法律出版社2020年版，第315页。

业政策收紧、新能源补贴大量欠付的原因,导致了包括大族能联公司在内的许多新能源企业均出现逾期违约情形;另一方面是由于受新冠疫情影响,许多电站项目施工无法正常实施,导致工程回款进度放慢。公司的内部治理机制仍正常运转,仅是由于流动性不足进入破产程序。因此,对于企业进入破产程序后,债务人对管理人全面接管企业不太理解。另外,债务人与管理人之间就企业继续经营问题、对外债权清收问题因立场不同而存在意见分歧。针对此情形,深圳中院向法院特邀调解机构深圳市蓝海法律查明和商事调解中心发出委托调解函,引入专业调解机构协助债务人和管理人共同推进调解工作。特邀调解机构从第三方的角度,一方面向债务人解释管理人清查债务,平等保护债权人利益的法定职责所在;另一方面也与管理人沟通债务人希望高效达成和解协议,尽快恢复生产经营的迫切心情。经管理人、特邀调解组织与债务人、债权人多轮沟通,债务人向法院提交和解申请,并迅速制定了和解协议草案。

本案中,深圳中院在全国范围内首次采用委托第三方调解机构方式提前介入破产程序,真正地创新并完善多元化调解机制,将庭外调解和破产和解相结合。在管理人与债务人之外以第三方角度向债权人提出解决方案和建议,充分保障当事人意思自治,发挥多元化调解机制作用,以弥补债务人调解能力不足。同时将庭外和解成果带进和解协议,有效地推动了和解协议草案的谈判和制定,较好地实现了法律效益、经济效益和社会效益的统一,为此类企业的挽救提供了可复制的样本。

【案例提供:广东华商律师事务所　陈东、徐江华、胡隽;评析人:北京市中伦(深圳)律师事务所　王硕】

31

和为贵，轻装上路复工复产

——广东新港兴混凝土有限公司和解案

核心要点

广东新港兴混凝土有限公司（以下简称新港兴公司）系1994年批准成立的港澳台独资有限公司。该案在和解协议的准备、清算秩序转和解程序，和解协议的变更等方面均具有一定的典型意义。新港兴公司在2020年2月27日顺利复工复产，目前，企业生产经营秩序正常运转，恢复盈利。

办案过程

《广东新港兴混凝土有限公司破产和解协议草案》（删减版）

佛山市顺德区人民法院于2019年3月19日作出（2018）粤0606破申4号民事裁定书，裁定受理新港兴公司破产清算，并于2019年5月6日作出（2019）粤0606破15号决定书，指定广东源浩律师事务所担任管理人。经佛山市顺德区人民法院召集于2019年7月3日召开了第一次债权人会议，会议期间经表决通过，允许新港兴公司继续经营，给予了新港兴公司与各债权人达成和解协议的机会。

第一次债权人会议后新港兴公司通过与广东新和航环保材料科技有限公司的合作，逐渐盘活了整个公司，目前处于正常生产状态。截至2019年10月31日共创造属于新港兴公司的利润有187.29万元。因此如果能执行和解，不但可以令得债权人利益最大化，也可以令得新港兴公司重获新生。

经新港兴公司和各债权人友好协商，新港兴公司提出下列和解执行方案，供债权人表决。

具体和解执行方案如下：

1. 中国信达资产管理股份有限公司广东分公司依据(2017)0606民初6829号、(2018)粤06民终7806号民事判决书确认的债权暂不予清还，待中国信达资产管理股份有限公司广东分公司向其他同案被执行人(包括吕义胜、广东鑫威投资有限公司等)实现抵押权后，剩余的本金利息再以“免除利息(含正常利息、罚息、复利、迟延履行利息)、诉讼费、律师费，本金按50%，在三年内分季度平均支付”的方式支付。

2. 除中国信达资产管理股份有限公司广东分公司外的其他债权人债权，包括本金、利息、诉讼费。以“免除利息(含正常利息、罚息、复利、迟延履行利息)、诉讼费、律师费，本金按50%，在三年内分季度平均支付”的方式支付，支付时间从2020年1月起。

以上和解执行方案第2项所述的还款计划，每季度偿还金额为人民币265万余元，新港兴公司相信在广东新和航环保材料科技有限公司的全力支持下，整个企业开足马力生产，是可以顺利按期足额支付的。

3. 管理人报酬。经贵院裁定认可和解协议草案或认可新港兴公司与全体债权人就债权债务的处理自行达成协议的，则新港兴公司向破产管理人支付管理人报酬人民币×××元。具体支付详情，以新港兴公司及其法定代表人赖文波、该公司股东福良有限公司、吕义胜、广东新和航环保科技有限公司、破产管理人广东源浩律师事务所等六方于2019年7月1日签订的协议书为准。

4. 缴纳罚款。佛山市顺德区人民法院于2018年7月24日作出(2016)粤0606执9470号决定书，对新港兴公司作出罚款100万元的决定。经和佛山市顺德区人民法院沟通，计划以一次性缴清的方式，于人民法院作出通过新港兴公司和解协议草案裁定之日起一年内缴清100万元罚款。

综上所述，现新港兴公司特向佛山市顺德区人民法院提出和解申请，提请佛山市顺德区人民法院审查本和解协议草案并交与债权人会议表决。

办案总结及实务指引

破产和解制度最早出现于1673年的法国《商事条例》,首创于1883年比利时颁布的《预防破产之和解制度》,有效避免破产制度给社会经济带来消极后果,注重以和为贵。

我国《企业破产法》也采纳了和解制度,在程序启动方面,企业破产法规定只有债务人可以向法院提出和解申请,且只能在宣告债务人破产之前启动。如此严格的启动条件导致司法实践中通过和解实现破产预防、企业拯救的概率大为降低。[1] 因此,本案能做到破产和解成功具有一定的典型意义。

一、和解前做好充分准备

(一)自营方式的继续经营

新港兴公司以在营状态进入破产程序且具有破产和解的价值和可能性,保持企业经营的持续性才能提高债务人的清偿能力和增强债权人的信心。顺德区法院大胆尝试以债务人自营方式保持新港兴公司继续经营,管理人通过掌握企业印章、营业执照、银行账户U盾、土地产权证等核心要素,分配利润集中在管理人账户进行收支管理,实现对债务人经营的有效监督管理。同时,为保障投资人某科技公司的资金投入权益,确保债务人的持续运营能力,管理人编写《关于继续债务人营业的分析报告》,向债权人会议提出具体方案,提议以继续履行新港兴公司与某科技公司签订的合作协议的形式继续新港兴公司的经营。该方案于2019年7月3日经新港兴公司第一次债权人会议表决通过并予实施。

(二)经营监督透明、公开

破产清算期间,管理人每月制定新港兴公司经营状况报告,汇总报告新港兴公司的经营情况,编制损益表、业务收入表、收支明细统计表、报告营利情况预测、投资协议款项落实情况及财产状况。报告每月更新,向法院汇报并向债权人公开,通过债务人经营状况的公开、透明化,提升债权人对新港兴公司持续经营的信心,助力和解谈

---

〔1〕 张善斌、翟宇翔:《破产和解制度存废论》,载张善斌主编:《改革开放四十周年破产法热点透视》,武汉大学出版社2019年版,第442—446页。

判的开展。经营状况报告显示，新港兴公司从 2018 年 11 月至 2019 年 11 月，月销售收入从 113 万余元提升至 1000 万余元，混凝土月产量从 2471.91 立方米提升到 21,851.6立方米，恢复产能接近 50%，同期年度累计净利润从 24 万余元提升到 217 万余元，毛利率从 13.33% 提升到 15.89%。其中 2019 年 7 月至 11 月共创造销售收入（不含税）3642 万余元，2019 年 1 月至 11 月年度累计净利润 217 万余元，新港兴公司回收利润分配款 131 万余元。总资产周转率达 77.23%。

（三）资金、资产回收再投入

进入破产清算程序后，执行案件中止执行，各项保全、执行措施解除，原由云浮市人民法院保全冻结的银行存款 100 万余元及另案执行到位的执行款 110 万余元回收到新港兴公司的资金池再投入经营，大大缓解了运营资金压力，增强了投资人、债权人的信心。

（四）清算与和解谈判同步开展

破产清算过程中，通过债权申报、审查，管理人梳理汇总企业债务状况，共有 26 户债权人申报了 28 笔债权，申报债权总金额 1.83 亿余元。在债权审查过程中，同步由债务人、投资人与债权人开展谈判，截至第一次债权人会议召开前，债务人与 22 名债权人初步拟定和解意向，涉及的债权性质均为普通债权，涉及的债权总额为 1927 万余元。第一次债权人会议召开后，随着信息的进一步公开，管理人、债务人、投资人加大了与债权人的谈判进度，提出实质性和解草案，并将债务分解为担保债权和普通债权，分别制定偿债方案。

二、积极推进和解程序的顺利进行

（一）破产清算转破产和解

2019 年 12 月 24 日，债务人向顺德区法院提出破产和解的申请。顺德区法院于 2019 年 12 月 30 日召开听证会，就新港兴公司提出的和解申请，广泛听取各方意见。管理人、债务人、投资人某科技公司及 8 名债权人代表到场参与了听证会。听证会上，债务人向法院提交了和解草案及与多户债权人签订的和解协议，提出以削减债务加分期付款的方式清偿全部债务。管理人分析认为，债务人具备实施和解草案的产能和经营能力。到会的债权人均表示同意与债务人新港兴公司进行和解。

2020 年 1 月 3 日，顺德区法院经审查，认为新港兴公司申请破产和解并提出了具有可操作性和可行性的和解草案，裁定受理新港兴公司和解，并于 2020 年 1 月 4 日在

《佛山日报》上刊登新港兴公司和解的公告。

(二)准备和解协议

2020 年 1 月 20 日,新港兴公司召开第二次债权人会议,通过书面方式表决和解协议草案。和解协议草案的主要内容如下:

1. 债权人某资产管理公司的 2 笔债权暂不予清还,待某资产管理公司向其他同案被执行人实现抵押权后,剩余的本金利息再以“免除利息(含正常利息、罚息、复利、迟延履行利息)、诉讼费、律师费,本金按 50%,在三年内分季度平均支付”的方式支付。

2. 某资产管理公司外的其他债权人债权,包括本金、利息、诉讼费。以“免除利息(含正常利息、罚息、复利、迟延履行利息)、诉讼费、律师费,本金按 50%,在三年内分季度平均支付”的方式支付,支付时间从 2020 年 1 月起。

3. 以上和解执行方案第 2 项所述的还款计划,每季度偿还金额为 265 万余元。

本次债权人会议共有 26 户债权人出席会议,有 23 户债权人同意和解协议,超过出席会议的有表决权的债权人半数,其所代表的债权额占无财产担保债权总额的 2/3 以上通过和解协议草案。

2020 年 2 月 13 日,债务人新港兴公司向顺德区法院提出申请,请求认可上述和解协议。顺德区法院经审查,于 2020 年 2 月 25 日裁定认可和解协议并终结和解程序。

三、根据疫情情况,及时变更和解协议

根据和解协议的约定,新港兴公司应于 2020 年 3 月底清偿第一期债务总额 265 万元。和解协议经过几个月的谈判、制定,于 2020 年 1 月 20 日提交债权人会议表决。但在和解协议表决后,新冠疫情暴发,全国开始疫情防控工作,新港兴公司无法如期于 2020 年 2 月初复工复产。新港兴公司的和解协议实施方案是以每季度经营收入支撑债务清偿。疫情期间停产势必影响新港兴公司的经营收入,从而影响和解协议的履行,有必要对和解协议履行情况进行评估。经调查评估,新港兴公司经防疫部门检查可于 2 月底复工复产。但由于新港兴公司的下游客户为建筑企业,建筑行业普遍复工时间为 3 月底,即使 2 月底新港兴公司能复工复产,完全恢复产能时间最快也要到 3 月底。企业现有资金确实不足以支持清偿第一期债务 265 万元的同时保障企业一段时间的正常运营,有可能再次面临资金链断裂。因此,债务人新港兴公司向顺德区法院提交申请，请求变更和解协议执行期限，以帮助企业缓解新冠疫情对履债能力的冲击。顺德区法院高度重视新港兴公司和解协议执行情况，一方面指导管理人与债务人、投资人、债权人进行沟通，制订预案，多渠道解决危机；另一方面组织进行调研论证，从制度创新上提供解决方案。

2020年3月3日，顺德区法院到新港兴公司进行复工复产情况检查，与管理人、债务人及投资人进行座谈，了解新港兴公司的复工复产情况，上、下游企业的复工复产及资金回笼情况，提出一方面通过与债权人进行谈判，延期履行和解协议，另一方面通过政府帮扶政策提供资金支持的方式帮助企业度过危机。

会后，管理人与债务人快速反应开展工作，制订资金运作计划，制订展期方案，将原定于3月底支付的265万元债务，分3个月清偿，3月底清偿50%，4月、5月底清偿25%，以保障复工复产后一段时间资金正常运转。同时，通过与债权人沟通，基本取得债权人的理解和支持。

法院经过调研论证认为，原和解协议约定的履行期限为每季度最后一个月的月底，并经裁定认可具有法律效力。依照《企业破产法》的规定，债务人如不按期执行和解协议，债权人可向法院申请宣告企业破产进行清算。债务人提出的新的和解协议执行方案，实际上改变了原和解协议的内容，虽然获得大部分债权人的同意，但仍有个别债权人不同意延期付款，且个别债权人与债务人的矛盾较深，经多方做工作仍无法取得其谅解。新冠疫情的发生属于不可抗力因素，新港兴公司与债权人在协商、制定、表决和解协议时并不能预见疫情的发生。新港兴公司受新冠疫情影响无法正常开展生产经营，影响企业资金回笼，是在和解协议订立后发生的不可抗力因素造成新港兴公司履行债务的暂时困难，但未造成协议履行的根本不能，对和解协议的执行期限作出合理变更，既符合有关不可抗力法律规定的法理精神又能最大限度保护全体债权人及债务人的利益，保障企业复工复产后顺利开展生产经营，以持续经营收入清偿债务。鉴于现行法律法规、司法解释未对变更和解协议提供解决路径，顺德区法院创新参照认可和解协议的路径，组织债权人会议对债务人提出的延期执行和解协议方案进行表决，由法院裁定认可表决通过的和解协议执行方案，赋予和解协议执行方案法律效力，确保和解协议顺利执行。

2020年3月10日，新港兴公司再次召开债权人会议，对债务人新港兴公司提出的延期执行和解协议执行方案进行表决，出席会议的有表决权的债权人超过半数同意该方案,所代表的无担保债权额的2/3以上。2020年3月16日,债务人新港兴公司再次向顺德区法院提交申请,请求认可延期执行和解协议执行方案。顺德区法院于2020年3月16日作出裁定,认可延期执行和解协议执行方案。

按照变更后的方案,新港兴公司已于2020年5月底顺利将第一期债务清偿完毕。新港兴公司通过破产和解"一揽子"解决企业的债务1.7亿元,维持企业产能近1亿元,并于2020年2月27日顺利复工复产,目前,企业生产经营秩序正常运转,恢复盈利。

2020年4月起,新港兴公司的产能已逐步恢复并超过人民法院受理该公司破产清算案件前的水平。管理人依法履行监督职责,综合电话、微信、现场察看等多种形式向公司负责人了解公司实际经营情况,并督促公司定期向管理人汇报公司经营情况,提供公司经营财务报表。根据公司生产负责人反馈,目前新港兴公司的日均产量达700—800立方米,2020年第二、第三季度产量累计达到138,122.72立方米,比2019年同期增长达101%。

在企业破产清偿过程中,即使剥夺债务人的全部财产,也不能满足债权利益。不彻底的债务清偿必然引起债权呆滞,使债权人陷入清偿无望的财务困境,以致发生连锁破产的后果。并且,企业之间的联系越密切,破产案件对社会不良影响的范围就越大。为了摆脱这种困扰,有必要寻求一种能调和冲突、平衡债权人与债务人利益的办法来解决债务危机。作为温和的偿债方式,破产和解制度提供了一种通过债权妥协的程序机制,给债务人创造了复苏的机会和条件,运用债务人的有限财产最大限度清偿债务,减少社会资源的损失与浪费。

新港兴案是一件执转破后和解的典型案件,案件先是经历执行不能,后经顺德区法院对债权人进行破产制度的明释,合理分析利弊后,成功引导债权人通过破产程序解决诉求。在破产程序中,根据本案债权人的特点,债务人选择和解程序,通过和解程序维护自身合法权益。本案以破产清算受理,以重整为参照,最后以和解结案。债权人、债务人及合作经营方从自身角度出发,作出不同的考量,最终共同走向和解,让新港兴公司可以减少债务,轻装上路,重获新生。

【案例提供:广东源浩律师事务所　胡聪、陈海、霍德伟、郑智文;评析人:广东南天明律师事务所　程宗利】

32

灵活运用和解制度化解纠纷

——广州市南航碧湖老年公寓有限公司和解案

核心要点

本案中，管理人发挥了和解制度的优势，从法律制度上引导债权人帮助债务人摆脱困境，以妥协退让的方式给予债务人维护或提高其资产价值的机会和条件，债权人也获得了全额清偿，从而达到债务人和债权人双赢的局面，实现了债务人和债权人长远利益最大化。

办案过程

2019 年 7 月 29 日，广州市花都区人民法院（以下简称花都法院）裁定受理了广州市颐德丽园人寿科学管理有限公司（以下简称颐德丽园公司）对广州市南航碧湖老年公寓有限公司（以下简称南航碧湖公司或债务人）的破产清算申请，并指定广东格林律师事务所担任南航碧湖公司管理人（以下简称管理人）。

一、(2019) 粤 0114 破申 7 号《民事裁定书》(节选)

申请人颐德丽园公司以被申请人南航碧湖公司不能清偿到期债务，并且明显缺乏清偿能力为由，向花都法院申请对南航碧湖公司进行破产清算。花都法院于 2019 年 7 月 18 日召开了听证会，颐德丽园公司委托诉讼代理人李晓慧、南航碧湖公司委托诉讼代理人徐勇彪到庭参加听证会。申请人颐德丽园公司称，其系（2018）粤0114执4055号执行案件的申请执行人，在强制执行过程中，由于被执行人南航碧湖公司不能清偿到期债务，且资产不足以清偿全部债务，被裁定终结本次执行。根据《企业破产法》第7条及其相关规定，请求宣告南航碧湖公司为破产人，并以破产财产对颐德丽园公司债权进行清偿。

南航碧湖公司对颐德丽园公司提出的破产清算申请提出异议：（1）不认可（2016）粤0114民初2992号及（2018）粤01民终351号民事判决书所认定的事实、判决理由、判决结果，因为南航碧湖公司与颐德丽园公司之间不存在投资合作合同，颐德丽园公司所转款项并非合作款，而是基于与广州市文聪资源配送有限公司（以下简称文聪公司）之间的股权协议对南航碧湖公司的投资，该款项发生在南航碧湖公司受颐德丽园公司控制的期间，而且部分款项备注为"公司往来"，但是法院却将所有款项都错误认定为投资款。（2）文聪公司将南航碧湖公司的股权转让给广州碧花园房地产开发有限公司（以下简称碧花园公司）时并未披露本案颐德丽园公司的债权，导致碧花园公司对本案债权没有预期，为此碧花园公司将提起诉讼，要求文聪公司承担责任。（3）除本案债务外，南航碧湖公司无任何其他债务。（4）南航碧湖公司在碧花园公司的支持下一直在持续经营，一旦破产不利于社会稳定。综上，请求驳回颐德丽园公司的破产清算申请。

花都法院查明：南航碧湖公司于2013年9月4日成立，企业类型为有限责任公司（法人独资），原登记股东为文聪公司，原法定代表人为姚远，原注册资本为50万元。2015年5月8日，南航碧湖公司的股东变更登记为碧花园公司，法定代表人变更登记为李锭忠，注册资本变更登记为2800万元。现南航碧湖公司登记机关为广州市花都区工商行政管理局，登记状态为"在营（开业）企业"，经营范围为老年人、残疾人养护服务。

2016年3月23日，颐德丽园公司以其在2014年4月22日至8月25日向南航碧湖公司转账2,421,880元为由，将南航碧湖公司、碧花园公司起诉至花都法院，案号为（2016）粤0114民初2992号。2017年11月17日，花都法院作出一审民事判决书，判决：南航碧湖公司向颐德丽园公司返还款项2,421,880元、支付利息（以2,421,880元为基数，按中国人民银行同期同类贷款利率，自2016年3月23日起计至付清款日止）。一审案件受理费26,920元、诉讼保全费5000元，由南航碧湖公司负担。颐德丽园公司、南航碧湖公司均不服上述判决，提起上诉。2018年3月22日，广州市中级人民法院作出(2018)粤01民终351号二审民事判决书，判决驳回上诉，维持原判。南航碧湖公司负担二审案件受理费3671元。

上述判决生效后，颐德丽园公司向花都法院申请强制执行，花都法院于2018年4月20日立案执行。在执行过程中，南航碧湖公司没有按照执行通知书的要求履行清偿义务，花都法院也依法向银行、房管、工商、车管等部门查询及调查南航碧湖公司名下的银行存款及其他财产情况，但查无南航碧湖公司可供执行的财产。2018年7月29日，花都法院作出(2018)粤0114执4055号执行裁定书，裁定终结本次执行程序。

南航碧湖公司为证明其主张，提交了以下证据：(1)(2015)穗花法民二初字第1679号、(2016)粤01民终4528号民事判决书，拟证明本案涉及款项发生在南航碧湖公司受颐德丽园公司控制期间，实为颐德丽园公司的投资，而且该案判决结果与本案[(2016)粤0114民初2992号、(2018)粤01民终351号]判决结果截然相反。(2015)穗花法民二初字第1679号案系黄宇宁诉文聪公司、南航碧湖公司、第三人碧花园公司股东出资纠纷一案。黄宇宁诉称，其于2014年1月3日与文聪公司签订《入股协议书》，约定双方共同投资入股设立南航碧湖公司，黄宇宁出资400万元，占公司注册资本40%，协议签订之后，黄宇宁向南航碧湖公司汇入200万元，但是文聪公司于2015年5月8日将南航碧湖公司的全部股份转让给碧花园公司，从而导致《入股协议书》无法继续履行，故请求判令解除其与文聪公司之间的《入股协议书》，南航碧湖公司返还黄宇宁200万元等。花都法院于2015年12月14日作出一审民事判决书，判决：解除黄宇宁与文聪公司于2014年1月3日签订的《入股协议书》；驳回黄宇宁的其他诉讼请求。广州市中级人民法院对该案作出(2016)粤01民终4528号二审民事判决书，判决驳回上诉，维持原判。(2)(2016)粤0114民初1411号、(2018)粤01民终482号民事判决书，拟证明文聪公司将南航碧湖公司股权转让给碧花园公司时隐瞒了本案债务。该案系罗后光诉碧花园公司、文聪公司债权人代位权纠纷一案。罗后光以其取得文聪公司对碧花园公司的债权为由，请求判令碧花园公司向罗后光偿付134,300元及利息。花都法院于2017年6月15日作出一审判决。碧花园公司不服，提起上诉。广州市中级人民法院经审理认为，根据(2018)粤01终351号民事判决查明的事实，文聪公司隐瞒债务的行为必将影响到碧花园公司持有的南航碧湖公司股权所对应的财产价值，给碧花园公司带来预期以外的损失，严重影响碧花园公司合同目的的实现,故而认为文聪公司实际并未依约全面履行其合同义务,最终改判为:撤销一审判决,驳回罗后光全部诉讼请求。(3)(2016)粤0114民初1949号民事判决书、(2016)粤01民终10178号民事裁定书,拟证明碧花园公司已经为南航碧湖公司垫付了消防工程尾款。该案系南航碧湖公司(反诉被告)诉广州市东建建设有限公司、金亮(反诉原告)建设工程合同纠纷一案。花都法院于2016年5月20日作出一审判决,判决:南航碧湖公司与金亮于2013年11月4日签订的南航碧花园敬老院消防工程合同、2015年11月4日签订的补充协议为无效合同;金亮将建设工程消防意见书交付给南航碧湖公司;南航碧湖公司在收到建设工程消防意见书的3日内向金亮支付剩余工程款168,532元;驳回南航碧湖公司的其他诉讼请求;驳回金亮的其他反诉请求。二审期间,因碧花园公司未按时缴纳案件受理费,广州市中级人民法院裁定按南航碧湖公司自动撤回上诉处理。

颐德丽园公司对上述判决的真实性、合法性予以确认,但关联性不确认,认为本案双方债权债务关系是基于颐德丽园公司与南航碧湖公司之间的合同纠纷,根据合同的相对性原则,碧花园公司与文聪公司之间的股权转让纠纷不能对抗颐德丽园公司债权的实现。南航碧湖公司确认其未就(2016)粤0114民初2992号、(2018)粤01民终351号民事判决提起再审申请。南航碧湖公司称其有员工10人,并提供社保缴费明细表予以证明。颐德丽园公司对该明细表的真实性、合法性不确认,因为该明细表无原件,且缺乏公章。南航碧湖公司称:除本案债务外,无其他债务;其没有抵押、担保和固定资产;其现在租用碧花园公司一栋四层约4200平方米的楼房用于出租,每月租金收入约2万元,出租对象为社会公众,非专用于老年人出租。关于颐德丽园公司的债权。根据《民事诉讼法》(2017年修正)第236条第1款规定,发生法律效力的民事判决、裁定,当事人必须履行。本案中,颐德丽园公司的债权已经(2016)粤0114民初2992号及(2018)粤01民终351号民事判决书确定,南航碧湖公司不确认该两份判决书,但其并未在该案法律文书生效后6个月内提起再审申请,而且提交的其他案件判决书涉及的是南航碧湖公司股东间的纠纷,即便碧花园公司可以起诉请求文聪公司承担违约责任,也不影响南航碧湖公司履行本案判决所确定的义务。故南航碧湖公司以不确认本案生效判决书为由,对颐德丽园公司的破产清算申请提出异议,理据不足,花都法院不予采纳。

关于南航碧湖公司的财产情况,经管理人调查,未发现南航碧湖公司名下存在现金、车辆、不动产等其他财产。但根据工商内档显示,南航碧湖公司的注册资本为2800万元,实缴注册资本仅为50万元。经管理人调查,南航碧湖公司设立时,注册资本为50万元。2015年8月,南航碧湖公司的独资股东广州碧花园房地产开发有限公司(以下简称碧花园公司)与南航碧湖公司前独资股东广州市文聪公司签订《股权转让协议》,受让了文聪公司持有的南航碧湖公司100%股权。同时,碧花园公司对南航碧湖公司进行了增资,注册资本由50万元增至2800万元,但碧花园公司对南航碧湖公司增资的2750万元并未实缴到位。

2021年5月,管理人对碧花园公司提起了追缴股东未缴出资诉讼。一审及二审期间,法院均支持了管理人的全部诉讼请求,后管理人向法院申请对碧花园公司进行强制执行。与此同时,碧花园公司对前任股东文聪公司提起了确认《股权转让协议》无效的诉讼,试图通过确认《股权转让协议》无效从而逃避作为股东对南航碧湖公司履行增资义务。该案件经一审及二审的审理,最终广州市中级人民法院驳回了碧花园公司的全部诉讼请求。

在追缴股东未缴出资诉讼期间,管理人对碧花园公司名下的一家商铺,两处住宅进行了诉讼保全,查封房产的价值评估约为12,674,053.00元。但在执行程序中,房产的拍卖变现周期过长,且存在流拍的不确定性。因本案股东的未缴出资远大于已裁定确认的破产债权,南航碧湖公司无法达到宣告破产的条件。若执行的财产清偿完破产费用及破产债权后仍有剩余的,管理人仍需将剩余财产返还给股东碧花园公司。

为高效推进南航碧湖公司破产清算程序,管理人多次与股东碧花园公司及债权人颐德丽园公司进行沟通协商,试图促进双方达成破产和解。最终,在花都法院的主持下,股东碧花园与债权人颐德丽园公司达成了破产和解,并签订了破产和解协议。2022年3月21日,花都法院裁定认可了和解协议并终结南航碧湖公司的破产清算程序。

二、《广州市南航碧湖老年公寓有限公司破产清算案和解协议》(节选)

清偿方案

1.清偿资金来源

由于债务人现有财产无法清偿破产费用及其他债务,债务人清偿金额源于丙方广州碧花园房地产开发有限公司,总金额为3,011,388.00元。

2. 破产债权的偿还金额及方式(见表2-1)

表2-1 破产债权统计

债权人	法院裁定确认债权金额(元)	受偿金额(元)	支付方式及期限
广州颐德丽园人寿科学管理有限公司	2,807,666.06	2,747,000.00	由丙方于2022年3月18日前划入管理人账户,由管理人收到款项后3日内转给甲方
合计	2,807,666.06	2,747,000.00	—

注:和解债权人在收到上述受偿金额后,债务人不再承担剩余款项的清偿责任;如丙方未按时足额支付上述受偿金额款项,则丙方应另行向甲方支付违约金150,000.00元。

办案总结及实务指引

一、管理人应对股东是否存在出资不足等情况进行尽职调查

在认缴制背景下,股东的出资期限在实质上是股东合法享有的一种期限利益。而股东的出资期限体现的是股东与公司之间的合意,应受到法律的尊重与保护。因此在股东出资期限届满前,股东没有义务应权利人要求履行出资义务。而公司进入破产程序后股东出资义务加速到期,便是此期限利益保护下的例外情形。在公司破产清算过程中,股东未缴的出资应属于公司财产,用于公平清偿全体债权人的债权。为维护全体债权人的利益,无论公司的出资人是因出资期限未到而没有履行出资义务,还是已到出资期限而没有履行出资义务,在法院受理破产申请后,均需足额缴纳所认缴的出资。如果存在抽逃出资的情况,管理人也可以要求出资人返还出资本金并支付利息。管理人接管公司后,应及时审查股东认缴出资金额、认缴出资期限及实缴出资情况,对股东是否存在出资不足或抽逃出资等情况进行尽职调查,特别是注册资本较大的公司,管理人更应该注重调查公司是否有作验资报告,必要时应调取验资账户的流水进行核查。本案中,管理人通过调取南航碧湖公司的内档发现,股东碧花园公司于2015年5月8日对南航碧湖公司作出增资决议,认缴期限为2026年8月30日,截至破产清算受理之日,南航碧湖公司一直未对增资部分作出相应的验资

报告。故,管理人初步判断,股东碧花园公司存在出资不足的情形。因本案股东碧花园存在未缴出资的事实清楚,证据充分,管理人依据《企业破产法》第35条起诉碧花园公司要求其缴纳所认缴的全部出资,得到一审及二审法官的充分认可。

二、无法达到宣破条件时,灵活运用和解制度

本案股东碧花园公司未足额出资的数额远大于法院裁定认可的无异议债权,南航碧湖公司不符合资不抵债的情形,根据《企业破产法》第2条无法达到宣告破产的条件。故本案存在三种推进路径:(1)债务人清偿完全部到期债务后提请法院终结破产程序;(2)法院经审查发现债务人不符合《企业破产法》第2条规定情形的,可以裁定驳回申请;(3)债务人与全体债权人就债权债务的处理达成和解协议后提请法院裁定认可,并终结破产程序。

第一种路径下,管理人申请了对股东碧花园公司进行强制执行,但其名下的房产存在拍卖变现周期过长、流拍等不确定性因素,无法满足法院高效、快捷推进破产清算程序的要求。第二种路径下,若法院裁定驳回了对南航碧湖公司的破产清算申请,管理人则丧失了要求股东碧花园公司提前履行出资义务的法律基础,且管理人起诉追缴股东未缴出资案的生效判决也将丧失法律依据,债权人也无法获得有效清偿,这显然与《企业破产法》规定对股东出资义务加速到期的初衷相违背。具体到本案,本案仅有一位债权人,且债权金额远远小于股东未缴出资,破产和解无疑是最高效也是最有利于债权人和债务人双方达成共赢的选择。一方面,股东碧花园公司可避免其名下不动产被法院进行低价拍卖,同时也免去了背负2750万元的债务;另一方面,债权人颐德丽园公司的债权可快速获得清偿。管理人及法院多方努力,多次向债权人及债权人股东释明了破产和解的合理性、可行性及高效性,最终促成双方达成了破产和解。

三、如何选择最优的债权清偿途径

本案唯一的债权人颐德丽园公司以南航碧湖公司不能清偿到期债务,并且明显缺乏清偿能力为由向法院申请对其进行破产清算,在南航碧湖公司进入破产清算程序后,通过股东出资加速到期,债权人得以清偿全部债权。但是通过破产清算程序使得股东出资加速到期,进而清偿债权的路径对于债权人而言,往往耗时过长,且存在与其他债权人共同参与破产财产分配,导致其债权无法全额清偿的可能。对于尚未进入"破产清算"状态的公司,债权人能否直接请求未实缴出资的股东对公司的债务承担责任？该问题依旧存在争议。

根据2020年12月29日最高人民法院《关于民事执行中变更、追加当事人若干问题的规定》（以下简称《若干问题规定》）第17条规定，债务人财产不足以清偿债务时，债权人可以在执行程序中追加未缴纳或未足额缴纳出资的股东为被执行人。其中关于“未缴纳或未足额缴纳出资”是否要以股东出资期限已届满作为其适用的前提条件未作明确规定。在司法实践中，对该条的适用也是存在分歧的。

根据《九民纪要》第6条规定，公司作为被执行人的案件，人民法院穷尽执行措施无财产可供执行，已具备破产原因，但不申请破产的，债权人可以请求未届出资期限的股东在未出资范围内对公司不能清偿的债务承担补充赔偿责任。虽然《九民纪要》并非法律，其规定无法直接作为裁判的依据，但对审判指导具有极其重要的影响。因此，对于本案的债权人颐德丽园公司来说，除了对南航碧湖公司申请破产清算这条路径，其可以考虑在破产程序之外，主张债务人股东碧花园公司在其未出资范围内对公司不能清偿的债务承担补充赔偿责任。

目前债务人未缴注册资本大于负债的申请破产清算案例相对较少，但司法实践中，一般对于债务人是否存在出资期限尚未届满而未足额缴纳出资情形，或债务人未实缴出资金额远大于债权数额的情形应进行重点审查。但在本案中，债务人股东同意履行未实缴出资义务时，债务人实际应当不满足《企业破产法》第2条规定之破产情形；若案件已宣告破产，则债务人主体的清算注销的程序是不可逆转的。即按照破产清算程序，在债权债务清理完毕后，债务人将依法退出市场，如此原本基于债务人股东履行实缴义务即可偿还的债务，直接导致债务人无法正常生产经营；此外，基于破产清算还会产生一系列的后果，譬如未到期债权的债权人、债务人及职工等权益都会有不同程度的影响。因此，笔者建议对于此类情形债务人能否进入破产清算程序更应该秉持审慎态度。具体包括，是否将申请执行人（债权人）优先行使股东在未出资范围内就债权人的债权承担补充清偿责任的请求，作为在执行转破产的案件中的前置程序。

当然，目前立法在这一情形下的指引是相对空白的，因此，未来就债务人股东出资期限尚未到期的实缴义务金额远大于负债时，是否将曾对股东补充清偿责任的追讨作为执行转破产案件受理的审查要件；在已经受理的案件中，对于股东未实缴出资义务的金额，是否应当认定为债务人的资产；若认定为资产，那是否只有在股东确实不能实缴时,才能认定资不抵债的结论？这些细节均有待在未来的立法或司法执行中进一步补充规定。

【案例提供:广东格林律师事务所　罗国林;评析人:广东连越律师事务所　黄晓宏】

33

巧用公司法的法人人格否认规则促成和解

——广州恺瑞星广告有限公司和解案

核心要点

广州恺瑞星广告有限公司破产清算转和解案，管理人不仅利用法院的惩戒权促使债务人配合管理人工作，排除了破产程序进行的障碍，同时还巧妙运用商事领域的法人人格否认规则顺利促成各方当事人达成和解。

本案自受理破产清算申请至认可和解协议、终止和解程序用时不到3个月。职工债权人经过诉讼和执行未能收回的14万余元奖金提成，在债务人企业对外债权完成追收后已经获得全额清偿。普通债权清偿率也达到57%，远高于模拟清算中不足10%的清偿率。本案在运用破产和解制度和商事规则，简便高效解决中小微企业债务危机、充分保障债权人利益等方面具有典型意义。

办案过程

广州恺瑞星广告有限公司（以下简称恺瑞星公司）于2009年8月20日成立，企业类型为有限责任公司（自然人投资或控股），住所地广州市海珠区江南大道中路180号，注册资本100万元人民币，工商登记法定代表人为陈某某，经营范围为商务服务业,工商登记股东为陈某某(出资比例99.90%)、黄某(出资比例0.10%)。

2020年6月3日,新余高新区四方慧达广告有限公司(以下简称四方慧达公司)以严重资不抵债为由向广州市中级人民法院申请恺瑞星公司破产清算。2020年6月30日,广州市中级人民法院裁定受理,并于2020年7月2日指定广东连越律师事务所担任广州恺瑞星广告有限公司管理人(以下简称管理人)。

管理人接受指定后,立即展开一系列接管和调查工作。管理人到恺瑞星公司登记住址走访发现该址已无公司办公。债权人四方慧达公司向管理人反映,恺瑞星公司大股东及法定代表人陈某某为挂名,公司实际控制人为邓某某。管理人根据债权人和法定代表人居住地居委会提供的线索,试图联系控股股东及法定代表人陈某某、小股东黄某及疑似实控人邓某某,对公司情况进行了解核实。小股东黄某表示债务人企业一直是由陈某某实际经营,邓某某亦否认实际控制人身份,而陈某某则声称"我已经反映上去了,其他我不懂"。可见,相关人员对管理人的接管调查工作均未予配合。管理人团队经讨论后,认为要想做好恺瑞星公司的清算工作,首先应该确定公司实际控制人,这样才能确定相关责任人及可采取的法律手段并追究责任。从前期接触了解的情况看,实控人已经和其他各方主体达成"一致行动计划",破产清算工作遭遇极大阻力,一时难以推进。管理人团队决定先从外围证据着手进行突破,通过查阅公司涉诉案卷、调取公司银行流水、与职工债权人进行访谈、与历任财务人员电话沟通等一系列调查工作,管理人确定债权人反映的情况属实,邓某某就是公司幕后实控人,同时还发现邓某某和其设立的多家企业与恺瑞星公司存在大量关联交易。管理人掌握上述证据后,将接管情况和调查情况向主办法官进行汇报,并请求法院对公司法定代表人、实际控制人采取惩戒措施,责令配合清算。在主办法官通知邓某某到法院接受询问调查,并告知不配合清算的法律后果后,邓某某承认了实际控制人的身份,并同意配合管理人的接管工作,向管理人移交财务资料。

恺瑞星公司实控人向管理人移交财务资料后,此时前期的财产调查工作已经基本完成,除有一笔对外债权尚在诉讼追收外,并未发现恺瑞星公司有其他可供清偿债务的资产,数名债权人的债权均以无财产可供执行而终本。因为本案无任何一方垫付破产费用,虽掌握了恺瑞星公司财务资料,委托审计工作也难以开展。管理人决定展开第二阶段的财务审查。针对前期银行流水发现的关联交易,管理人对恺瑞星公司财务资料进行了初步梳理,发现2014年6月至2017年6月,恺瑞星公司实控人设立的关联企业与恺瑞星公司相互转账达上百笔,涉及金额数千万元,且没有记载于财务账簿。另外恺瑞星公司还有多笔款项支出用途为“还房贷”,相关记账凭证有涂改痕迹,而恺瑞星公司并未持有任何不动产,款项实际用途存疑。面对这些疑点,管理人要求实控人就银行流水和财务资料呈现的异常情况进行解释。实控人虽然就这些问题给出了答案,也提供了一些证据加以说明,但因为涉及的关联交易金额过大,牵连的各方主体情况复杂,显然不是几句业务往来就能全部解释清楚的。

基于上述情况,管理人初步考虑以此为基础,采取撤销权诉讼、财产损害赔偿诉讼等法律手段追究实际控制人的责任。尽管关联公司之间存在大量款项往来,但采用审计等手段仍难以明确确定邓某某存在损害公司利益的行为。在损害公司利益证据并不充分的情况下,管理人考虑适用法人人格否认制度,以财产混同为由刺破公司面纱,将实控人纳入承责范围。但囿于《企业破产法》未明确规定管理人能否在破产程序中刺破公司面纱追究自然人股东的法律责任,实践中未发现相应的判例,学界对此亦未达成共识,管理人以人格混同为由起诉追究实际控制人责任亦存在一定的难度。总言之,能否通过撤销权诉讼、法人人格否认诉讼追收相应财产,要求实际控制人承担连带责任均存在重大不确定性。

在通过撤销权诉讼、法人人格否认诉讼等诉讼途径追究实际控制人责任均存在不确定性的情况下,管理人遂以“全面调查关联企业”为由,继续向实控人施加心理压力,迫使其对恺瑞星公司债务承担相应责任。经过几次谈话后,实控人主动向管理人提出和解。

取得这一重大突破后,管理人立即向法院进行报告,并协助债务人起草和解协议,就和解方案征求债权人意见。2020 年 9 月 13 日,广州中院作出(2020)粤 01 破 169 - 1 号《民事裁定书》,裁定确认恺瑞星公司无争议债权共计 3,631,189.93 元,同日,出具(2020)粤 01 破 169 - 2 号《民事裁定书》,裁定恺瑞星公司和解。

因破产申请人(同时亦为最大债权人)与债务人矛盾甚为尖锐,和解谈判一度陷入僵局。管理人经过耐心地释法说理,同时要求实控人对和解协议的履行提供担保以解决债权人的思想顾虑。最终形成的和解方案为,职工债权采取现金方式清偿,保底清偿比例 50%(视债务人对外债权能否回收而定)。普通债权采取现金 + 广告位使用权的方式进行清偿,清偿比例最高值 57%(视广告位是否充分使用而定)。同时,管理人自愿将垫付的清算费用和管理人报酬劣后于职工债权清偿。经过不懈努力,债权人与债务人、实控人终于就和解方案达成一致。经债权人会议表决,全体债权人均一致表决通过和解协议。2020 年 9 月 24 日,广州中院作出(2020)粤 01 破 169 -3 号《民事裁定书》,裁定认可恺瑞星公司和解协议,终止恺瑞星公司和解程序。

办案总结及实务指引

一、如何确定债务人企业的实际控制人

管理人接受法院指定后,立即着手接管和尽职调查工作。在对申请人四方慧达进行询问时,申请人向管理人反映目前债务人企业工商登记的法定代表人和控股股东陈某某仅系挂名,公司实际控制人为邓某某。管理人根据债权人提供的线索,试图联系股东陈某某、黄某及疑似实控人邓某某,对公司情况进行了解核实。但是各方要么声称"不清楚不了解",要么直接予以否认,对管理人的接管调查工作不予配合。为确定债务人企业的实际控制人,管理人对债务人企业的银行流水、诉讼仲裁案卷材料、职工信息等资料进行了深入调查,并发现以下情况:其一,控股股东陈某某担任法定代表人时债务人企业已停业;其二,管理人与恺瑞星原职工汪某面谈,汪某在面谈时称公司实际控制人是邓某某,在该职工与债务人企业劳动仲裁纠纷的案卷中,附有邓某某通过微信群管理恺瑞星工作的证据;其三,债务人企业账户与邓某某个人账户、邓某某实际控制的其他企业账户存在大量往来款项;其四,邓某某转让债务人企业股权时股权转让价格为 0,且在转让股权后仍以受托人身份办理债务人企业的工商登记事项;其五,债务人企业财务人员在电话中表示,债务人企业主要由邓某某控制。通过上述证据,管理人认定邓某某系债务人企业的实际控制人,并拟以此为基础对其采取法律手段追究责任。

从前期接触了解的情况看,实际控制人已经和其他各方主体达成"一致行动计划",且委托了律师应对管理人的访谈等调查工作,破产清算工作遭遇极大阻力,一时难以推进。管理人掌握上述证据后,将接管情况和调查情况向主办法官进行汇报,并请求法院对公司法定代表人、实际控制人采取惩戒措施,责令配合清算。主办法官仔细查阅工作报告和管理人调取的证据后,立即通知邓某某到法院接受询问调查,并告知隐瞒、藏匿公司财务资料、不配合清算的法律后果。面对管理人前期调查取得的各

项证据,慑于法院的威严,邓某某终于承认自己是公司实控人,并同意配合管理人的接管工作,向管理人移交财务资料。

二、实际控制人滥用公司法人独立地位和实际控制权,如何追究实际控制人的相关责任

管理人在接受指定后及时对债务人企业进行了接管。虽然债务人企业拒绝配合清算,未向管理人提交财务账簿等财务资料,但管理人仍然通过调取公司银行流水、与历任财务人员电话沟通等一系列调查工作,发现实际控制人邓某某和其设立的多家企业与债务人企业之间存在大量的银行流水往来。实际控制人邓某某受到管理人和法院的压力后,向管理人移交了债务人企业的财务资料。针对前期银行流水发现的关联交易,管理人对公司财务资料和银行流水进行了比对梳理,发现公司实控人设立的关联企业与恺瑞星公司相互转账达上百笔,涉及金额数千万元,且没有记载于财务账簿。另外恺瑞星公司还有多笔款项支出用途为"还房贷",相关记账凭证有涂改痕迹,而公司并未持有任何不动产,款项实际用途存疑。

但是,上述情况仍然只是疑点,即使采取审计等手段,仍然可能难以明确邓某某的上述行为损害公司利益。在损害公司利益证据并不充分的情况下,管理人考虑以实际控制人滥用控制权,造成个人财产和控制的多个企业财产混同为由刺破公司面纱,将实控人纳入承责范围。尽管《公司法》第 20 条第 3 款规定了法人人格否认制度,但《企业破产法》并未明确法人人格否认制度能否在破产程序中适用。实践中,仅有否认关联企业人格的合并破产案例,而缺乏在破产程序中针对自然人股东适用法人人格否认制度的判例。学界对此亦存在争议,素有肯定说和否定说之争。肯定说认为法人人格否认制度系公司法中的基本制度,公司法和破产法均没有排除破产程序中法人人格否认制度的适用,如果公司股东滥用公司法人独立地位和股东有限责任损害公司债权人的利益,法院可以参照适用法人人格否认制度。否定说则认为法人人格否认制度系法院在具体案件中依据特定的法律事实、法律关系对股东有限责任的否定,是一种典型的个案否定,不应在破产程序中通过法人人格否认制度全面、彻底地否认法人人格。此外,即使可以在破产程序中适用法人人格否认制度,那么管理人的诉讼地位如何确定?如果管理人以自己名义作为原告起诉,则与《广东省高级人民法院关于审理企业破产案件若干问题的指引》第 43 条规定不符。[1] 该条规定认为,有关债务人的诉讼,除提起破产撤销权诉讼或确认债务人行为无效诉讼外,应由债务人作为诉讼主体,管理人作为诉讼代表人参加诉讼。若以债务人名义起诉,要求控股股东或实际控制人对自身的债务承担连带清偿责任,似乎缺乏实体法和程序法依据,与实践中依据公司法提出的法人人格否认之诉的司法惯例不一致。

在能否通过撤销权诉讼、法人人格否认诉讼追收相应财产、要求实际控制人承担连带责任均存在重大不确定性的情况下,管理人遂以"全面调查关联企业"为由,继续向实控人施加心理压力,迫使其对公司债务承担相应责任。经过数轮交锋,实控人主动向管理人提出和解。

三、借鉴衡平居次原则,将因实际控制人不当行为产生的关联债权居次处理

我国现有法律未区别对待债务人企业因实际控制人不当行为产生的关联债权和外部普通债权,二者均处于同一清偿顺位。实践中存在大量控股股东存在利用控制权利益输送等不当行为形成关联债权,进而在其控制的某一公司进入破产程序后,向管理人申报关联公司对破产企业享有的关联债权的现象。本案中,债务人企业的实际控制人实际控制了多家企业,并把这些企业仅仅当作工具使用。实际控制人利用控制权全盘操纵多家企业,在关联企业之间来回倒账,在形式上形成大量的关联交易,导致财务区分存在一定困难。如果管理人审核认定实际控制人申报的关联债权,将导致本就为数不多的偿债资源被实际控制人瓜分,外部债权人受偿比例被进一步压缩。为保护外部债权人的合法权益,管理人运用最高人民法院典型案例"沙港公司诉开天公司执行分配方案异议案"中确立的裁判规则,借鉴了以公平正义原则、诚实信用原则和禁止权利滥用原则为法理基础的衡平居次原则,对实际控制人不当形成的关联债权暂缓认定,并在后续的和解程序中向实际控制人讲述相关法律后果,成功促使实际控制人撤回债权申报。

四、以债权人利益最大化为原则丰富债务清偿手段,提高清偿率

我国现行破产和解实践中,债务清偿方式普遍比较固定、单一,多为本金利息打折清偿、本金利息延迟清偿。但实际上债务人企业进入破产程序与债务人企业、控股

---

[1] 《广东省高级人民法院关于审理企业破产案件若干问题的指引》第 43 条规定:有关债务人的诉讼,除提起破产撤销权诉讼或确认债务人行为无效诉讼外,应由债务人作为诉讼主体,管理人作为诉讼代表人参加诉讼。

股东和实际控制人现金流断裂等原因密不可分,可供和解的现金资源并不充沛。如果以现金即时清偿,较债权数额而言,债权人可获清偿的数额将大幅降低,债权人必然不会同意和解。如果选择延期清偿,债务人企业信用已经破产,债权人亦不可能同意和解。即使成功和解,债务人企业的现金流压力仍然较大,债权人将面临日后债务人企业及其实际控制人现金流未能改善甚至更为紧缺的风险。在本案中,债务人企业及其实际控制人可供偿债的现金资源较为缺乏,但普通债权人与债务人企业及其实际控制人均为广告行业,曾有着紧密的上下游合作关系,故管理人在普通债权人与债务人企业实际控制人和解谈判的过程中,引导双方以“现金 + 广告牌位”的方式进行清偿并取得成功。这种多元化、灵活化的清偿方式不仅使得债务人企业减轻现金流压力,将普通债权清偿比例大幅提高至 57% ,而且使各方重新建立商业关系,避免了以前各方建立合作关系的成本被消耗掉,取得了良好的效果。因此,管理人可以从债权人的切身需要出发,结合债务人的实际情况,采用更为灵活的债务清偿方式和规则,实现债权清偿比例的最大化。

破产和解是企业破产法规定的三大破产程序之一,具有简便高效清理债权债务关系的功能,在化解中小微企业债务风险、提高债权人清偿比例等方面具有独特的优势。本案是运用破产和解制度高效解决企业债务危机、提高债权人清偿比例的典型案例,从受理到终结用时不到 3 个月,对于通过诉讼执行未获清偿的债权,通过和解最终清偿率超过 50% 。可以说,破产和解的运用不仅有效保护了全体债权人的利益,而且实现了市场主体的有效救治,促成了各方主体利益共赢,取得了良好的社会效果。

【案例提供及评析人:广东连越律师事务所 黄晓宏、张晓莉】

34

和解协议草案的制订

——中山市天乙物流发展有限公司和解案

核心要点

目前,全国法院受理的破产和解案件数量不多,且已经受理的和解案件中,债务人资产、负债体量均不大。本案债务人系房地产企业,资产价值高、负债金额大,且机构债权人数量多。目前案件和解程序推进顺利,债务人已经复工,开始对外销售商品房,并以持续产生的现金流按期清偿债务。本案办理效率较高,社会效果良好。管理人、债务人在本案中与债权人协商偿债方案的具体操作模式及《和解协议草案》的编写思路,均可为办理破产和解案件提供参考和思路。

办案过程

中山市天乙物流发展有限公司(以下简称天乙物流公司)设立于2006年3月9日,注册资本1020万元,主营业务是房地产开发。因受到房产行业周期性下行、金融市场整体信用收紧的影响,天乙物流公司关联企业债务危机爆发,导致天乙物流公司出现严重经营困境。单纯依靠经营性现金流和资产变现筹集资金难以在短期内大幅降低债务杠杆比例,彻底解决流动性问题。为积极自救,天乙物流公司与主要机构债权人及代建商就“以破产和解程序盘活资产,实现自救”达成框架性一致意见,天乙物流公司具有转入和解程序的良好基础。

2019 年 6 月 25 日,中山市中级人民法院(以下简称中山中院)裁定受理天乙物流公司破产清算一案,并指定深圳市中天正清算事务有限公司担任天乙物流公司管理人。经接管、调查,天乙物流公司主要财产为不动产,具体为待开发的商业用地约 37 万平方米及工业用地约 43 万平方米,以及在建工程约 22 万平方米,其中商业用地及工业用地均已设立抵押担保,在建工程均有对应的建设工程款优先债权人。因天乙物流公司土地初始登记价格较低,若破产清算,不动产变价处置后将需缴纳高额税费,经评估,不动产及在建工程的清算价值仅为 16 亿元。经审查,债务人负债高达 80 亿元,主要为金融债权及工程款债权,在破产清算的情况下,预计普通债权清偿率为 0,有财产担保的金融债权及工程款债权亦不能获得足额清偿。因本案主要债权人均为国有企业,若天乙物流公司最终破产清算,国有资产将面临巨额损失。

2019 年 8 月 26 日,天乙物流公司第一次债权人会议顺利召开,债权人会议表决通过《破产财产管理方案》等议案。天乙物流公司于第一次债权人会议后,向中山中院、管理人提出申请本案转入和解程序的意见,并向管理人提交和解协议草案初稿。经审查,管理人对和解协议草案初稿的合法性及可操作性提出具体意见,并与主要债权人、相关权利人就和解意向进行沟通。

2019 年 9 月 27 日,经债务人申请,中山中院作出(2019)粤 20 破 3 号之一民事裁定书,裁定受理债务人的和解申请。进入和解程序后,管理人在中山中院的指导下,继续完成申请解除财产保全措施、申请裁定债权、出具账务清查报告、代表天乙物流公司参加重大诉讼程序等重要工作。为确保天乙物流公司拟定的和解方案切实可行,充分了解本案债权人的具体诉求,保护债权人合法权益,管理人多次拜访主要债权人,听取债权人对和解方案的具体意见,并督促天乙物流公司就债权人提出的重点法律问题作出回应,对核心方案进行梳理和研讨。在此基础上,管理人对天乙物流公司拟定多种和解方案的合法性及可行性进行逐一分析,协助并监督其完善此前提交的《和解协议(草案)》。

经充分的法律风险评估和论证、可行性分析后,各方权利人同意在积极支持天乙物流公司发展的前提下,按照“市场化、法治化”原则一揽子全面彻底解决流动性问题,实现存量和解债权高比例清偿,并确保公司的现有资产规模、经营性现金流、对外融资能力等偿债资源最大限度用于和解债权的清偿,最大限度地保障和解债权人权益。

结合公司的实际情况，天乙物流公司实现和解成功的思路为：引进专业房地产公司，通过其房地产开发、销售经验及综合管理能力，由其担任代建代销方，全面负责项目地块的规划设计、开发报建、施工建设管理、市场策划、销售等项目开发全流程管理相关工作，健康有序推进天乙物流公司名下全部土地资源的房地产开发。天乙物流公司将尽快推动已达预售条件的约 22 万平方米物业的销售，实现现金流回笼用于清偿和解协议确定的债务。

2021 年 1 月，天乙物流公司向中山中院、债权人会议提出具备合法性、可行性的《和解协议（草案）》。2021 年 2 月，天乙物流公司第二次债权人会议表决通过中山市天乙物流发展有限公司《和解协议》（以下简称《和解协议》）。

《和解协议》规定执行期限为自法院裁定认可和解协议之日起，至 2027 年 12 月 31 日止。天乙物流公司将对每家债权人在 3600 万元以下（含 3600 万元）的债权部分，按照 100% 的比例在规定期限内以现金方式清偿；3600 万元以上的债权部分，按照 35% 的比例在规定期限内以现金方式清偿。其中，按照清偿比例计算出的和解清偿总金额在 315 万元以下的普通债权（含 315 万元）将在 2021 年 10 月 31 日前全部清偿完毕；按照清偿比例计算出的和解清偿总金额在 315 万元以上的债权，应于 2021 年 12 月 31 日前清偿 315 万元，于 2022 年 6 月 30 日前清偿超过 315 万元以上部分的 50%，于 2022 年 12 月 31 日前清偿剩余部分的 60%，另外 40% 于 2023 年至 2027 年，每年 12 月 31 日清偿 1/5。同时，天乙物流公司对延期清偿的债权给予延期清偿补偿。补偿金的计算方法为：以按照和解协议应当清偿但暂未清偿的金额作为本金，以当期 1 年期 LPR 为利息计算、支付延期偿债补偿。因此，根据《和解协议》内容，天乙物流公司和解案中普通债权的平均清偿比例为 46.74%，远远高于破产清算时普通债权清偿率（0%）。

因债权人会议通过《和解协议》，2021 年 5 月 13 日，中山中院作出（2019）粤 20 破 3 号之四民事裁定书，裁定认可《和解协议》并终止和解程序。2021 年 5 月 17 日，管理人向天乙物流公司移交财产和营业事务。

现天乙物流公司已开始执行《和解协议》。通过恢复自主经营，天乙物流公司名下优质资产得以盘活，本案税款债权及职工债权得以 100% 清偿，金融债权及工程款债权有望在执行期限内获得 100% 清偿，有效避免国有资产的流失，众多普通债权人亦将获得较高清偿。本案以和解的方式保护了国家税收来源，实现对国有资产权益的全面保护，达到了良好的社会示范效果。

办案总结及实务指引

破产和解与破产重整一样，均为《企业破产法》中三大支柱破产制度之一，设立目的均为避免宣告破产的发生，给予债务人重整事业、恢复经营的机会，并有序清偿债务。但相较于破产重整，和解制度在学术界的受重视程序显然较低，研究成果较少，在司法实践中，破产和解制度亦明显适用较少，成功案例更是寥寥无几。究其原因，可能与现行法律法规对和解制度各个环节的具体规定较模糊有关，导致管理人在实务操作中对和解程序中的关键节点、重点事务难以把握，债权人、债务人亦对和解程序的进展及预期效果难以预测，认为和解程序存在过多不确定性，不利于积极性决定的作出。

以和解协议草案的制作及内容要求为例，《企业破产法》第 81 条明确规定了重整计划草案应当包含的具体内容，但却未在有关和解制度的章节中规定和解协议草案应当包含的内容，未能对债务人制作和解协议草案给予明确指引。为对《企业破产法》未能作出详细规定的具体案件办理流程作出指导意见，规范破产案件办理流程，各省、市人民法院均制定较为详细的破产案件办案指引，但缺少对破产和解制度中的各项工作的指导。以广东省为例，广东省高级人民法院于 2019 年印发了《广东省高级人民法院关于审理企业破产案件若干问题的指引》，该指引仅对办理破产重整案件提出了较为具体的规范、指引，但全文并未涉及对破产和解案件办理的指导意见或办理要求，导致在广东省内，人民法院、债务人、管理人至今缺乏统一的和解案件办理规范和办理依据，甚至不能确定和解协议草案应包含的具体内容，为制作、审查和解协议草案的合法性造成了一定障碍。鉴于和解协议草案是破产和解制度的核心文件，和解协议草案内容规范的缺失为破产和解制度的推行制造了困难。因此，管理人在办理破产和解案件时，应把握法律原则，积极拓宽思路，为债务人提供法律指引。

因本案管理人为注册在深圳的机构，为确保和解协议草案合法、可行，管理人主动以《深圳市中级人民法院破产案件审理规程》第 56 条规定的“和解协议草案应当包括以下内容:(一)和解的清偿比率;(二)主要债权人的和解意向;(三)和解协议的执行期限和还款步骤;(四)和解协议的执行保障;(五)人民法院要求的其他内容”作为审查和解协议草案合法性、可行性的主要参考,同时借鉴破产和解成功案例中和解协议的主要内容,并结合本案案情,要求债务人在以上事项的基础上,在和解协议草案中加入有关和解款来源的内容。最后,本案和解协议草案内容包括:公司资产及负债情况、破产清算情况下的偿债能力分析、债权调整及受偿安排、和解协议涉及的偿债资金来源、经营方案、和解协议的执行期限及执行完毕标准、破产费用及共益债务的种类等。

除和解协议草案核心内容需根据案件实际情况进行调整外,管理人应特别注意,为明确主要债权人的和解意向及债务清偿要求,在和解协议草案定稿、提交人民法院及债权人会议审议前,管理人应当与主要和解债权人进行商谈,协助债务人与债权人就和解条件达成一致,明确和解路径及恢复营业事务的前提条件,奠定案件和解的基础。

除现行法律法规有关对和解制度各个环节的具体规定较模糊的原因外,“对债务人的特定财产享有担保权的权利人,自人民法院裁定和解之日起可以行使权利”的规定,是导致破产和解制度实践较少的深层次原因。通常情况下,债务人陷入经营困境前,为维持现金流,其核心资产已经设立抵押担保,而和解程序并不限制对债务人特定财产享有担保权的权利人行使权利,这一制度设计也导致在债务人未能就暂停抵押权利行使及替代清偿方案与权利人达成一致意见的情况下,债务人用以和解的财产及和解方案受到严重限制,难以制定和解协议,无法促成顺利和解。因此,面对破产和解程序中对有财产担保债权人更大的保护力度,管理人需对债务人提出的和解方案提出更高的审查要求。应特别注意,对于债务人需在和解协议执行期间通过盘活特定财产,实现现金流用以清偿债务的和解方案,管理人对相关权利人与债务人的协商结果及债务清偿安排的可行性给予重点关注和审查,避免因协商不成而权利人依法要求行使权利,导致债务人不能执行和解协议的不利局面。在评判债务人与相关权利人的清偿安排及和解路径时,应在充分考虑各家权利人具体诉求的基础上,着重审查清偿安排的时间点及清偿金额,以及是否与拟定的和解协议草案中的清偿安排产生冲突。同时,清偿安排的可行性应多方求证,符合行业内部的资金监管要求。

综上所述,在破产案件的办理中,和解程序暂未得到充分重视和积极适用,管理人亦缺少对办理和解程序的实践经验。本案中,管理人与人民法院就案件办理中的细节问题进行充分沟通,在确保程序正确的前提下,主动积极探索和解案件中各个环节的办理规范,协助债务人理顺各类债权的清偿思路及具体清偿安排,以和解制度实现困境企业的救治,并在实操性方面为日后和解案件的办理提供具有借鉴意义的样本。

【案例提供及评析人:深圳市中天正清算事务有限公司 彭幽寒】

35

群体事件的防范

——中山万象城物业管理有限公司和解案

核心要点

中山万象城物业管理有限公司(以下简称万象城公司)破产和解案件,于2020年6月5日由广东省中山市第一人民法院受理。该案涉及的债权人100多户,同时,万象城公司拥有近200户商户,涉及1000多名人员就业。该案的成功办理避免了引发群体性、突发性事件。该案在府院联动机制的运用、和解期间的继续营业、挽救濒临破产的企业,解决了近200户的商户经营问题及员工的就业、积极改善营商环境等方面有一定的典型性。

办案过程

一、案件简介

2012年4月12日,万象城公司注册成立,法定代表人为王某某,注册资本500万元人民币,经营范围为物业管理、市场管理、房地产信息咨询服务。

2011年至2013年,万象城公司与沙溪镇当地村集体组织签订《租赁合同》《物业租赁合同书》《发包经营权合同书》等一系列租赁合同,承租了位于中山市沙溪镇的永胜中心、永和大厦、永好大厦、永发大厦、永胜大厦、永胜宿舍和坎溪集市别墅等物业,并承包了坎溪市场的经营权，涉及面积约 33,000 平方米，所签订的合同中最长期限至 2031 年。万象城公司对承租物业进行装修、扩建后，进行出租经营管理。

万象城公司出租经营方式分为三种：一是万象城公司一次性收取租户 20 年的租金，租户自行经营，涉及此类的长期租户共 28 户；二是与 106 位投资者签订《租赁合同》和《委托管理经营合同》，一次性向万象城公司支付租金，然后将租赁物委托万象城公司统一经营管理，万象城公司按月向投资者返还经营收益；三是逐月交租金的正常经营的租户约 200 户。

2016 年开始，因万象城公司未按时向投资者返还收益，部分投资者提起诉讼，万象城公司败诉后，也无可供执行的财产，投资者遂申请其破产清算。

2020 年 4 月 21 日，根据申请人的申请，广东省中山市第一人民法院裁定受理万象城公司破产清算案件，并同时指定山中山市成诺会计师事务所有限公司担任万象城公司管理人。

管理人接受指定后，迅速组建了管理人团队，与主办法官沟通案情后马上到万象城公司经营场所进行实地走访调查，对万象城公司的经营情况、债权、债务、职工、财产情况进行全面调查，并制定《管理人印章管理制度》《管理人财务管理制度》《管理人工作方案及工作计划》，确立了各项内部管理制度和工作计划，并提交法院，依法接受监督。

管理人及时对万象城公司的财务资料进行审计，分析发现，若万象城公司正常经营，每月收入可覆盖支出后略有盈余，存在和解的基础。管理人在开展审计工作的同时，根据万象城公司的实际情况向法院汇报，法院及管理人均认为：若万象城公司进入清算程序，对于投资者，将面临严重的投资损失；对于一次性缴付了租金的租户，将无法继续使用租赁物；对于已缴纳保证金的租户，万象城公司也无法兑付保证金。因此，在请示法院后，允许万象城公司在破产和解期间继续经营，在和解期间继续履行未履行完毕的租赁合同，故本次债权申报对象为万象城公司需承担违约责任的债权人。此外，管理人逐一对万象城公司职工进行谈话调查，了解到万象城公司经营相对稳定，未发生拖欠职工工资情况，职工还表达了稳定就业及万象城公司持续经营的强烈愿望。

考虑到万象城公司若最终走向破产清算，投资者将面临投资损失，250 多户租户面临搬迁或倒闭，涉及 1000 多人的就业也将得不到保障，处理不当极易引发群体性、突发性事件,影响社会稳定,为此,管理人与债务人经过测算认为:万象城公司若持续正常经营,每月将略有盈余,若允许其继续经营,未来有可预期的收入来源以偿还其债务。对此,法院多次召集管理人及债务人研讨解决方案,经协调后,万象城公司提出与债权人和解的意向并提出分 12 期偿还所有债务的和解方案,管理人充分分析、论证了和解方案的可行性。

2020 年 6 月 5 日,经万象城公司申请,中山市第一人民法院裁定万象城公司和解。

2020 年 8 月 28 日,法院采用现场加书面形式召开第一次债权人会议,采取现场加场外表决方式对和解方案进行表决,最终表决同意人数占总有表决权人数 83.50%,其所代表的债权额占总债权额的比例 80.05%,第一次债权人会议表决通过和解方案。

2020 年 10 月 26 日,中山市第一人民法院裁定认可和解方案并终止和解程序。

终止和解程序后,管理人制定《中山万象城物业管理有限公司和解期间监管方案》及《中山万象城物业管理有限公司和解期间收支管理制度》并报法院备案,对万象城公司收入和支出作出监管,并要求其制定年度预算,大额支出须经管理人审批,减少非必要支出,确保和解方案顺利执行。为监督和解协议顺利执行,管理人通过建立台账、定期回访,构建行之有效的保障机制。

在和解方案执行期间,受疫情影响,物业出租情况每况愈下,商铺空置率越来越大,经营收入仅能维持费用支出,和解资金的筹集困难。管理人积极配合万象城公司引入新的投资方,并于 2022 年 2 月与万象城公司、投资方签订了三方《代偿协议》,解决了剩余的和解款来源问题。

二、相关文书摘要

万象城公司成立于 2012 年 4 月,主要经营范围为物业管理、市场管理、房地产信息咨询服务。万象城公司出租模式分为三种类型:一是万象城公司一次性收取租户 20 年的租金,租户自行经营;二是投资者通过签订《租赁合同》和《委托管理经营合同》,一次性向万象城公司支付租金,然后将租赁物委托万象城公司统一经营管理,万象城公司按月向投资者返还经营收益;三是逐月交租金的正常经营的租户。自 2016 年开始,因万象城公司未按时向投资者返还收益,部分投资者提起诉讼,万象城公司败诉后,也没可供执行的财产。

2020年4月21日,根据申请人的申请,广东省中山市第一人民法院裁定受理万象城公司的破产清算案件,并同时指定山中山市成诺会计师事务所有限公司担任万象城公司管理人。

债务人向法院及管理人提出了和解的意愿,管理人迅速对万象城公司的经营情况、债权、债务、职工、财产情况做了全面的调查,寻求清算程序向和解程序转化的可能。暂时解决各租户经营问题后,管理人组织债务人、当地村委会负责人进行协调,向村委会解释以往所欠的租金及受理后产生租金的处理方式,并要求村委会继续履行与万象城公司的租赁合同,暂不收回物业,保障目前在租商户的经营稳定。同时,经过协调,村委会同意暂不收回物业,也表达希望万象城公司能和解成功,维持社会稳定。

同时,在只保留继续经营所必需的支出外,管理人连同债务人测算目前收入扣除正常必要支出后每月略有盈余。考虑到万象城公司未来仍有可预见的收入来源,管理人敦促债务人制定和解草案并向法院申请进入和解程序。2020年6月5日,广东省中山市第一人民法院裁定万象城公司和解。

管理人在这过程中积极配合法院向债权人做好安抚和解释工作,结合万象城公司正常经营下可产生现金流以偿还债务,客观分析清算与和解的利弊,债务人提出的"和解方案"在第一次债权人会议上获得高票通过。2020年10月26日,广东省中山市第一人民法院裁定予以认可并终止和解程序。

办案总结及实务指引

一、以"六稳六保"为指导思想,保障在营租户经营稳定

万象城公司逐月交租正常经营的租户约200户,涉及租户众多,且衍生出1000多位人员就业问题,处置不当将引发严重的社会稳定问题。管理人考虑到破产受理时万象城公司仅对投资者返还收益部分的债权人存在违约情形,不影响正常租户的经营,经向法院请示后,管理人决定万象城公司与租户的未履行完毕的租赁合同将继续履行,从而稳定了在营租户。

二、寻求清算程序向和解程序转化的可能

管理人积极组织债务人、当地村委会负责人进行协调,对因欠缴租金所产生的债权处置问题达成共识。另外,村委会同意管理人提出继续履行万象城公司租赁合同的意见,保障目前在营商户的经营稳定,村委会作为债权人之一也表达希望万象城公司能成功和解,维持社会稳定。

在对万象城公司的实际情况作充分考虑后,管理人认为:若公司最终走向清算,投资者将面临投资损失,租户面临搬迁或倒闭,租户员工的就业也将得不到保障,处理不当极易引发群体性、突发性事件,影响社会稳定。为此,管理人与债务人经过测算认为,万象城公司若持续正常经营,每月将略有盈余,若允许其继续经营,未来有可预期的收入来源以偿还其债务。在法院多次召集管理人及债务人研讨解决方案后,万象城公司提出与债权人和解的意向并作出了和解方案。管理人对该和解方案经充分分析、论证后,确定该方案的可行性。最终,方案得到法院的认可,裁定万象城公司进入和解,并允许其在和解期间继续经营。

三、积极安抚债权人,争取通过和解方案

在债权申报期限内,共计 103 位债权人向管理人申报债权,管理人审核债权的过程中一方面积极配合法院向债权人做好安抚和解释工作,结合万象城公司正常经营下可产生现金流以偿还债务,客观分析清算与和解的利弊,推进和解工作;另一方面法院及管理人积极协调万象城公司的代理人及原股东亲属联系投资人,通过亲属自筹资金及引入投资的方式保证其履行和解协议的资金能力,积极发挥破产制度的拯救功能。

鉴于部分债权人身处外地,受疫情影响难以现场参加债权人会议,法院采用现场加书面形式召开第一次债权人会议,采取现场加场外表决方式对和解方案进行表决,最终同意占有表决权人数 83.50%,其所代表的债权额占总债权额的比例 80.05%,和解方案获得通过。

四、制定监管制度,落实和解方案执行

2020 年 10 月 26 日,经管理人申请,法院裁定认可和解方案并终止和解程序。管理人制定《中山万象城物业管理有限公司和解期间监管方案》及《中山万象城物业管理有限公司和解期间收支管理制度》并报法院备案,对万象城公司收入和支出作出监管,并要求其制定年度预算,大额支出须经管理人审批,减少非必要支出,确保和解方

案顺利执行。

为监督和解协议顺利履行,管理人通过建立台账、定期回访,构建行之有效的保障机制。目前,已偿还 10 期款项(剩余 2 期未偿还),债权人对管理人的工作充分认可。

五、和解取得成效

本案中,管理人对万象城公司破产案中所遇到的普遍性问题给出了科学的解决方法:管理人在“六稳”“六保”指导思想下积极与各方寻求清算程序向和解程序转化的可能,并促进和解的达成,化解了企业经营、租户经营、涉村集体和投资者债务处理、人员就业问题、舆情引导等群体性涉稳问题,并且获得了良好的社会效果。

万象城案从破产清算受理,到和解裁定,再到通过和解方案,法院认可和解方案,最终和解方案落地执行,仅耗时 5 个月,在这过程中,管理人在法院指导下,充分调动债务人的积极性,客观做好债权人的分析解释工作,共同为促进和解案贡献力量。

六、社会影响

本案通过法院、管理人及债务人的共同努力,成功挽救了一家濒临破产的企业,解决了近 200 户的商户经营问题,取得了良好的社会效果,积极改善了中山市的营商环境。

2021 年 1 月 27 日,中山市第一人民法院通过其公众号发表题为“商贸城和近 200 家商户,活了”的报道;《中山日报》在 1 月 27 日 A06 版也作出报道;经过法院的推荐,管理人就万象城公司和解案的履职情况接受了中山电视台的采访。

【案例提供及评析人:中山市成诺会计师事务所有限公司】

Part Ⅲ

第三部分

破产清算

引言

破产清算，是指对于具备破产原因的企业的财产进行处置、分配给债权人，终止债务人主体资格的制度。

本部分精选了8件典型案例，展示了管理人在破产清算程序中，如何解决工作难点，实现债权人利益最大化。

36

府院联动、开拓创新

——广东国际信托投资公司破产清算案

核心要点

自1986年《企业破产法(试行)》实施算起，我国破产司法至今走过了37个年头，全国各地法院已经审理了数十万宗破产案件。1999年1月15日受理，2003年3月18日终结的广东国际信托投资公司(以下简称广东国投)破产清算案，无疑是最具有开拓性和标志性的案件，可谓中国破产审判界的"世纪大案"。

当年广东省相关部门在对此案总结回顾时称，此案创造了10个"第一"：国内第一例非银行金融机构破产案、破产财产标的(价值)第一、境外债权(人数及金额)第一、第一个聘请境外中介机构参与的案件、单笔破产财产拍卖价最高纪录、第一例全国法院予以配合支持审理的破产案、第一次设立债权人主席委员会、第一宗运用统一协调机制追收破产财产的破产案、第一例破产裁定在境外得到承认的破产案、第一宗终结破产程序后保留清算组处理遗留事宜的破产案。

现在我们再回头看，此案还有许多亮点，比如第一例由省级人民政府与高级人民法院"府院联动"审理的破产案件等。

此案的成功办理和总结，直接推动了2002年最高人民法院《关于审理企业破产案件若干问题的规定》和2006年我国新《企业破产法》的出台。

办案过程

1980年7月，广东省人民政府批准成立广东国投。广东国投注册资金为12亿元人民币，1983年被中国人民银行批准为非银行金融机构，享有外汇经营权。1989年被国家主管机关确定为全国对外融资窗口的大型国有企业。

广东国投从1983年至1996年的13年，凭借“窗口公司信用”，勇立潮头、大胆创新，通过贷款和发行债券，在境外筹集了大量资金，成为以金融和实业为主的企业集团。从资产规模看，广东国投是广东省当时规模最大的企业，在境内外投资项目共计3000多个，其属下的房地产公司拥有广东省当时面积最多的待开发土地，其总部所在的广东国际大厦是华南地区当时的最高建筑，广州人称为“63层”。1994年5月美国《商业周刊》的封面刊登了时任广东国投总裁黄炎田的照片。广东国投曾为广东经济的起飞、发展作出了重大贡献。

然而，由于投资无序扩张、公司治理失当、腐败事件频发，加之1997年亚洲金融风暴及我国深化金融体制改革、银行放贷收缩，广东国投表面风光无限的背后，潜伏着重大的危机：拖欠巨额债务无力偿还、出现严重的资金链断裂，导致多起诉讼发生。

1998年10月6日，中国人民银行决定对广东国投进行为期3个月的关闭清算，清算结果显示，广东国投总资产214.71亿元，总负债人民币361.65亿元，资不抵债人民币146.9亿元。经广东省人民政府研究批准，广东国投向法院申请破产清算。

1999年1月11日，广东国投及其3家子公司向法院申请破产，1月16日，广东省高级人民法院（以下简称广东高院）、广州市中级人民法院、深圳市中级人民法院分别裁定依法裁定宣告广东国投、广东国际租赁公司、广信企业发展公司、广东国投深圳公司4家企业破产还债。广东国投破产案债权人众多，债权债务关系复杂，破产财产涉及面极广。

广东国投破产案绝大多数为境外债权人，1999年受理广东国投破产案时，关于由谁具体办理破产事务的问题，国际上的通行做法是由法院指定有专业资格背景的破产管理人，而当时国内破产法规定是组成以政府官员为主要成员的清算组。许多境外债权人担心、质疑清算组工作的客观公正性。为此，经政府和法院研究决定，由清算组和受理破产案件的广东高院聘请毕马威华振会计师事务所、香港孖士打律师行、广东君信律师事务所等3家国际、国内知名的中介机构，协助清算组处理广东国投破产案的清算工作和境内外法律事务。

1999年，广东国投作为国内首家破产的非银行金融机构，破产时面对着众多疑难问题，而我国当时施行的《企业破产法(试行)》的规定过于简单，许多问题并无直接相关的法律法规、司法解释可供适用。广东君信律师事务所作为内地负责法律工作的中介机构，做了大量的开创性工作。办理本案的律师分为对外债务追收组、债权确认组、资产处置组、劳动纠纷组、金融衍生产品组5个小组，分工负责，工作到人，定期交流。对清算组法律地位、清算组与中介机构关系、“安慰函”的法律效力、股民对保证金的取回权、掉期合同债权的效力、破产代位求偿权、母公司与子公司破产的关系、跨境破产办理、境外债权追收等法律问题出具了法律意见书，具有突破性的创新。每一个具体问题的解决都是探索性的，需要找到理论支撑、需要惯例依据，有的还需要债权人会议同意，需要艰辛的劳动和巨大的勇气。这些法律问题的解决办法的成功应用，为2002年破产法司法解释和2006年我国新企业破产法的出台提供了重要的实践经验。

广东国投破产，对公众产生的社会影响巨大，2万多名自然人的5.9亿元存款能否先行兑付的问题和9个证券营业部如何处理才能不影响8万多名股民的问题直接影响到社会稳定和广东国投破产程序能否顺利推进。上述两个问题处理不好也会产生巨大的国际影响，对我国的国际金融环境造成重创。广东国投为非银行金融机构，不能优先支付个人储蓄存款，广东省政府委托中国银行广东省分行收购个人存款债权后取得个人的存款债权，在广东国投宣告破产后以债权人身份申报破产债权，平等参与破产财产分配。广东国投属下的9个证券营业部交由其他证券公司托管经营，在破产清算中进行整体竞价转让，不影响股民正常交易，维护了我国证券市场平稳，缓和了股民情绪。

当时的破产法规定，债权人应向受理破产案件的法院申报债权。但广东国投债权人数众多，债权数额巨大，错综复杂，高效完成债权登记和初步审核的工作量十分巨大。广东高院授权破产清算组具体负责债权申报工作和债权审核工作，并对清算组进行指导和监督，即由清算组聘请的中介机构负责接收债权申报等具体事务性工作，并根据审查结果向债权人发出债权确认通知书，债权人未在期限内提出异议的视为确认,有异议的可以向受理法院申请复议。广东国投有320家债权申报人,申报债权金额逾387.7亿元,经申报债权、破产清算组审查、法院审核,并经债权人会议讨论通过,广东国投破产案的债权申报、登记和审核工作,依法在发布债权申报公告后的3个月内,于1999年4月16日顺利完成,保障了第一次债权人会议在公告规定的时间内顺利召开。这一做法减轻了法院审理案件的工作量和压力,充分发挥了清算组的职能,是破产案件办理的一次大胆和经典的尝试,此后,我国立法机构采纳了这一做法,2006年出台的《企业破产法》也就有了债权人向管理人申报债权的相关规定。

债权人申报的债权只有得到确认,债权人才能实际取得破产程序当事人地位,享有参加破产程序和接受破产财产分配的权利。债权是否成立、债权数额多少、债权的性质,影响到债权人的权益。依据我国《企业破产法(试行)》(已失效)第15条规定,对债权人申报的债权由债权人会议审查确认。面对广东国投这样超大体量、债权债务错综复杂的破产案件,若申报的每一债权都由债权人会议直接进行审查确认,不仅难以操作,债权审查确认的时间无法预计,也将浪费无尽的人力物力。广东高院认为,可以在先由破产清算组聘请的中介机构代表清算组,根据法院提出的要求,对债权人申报的债权进行初步审查确认,对破产清算组审查的债权通过债权人会议表决这一程序,视同债权人会议行使了我国《企业破产法(试行)》第15条规定的审查确认的职权;债权人有异议的,可以通过向受理破产案件的法院申请裁定得到救济,从而保障其合法权益。具体程序操作上的做法确定后,君信律师事务所对债权人申报的每一笔债权都进行了严格审查,债权人对破产清算组的审查确认结果不服提出异议,广东高院依法审理后作出裁定解决。其中被否认的最大数额债权是债权人日本劝业银行依据广东国投发出的安慰函而申报的4500万美元。广东国投获得确认的债权人200家,确认债权金额202.2亿元人民币,未获得确认的债权金额185.6亿元。

债权确认中最难解决的两个问题,一是依法确认安慰函不构成法律意义上的担保,二是依法认定政府担保无效但需承担过错责任。

安慰函有两种形式:一种是广东省政府为广东国投出具的介绍性函件,表明广东国投是我国对外融资"窗口公司",由广东省政府全资拥有,当广东国投不按时偿还债务时,广东省政府将督促其偿还债务。另一种是广东国投向其子公司的债权人出具的函件,内容是广东国投负责督促、组织这些子公司按时还款或对子公司作出管理上的承诺,但没有明确表示当子公司不能偿还时,由广东国投代为履行或承担还款责任。据破产清算组不完全统计,在申报债权登记期间,有 15 家广东国投子公司的债权人,持广东国投出具的安慰函向破产清算组申报债权。由于安慰函的措辞往往极近似于保证,安慰函的出具人对债务人的债务到底是道义上支持,还是法律上的保证责任?君信律师事务所出具的法律意见书从安慰函的名称、措辞和当事人交易习惯、当事人对安慰函的预期等进行判断,认为安慰函没有保证内容而无须承担保证责任,该观点得到法院认可,法院不予确认担保责任涉及金额 23 亿元。

广东国投破产后,当境外债权人知道广东国投的债务人多数没有偿还债务的能力,要全额追回广东国投对外债权已不可能,于是把希望寄托于为广东国投的债务人提供担保的各级政府身上。政府机关如何承担保证责任,成为国外债权人关注的焦点,君信律师事务所也就此问题出具法律意见书:首先,法律明令禁止政府机关为企业担保,如果政府机关为企业提供了担保,该担保依法应认定无效。其次,担保无效,政府机关应承担何种责任及多大的法律责任?我国《担保法》及其司法解释按照主合同是否有效、担保人是否存在过错对担保人的民事责任份额进行了明确的规定。最后,对政府机关以何种财产对外承担责任,则依据国务院和财政部专门的规定和批复,将政府机关对外承担赔偿责任的范围限定于政府机关的预算外资金。

作为全国第一家向法院申请破产的非银行金融机构,境外债权人曾对破产程序能否顺利进行顾虑重重。在债权确认后,看到清算组及法院后续优质高效的财产追收和处置,债权人逐步树立了信心。随着破产清算工作的推进,境内外债权人的目光聚焦于债权清偿率能有多高、法院能否公正分配的问题。法院、清算组迫切希望打消债权人的顾虑,建立境内外债权人高效、透明的沟通和决策机制。然而本案境内外债权人众多且遍布世界各地,若事无巨细地通过债权人会议进行审议,实在耗费时间、增加成本、难以操作。为解决这个难题,中介机构提出参照国际惯例创设“债权人会议主席委员会”,广东高院依据《企业破产法(试行)》规定的债权人会议和债权人会议主席的制度,根据实际需要,将债权人会议主席的设置从 1 名增加至 9 名,由债权数额最大的 6 家境外债权人和 3 家境内债权人担任,分别为瑞士银行、日本劝业银行、樱花银行、美国花旗银行、香港恒生银行、扬基债券及中国银行、工商银行、广东粤财信托投资公司。债权人会议主席委员会成员轮流主持债权人会议,并不定期召开主席委员会例会,作为“自己人”的债权人会议主席委员会更能反映债权人意志和要求,能够积极保持与清算组的联系和沟通,在债权人与清算组及中介机构间建立了相互信任的中间通道,提高了破产清算工作的透明度,完善了债权人利益保障机制,从制度上维护了债权人的利益。广东国投破产清算过程中共召开了10次债权人会议主席委员会会议,5次债权人会议,除第一次债权人会议由法院主持外,其余4次均由债权人会议主席委员会主持。

广东国投等4家破产企业共500多家债务人,欠债189亿元人民币,涉及全国8个省市,广东省内58个市、县。如此大量的对外债权如何追收,关系到广东国投破产案能否及时审结,关系到债权清偿率高低问题。广东高院为解决这些问题,将广东国投在广东省内对外债权追收统一指定给债务人所在地的58家法院执行,依法采取了查封、冻结、扣押、拍卖、中止执行、终结执行等法律措施。

如何处置破产财产,直接关系债权清偿率的高低,而能否提高债权清偿率,是审理破产案件成功与否的一个重要标志。清算组前期曾与单独的买家进行处置广东国投破产财产的商议,结果不尽如人意,且被社会各界广泛关注、质疑。后来清算组始终坚持以拍卖作为处置破产财产的基本方式,依法进行拍卖程序的各项工作,做到公开、公平、公正,以提高了破产清算工作的公信力。如广东商品展销中心以3.89亿元于2001年5月23日成功拍卖;9家证券营业部于2001年7月18日以1.53亿元转让给广发证券公司;广东国投对江湾新城75%的股权和债权于2002年1月31日以3.5亿元成功拍卖;对广东国际大厦实业有限公司100%股权和债权于2002年10月18日以11.3亿元拍卖成交。

广东国投的破产财产范围广,包括股权、不动产、实物等,不容易一次性出售,也不可能短时间内全部变现,同时其享有的对外债权的追收工作也不可能短时间结束,根据广东国投破产财产的情况,清算组决定进行分批追收及变现。广东国投案首创了破产财产多次分配,这一做法被后来的立法所吸收。截至2003年3月18日,广东高院裁定终结广东国投破产案,共进行了3次破产财产分配,债权清偿率达到12.52%。法院裁定终结破产程序后,在清算组的申请下,本案创新性地保留清算组继续完成对外债权追收和追加分配等善后事宜。2008年4月及2010年1月,清算组进行第四次及第五次破产财产分配,债权受偿率均为3%,经过前五次分配,广东国投破产债权的清偿比例达到18.52%。

2017年6月29日,万科下属企业广州万科的全资子公司广州市万溪房地产公司在广东国投破产财产处置项目拍卖会上,以551亿元人民币竞得广信房产及广东国投广州分公司100%投资权益。广东国投破产债权最终可获得100%的清偿率,虽然有中国房地产上涨的因素,但也与当时清算组及受理法院分批处置破产财产,兼顾资产处置的效率与收益,以最大限度维护债权人利益的正确决定相关。

2020年12月30日,广东国投破产清算组向广东高院提交《终结广东国际信托投资公司破产程序的申请》,清算组已全部完成广东国投破产债权分配,申请全面终结广东国投破产程序。2021年2月2日,广东高院作出(2021)粤破1号《民事裁定书》,查明"截至2020年12月24日,经清算组审核及本院裁定确认的广东国投破产债权347笔、总额人民币20,078,239,479元,已全部完成分配,所有破产债权实现100%清偿。清算组已依法缴纳广东国投清算所得税",裁定"全面终结广东国际信托投资公司破产程序"。至此,持续22年的广东国投破产程序终于全部终结。

办案总结及实务指引

广东国投破产清算案是中国从计划经济向市场经济过渡、从老破产法向新破产法升级过程中具有里程碑意义的典型案例。这个案例亮点纷呈,本书仅从以下几个方面作简要评析。

一、在全国开创"府院联动"机制的先河

广东国投破产案表面上看是法律问题,但因涉及债权的人数众多,涉案金额巨大,案件中存在重大的维稳等社会问题,处理此类案件仅仅靠法院及管理人通过司法手段是难以顺利完成的,需要在党委领导下,通过政府的协调,建立"府院联动"机制,综合运用行政、司法权力,采取经济、综合治理的方式解决。比如,广东国投案件涉及的储户、证券保证金账户涉及的户数就达10余万人户,涉及众多散户、小股民的利益,经广东省政府协调,采用财政垫支、委托接管等方式解决了民生及社会稳定问题。

二、根据实际情况灵活运用法律

采用清算组聘请境内外中介机构的工作模式。清算组聘请3家中介机构,在各自专业领域发挥作用并互相协作。3家中介机构来自不同国家和地区,在解决广东国投破产案中的疑难问题时,能够获得来自不同法域的多种专业意见,提供了多种解决问题的视角和方案,并取得了良好的工作效果。中介机构的参与在破产案件中发挥

了巨大作用,本案的成功办理为2006年出台的《企业破产法》确立中介机构与清算组均可以担任破产管理人的制度构建提供了宝贵经验。

广东国投破产案件的办理还有许多创新,如债权人向清算组申报债权,大大减轻了法院的工作量;由清算组对申报债权材料进行初步审查,债权人对审查结果有异议由法院进行审查并作出裁定;在债权人会议中设立债权人会议主席委员会等。这些制度设计为办理破产案件提供了具有实用价值的司法经验,相关做法被2002年7月30日最高人民法院出台的《关于审理企业破产案件若干问题的规定》及2006年出台的《中华人民共和国企业破产法》所采用,加快了我国破产司法制度与国际惯例接轨的步伐。

公开拍卖成为处置破产财产的要求并形成完整程序。国投破产案多次通过拍卖程序处置破产财产,公开、公平、公正的财产处置方式让债权人体会到拍卖程序的优越性。虽然需要支出拍卖费用,但是公开拍卖能够汇聚更多的买家,向社会公众披露拍卖信息,防止权力寻租,由公众及债权人共同监督财产处置过程,增强了破产司法的公信力。

【案例提供:广东君信律师事务所　谈凌、何永刚;评析人:广东君信律师事务所　谈凌、北京德恒(珠海)律师事务所　崔峰】

证券资产的实物分配

——汉唐证券有限责任公司及其46家壳公司合并破产清算案

核心要点

汉唐证券有限责任公司(以下简称汉唐证券)成立于2001年7月,因严重违规经营,2005年6月14日被中国证券监督管理委员会行政处罚,撤销汉唐证券的证券业务许可并责令关闭,经行政清算组接管清理后于2007年9月7日依法进入破产清算程序。作为证券公司破产清算案,汉唐证券破产清算工作不仅包含破产清算案件的普遍性问题,同时还存在如破产清算与行政清理工作的衔接、合并破产清算、非经账户处理、证券资产处置、委托理财债权审查等许多特殊问题,其中对汉唐证券46家壳公司实行合并破产清算和进行股票实物分配,在破产清算案件中具有典型及示范意义。

办案过程

一、案件简介

汉唐证券成立于2001年7月,由原贵州证券有限责任公司和湛江证券有限责任公司合并成立,在全国有22家营业部,是全国规模较大的综合性证券公司之一。因汉唐证券严重违规经营,中国证券监督管理委员会决定委托中国信达资产管理公司自2004年9月3日起对汉唐证券进行托管经营。2005年6月14日,中国证券监督管理委员会作出证监罚字〔2005〕17 号《行政处罚决定书》，撤销汉唐证券的证券业务许可并责令关闭。2007 年 9 月 7 日，深圳市中级人民法院（以下简称深圳中院）依法受理汉唐证券破产清算案，指定北京市中伦（深圳）律师事务所及深圳广朋会计师事务所为汉唐证券有限责任公司管理人。2009 年 7 月 21 日，深圳中院依法裁定广州宝丰投资咨询有限公司等 46 家汉唐证券壳公司与汉唐证券合并清算。

在汉唐证券破产清算案中，管理人接收债权申报共计 120 笔，均为无财产担保债权，申报债权金额折合人民币总计 8,214,767,803.33 元。经管理人审查并经深圳中院依法裁定确认债权额为 6,253,001,907.24 元。管理人共接收取回权申报 29 笔，其中确认 14 笔。管理人代表汉唐证券处理的诉讼、仲裁、执行案件共计 112 宗，其中，以汉唐证券或其关联公司作为原告或申请人的案件共有 15 宗，以汉唐证券或其关联公司作为被告或被申请人的案件共有 91 宗。通过破产财产管理与变价、股票实物分配、资产清收等途径，汉唐证券实现破产财产总额为 3,248,522,913.95 元。汉唐证券破产清算案先后实施四次破产财产分配，普通债权清偿比例合计达到 50.1636%，最大限度维护了债权人的利益。

2014 年 12 月 20 日，深圳中院依法裁定终结汉唐证券及其 46 家壳公司破产程序，汉唐证券破产清算工作历时 7 年，至此圆满画上了句号。

二、相关文书摘要

（一）深圳市中级人民法院（2007）深中法民七第 16 号民事裁定书

法院经审查初步查明，汉唐证券系 2001 年 7 月根据中国证券监督管理委员会证监机构字〔2001〕113 号文，由原贵州证券公司和湛江证券有限责任公司合并而成，是经批准成立的综合类证券公司。其注册资本为人民币 90,120.74 万元。经营范围包括：证券的代理买卖，代理还本付息、分红派息，证券代保管、鉴证，代理登记开户，证券的自营买卖，证券的承销和上市推荐，证券投资咨询，资产管理，发起设立证券投资基金和基金管理公司，以及中国证券监督管理委员会批准的其他业务。

2004 年 9 月 2 日，中国证券监督管理委员会作出证监机构字〔2004〕107 号《关于委托中国信达资产管理公司托管经营汉唐证券有限责任公司的决定》，委托中国信达资产管理公司自 2004 年 9 月 3 日起对汉唐证券进行托管经营。2005 年 6 月 14 日，中国证券监督管理委员会作出证监罚字〔2005〕17 号《行政处罚决定书》，取消汉唐证券的证券业务许可并责令关闭。根据中国证券监督管理委员会作出的证监函〔2005〕

144号《关于委托中国信达资产管理公司成立汉唐证券有限责任公司清算组的决定》,中国信达资产管理公司于2005年6月15日组织成立汉唐证券清算组,负责汉唐证券的清算工作。

汉唐证券清算组提供的天健华证中洲会计师事务所有限公司厦门分公司出具的天健华证中洲审(2007)清字第0200009－1号《审计报告》显示,截至2007年5月31日,汉唐证券资产总额为人民币7,454,111,248.08元,负债总额为人民币7,592,255,511.65元,净资产为人民币－138,144,263.57元。

另查,2007年7月11日,中国证券监督管理委员会作出证监函〔2007〕254号《关于同意汉唐证券有限责任公司依法申请破产的函》,批准汉唐证券有限责任公司依法申请破产清算。

2007年8月30日,中华人民共和国最高人民法院作出(2007)民二他字第44号批复,批准本院立案受理汉唐证券有限责任公司破产还债一案。

(二)深圳市中级人民法院(2007)深中法民七清算字第18－63号民事裁定书

法院认为,隆安公司申请46家壳公司一并破产清算,符合法律规定。理由如下:第一,46家壳公司与汉唐证券有限责任公司之间存在资产、财务、人员严重混同的情况,对此,申请人、被申请人及汉唐证券有限责任公司在听证调查中均予以认可。因此,申请人作为汉唐证券有限责任公司的债权人有权申请与汉唐证券有限责任公司存在严重混同关系的46家壳公司破产并与汉唐证券有限责任公司并案清算。第二,46家壳公司作为整体已资不抵债,符合破产清算的法定条件。经审计,上述46家壳公司资产总额2,294,987,118.15元,负债总额为2,871,279,391.81元,净资产为－576,292,273.66元,已经严重资不抵债,明显缺乏清偿债务的能力。第三,46家壳公司客观上无法分别独立进入破产清算程序,应当一并立案受理。

依照《企业破产法》第2条、第7条第2款、第13条之规定,裁定如下:(1)立案受理申请人重庆市隆安实业开发有限公司申请被申请人广州宝丰投资咨询有限公司等46家公司破产清算案共46案;(2)指定北京市中伦律师事务所深圳分所、深圳广朋会计师事务所为该46家公司管理人。

(三)深圳市中级人民法院(2007)深中法民七第16－109号民事裁定书、(2009)深中法民七清算字(18－63)－3号民事裁定书

经审理查明,截至2014年11月30日,申请人共接受债权申报120笔,均为无财

产担保债权,债权申报总额折合人民币(以下均为人民币)8,214,767,803.33 元。经审核,已获确认的债权 113 笔,债权总额为 6,222,861,876.91 元。经清算,截至 2014 年 11 月 30 日,破产财产总额为 3,248,522,913.95 元,破产费用及共益债务为 67,368,810.86元,实际分配的破产财产总额为 3,142,054,103.09 元。2008 年 12 月 10 日、2010 年 12 月 21 日、2012 年 12 月 10 日、2014 年 12 月 16 日,汉唐证券有限责任公司及 46 家壳公司四次召开债权人会议进行破产财产分配,普通债权的分配比例分别为 6.3595%、36.7257%、3.6154%、3.4630%,合计 50.1636%。

法院认为,汉唐证券有限责任公司及 46 家壳公司破产财产已经基本处置完毕,破产清算工作已经基本完成,申请人申请终结汉唐证券有限责任公司及 46 家壳公司破产程序符合法律规定,应予准许。依据《企业破产法》第 120 条第 3 款之规定,裁定如下:终结汉唐证券有限公司等 47 家公司破产程序。

办案总结及实务指引

一、本案系关联公司实质合并破产清算的典型案例

汉唐证券的 46 家关联壳公司中,由汉唐证券提供资金以个人或者其他公司名义设立的有 21 家,由汉唐证券委托中介机构设立但实际并未出资的有 19 家,由汉唐证券前身即贵州证券公司、湛江证券有限责任公司设立的有 6 家。该 46 家壳公司分布在深圳、广州、湛江、北京、上海、南京、海口、儋州、文昌、贵阳等地。

该 46 家公司是被汉唐证券实际控制、仅具有形式上主体资格的"空壳",实际上是汉唐证券违规开展自营业务和委托理财业务的操作平台,没有实质的经营活动,没有独立的办公场所,也没有独立的工作人员。工作人员皆由汉唐证券员工兼任,公司的印章、证照、账户等由汉唐证券相关部门控制和使用。同时,该 46 家公司也没有建立独立完善的会计核算体系,会计资料很不完整。由于汉唐证券对该 46 家公司实施实质控制,汉唐证券在会计核算上将该 46 家公司作为一个整体只编制了一套账来反映其财务情况,具体每一家公司的资产负债情况都无从得以体现。

根据本案审计报告,截至 2007 年 10 月 31 日,汉唐证券 46 家壳公司资产总额为人民币 2,294,987,118.15 元,负债总额为 2,871,279,391.81 元,净资产为

-576,292,273.66 元。该 46 家壳公司不仅净资产为负值，且资产权属不明晰。壳公司与汉唐证券、壳公司相互之间的资产不仅存在混同，还存在根本无法确认某项具体财产权属的情形。同时，该 46 家壳公司应收款和应付款均与汉唐证券关系密切。其中，应收款主要为应收汉唐证券股东或关联单位的往来款及从汉唐证券转入的原湛江证券遗留的不良债权；应付款即负债主要为该 46 家壳公司对汉唐证券的应付款。

管理人研究认为，由于该 46 家壳公司之间、壳公司与汉唐证券之间存在严重的资产混同，具体每家公司的资产负债情况难以查清，遂向深圳中院提出申请将 46 家壳公司破产并与汉唐证券破产案合并清算。针对管理人的申请，深圳中院经审查后认为：

首先，该 46 家壳公司客观上无法独立进入破产程序。该 46 家公司虽然具有形式上的法律主体资格，但该 46 家公司因被汉唐证券实际控制、没有实质的经营活动、没有独立的会计核算体系、壳公司之间及壳公司与汉唐证券之间存在资产和人员的严重混同，在行政清算期间，即被清算组认定为汉唐证券的壳公司，纳入汉唐证券风险处置的范围之内。清算组聘请的审计机构包括现在管理人聘请的审计机构都因无法查明每家壳公司具体的资产负债情况而将 46 家壳公司作为整体审计并出具审计报告。因此，该 46 家壳公司客观上无法独立进行破产清算。

其次，虽然公司债权人通过公司人格否认制度可以向股东主张权利，但因汉唐证券既是该 46 家公司的实际控制人又是债权人，公司人格否认制度无法适用于本案。

再次，该 46 家公司作为整体具备了破产条件，并且整体破产不会损害第三方的合法权益。该 46 家公司是虚设组织架构、没有独立运作的经营实体，绝大多数壳公司的债权人仅汉唐证券一家，公司或在工商行政管理部门登记的股东也于行政清算期间出具说明，确认股东对公司不具有实际的控制权和收益权，对公司的股东权益应由汉唐证券享有。因此，该 46 家公司作为一个整体被申请破产也不会侵害第三方的合法权益。

最后，如果该 46 家壳公司进入破产程序，可以将其与汉唐证券破产案合并清算。该 46 家壳公司虽然形式上具有独立的法律主体资格，但是并没有实质的经营活动，一切决策和行为均受汉唐证券的操控，公司的人员皆由汉唐证券的员工兼任，公司的资产与汉唐证券严重混同，公司的负债和应收账款主要发生在其与汉唐证券之间，因此，该 46 家公司实系汉唐证券违规开展各项业务的工具，是汉唐证券控制的空壳公司。合并清算不仅符合该46家壳公司和汉唐证券的实际情况,也有利于彻底结清该46家公司与汉唐证券的权利义务关系,同时还可以避免独立破产清算需另行指定管理人及因此而产生的其他问题。

综上所述,深圳中院经请示最高人民法院同意,裁定宣告该46家壳公司破产并将46家公司破产案并入汉唐证券破产清算案,进行合并清算,从而彻底解决汉唐证券与关联公司之间的债权债务关系,既提高了清算工作的效率,又节约了清算人力和费用,更好地维护了广大债权人的利益。

二、对证券资产实行实物分配的方案具有示范意义

汉唐证券破产财产主要为证券资产,由于汉唐证券重仓持有的5只股票量大(占流通股比例在20%以上)。根据汉唐证券第一次债权人会议通过的破产财产变价方案的规定,对于汉唐证券的证券资产,包括股票、基金及债券等,由管理人在证券二级市场变现处理。管理人初期根据该方案,在经深圳中院和债权人委员会同意后将汉唐证券及壳公司名下的股票打包委托给证券公司进行处置,但处置效果欠佳。经管理人多次和证券公司沟通,经过技术分析后亦认为,由于汉唐证券重仓股持股量大,如在二级市场上连续性抛售,会导致这些个股的股价剧烈波动,股价不断走低,加之股市持续振荡,证券公司很难把握最佳减持时间,深陷最佳价位减持和快速减持的两难境地。因此,证券公司很难在短期内按照既定方案完成减持目标,无法实现债权人尽快分配破产财产的愿望。基于前述因素,汉唐证券具有实物分配股票的必要性。在此基础上,管理人研究论证将在证券二级市场变现处理股票的方式变更为实物分配股票方式,并听取主要债权人对实物分配股票的意见和建议,大部分债权人对采取以实物分配股票清偿债权的方式无异议,因此,为维护证券市场的稳定,最大限度地保护债权人的利益,积极推进破产程序,管理人拟定了变更在二级市场上直接抛售的变价方案,对债权人进行实物分配股票。

实物分配股票亦符合法律规定,根据《企业破产法》第61条的规定,破产企业债权人会议有权通过破产财产的变价方案和分配方案。因此,债权人会议有权决定是否通过管理人提出的直接分配股票的方案,如经债权人会议通过,即可执行。在实践操作过程中,将分散分布在众多证券账户上的拟分配的股票集中在一个以"汉唐证券有限责任公司"开立的资金账户中,破产财产分配方案经债权人会议表决通过并经法院裁定批准后,通过法院协助执行通知书以非交易过户的方式将各债权人应受领的股票划转至其指定证券账户。

关于实物分配股票的清偿率的确定，以深圳中院裁定确认破产财产分配方案之日起 60 个交易日内股票各自的平均收盘价所计算的股票总市值进行计算。债权人在分得相应股票后，通过实际处置获得的资金，计算得出该债权人的实际受偿数额，全部由该债权人享有。直接分配股票后，管理人对各债权人在处置各自分得的股票所产生的结果，无论是高于还是低于按破产财产分配方案计算的清偿率，其后果均由债权人自行承担，管理人不承担责任。无论债权人以何种方式处置或变现所分股票，均不影响实物分配股票清偿率的计算。

【案例提供及评析人：北京市中伦（深圳）律师事务所　王海军】

38

涉众重资产公司的平稳终止

——广州公共自行车运营管理有限公司破产清算案

核心要点

本案是广州市首例公共自行车公司破产案件,本案押金权人众多,如何保证其知情权及取回权为本案的难题之一。另外,按广州市规划局及交通局的要求,需拆除广州市内300多个自行车服务站点的设备及恢复市内人行道原貌。高效回收投放于市内的公共自行车,以有效降低破产成本,维护债权人的利益也是本案的重点及难题。

管理人利用全国企业破产重整案件信息网及开设微信公众号作为破产信息披露平台,并与移动运营商合作,向6万多户自行车押金用户发送短信,通知其行使押金的取回权。就自行车用户押金保持专户专管,以成功退回押金用户的押金。与广州市规划局及交通局保持沟通,在回收约3万个公司自行车类资产的同时,有效降低破产成本,维护债权人的利益。

办案过程

一、案件简介

广州公共自行车运营管理有限公司(以下简称自行车公司)成立于2010年5月17日,注册及实缴资本100万元,股东为广州市交通站场建设管理中心有限公司,主营业务是向用户提供共享自行车服务。

自行车公司于2018年10月15日起停止经营并成立清算组自行清算。清算组在自行清算的过程中,发现自行车公司现有资产不足以清偿全部到期债务,遂向广州市荔湾区人民法院(以下简称荔湾区法院)申请对自行车公司进行破产清算。荔湾区法院经审查认为,自行车公司不能清偿到期债务,而且资产不足以清偿全部债务,其股东亦对进行破产清算无异议。荔湾区法院于2019年4月17日作出(2019)粤0103破申8号《民事裁定书》,裁定受理自行车公司破产清算一案。荔湾区法院于2020年5月29日组织召开了自行车公司第一次债权人会议。

据管理人了解,自行车公司于中国工商银行广州中山八路支行开立的一般存款账户为存管自行车用户的押金专户。截至破产申请受理日,该自行车用户的押金专户余额逾400万元,涉及逾6万户自行车押金权利人。根据交通运输部、人民银行、国家发展改革委、公安部、市场监管总局、银保监会于2019年5月9日印发的《交通运输新业态用户资金管理办法(试行)》的通知(交运规〔2019〕5号)中第1章第4条的规定,用户押金归用户所有,运营企业不得挪用。因此,自行车公司收取的用户押金归用户所有。管理人利用全国企业破产重整案件信息网及开设微信公众号作为破产信息披露平台,并与移动运营商合作,向自行车押金用户发送短信,通知其行使押金的取回权。就自行车用户押金保持专户专管,以成功退回押金用户的押金。

本案共5家债权人,债权金额共66,017,894.31元,全部为普通债权。其中,债权人永安行科技股份有限公司于2020年7月9日向荔湾区人民法院提出债权确认之诉,请求人民法院确认其申报的18,462,042.97元债权中有13,475,225元属优先债权。荔湾区人民法院于2020年7月9日受理上述破产债权确认纠纷之诉,并2020年8月25日开庭审理。经审理,荔湾区人民法院于2020年9月4日作出(2020)粤0103民初7369号《民事判决书》,裁定驳回永安行科技股份有限公司的诉讼请求;并于2020年10月15日作出(2020)粤0103民初7369号裁判文书生效证明书,确认(2020)粤0103民初7369号《民事判决书》已于2020年9月24日发生法律效力。

管理人于2020年8月4日委托审计机构对自行车公司以破产申请受理日为基准日的全部资产和负债相关资料及大额资金收支进行了清查核实,并出具《清产核资专项审计报告》。荔湾区人民法院于2021年7月8日作出(2020)粤0103破2号之一《民事裁定书》,裁定宣告自行车公司破产。

另外,管理人根据债权人会议表决通过的《财产管理方案》之规定,对自行车公司分布于广州市内约300个自行车服务站点的设备进行拆除及接管工作,并根据广州市规划局及交通局的要求,公开选聘公共自行车服务点设备拆除及搬运承包方,拆除及资产接管工作于2021年12月16日完成。除自行车服务亭存放于广州市黄埔区远洋路49号的仓库外,2万多辆自行车及相关自行车锁桩等设备均存放于大学城车库内,由经公开招聘的广州市黄埔区保安服务有限公司对自行车设备提供24小时的安保服务。

管理人根据债权人会议表决通过的《财产管理方案》及《破产财产变价方案》,对自行车公司的货车、办公室设备、自行车及自行车类设备、商标等在人民法院授权的阿里巴巴司法拍卖网络平台上进行多次公开拍卖活动并成功拍出。

根据《广州公共自行车运营管理有限公司破产财产分配方案》,破产财产分配于2022年5月18日实施。在清偿破产费用和预留破产费用后,分配总额为人民币28,934,909.81元,全部为普通债权的分配,清偿比例为43.83%。广东省广州市荔湾区人民法院于2022年5月24日裁定终结破产程序。

二、相关文书摘要

(一)《广州公共自行车运营管理有限公司财产管理方案》(节录)

二、接管财产的保管措施

1. 管理人接管债务人财产、印章和账簿、文书等资料前,根据各项资产的性质与特点制定接收与保管方案,与交接方签订包括交接清单在内的各项接管文件。管理人接管后,对接管的债务人财产、印章和账簿、文书等资料进行分类,做好清点结果记录;

2. 管理人综合考虑价格、安全性、便利性等因素,选择适合存放债务人财产、印章和账簿、文书等资料的仓储地方,并安排将接收的债务人财产、印章和账簿、文书等资料搬运、运输至指定仓储地点;

3. 管理人与仓储方签订保管合同,明确各方的保管权利与义务,保管的债务人财产、印章和账簿、文书等资料如有安全隐患、面临丢失或损毁等重大风险的,管理人应当及时报告全体债权人,并保留相应的工作记录备查。

三、接管财产的安全保卫措施

1. 在选定存放债务人财产、印章和账簿、文书等资料的仓储地前，管理人对相关仓储场所的安全性进行全面考察评估；

2. 将接管的债务人财产、印章和账簿、文书等资料存放于指定仓储地点之后，管理人应对仓储地点进行定期巡查，确保财产的安全性得到保障；

3. 若后续接管的债务人财产价值较高或者印章和账簿、文书等资料较为重要，管理人应与保安服务公司签订服务合同，聘请专业安保人员，确保债务人财产、印章和账簿、文书等资料不受损失。

（二）《广州公共自行车运营管理有限公司破产财产分配方案》（节录）

四、可供分配的破产财产情况

管理人接受指定后，依照《企业破产法》之规定执行职务，向人民法院报告工作，并接受债权人会议的监督。同时，管理人按照债权人会议通过的破产财产变价方案，适时变价出售或处分破产财产。截至本报告日，自行车公司可供清偿的财产情况如下：

1. 银行存款 28,853,455.49 元；

2. 固定资产、存货及商标的拍卖款 4,780,712.70 元；

3. 追回的对外债权 53,000.00 元

4. 银行账户利息收入 189,940.39 元。

以上自行车公司可供清偿的财产价值合计 33,877,108.58 元。

（三）《关于广州公共自行车运营管理有限公司破产清算案的终结报告》（节录）

（四）接受债权申报及制作债权表

1. 职工债权

经管理人调查了解，自行车公司现无任何在职职工、离休人员和退休人员，自行车公司无职工债权。

2. 职工社保的查询情况

管理人就自行车公司的职工社保向主管税务机关进行查询。根据国家税务总局广州市荔湾区税务局反馈的结果，自行车公司不存在欠缴的职工社保。

3. 欠税情况

管理人已向自行车公司的主管税务机关发函查询自行车公司的欠税情况，根据国家税务总局广州市荔湾区税务局反馈的结果，自行车公司在征管系统中截至2020年5月14日的状态为正常，且在征管系统中无欠税记录。

4. 其他债权的申报及审查情况

在第一次债权人会议前，共有4家债权人向管理人申报债权，申报债权总额合计66,008,394.31元，管理人未发现有对自行车公司的特定财产享有担保权的债权人申报债权。经管理人审查核定的债权金额合计66,008,394.31元，均为普通债权。

管理人编制债权表提交第一次债权人会议核查。债务人与除永安行科技股份有限公司外的其他3家债权人对债权表中记载的债权无异议。管理人于2020年6月4日收到债权人永安行科技股份有限公司寄来的《关于请求管理人对破产案进行实际调查并提供相应的材料和说明》，提出要对其缴纳的保证金行使取回权。管理人于2020年6月19日向永安行科技股份有限公司作出书面回复，明确提出永安行科技股份有限公司向管理人申报的债权均属于自行车类项目的保证金/尾款，经管理人审查核定其债权金额合计18,462,042.97元，均为普通债权（永安行科技股份有限公司没有取回权亦没有优先受偿权）。同时，如永安行科技股份有限公司对上述管理人再次审查的债权（永安行科技股份有限公司对保证金不享有取回权亦没有优先受偿权，仅为普通债权）仍有异议的，永安行科技股份有限公司可以在收到管理人复函后的15日内，向受理破产申请的人民法院提起诉讼。

永安行科技股份有限公司于2020年7月9日向人民法院提出债权确认之诉，请求人民法院确认其申报的18,462,042.97元债权中有13,475.225元属优先债权。

人民法院于2020年7月9日受理上述破产债权确认纠纷之诉，并2020年8月25日开庭审理。经审理，人民法院于2020年9月4日作出(2020)粤0103民初7369号《民事判决书》，裁定驳回永安行科技股份有限公司的诉讼请求；并于2020年10月15日作出(2020)粤0103民初7369号裁判文书生效证明书，确认(2020)粤0103民初7369号《民事判决书》已于2020年9月24日发生法律效力。

管理人于2020年9月3日收到永安行科技股份有限公司的补充申报债权资料，其补充申报利息债权金额1,398,857元。管理人于2020年9月7日向永安行科技股份有限公司作出书面债权审核函回复，因协议书对保证金/项目尾款逾期支付未约定任何利息条款，因此管理人不予确认永安行科技股份有限公司补充申报的利息债权金额。如永安行科技股份有限公司对上述管理人审查的债权结果仍有异议的，应当在7日内向管理人提出书面异议并附上相应证据材料，若逾期未提出的，管理人视作无异议处理。永安行科技股份有限公司也可以在收到债权审核函的15日内，向受理破产申请的人民法院提起诉讼。永安行科技股份有限公司口头回复管理人对补充审核结果无异议，且管理人于限期内未收到永安行科技股份有限公司的异议回复及诉讼通知，因此管理人视永安行科技股份有限公司对管理人审查其补充自报的利息债权结果为无异议。

人民法院于2020年11月6日作出(2020)粤0103破2号《民事裁定书》，裁定确认永安行科技股份有限公司等4家债权人的债权，全部为普通债权，债权金额合计66,008,394.31元。

管理人于2022年4月1日收到广州羊城通有限公司的债权申报资料，申报债权总额9500元。经管理人审查核定的债权金额9500元，为普通债权。人民法院于2022年5月16日作出(2020)粤0103破2之三号《民事裁定书》，裁定确认广州羊城通有限公司的债权，为普通债权。

综上所述，自行车公司经法院裁定认可及管理人审查核定的债权金额共计66,017,894.31元。

（五）召开债权人会议情况

1. 以现场形式召开第一次债权人会议

自行车公司第一次债权人会议以现场形式于2020年5月29日召开。根据会议的统计结果显示，自行车公司第一次债权人会议表决通过《关于后续债权人会议以非现场形式召开的提案》《关于债权人会议不设主席与债权人委员会的提案》《关于以公开招/邀标方式选聘审计机构提供破产清算专项审计服务的提案》《广州公共自行车运营管理有限公司财产管理方案》，以及《广州公共自行车运营管理有限公司财产变价方案》。

2. 以书面形式召开第二次债权人会议

管理人于2021年4月26日统一向各债权人寄发以书面形式召开第二次债权人会议的通知，于2021年5月7日统一向债权人寄发第二次债权人会议资料，于2021

年5月12日以书面形式召开第二次债权人会议。管理人于自行车公司第二次债权人会议报告了关于债务人的大额资金审查结果情况及关于提请人民法院裁定宣告债务人破产的情况。

3. 以书面形式召开第三次债权人会议

管理人于2022年3月25日统一向各债权人寄发以书面形式召开第三次债权人会议的通知,于2022年4月6日统一向债权人寄发第三次债权人会议资料,各债权人根据表决方法说明填写表决票对破产财产分配方案进行表决,表决票应寄回给管理人统计表决结果。表决票的截止日期为2022年4月21日,管理人对于2022年4月21日前(含当日)所收到的债权人表决票进行统计,形成债权人会议的决议。自行车公司第三次债权人会议表决通过《广州公共自行车运营管理有限公司破产财产分配方案》。

(六)管理和处分债务人财产的情况

1. 有关拆除及接管自行车服务站点设备的情况

管理人根据第一次债权人会议表决通过的《财产管理方案》之规定,对自行车公司分布于广州市内200多个自行车服务站点的设备进行拆除及接管工作。

管理人于2021年9月6日在全国企业破产重整案件信息网(网址:http://pccz.court.gov.cn)公开选聘公共自行车服务点设备拆除及搬运承包方,选定广州轩立吉建材有限公司为中标机构,并将招标结果于2021年9月18日上传至全国企业破产重整案件信息网进行公示。管理人于2021年10月11日正式聘请广州轩立吉建材有限公司对自行车公司分布于广州市内的208个站点开展拆除工作,拆除工作于2021年12月16日完成。除自行车服务亭存放于广州市黄埔区远洋路49号的仓库外,自行车锁桩等设备均存放于大学城车库内,由经公开招聘的广州市黄埔区保安服务有限公司对自行车设备提供24小时的安保服务。

2. 固定资产价值评估工作的情况

管理人于2020年12月14日获取了审计机构广州市金铭会计师事务所有限公司对自行车公司的全部固定资产于2020年11月24日的盘点数据,并于2021年1月20日聘请由人民法院摇珠选定的广州市安衡价格事务所有限公司对自行车公司的全部固定资产(包括机动车辆、自行车、锁桩、节点机、服务亭、电脑、复印机、门禁系统、点钞机等一批设备)进行价值评估。广州市安衡价格事务所有限公司于2021年3月15

日出具固定资产价格评估结论书(穗安价估〔2021〕ZC002 号),确定以上自行车公司的固定资产于价格评估基准日(2021 年 1 月 20 日)的价值为 3,600,214 元。

办案总结及实务指引

本案涉及利益相关者众多,且涉及面广。本案的自行车用户的押金专户余额逾 400 万元,涉及逾 6 万户自行车押金权利人。管理人第一应明确,自行车用户的押金是否专户专管,没有与其他资金混同;第二,应明确此类专户专管的资金是否属于破产财产,若不属于,是否应通知押金权人行使取回权;第三,因本案涉及的押金权人众多,应如何保证相关权利人的知情权及取回权。

管理人通过查实相关法律法规,明确根据交通运输部、人民银行、国家发展改革委、公安部、市场监管总局、银保监会于 2019 年 5 月 9 日印发的《交通运输新业态用户资金管理办法(试行)》的通知(交运规〔2019〕5 号)中第 1 章第 4 条的规定,用户押金归用户所有,运营企业不得挪用。因此,自行车公司收取的用户押金归用户所有,并不属于自行车公司的财产,根据《企业破产法》第 38 条规定,人民法院受理破产申请后,债务人占有的不属于债务人的财产,该财产的权利人可以通过管理人取回。由于该押金账户为专户专管,没有与自行车公司的其他资金混同,管理人应通知相关权利人行使取回权。由于押金权利人众多,管理人利用全国企业破产重整案件信息网及开设微信公众号作为破产信息披露平台,并与移动运营商合作,向自行车押金用户发送短信通知其行使押金的取回权。就自行车用户押金保持专户专管,以成功退回押金用户的押金。

另外,本案债务人财产分散,处置比较困难。自行车公司在广州市内设立有约 300 个共享自行车服务站点,共有自行车约 3 万辆及相关站点设备。管理人接到广州市规划局及交通局的来函要求,需要将服务站点拆除及恢复道路原样,以保证文明诚实的市容市貌。如何保证这些设备的拆除及接管符合广州市规划局及交通局的要求,拆除广州市内 300 多个自行车服务站点的设备及恢复市内人行道原貌,回收投放于市内的共享自行车等也是管理人需要重点考虑及处理的问题。为符合各方要求,且尽可能降低破产成本,管理人公开选聘公共自行车服务点设备拆除及搬运承包方。

管理人在全市范围内综合对比各类仓库的费用及输运成本，与自行车服务站点的各管辖街道沟通，确定自行车类资产的保管地。经公开招聘的广州市黄埔区保安服务有限公司对自行车设备提供24 小时的安保服务。

【案例提供及评析人：德勤企业顾问（深圳）有限公司广州分公司　陈翠妙】

39

应收账款质权的审查

——广州市和兴隆食品科技股份有限公司破产清算案

核心要点

应收账款质押随着企业的蓬勃发展而逐渐增多，企业破产后应收账款质权应如何认定核准，是一项非常重要的问题。根据《企业破产法》第109条规定“对破产人的特定财产享有担保权的权利人，对该特定财产享有优先受偿的权利”，破产管理人在对破产企业债权应收账款质权审核时应当注重应收账款的“特定化”。特定化是指应收账款质权的客体应当是能够区分的、具体的、确定的应收账款，即应当具有清偿情况、债务主体、基础合同等关键要素。

破产企业的管理人在审查破产债权时应当尽到审慎的注意义务，若破产企业的材料和债权人均无法明确质押应收账款的清偿情况、债务主体、基础合同等关键要素，则管理人不能认定债权人享有别除权，即不能认定债权人对该应收账款具有优先受偿权。

办案过程

一、案件简介

上海浦东发展银行股份有限公司深圳分行（以下简称浦发银行）因与广州市和兴

隆食品科技股份有限公司(以下简称和兴隆公司)存在金融借款合同纠纷,于2018年向深圳市某法院提起诉讼。法院作出民事判决,判令和兴隆公司限期向浦发银行偿还贷款本金及利息、罚息及复利等,并且确认浦发银行对和兴隆公司2016年6月13日至2019年6月13日的应收账款享有质押权,就依法处分该应收账款所得价款享有优先受偿权。

2019年12月25日,根据佛山市南海桂城巧巧粮油店的申请,广州市中级人民法院(以下简称广州中院)作出(2019)粤01破申194号《民事裁定书》,裁定受理了和兴隆公司破产清算一案;2020年1月6日,广州中院作出(2020)粤01破25号《指定管理人决定书》,指定广东胜伦律师事务所担任和兴隆公司管理人(以下简称管理人)。随后,浦发银行向管理人提交债权申报书和债权申报登记表,提出其对和兴隆公司2016年6月13日至2019年6月13日的应收账款享有质押权,就依法处分该应收账款所得价款享有优先受偿权。管理人经过初步审查,在第一次债权人会议时暂不予核准浦发银行的应收账款质权,浦发银行作出书面说明,反对管理人在《关于提请债权人会议核查债权表的报告》中将其对和兴隆公司的特定财产担保的债权列为普通债权。后管理人发函要求浦发银行补充债权申报材料,在规定的期限内,浦发银行补充提交了抵押合同等材料。

经管理人仔细核对审查,由于管理人目前接管的资料无法确认应收账款的具体金额、履行情况,浦发银行也没有证据证明应收账款的基础合同、具体金额等具体权利内容要素,故管理人正式书面通知浦发银行不予核准其对和兴隆公司应收账款享有优先受偿权。

浦发银行认为,根据《企业破产法司法解释三》第7条的规定,其应收账款质押权已经生效裁判文书确认,管理人应当予以核准,若管理人认为法律文书确定的债权错误,应通过审判监督程序解决。且浦发银行认为,管理人在破产清算过程中,有追讨应收账款、甄别应收账款是否属于和兴隆公司2016年6月13日至2019年6月13日的应收账款的义务。浦发银行遂在规定期限内将管理人诉至法院,并要求法院确定其对和兴隆公司2016年6月13日至2019年6月13日应收账款享有优先受偿权。

管理人答辩认为,浦发银行主张的应收账款质权缺乏要素约定和基础合同,根据现有证据,管理人无法确认优先受偿债权的债务人名称、合同编号、金额、期限范围、支付方式、条件等。且应收账款质押登记仅为形式登记，质权人和登记机构在办理登记时无须对产生应收账款的基础法律关系进行审核。登记内容不影响对质押法律关系效力的认定。同时，浦发银行作为质权人，无法明确被质押的应收账款的基本要素，包括具体金额、支付方式和条件等。

法院经审理认为，浦发银行与和兴隆公司的借款合同纠纷已经人民法院裁判，并确认了浦发银行对和兴隆公司2016年6月13日至2019年6月13日的应收账款享有质押权，就依法处分该应收账款所得价款享有优先受偿权。但是法院生效判决中未明确认定上述期间应收账款的债务主体、债务人情况、清偿情况、应收账款产生的基础合同等；作为原告的浦发银行负有举证责任，但其无法就和兴隆公司2016年6月13日至2019年6月13日的应收账款的余额、清偿情况、债务主体、基础合同等事实举证证明，应承担由此带来的不利后果。法院最终判令驳回浦发银行的全部诉讼请求。

二、相关文书摘要

（2021）粤0111民初139号《广东省广州市白云区人民法院民事判决书》（摘录）

原告上海浦东发展银行股份有限公司深圳分行提出诉请：

1. 确认原告向被告破产管理人申报的债权是质押担保债权，破产管理人应将被告2016年6月13日至2019年6月13日因销售货物或提供服务产生的全部应收账款优先偿还原告申报的破产债权；

2. 受理费由被告负担。

被告广州市和兴隆食品科技股份有限公司辩称：

不同意原告的诉请。和兴隆公司经中院裁定进入破产清算，原告申报债权要求对和兴隆公司特定期间应收账款享有优先受偿权，破产管理人不予确认等事实均属实。原告主张对和兴隆公司2016年6月13日至2019年6月13日应收账款享有优先受偿权，但缺乏要素约定和基础合同，根据现有证据，管理人无法确认优先受偿债权的债务人名称、合同编号、金额、期限范围、支付方式、条件等。应收账款质押登记仅为形式登记，质权人和登记机构在办理登记时无须对产生应收账款的基础法律关系进行审核。根据《民法典》第445条之规定，登记内容不影响对质押法律关系效力的认定。另外，案涉《应收账款最高额质押合同》附件质押财产清单上的应收账款债务人名称、合同编号、金额、期限等内容均为空白,原告未能进一步举证证明其所享有的应收账款内容要素的情形下,主张对特定期间的应收账款优先受偿缺乏具体依据。《应收账款最高额质押合同》对金额、支付方式和条件均未明确,应收账款作为一种债权,可用于质押的应收账款须对金额、期限、债务人名称、产生应收账款的基础合同及基础合同的履行程度进行明确和具体的规定。本案中,原告对被质押的债权的基本要素,包括具体金额、支付方式和条件等均无法明确、具体。在原告无法提供应收账款所依据的基础合同,管理人无法确认案涉期间和兴隆公司的应收账款的具体金额,原告也未能举证证明和兴隆公司尚有符合约定条件的应收账款存在,如果存在,具体金额为多少。根据管理人目前接管的资料,尚无法确定应收账款的具体金额、已付多少、尚欠多少。综上所述,请求驳回原告的诉请。

法院认为:

原告因与和兴隆公司存在借款合同纠纷,双方的纠纷已经人民法院裁判,判令和兴隆公司向原告偿还借款本金、利息、复利和罚息,并确认原告对和兴隆公司2016年6月13日至2019年6月13日因销售货物或提供服务产生的应收账款享有质押权,并就依法处分该应收账款所得价款享有优先受偿权。但人民法院生效裁判并未明确认定和兴隆公司上述期间应收账款的债务主体、应收账款的清偿情况、应收账款产生的基础合同等。和兴隆公司破产管理人也抗辩根据目前接收到的和兴隆公司的账册等资料,无法甄别确定原告主张优先受偿的应收账款的债务人已付金额、欠付金额等,也不掌握应收账款的合同等资料,无法予以核准。现原告在和兴隆公司破产清算过程中向管理人申报债权,要求对和兴隆公司上述期间的应收账款享有优先受偿权,仍应就和兴隆公司上述期间应收账款的余额、清偿情况、债务主体等事实举证证明,在应收账款金额尚无法确定的情况下,原告要求确认其对和兴隆公司的债权属有质押担保的债权,并对和兴隆公司案涉期间应收账款优先受偿的诉请,本院无法支持。

办案总结及实务指引

一、对认定应收账款质权的设立是否有效具有典型意义

本案,各方的争议实质在于本案质押登记的应收账款是否需要特定化及是否已

经特定化的问题。

首先,质押登记的应收账款需特定化。根据民法典物权法体系关于物权客体特定性的要求,作为担保物权客体的应收账款应针对一种确定的权利,根据《中国人民银行应收账款质押登记办法》(2022 年 2 月 1 日已失效)相关规定,用作出质的应收账款可以是现有的应收账款也可以是未来的应收账款。将未来的应收账款用作出质与该应收账款特定化两者之间并不矛盾,也就是说,用作出质的未来的应收账款应当同时满足物权客体特定的原则,即应当属于确定的财产权利。确定的应收账款不仅要求要明确应收账款的名称、数量、债务人、基础合同等具体情况,还要求确保应收账款出质人已经履行完毕与其债务人之间的基础合同项下的交付货物、提供服务等义务,而基础交易债务人尚未履行对待给付义务,故出质人享有对债务人收取约定款项的付款请求权。对于未来应收账款来说,需要基础交易债务人承诺,虽然在设定质权时该应收账款尚未实际产生,但是该权利在未来能确定产生。应收账款的特定依赖于基础交易债务人对债务的认同(或者为生效裁判文书确认)。仅凭出质人(基础关系债权人)单方提供的说明性材料难以证明该债权的真实情况,特别是在出质人本身具有道德风险时,该债权自始的真实性即难以保障。

其次,本案质押登记的应收账款未特定化。本案,浦发银行与和兴隆公司约定和兴隆公司以"2016 年 6 月 13 日至 2019 年 6 月 13 日因销售货物或提供服务产生的应收账款"提供质押担保,并未明确约定应收账款的具体信息,亦不确定未来的应收账款是否确定会产生,故而不能确定质押标的物、付款义务人,以及对应的基础合同关系、账款期限等信息,以致涉案出质登记手续办理之时,和兴隆公司用作出质的应收账款并非确定的财产权利。根据浦发银行的思路,其对和兴隆公司在 2016 年 6 月 13 日至 2019 年 6 月 13 日所获的所有应收账款均享有质押权;相反,若和兴隆公司在上述期间一笔应收账款债权也未获得,则浦发银行的质押标的自然为零。这也说明此种情形下,浦发银行质权标的尚不具有特定性,而是随机的,与物权客体特定的原则也是不相符合的。

因此,虽然涉案质押合同系相关当事人的真实意思表示,浦发银行也在中国人民银行征信中心办理了应收账款质押登记,但因用作出质的应收账款并非确定的财产权利,相应的质权并未依法设立。即使在约定期间和兴隆公司产生了应收账款,但亦会因浦发银行未对该笔应收账款办理相应的质押登记而亦未设立相应的应收账款质权。

二、对管理人审核应收账款质权的方式具有典型意义

破产案件指标是世界银行评价营商环境十个指标之一。加之近年来,破产案件数量呈逐年上涨趋势,而随着新冠疫情的大流行,明显增大了全国乃至全球范围内的企业破产风险,破产业务需求大。而破产债权的审核是破产企业清算过程中最重要、最容易发生争议的一环,债权审核不仅关乎申报人本身的合法权益,更关乎破产企业所有债权人的合法权益,因此在债权审核中,管理人务必尽到谨慎的注意义务。

本案立足于司法实践,发现了管理人在破产企业债权审核中对应收账款质权的核准应当注意的问题。经过查询判例,可以发现因应收账款质权的核准引发破产债权确认纠纷诉讼的案件较少,但就本案来说,该问题的探讨对于解决在核准应收账款质权时应当注重哪些材料,是否仅以应收账款质押登记即可证明应收账款真实存在等问题具有重大意义。

作为破产企业的管理人,应当审慎对待经生效判决确认的债权,不能盲目遵从。管理人接收到浦发银行的债权申报材料后,立即对其主张的债权进行审核。由于其申报的债权数额较大,管理人在进行债权审核时非常审慎。根据管理人所接管的破产企业的材料和浦发银行提交的债权申报材料,仍对案涉应收账款质权的基础合同、债务人等事项存在疑问。经过查询《民法典》《企业破产法》《应收账款质押登记办法》等相关法律法规,管理人认为,案涉应收账款不属于《企业破产法》第 109 条规定的“特定财产”。

同时,管理人以“应收账款质押”为关键词检索相关民事案例,了解在具体诉讼中法院对“特定的物”的认定。通过检索发现,基础合同存在效力瑕疵,应收账款债务人、金额、期限等要素不明,应收账款不是法律允许的可转让债权,质权人掌握的基础合同、履行情况、债务人、数额等关键信息不明时,法院均不会支持质权人优先受偿的请求。故我们对本案浦发银行申报的应收账款质权作出了不予核准的决定。

管理人在债权审核过程中专业、细致、耐心,多次研读相关法律规定,检索判例,积极应诉,最终法院驳回了浦发银行全部诉讼请求,且浦发银行未就本案提起上诉。

【案例提供及评析人:广东胜伦律师事务所　梁承雍】

40

破产债权的实质审查

——量通租赁有限公司破产清算案

核心要点

债权审查是破产管理人的主要工作之一，债权审查应标准统一、实质公平、形式审查与实质审查并重。本案管理人在审查债权过程中，面对争议较大的债权，并非仅依赖已有生效判决作出债权认定，而是下沉至生效判决认定事实、适用法律是否正确无误本身，通过细致工作、以理服人，最终平息了债权人之间对于同一笔款项多年来的争议，完成了在执行程序中各方僵持多年而未能完成的工作，充分发挥了破产程序的价值。本案在破产债权审核、债权人优先受偿权、多方债权人利益平衡等方面具有典型意义。

办案过程

量通租赁有限公司（以下简称量通公司）成立于2006年10月9日，营业期限至2027年3月9日，商事主体类型为有限责任公司（台港澳与境内合资），注册资本为18亿元人民币，经营范围为融资租赁业务、租赁业务、向国内外购买租赁财产、租赁财产的处理及维修、租赁交易咨询和担保。股东为广州市星光投资有限公司、量通国际投资集团有限公司。

根据量通公司官网的介绍,量通公司于2006年经商务部批准成立,是广东省最早从事融资租赁业务的外商投资融资租赁公司,担任中国融资租赁协会常务理事单位、中国外商投资企业协会租赁业工作委员会理事单位、中国融资租赁研究院副理事长单位、广州融资租赁联盟副理事长单位和广东省商业联合会常务理事单位。量通公司着力于向高端产业集群提供跨境结构化融资租赁服务,先后为央企、大型国企和民生工程提供全方位融资租赁服务。

在其官网的简介中,量通公司实际控制8家租赁企业实行集团化管理,是银行跨境金融产品服务商和全球资金整合管理平台。凭借卓越的交易结构设计能力、高度的信用整合能力、优质的风险控制能力进行大规模跨境融资,跨境融资合作伙伴遍布美洲、欧洲、澳洲、亚洲20多个重要城市,业务覆盖全国30个省(自治区、直辖市)的央企、大型国企和民生工程等项目,资金主要投向高端装备制造业、电力企业、航空业、城市轨道交通、高速公路、矿业及钢铁行业等项目。

《南方日报》的一篇标题为《量通租赁国际"朋友圈"多是金融巨头》文章报道,量通公司是华南外商系租赁"冠军",是行业内跨境融资业务的领跑者。

2015年6月,第四届中国(广州)国际金融交易博览会上,量通公司发布上半年业务投放超过200亿元、融资租赁资产合同余额将近600亿元的规模等发展成果。2015年8月,量通公司发行了"广发恒进——南方水泥租赁资产支持专项计划",该专项计划成功募集人民币30亿元,是当时全国单笔最大的租赁资产证券化项目,也是全国首单增量租赁资产证券化项目。彼时的量通公司,在众多"第一"的光环下,俨然是华南融资租赁界一颗冉冉升起的新星。然而这一切,却在2016年戛然而止。

广州市中级人民法院发布(2016)粤01民初310号民事判决书中,披露了量通公司当时的子公司广东盛通融资租赁有限公司(以下简称盛通租赁)开展跨境业务的细节,即彼时租赁界通俗名称为"通道"的业务。2013年盛通租赁作为出租人与承租人广州地铁签订了《融资租赁售后回租合同》,具体操作模式是广州地铁先把资产出售给盛通租赁后再租回来,盛通租赁则向中国工商银行(亚洲)有限公司申请3亿美元外币贷款,办理结汇手续换成人民币之后提供给广州地铁。盛通租赁与中国工商银行(亚洲)有限公司签订《相关合同权益转让协议》约定作为贷款协议项下的一项担保措施,盛通租赁向受让人转让上述租赁合同及相关合同项下的全部权益。本质上是将合同权益作为3亿美元贷款的担保措施,当盛通租赁不能如期偿还贷款时,中国工商银行(亚洲)有限公司可以优先处置租赁合同权益。在当时,境内存款的利息高于境外贷款,因此存在利差。盛通租赁在交易结构中赚取的是利差,承担的是汇率风险。

2015 年下半年开始,人民币汇率出现较大幅度的贬值,盛通租赁无力偿还美元贷款,想以通道为由,不承担偿还贷款责任,最终败诉。同一时期,量通公司及其旗下的其他融资租赁公司,都遭遇了大量类似诉讼案件的败诉,涉及的金融机构还有:工商银行、中国银行、招商银行、平安银行、兴业银行、信达资产管理公司及一些金融租赁公司等。

本案的破产程序也是始于两份类似的败诉判决。量通公司与银行签订了《平安银行代客利率互换业务总协议书》,银行根据量通公司的委托,进行了利率互换交易的平盘操作并产生了损失。此外,量通公司还与该银行签订了《平安银行人民币对外汇期权总协议书》,量通公司的期权到期,期权交易均被执行,导致银行产生了损失。在两份合同的履行中,量通公司均未按合同约定偿还垫款本金构成违约,银行即诉请量通公司清偿垫款本金及利息损失,法院予以支持。直至强制执行程序,量通公司均无法偿还欠款,后经由执行程序转为破产程序。

2020 年 5 月 25 日,广州市中级人民法院(以下简称广州中院)受理了平安银行股份有限公司广州中山一路支行(以下简称平安银行)对量通公司的破产清算申请,并指定广东格林律师事务所担任管理人。平安银行主张其对量通公司名下的数个银行账户享有质押担保的优先受偿权,并由广州市越秀区人民法院(以下简称越秀法院)作出民事判决予以确认。但是在兴业银行股份有限公司包头分行(以下简称兴业银行)与量通公司的诉讼案件中,兴业银行申请了诉讼保全,并首先冻结了前述银行账户的资金。在兴业银行诉量通公司的案件结案之后,该案经办法院内蒙古包头市中级人民法院(以下简称包头中院)把前述已冻结的资金划拨到包头中院的执行账户中。平安银行对包头中院的冻结、划款行为均存有异议。

关于平安银行是否对该笔款项享有优先受偿权一事,平安银行与兴业银行僵持不下:兴业银行认为平安银行的优先权不成立,自己对案涉款项首先冻结,案涉款项应当用以清偿自己的债权;平安银行则认为自己的优先权已经生效判决所确认,兴业银行案件所在法院冻结甚至划走自己享有优先权的款项不合法。因为两家银行的争议,造成两家银行对于对方案件经办法院持不信任态度,兴业银行对平安银行主张优先受偿权的民事判决提起了第三人撤销之诉，平安银行也对包头中院的划款行为提起了执行异议。

两家银行对同一笔款项僵持不下，案件久拖不决，案涉款项被划转之后迟迟未能分配。于是，平安银行遂向广州中院提起对量通公司的破产清算申请，拟通过破产程序主张权利。在破产程序中，兴业银行也一度对本案受理破产存有异议，认为平安银行试图以该手段阻止其在执行程序中分配财产。

管理人从案件基本事实着手，逐一厘清细节问题。由于细致入微的工作作风，起初平安银行并不理解管理人逐一梳理案件细节的做法，认为管理人应当直接根据生效判决认定债权性质，并认为管理人此举是试图找出案件破绽以提起再审。但管理人向其解释，梳理案件的每一处细节是债权确认所必需程序，而且由于该债权争议较大，基于谨慎审查原则不应仅凭生效判决认定债权，还应当分析生效判决是否确实无误，如果生效判决存有错误的，管理人有责任提起再审；如果经审慎分析，认为平安银行的债权性质确为担保债权的，管理人在出具债权复核结论时也将详细论述，以最大限度向异议债权人兴业银行做好解释工作，尽量避免异议债权人提起破产债权异议之诉，以免破产程序久拖不决。

平安银行逐渐理解管理人的工作，但仍不认为兴业银行会放弃对此笔款项的异议，认为平安银行与兴业银行对该笔款项相争多年，兴业银行无论如何都会提起破产债权确认之诉。

经过管理人对案件分析梳理之后，确认原审判决认定无误，平安银行对案涉款项享有优先权。管理人在债权复核意见中把涉及优先权的 3 个案件所涉的事实情况通过表格的形式向兴业银行展现，以说明平安银行对案涉款项享有优先权，相关民事判决的认定无误，管理人维持了对平安银行债权的初审结果。出乎平安银行意料的是，兴业银行收到了管理人的债权复核意见之后，认为管理人工作到位，认可了管理人债权复核意见，并未就此再提起破产债权确认之诉。

仍在包头中院执行账户中的案涉款项，由于兴业银行并未就平安银行的债权提起诉讼，平安银行的债权性质已经确定，管理人发函给包头中院，请求将案涉款项划拨至管理人账户进行处理。经过管理人、广州中院与包头中院法官的多次沟通，在 2020 年 12 月，包头中院将案涉款项划拨至管理人账户。

2020 年 12 月 30 日，因破产财产分配完毕，广州中院裁定终结量通公司的破产清算程序。

办案总结及实务指引

一、深入案件事实，细致梳理脉络

债权审核，不仅要进行形式审查，如债权人是否采用书面申报形式、是否在申报期限内申报、是否提交了证实债权申报主体资格、债权类别等，审核债权更需要进行实质审查，审查申报债权的真实性、合法性、准确性及时效性，重点查明债权是否成立、是否有效、债权类别、债权数额和财产担保情况等。本案中，债权审查注重实质审查，管理人并不依赖于生效判决，而是深入案情、细致研究，最终明确了债权人的优先受偿权，平息了争执多年的款项异议。

在量通公司破产清算程序中，平安银行向管理人申报了 3 笔担保债权，担保物为前述银行账户存款，平安银行提供了越秀法院作出的生效民事判决书作为依据。由于有生效判决确认平安银行对案涉账户内的存款享有优先受偿权，管理人初审确认平安银行的债权为担保债权。兴业银行对于管理人出具的债权初审结论提出异议，认为平安银行的优先权不成立，建议管理人对案件提起再审，并多次询问管理人是否会重视其提出的异议且作出回复，还是仅根据生效判决确认债权而不研究案件事实本身。

在债权复核程序中，管理人前往越秀法院调取了确认平安银行对案涉款项享有优先权的 3 个案件的卷宗资料，以及兴业银行对平安银行提起的第三人撤销之诉的一审、二审卷宗材料。结合案件中各方当事人提交的证据材料及庭审笔录，管理人对案件的每一处细节，包括每个账号的质押约定、质押情况等进行梳理，对于存疑部分，管理人逐一向平安银行询问。

虽然本案中一方依据生效法律文书认定债权性质，但是在另一方对此存有很大异议并对于判决结果非常不认可的情况下，管理人对于债权性质的认定下沉至案件事实本身，在本案中即为“优先权”认定是否正确，而不仅仅浮于表面单纯以生效判决来认定债权。在破产案件中，申请人提起破产程序往往基于维护自身利益的考量。而管理人的中立身份具备依法履行职责的必要性，管理人需以负责任的中立角色从细微处着手、客观分析案情,才能以最大努力解决各方当事人之间(包括债权人与债权人之间、债权人与债务人之间)的复杂纷争。

二、尊重司法赋予的权利,严格履行管理人义务

破产法司法解释赋予了管理人对确有错误的生效判决、裁定提起再审的权利,因而分析生效裁判是否正确也是管理人的职责所在。试想一番,如果管理人在本案债权复核中,仅以生效判决为由驳回了兴业银行的异议而不分析生效判决本身,兴业银行势必认为管理人未尽职责、未认真对待债权人的异议,同时也会加深对管理人甚至对破产受理法院的不信任感。

在本案中,管理人并没有选择更简单的方法——用"已有生效判决确认债权性质"为理由直接驳回债权人的异议,而是选择了一条看似更加困难、工作更加繁复的路径,通过梳理案件事实,分析"优先权"本身是否成立、生效判决认定是否正确的角度,以理服人,最终完成了原本像是不可能的事情——兴业银行最终被管理人说服,不再提起债权确认之诉,多年的纷争尘埃落定,最终圆满解决争议。

实际上,本案除了平安银行与兴业银行的款项争议之外,还存在招商银行与工商银行对另一笔款项的争议。但共同点在于,虽然各方对款项争议一直僵持不下,但是在破产程序中,管理人通过繁复、细致的工作,与债权人不断沟通,最终均认可了管理人对于争议债权的认定和处理,在破产程序中均未提出破产债权异议之诉,对相关分配方案也未提出异议。

三、搭建各方沟通桥梁,凸显破产程序价值

管理人并非一项简单的工作,它不仅代表债权人的利益,也代表债务人的利益,就像是一个天平,一手托着债权人、一手托着债务人,两方的利益都要兼顾和平衡。在破产清算案件中,管理人的角色并不仅仅是简单的债权确认和分配清偿,当债权人与债权人之间、债权人与债务人之间存有利益纠葛且影响到破产案件办理时,就需要管理人做好"中间人"角色,在职责范围内竭尽所能地定分止争,在本案中尤其如此。

当两家债权人对同一笔款项僵持不下时,这就要求管理人工作要细致入微、对于争议较大的问题不能浮于表面、不能为了"快""省事"而选择捷径,否则欲速则不达。只有不怕麻烦、细致工作、深入问题的根本,向当事人列出案件事实,以理服人,才有可能赢得当事人的信任和认可。有了当事人的支持、理解和信任,才能高效推进管理人工作,避免案件久拖不决持续消耗债权人、债务人时间、精力,才能使破产发挥出更大的程序价值。

本案在指定管理人半年后顺利结案,结案时本案所有债权人(包括前述争议各方债权人在内)对管理人的工作均高度认可。

【案例提供:广东格林律师事务所 罗国林;评析人:广东连越律师事务所 黄晓宏】

41

通过破产促进绿色发展

——佛山市三水长顺燃料有限公司破产清算案

核心要点

佛山市三水长顺燃料有限公司(以下简称长顺公司)成立于2001年,是当地有名的燃料储存、销售企业,后因经营问题进入破产程序。本案中,管理人根据长顺公司的实际情况,在接管长顺公司后迅速决定通过“以租养库”的策略保障长顺公司油库的正常生产经营,并挽留职工协助管理人对油库进行维护和管理,充分保障了长顺公司油库处置前的安全。同时,由于在破产过程中,广州、佛山两地政府要求落实西江水资源保护计划,而本案涉及的长顺油库紧邻西江水厂上游,导致原定的重整计划无法进行。重整计划搁置后,管理人积极与政府、债权人、债务人进行沟通协调,平衡各方利益,最终促成政府收储长顺油库地块,在确保西江水资源得到保护的同时,达成多方共赢的结果,取得良好的经济效益和社会效果。

办案过程

《佛山市三水长顺燃料有限公司管理人前期工作报告》(删减版)

佛山市中级人民法院于2015年1月15日作出(2014)佛中法民二破字第40－4号《民事裁定书》,裁定受理佛山市三水长顺燃料有限公司(以下简称长顺公司)破产清算案，并指定广东南天明律师事务所为长顺燃料公司管理人（以下简称管理人）。广东南天明律师事务所接受指定后，在佛山市中级人民法院监督和指导下积极有序地开展破产工作，现将破产前期工作报告如下：

一、长顺公司基本情况

长顺公司于2001年6月26日登记设立，企业类型为有限责任公司（自然人独资），公司住所为佛山市三水区西南街金本九水江村，注册资本为人民币3000万元整，法定代表人为吕伯豪，经营范围如下：仓储、销售燃料油；销售液化气（只限于液化石油气销售贸易，不涉及储存、运输、零售业务）、石油焦、沥青、润滑油、金属材料、金属矿石、建筑五金、建筑材料（以上项目法律法规禁止的不得经营，涉及许可项目须持有效许可经营）（依法须批准的项目，经相关部门批准后方可开展经营活动）。

本案破产申请人广发银行股份有限公司佛山分行、中国建设银行股份有限公司佛山分行以被申请人长顺燃料公司不能清偿到期债务，并且资产不足以清偿全部债务为由提出破产申请，广东省佛山市中级人民法院于2015年1月15日以（2014）佛中法民二破字第40－4号《民事裁定书》裁定受理申请人对被申请人的破产申请。

依照佛山市鸿正会计师事务所（普通合伙）以2015年1月15日为基准日对该公司的资产、负债及所有者权益进行的审计，长顺燃料公司资产负债表账面数为：资产总额×元，负债总额×元，所有者权益总额×元，已资不抵债。

二、管理人已进行的工作

管理人自被指定起至债权人会议止，在佛山市中级人民法院的监督和指导及相关工作人员的互相配合下，已经依法完成了如下工作：

（一）前期准备工作

1. 召开管理人工作会议。管理人受指定后，立即召开管理人工作会议，确定管理人工作小组负责人及成员，明确各自职责和分工（目前管理人工作小组由4名律师、3名实习律师组成）。

2. 凭《关于协助刻制管理人印章的函》刻制管理人印章。

3. 开设管理人账户。

4. 设置清算工作必需的表格和账簿。为保证清算工作的有序开展，管理人制作了债权申报表，申报债权通知书和债权催收通知书，管理人工作日志等。

5. 制定各项工作制度。为了清算工作顺利开展，管理人制定了日常开支办法、会议记录制度、管理人工作底稿和档案管理制度、印章使用管理规定等与清算工作有关的制度。

（二）接管长顺燃料公司

在进行上述准备工作的同时，管理人依法接管长顺公司，并在短时间内完成交接工作。

1. 接收各种印章5枚。包括长顺公司公章、财务专用章、发票专用章、合同专用章、公司原法人章。

2. 接收各种证照。主要包括营业执照、组织机构代码证等。

3. 接收财务资料。主要包括长顺公司的财务账册、财务凭证、财务报表、银行账户等资料。

4. 接收合同文件、法律文书等资料。包括企业在生产经营过程中形成或收到的各种协议、诉讼资料等。

5. 管理长顺燃料公司：

（1）财务管理，对所接收的财务账册、会计凭证等进行维护和管理。

（2）资产管理，根据接收的长顺公司资料，对企业的实物资产进行核实。

（3）档案管理，对所接收的各类文件、资料分门别类、设立档案，专人管理。

（三）对长顺公司进行破产期初审计

管理人在接管破产企业后，委托了佛山市鸿正会计师事务所（普通合伙）对长顺公司进行期初审计，并签订委托审计协议。佛山市鸿正会计师事务所（普通合伙）对破产企业债权、债务、资产等方面进行全面的审计，并出具了《关于佛山市三水长顺燃料有限公司清算期初审计报告》。该专项审计报告反映：资产总额×元，负债总额×元，所有者权益总额×元，已资不抵债。

（四）清理长顺公司破产债权

1. 通知债权人申报债权。

（1）在3家报纸上刊登破产公告。

管理人依据法律规定，于2015年1月27日在《佛山日报》、于2015年1月28日在《南方日报》、于2015年2月2日在《人民法院报》刊登了（2014）佛中法民二破字第40-8号《公告》，公告了法院受理长顺公司破产申请，第一次债权人会议召开的时间、地点及债权申报的时间、地点、要求等。

(2)寄发书面《申报债权通知书》。

管理人根据长顺公司的财务材料、诉讼材料等相关材料，认真查阅原始凭证、上网查询、工商局核实等方式尽可能查找相关权利人的名称和地址，并向已查明的权利人发出《债权申报通知书》共20份，其中17份已寄达，退件3份(具体情况见附表1)：

2. 审核已申报的债权。

截至2015年3月31日，共有11个债权人向管理人申报债权，这11个债权人为佛山市三水区地方税务局西南税务分局、中国建设银行股份有限公司佛山市分行、广发银行股份有限公司佛山分行(3笔)、上海浦东发展银行股份有限公司佛山分行、广州市煤建有限公司、广东同盈融资担保有限公司、广州医药进出口有限公司、湖南新华联国际石油贸易有限公司、华越商业有限公司、佛山市佳龙能源有限公司、何汝艺。债权申报共13宗，申报总金额为×元，其中非担保债权9宗涉及金额×元，担保债权4宗涉及金额148,905,678.73元。目前，管理人已确认债权8宗，确认金额为×元；待确认债权5宗，待确认金额为×元。

对于上述债权人的申报，管理人的审核意见如下(具体情况见附表2、附表3)：

……

(五)清理长顺公司对外债权

管理人接受指定后，根据长顺公司的财务资料反映，向已查明地址或虽然地址不明但名称较具体的债务人通过特快专递方式寄发《催收债务通知书》进行债务追收。

(六)调查、核实长顺公司的财产

管理人首先向长顺公司主要负责人及相关员工、上级主管单位了解公司财产现状。同时，管理人先后向佛山市三水区工商行政管理局、佛山市三水区国土局、佛山市三水区房管局、佛山市公安局交通警察支队等单位征询、核实长顺公司名下土地、房产、车辆登记情况，以及相关银行的存款情况。

经调查了解，长顺公司的主要财产为：货币资金、应收账款、土地、房产、汽车。

三、下一步的工作计划

对于长顺公司破产案，还需深入细致地开展有关工作，管理人在本次债权人会议后，将在法院的监督指导下，按照企业破产法的有关程序，做好以下几项工作：

1. 努力地追收债务。长顺公司的应收债权账龄多年，管理人将针对债务人的经营状况，在清算费用允许的情况下，努力为债权人争取利益，尽最大可能对债务进行追收。但如果本案的清算费用欠缺,须由债权人表决是否垫资追收。

2. 鉴于长顺公司名下部分油罐目前正在出租使用,管理人将与长顺公司及其公司负责人,在符合法律规定的前提下安全妥善管理油罐租赁事宜,尽力维护债权人及破产企业的权益。

3. 制订破产财产分配方案。管理人在本案破产清算中,如通过清算得到财产的,将根据清算结果拟定破产财产分配方案,并报债权人会议讨论表决。

4. 办理长顺公司工商、税务等登记的注销工作。

5. 管理人在本案终结后,必须做到善始善终,继续做好资料整理、档案移交工作。

管理人将继续按照《企业破产法》等相关法律规定,在佛山市中级人民法院的监督和指导下,本着对长顺公司全体债权人负责的态度,尽最大努力推进广长顺公司破产工作。

特此报告,请予审议。

办案总结及实务指引

破产程序涉及多方主体利益,程序复杂多样,在案件受理审查、破产债权确认、挽救价值判断、重整计划制定和批准、破产财产管理、变价和分配等环节均存在诸多问题和分歧。[1] 本案的办理克服诸多问题和分歧,具有一定的典型意义:

一、清算期间继续营业

管理人接手企业后,长顺公司负责人向管理人表示,由于技术原因长顺公司所有的储油罐体中都有存油。存油及储油设备都需要技术人员和管理人员负责安全保养和日常管理工作,否则存在巨大安全风险。管理人认为,从保证油库安全和设备保养的角度考量,继续将一部分油罐对外出租可以起到积极的作用:首先,在没有技术人员负责油库安全和设备保养的情况下,其油库和储油设备存在巨大的安全隐患;其次,从油罐出租收益中支付工人工资,可以有效地挽留技术工人和管理人员,从而保

---

[1] 北京一中院"加强法律统一适用研究健全法律统一适用机制"研讨会网络直播,北京破产法庭副庭长邹明宇的发言,载中国法院网,https://www.chinacourt.org/chat/chat/2019/07/id/51665.shtml。

障油罐及整个厂区的安全。因此，管理人在债权人会议召开前，主动向法院申请，继续油库的租赁业务，以租养库的收入仅用于发放企业现有工人的工资及用于设备保养支出，得到佛山市中级人民法院的批准。

同时，管理人主动与职工进行沟通，挽留职工协助管理人对油库进行维护和管理。自 2015 年 1 月管理人接手企业至 2018 年 9 月政府征收库区期间，经管理人挽留，共有 20 余名职工（含技术人员和安全维护人员）一直坚守在岗位。

另外，为了规范管理，管理人还针对油库的特殊情况，要求停止使用油库码头，加强防范可能发生的滑坡等地质灾害及因地质灾害可能引起的油库内设施设备的损害，对临时建筑物、建筑设备、脚手架、广告牌等进行全面加固，定期排查油库厂区内安全隐患，加强重大危险源监管，提高重大危险源事故预防能力，坚决防止灾害事故发生。同时，管理人每周不定时到现场检查各项安全管理制度的落实情况，加强值班责任制，对油库、加油站（点）进行 24 小时视频监控，完善应急预案和措施，严禁油库、加油站（点）出现烟火和使用无线电设备的现象。

通过落实上述措施，在管理人接管油库近 4 年间，从未发生安全生产责任事故。

二、多渠道处置资产与变现

破产进程中，广州、佛山两地政府要求落实西江水资源保护计划，而本案涉及的长顺油库紧邻西江水厂上游，从而导致长顺公司的资产处置方式受限。如果贸然处置资产，油库绝大部分资产均会沦为废铜烂铁，债权人清偿率将大幅降低。

在改革开放初期，以破坏环境为代价的生产型企业，无疑对经济的发展起到很大作用，解决就业问题，贡献税收，也贡献 GDP。但经济发展到今天，我们国家未来需要的是“有担当、有责任、有良心”的企业，国内的企业都面临转型升级，不然将在整个国际市场上毫无竞争力可言。因此，作为破产管理人，我们要支持政府的工作，在企业破产资产处置的过程中，管理人应积极响应国家产业政策发展和法律法规要求，推动行业绿色转型。不以“小利”而失“大义”，始终以行业健康、持续发展为使命，始终以国家经济发展和社会福祉为目标，以“壮士断腕”的魄力淘汰落后产能，做行业绿色转型的推动者、实践者，用实际行动践行“绿色发展”的理念。

因此，重整计划搁置后，为保障债权人利益，管理人积极同政府沟通、协调，促使政府实施征迁计划，对长顺公司地块按市场价格进行收储，在保障水资源、保护生态环境的前提下，使长顺公司的资产价值得以最大限度地变现，充分保障了全体债权人的利益。

对于本案原定的重整计划无法进行,债权人意见极大。虽然政府决定实施征迁计划,但有债权人表示,政府征迁虽然款项有保证,但由于政府的操作流程较为烦琐,经常拖延付款,因此不同意政府征迁,要求管理人尽快处置资产,避免财产贬值给债权人造成更大的损失。对此问题,管理人首先与政府征迁牵头单位沟通,在充分了解政府此次征迁程序和征迁计划的方案后,对征迁计划的利弊进行分析:虽然政府征迁流程烦琐,但本案中管理人与政府协商所得的评估方式及付款方式对债权人较为有利。征迁方案虽然前后历时一年,但抵押权可以获得70%以上清偿,普通债权可以获得18%左右的清偿。因此,管理人逐个与债权人进行解释说明。在充分沟通并获得债权人理解后,管理人随即与政府展开更深入的谈判,为债权人争取了更多的利益。最后,债权人会议决议通过《西江引水工程水源保护区企业征收补偿合同书》,三水区国土资源管理局向管理人支付共计1.9亿元的补偿款,使债务人财产得以最大限度地变现。

破产主要是指经济上破产时债务如何清偿的法律制度,即对丧失清偿能力的债务人,经过法院审理与监督,强制清算其所有财产,公平、有序地清偿全体债权人的法律制度。[1] 企业可以破产,但安全隐患不能留下。从本案出发,管理人接管具有安全隐患的企业后,应当做到以下两点:(1)提高思想警惕,充分理解到企业安全隐患的严重性,进行自查自纠工作,全面彻底排查解决安全问题或隐患,防范事故发生,建立健全安全隐患自查自纠管理制度,严格落实自查自纠工作责任,实现安全隐患自查自纠工作常态化、规范化,形成长期有效的制度;(2)突出安全隐患的重点内容,全面地、深入地、细致地开展安全隐患自查自纠。企业的有关部门,甚至外聘人员,要对企业每一个环节、每一个岗位、每一项安全措施落实等情况进行全面彻底的自查自纠,由企业主要负责人和管理人共同进行安排部署,重点突出安全生产责任制建立落实、安全法律法规及标准规程执行、隐患排查整改和重大危险源监控、应急管理、教育培训等方面内容,对自查出来的问题隐患要建立台账,明确整改责任人和整改时限,做好整改期间的安全管控,确保不出问题。同时,安全隐患自查自纠情况要形成书面报告,由企业主要负责人签字加盖公章后,报属地政府、主管部门备案。

【案例提供及评析人:广东南天明律师事务所　程宗利、肖福来、岑景源、李浩】

---

〔1〕 王欣新主编:《破产法原理与案例教程》,中国人民大学出版社2015年版,第4页。

42

通过破产助力乡村振兴

——佛山市顺德区东头型材实业有限公司破产清算案

核心要点

本案办理过程中,管理人结合当地社会经济发展走向,借力村改政策,通过破产清算程序提出一揽子解决方案,由佛山市顺德区龙江镇东头村(以下简称东头村)有偿回收涉案集体土地使用权,将对价款依法分配给全体债权人。此方案获得村民及债权人的一致支持。本案的成功办结,不仅妥善处理了3.6亿元债务问题,而且释放了被搁置多年的土地等资源,为新技术新产业新业态腾出了用地空间,为东头村建设约20万平方米厂房、学校及文化旅游公园提供了法律支持,为提升村容村貌、完善村居基础设施、增加村集体和村民的收入奠定了基础,有效助力了顺德区村级工业园的升级改造工作,促进了乡村振兴建设。

本案是通过破产程序成功化解执行难题,助力乡村振兴工作的典型案例,具备代表性、示范性,对办理同类案件具有借鉴意义。

办案过程

《关于破产财产的变价方案》(删减版)

为依法维护全体债权人合法权益,推进佛山市顺德区东头型材实业有限公司(以下简称东头型材公司)破产程序,天地正律师所提出东头型材公司破产财产的变价方案并提交债权人会议表决。

一、破产财产情况

(一)概况

东头型材公司名下有位于佛山市顺德区龙江镇东头工业区集体建设用地工业房地产(含土地使用权及地上自建的16处不动产,总建筑面积39,653.40平方米,土地面积51,298.50平方米)。依《资产评估报告书》,破产财产评估价为2049.40万元。

(二)取得来源

东头型材公司股东、法定代表人胡三珠与佛山市顺德区龙江镇东头村民委员会(以下简称东头村委会)签订的《东头型材实业公司企业转让合同》约定:(1)东头村委会将破产财产转让给胡三珠;(2)破产财产对应土地的使用期限为50年,使用权归胡三珠所有,胡三珠每年向东头村委会支付人民币60万元土地使用管理费。

1998年8月18日,胡三珠与东头村委会签订《顺德市龙江镇村办企业转制协议》约定:东头村委会对东头型材公司实行转制,涉及的一切债权债务由胡三珠负责。

2018年12月11日,管理人与胡三珠做调查笔录,其确认:上述合同、协议的履行主体是东头型材公司,上述破产财产由东头型材公司使用,管理费由东头型材公司支付给东头村委会。

2020年2月11日,管理人在《佛山日报》A7版刊登公告:明确上述破产财产是东头型材公司所有;若相关权利人对破产财产权属有异议的,或享有相关权利的,可在限期内向佛山市中级人民法院(以下简称佛山中院)起诉。但至今无人向管理人提出异议,或向法院起诉。

(三)佛山中院建议通过协商方式处置破产财产

2020年6月11日,佛山中院召集管理人、全体债权人、东头村委会及相关政府部门召开关于破产财产处置事宜的协调会议。

会上,佛山中院表示:破产财产对应的土地性质为集体所有,涉及村民利益,无论是否设置抵押均不得通过公开程序进行处置,建议各方友好协商解决。

二、破产财产现状

2020年6月4日,佛山市顺德区龙江镇安全生产委员会办公室出具《关于解决佛山市顺德区龙江镇东头村甘竹北路2号建筑物隐患情况的函》。该文件载明:因破产财产部分建筑存在钢筋外露、墙体铺贴脱落等建筑质量安全隐患及存在危害附近居民住宅等公共安全问题，要求对16宗涉案房产进行整改。

经天地正律师事务所与有相关资质的机构实地察看，16宗涉案不动产确实存在安全隐患，且16宗涉案房产与居民住宅之间的安全距离、环保要求等已不符合政府相关部门的要求，无法继续出租、使用。

三、东头村委会同意支付对价收回破产财产

（一）东头村委会不同意处置破产财产

东头型材公司在进入破产程序前，因涉及案件执行需要，个别法院拟执行拍卖破产财产，但遭到东头村民的强烈反对，甚至引发群体信访的社会事件。

东头村委会明确表示：（1）破产财产虽登记在东头型材公司名下，但破产财产对应的土地性质属于集体用地，不应处置。若处置，应征得全体村民表决同意，否则可能引发村民集体上访的维稳事件；（2）破产财产的部分建筑物涉嫌违章违建，部分建筑物涉及拆迁及兴建学校事宜，亦不得随意处置。

（二）东头村委会同意支付2050万元收回破产财产

2020年10月、11月，管理人再次与东头村委会面谈破产财产处置方案。经多次沟通协调，东头村委会同意支付2050万元的对价收回破产财产。

四、有偿收回方案有利于维护各方利益

东头型材公司相关执行案件超10年未解决，破产财产涉及村民利益及历史遗留问题，迟迟无法处置，再加上每年东头型材公司应支付土地管理费（60万元/年）、留守人员工资、税费、维修保养费等至少超过100万元，债权人损失不断扩大。

东头村委会基于村民利益考虑及为了推进村级工业园升级改造的需要，同意支付2050万元对价收回破产财产。此方案不仅有利于推进东头型材公司破产程序，最大限度实现破产财产的价值，而且有利于化解集体企业改制的历史遗留问题，有利于维护各债权人合法权益，有利于维护佛山地区的和谐稳定。对此，主要债权人亦表示接受及认可。

五、东头村委会支付2050万元的对价合理

2016年8月2日最高人民法院《关于人民法院网络司法拍卖若干问题的规定》第10条规定："网络司法拍卖应当确定保留价，拍卖保留价即为起拍价。起拍价由人民法院参照评估价确定；未作评估的，参照市价确定，并征询当事人意见。起拍价不得低于评估价或者市价的百分之七十。"第26条规定："网络司法拍卖竞价期间无人出

价的，本次拍卖流拍。流拍后应当在三十日内在同一网络司法拍卖平台再次拍卖，拍卖动产的应当在拍卖七日前公告；拍卖不动产或者其他财产权的应当在拍卖十五日前公告。再次拍卖的起拍价降价幅度不得超过前次起拍价的百分之二十……”

参照上述规定，结合佛山地区实际情况，若公开拍卖破产财产，第一次拍卖起拍价一般为评估价2049.40万元的70%，即1434.58万元。若流拍，第二次拍卖起拍价为评估价2049.40万元的56%，即1147.66万元。

经天地正律师事务所多次沟通，东头村委会现仍愿意以2050万元对价有偿收回破产财产。该对价与破产财产的评估价基本持平，合情合理。

六、建议同意东头村委会有偿收回破产财产的方案

（一）有偿收回方案有利于维护各方利益

（二）东头村委会支付2050万元的对价合理

（三）建议债权人同意东头村委会的方案

办案总结及实务指引

一、通过破产程序，化解执行难题

2002年，法院拟执行拍卖东头型材公司破产财产。但因破产财产对应的土地为集体所有，涉及村民利益，故遭到东头村村民的强烈反对，甚至引发群体信访的社会事件，导致财产迟迟未处置，执行程序无法有效推进。

管理人接受指定后，多次实地勘察及与东头村委会耐心解释、细心引导，最终说服其同意评估，且确定评估标的及范围，解决了评估难题。经多次与债权人、东头村委会、相关政府部门等召开协调会，最终促成东头村委会支付合理对价回收破产财产，从而化解执行程序长达16年未成功处置集体土地的问题。本案，通过破产程序成功化解执行难题。

二、抓住乡村振兴机遇，灵活处置破产财产

对于本案破产财产的处置问题，东头村委会多次口头及书面发函表示：破产财产虽登记在东头型材公司名下，但破产财产对应的土地性质属于集体用地，不应处置；若处置，应征得全体村民表决同意；且破产财产的部分建筑物涉嫌违章违建，部分建筑物涉及拆迁及兴建学校事宜,亦不得随意处置。否则,可能引发村民集体上访的维稳事件。因此,若直接公开处置破产财产,恐难以推动处置。此外,因破产财产长期闲置,存在砖瓦脱落等危险情况,严重影响村容村貌,影响村民安全,需尽快处置破产财产。

恰逢党的十九大提出乡村振兴战略,且村级工业园改造是顺德推动乡村振兴的一个重要内容,而本案破产财产均处于工业园改造及乡村振兴项目的拟定范围内。2020年10月,获悉东头村需进行村改后,管理人凭借多年的办案经验,立刻转变思路,借力村改政策,通过破产清算程序提出"一揽子"解决方案——由东头村委会有偿回收涉案集体土地使用权,后将对价款依法分配给全体债权人。通过灵活处置破产财产,有效维护各方合法权益。

三、避免资源浪费,助力乡村振兴

乡村振兴是党的十九大提出的重大战略,村级工业园改造是顺德推动乡村振兴的一个重要内容。统计显示,顺德382个村级工业园占用已投产工业用地的70%,却仅贡献27%的工业产值和4.3%的税收。因此,村改成为摆在顺德面前的不二选择。

本案中,东头型材公司已于2004年全面停产。其名下51,298.50平方米土地及39,653.40平方米厂房无法有效利用,造成资源浪费。因东头型材公司负债高达3.6亿元,且其大部分资产已设置抵押等权利限制,虽东头型材公司存在违约情形,但东头村委会却无法无偿回收集体土地,故各方矛盾错综复杂。另外本案厂房已纳入村级工业园的升级改造范围,部分厂房拟拆迁兴建学校等,各方利益交织。

为依法推进本案程序,管理人逐一化解各方争议,协调各方让步。对于东头村委会,由其支付合理对价回收破产财产;对于债权人,在法律框架下依法按比例受偿。

经管理人多次耐心协调沟通,促使各方同意让渡部分权益,推动案件成功办理,不仅化解了3.6亿元债务,妥善处理了债权问题;也释放了被搁置多年的土地等资源,为新技术新产业新业态腾出了用地空间,为东头村建设约20万平方米厂房、学校及文化旅游公园提供法律支持,有效推动村级工业园的升级改造。

本案的成功办理,为提升村容村貌、完善村居基础设施、增加村集体和村民的收入奠定了基础,助力了村级工业园的升级改造工作,促进了乡村振兴建设。

东头村正在成为人民群众向往的"诗与远方",它是一幅幅徐徐展开的产业兴、生态美、百姓富的乡村振兴美丽画卷。本案借力村改政策,通过破产清算程序提出"一揽子”解决方案，同时解决了淘汰落后产业产能、腾退废旧工业用地、人居环境整治、乡村公共配套升级等多个历史问题，是破产法律制度服务保障经济社会高质量发展，助力乡村振兴的典型案例。管理人将东头村的得天独厚，变现成富民强村的“金山银山”。同时，本案获得佛山电视台、《佛山日报》、《广州日报》的报道，取得良好社会效果。2021 年 8 月 25 日，本案入选《佛山法院破产审判服务优化营商环境十大典型案例(2020—2021)》。2022 年 1 月 20 日，本案入选佛山市破产管理人协会“2021 年度经典案例”。

【案例提供：广东天地正律师事务所　丁学平、刘从美；评析人：广东南天明律师事务所　程宗利】

43

实质合并破产清算

——惠阳金利金印刷包装制品有限公司等3家公司合并破产清算案

核心要点

惠州市中级人民法院(以下简称惠州中院)于2018年5月30日裁定受理惠阳金利金印刷包装制品有限公司(以下简称金利金公司)、惠州市港利印刷有限公司(以下简称港利公司)、惠阳区金煌实业有限公司(以下简称金煌公司)破产清算案,并裁定3公司实质合并进行破产清算,指定广东伟伦律师事务所担任金利金公司、港利公司、金煌公司的管理人,负责金利金公司、港利公司、金煌公司的破产清算工作。2019年8月19日,惠州中院认为管理人已对破产财产分配完毕,且无其他可供分配的破产财产,依法裁定终结3公司的破产清算程序。

审理该案的惠州中院认为,金利金公司、港利公司、金煌公司3家企业的住所地和法定代表人相同,主要经营业务相同,主要管理人员混同,在经营过程中3家公司之间也存在相互提供担保和3家公司之间的财产混同使用,公司人格高度混同,且3家公司早已停止经营,法定代表人和管理人员下落不明,为确保全体债权人得到公平清偿,3家公司应以实质合并方式进行破产清算,以共同财产偿还债务。

在实质合并破产中,适用合并破产重整的远多于合并破产清算。本案属于合并破产清算,具有一定的典型性。

办案过程

一、债务人情况

金利金公司系于2002年7月8日在惠州市惠阳区工商行政管理局注册成立的有限责任公司,注册资本1000万港元,法定代表人陈金水,住所地惠州市惠阳区淡水镇白云坑工业区。经营范围为生产经营瓦楞纸板、包装装潢印刷品等。金利金公司股东为金煌公司、金豪工程有限公司。港利公司系于2009年6月25日在惠州市惠阳区工商行政管理局注册成立,注册资本人民币160万元,法定代表人陈金水,住所地惠州市惠阳区淡水镇白云一路白云工业区,经营范围为加工、销售纸箱等。港利公司股东为陈金水、陈树金。金煌公司系于1992年11月12日在惠州市惠阳区工商行政管理局注册成立,注册资本人民币200万元,法定代表人陈金水,住所地惠州市惠阳区淡水镇白云一路白云工业区,经营范围为投资办厂,销售建筑材料、五金交电等。金煌公司股东为陈金水、陈树金。3家公司均早已停止经营活动,法定代表人及工作人员均下落不明。

二、案件受理情况

惠州中院于2018年5月30日裁定受理金利金公司、港利公司、金煌公司破产清算案,并裁定3公司实质合并进行破产清算[案号:(2018)粤13破17、18、19-2号]。惠州中院于2018年7月11日作出2018粤13破17、18、19-1号《决定书》,指定广东伟伦律师事务所担任金利金公司、港利公司、金煌公司的管理人,负责金利金公司、港利公司、金煌公司的破产清算工作。

三、案件办理情况

管理人接受指定后依法履行职务并于2019年6月14日制定《破产财产分配方案》,提交债权人会议表决,债权人会议经表决后通过了《破产财产分配方案》。惠州中院依法于2019年7月8日作出《民事裁定书》,裁定认可《破产财产分配方案》。根据确认的《破产财产分配方案》,管理人于2019年8月1日完成有财产担保债权、社会保险债权、职工债权、税款债权、普通债权的清偿事宜,并履行分配方案规定的全部事项。

2019 年 8 月 19 日，惠州中院认为管理人已对破产财产分配完毕，且无其他可供分配的破产财产，依法裁定终结 3 公司的破产清算程序。本案从执行转破产程序的受理至破产财产分配完毕时，仅花费了一年多的时间，债权人在较短的时间内即实现了权益，本案的处理达到了较好的社会效果。

本破产清算案件存在执行转破产、3 公司实质合并破产清算的特殊情形，在案件处理过程中又存在执行转破产程序后的财产如何移交、执行拍卖财产如何移交、执行程序中未变卖的机器设备如何快速处置、抵押财产与无抵押财产整体打包处置后的价值如何分割、已经生效裁判文书确认债权如何认定及税款债权、职工债权如何调查认定等疑难复杂问题。现就 3 公司实质合并破产清算，以及破产财产处置等本案的核心问题作进一步介绍。

3 公司由于不能清偿到期债务，资产不足以清偿全部债务，惠州中院裁定分别受理对 3 公司的破产清算申请。由于 3 公司为同一法定代表人，住所地相同，3 企业财产相互使用，相互混同和相互担保，公司人员和经营业务混同，3 公司之间存在法人人格高度混同，且 3 公司已停止经营，法定代表人和管理人员下落不明，3 公司以实质合并方式进行破产清算，以共同财产偿还债务。

在破产财产处置方面，对于经变卖无法处置的机器设备，及时制定《关于提议通过协议转让方式整体处置资产的报告》并依法提交给全体债权人进行书面表决，管理人最终通过协议转让的方式整体处置资产，避免了破产财产处置成本高于资产变现价值的情形出现。同时，管理人在整体打包处置资产后，准确还原单项资产价值并对变价款进行分割，依法保障抵押权人利益，促使资产处置方案得以通过执行。

办案总结及实务指引

一、执行转破产，有效化解执行积案

本案是通过执行不能案件移送破产审查，从而有效化解执行积案、公平保护相关利益方的合法权益，并在实体上精准解决了“执行难”的问题。由于金利金 3 公司财产不足以清偿全部债权，债权人之间的利益冲突激烈，尤其还涉及抵押权人、税款债权及几十名职工权益，在执行程序中很难平衡。通过充分发挥执行转破产工作机制，

及时移送、快速审查、依法审结，有效地利用破产程序解决了执行难的问题。另外，通过执行与破产的有序衔接，对破产企业进行分类甄别、精准救治、及时清理，尽快释放经济活力和闲置资产，使执行和破产两种制度的价值得到最充分、最有效的发挥。

二、管理人敢于灵活变通，实现了破产财产最优化的处置

对于经变卖无法处置的机器设备，管理人敢于打破传统，灵活变通，及时提议债权人会议通过协议方式处置资产，实现了破产财产最优化的处置。根据管理人调查，3公司厂区内的设备、设施、成品、半成品自2015年起停止使用，且未进行妥善保管，大部分物品已损坏或已无使用价值。如继续通过司法拍卖、变卖方式处置，有可能出现处置成本远远高于资产变现价值的情形，从而对债权人的清偿率造成影响。在此情况下，管理人在取得法院同意且遵守《破产财产变价方案》的基础上，及时制定《关于提议通过协议转让方式整体处置资产的报告》并依法提交债权人会议进行书面表决。经解释释明，债权人会议表决高票通过上述处置方案。管理人通过协议转让的方式整体处置资产，避免了破产财产处置成本高于资产变现价值的情形出现，最终债权清偿比例及审理效率均超过债权人预期，实现了对所有债权的公平清偿。其中，职工债权、社会保险费用债权和税款债权依法均得到100%的清偿，有效地化解了劳资矛盾，保障了职工权益和国家税收。

三、准确还原单项资产价值并对变价款进行分割

管理人在资产清查过程中发现3公司生产线上的设备存在部分抵押的情形，该部分抵押设备相对于无抵押设备明显优质，容易拍卖处置。但如果将生产线上的抵押设备与非抵押设备分开处置变现，则非抵押部分资产可能无人问津，造成整体变现价值减损。基于资产最优化的考虑，管理人根据3公司所处行业现状、市场需求及意向购买者的需求决定对3公司的资产进行整体打包处置。

在资产进行整体打包处置后，就会面临抵押财产与非抵押财产对应处置价值的分配问题。相对于抵押财产，非抵押财产的价值借助优质资产的整体效应得到了提升，但是，与优质资产整合的资产处置后，如何确定优质资产的单独价值，并对抵押权人进行优先清偿是管理人面临的重要问题。为公平公正合理的设置底价，管理人在《关于提议通过协议转让方式整体处置资产的报告》中确定了以下价值分割原则，即延续了强制执行阶段法院聘请的专业评估机构出具的评估报告，以评估价作为底价。如果实际处置变现价值高于底价，则各项资产都会溢价，按比例还原各项资产单独价

值。但是,如果实际拍卖价值低于底价,则各项资产单独价值都会低于评估价值,再根据比例还原各项资产单项价值。上述价值分割原则,经管理人与全体债权人,尤其是抵押债权人的充分沟通释明,得到了全体债权人的一致认可。

在破产清算程序中,破产财产处置是管理人的重要工作。管理人须事前了解破产企业所处行业和意向买家的意愿情况,以打包处置为原则、单独处置为例外设计资产处置方案,严谨的同时留有灵活处理的空间,形成具有可操作性、对债权人整体公平的资产处置方案,实现破产财产变现价值最大化。

四、实质合并的方式进行破产清算

本案中,金利金公司、港利公司、金煌公司 3 家公司已达到法人人格高度混同的情形,经审理后法院采取了对 3 家公司实质合并的方式进行破产清算。同时,管理人采取“衡平居次”原则,确定关联企业互负债务不受清偿,并在财产分配方案中确定互保企业的相同债权人以一次清偿为限而非叠加清偿的内容,进而提高每位普通债权人的清偿率,从而实现实质性公平清偿的基本原则。此外,本案通过实质合并破产清算的集约程序,解决了 3 家公司各自进入破产清算程序存在的资产区分、债权债务区分等问题,有效地提高了破产案件的审理效率。

实质合并破产是因应关联企业破产而产生的一项破产法上的制度。在我国,实质合并破产尚未被立法层面确认,主要依赖司法实践的积累与最高人民法院司法政策的指引。《全国法院破产审判工作会议纪要》提出当关联企业成员之间存在法人人格高度混同、区分各关联企业成员财产的成本过高、严重损害债权人公平清偿利益时,方可例外适用实质合并。据统计,从《企业破产法》实施当年至 2020 年 4 月 1 日,关联企业实质合并破产案件共计 127 件。其中,合并重整 85 件,占比为 67%;合并清算 37 件,占比为 29%;合并和解 5 件,占比为 4%。[1] 在实质合并破产中,适用合并破产重整的远多于合并破产清算。

在本案中,审理该案的惠州中院认为,金利金公司、港利公司、金煌公司 3 家企业的住所地和法定代表人相同,主要经营业务相同,主要管理人员混同,在经营过程中 3 家公司之间也存在相互提供担保和 3 家公司之间的财产混同使用,公司人格高度混同,且 3 家公司早已停止经营,法定代表人和管理人员下落不明,为确保全体债权人

---

〔1〕 参见王静:《实质合并破产法律制度构造研究》,法律出版社 2021 年版,第 40 页。

得到公平清偿,3 家公司应以实质合并方式进行破产清算,以共同财产偿还债务。

按照《联合国国际贸易法委员会破产法立法指南》的定义,实质合并是指将关联企业的两个或两个以上成员企业的资产与负债作为单一破产财产组成部分对待。实质合并的核心在于在破产程序中否定各关联企业成员的独立人格,将关联企业视为一体,在此基础上处理关联企业的债权债务关系。我国学者普遍反对仅以法人人格混同作为唯一标准,但对于应当包括哪些标准观点并不一致。王欣新教授提出四项标准:法人人格混同、欺诈、债权人受益、重整需要,同时认为应当保持适用标准的开放性,以应对不断出现的新情况。[1] 如果根据该观点,本案中,惠州中院同时采用了法人人格混同、债权人受益两项标准。

由于实质合并破产尚未被立法层面确认,但是,进行实质合并破产的实践需求是客观存在的,而且会越来越多,希望《企业破产法》修改时将实质合并破产问题写入法律。

【案例提供:广东伟伦律师事务所　谢志坚、马静涛、郭毕华、林君娜、陈帝帆、陈宇能、陈迪、戴晓雯、徐意淳;评析人:谢志坚、马静涛、郭毕华、王科建】

〔1〕 参见王欣新:《关联企业实质合并破产标准研究》,载《法律适用(司法案例)》2017 年第 8 期。

Part Ⅳ

第四部分

个人破产

引 言

《深圳经济特区个人破产条例》的颁布和施行，让个人破产制度正式映入社会公众的眼帘。

本部分精选了8件个人破产典型案例，包括全国第一例个人破产重整案、第一例个人破产和解案、第一例个人破产清算案、夫妻合并破产重整案等，展示个人破产制度的特点，以及管理人在办理过程中的工作重点、难点及经验。

44

深圳经济特区个人重整第一案

——梁某某个人重整案

核心要点

梁某某破产重整案是在深圳经济特区作为立法试点，于2021年3月1日实施《深圳经济特区个人破产条例》后，全国个人破产第一案，也是个人破产重整第一案，体现了个人破产制度救济“诚实而不幸”的债务人的立法追求，彰显了“鼓励创新、宽容失败”的人文理念，为全国性的个人破产立法注入了信心和期待。

梁某某于2018年开始创业，其间借贷以解决经营资金问题，2020年经营失败。2021年3月10日，梁某某向深圳市中级人民法院（以下简称深圳中院）申请个人破产清算，后变更为破产重整程序。2021年7月19日，深圳中院裁定批准重整计划。根据重整计划，未来3年，梁某某夫妻除了豁免财产之外，其他收入均用于偿还债务，实现对全体债权人全部债务本金的全额清偿。

办案过程

一、案件简介

（一）债务人情况

梁某某为技术人员，自2018年6月开始成立公司自主创业，先后研发出蓝牙耳机、额温枪等产品。由于自身缺乏市场运营能力与销售渠道,无法获得稳定的客户资源,加之受到新冠疫情影响,公司被迫于2020年停业。为此,梁某某背负债务约75万元。

（二）案件受理情况

2021年3月10日,梁某向深圳中院申请个人破产清算。在深圳中院和深圳市破产事务管理署约谈辅导后,变更申请为个人破产重整。2021年5月11日,深圳中院裁定受理梁某某提出的个人破产重整申请,案号为(2021)粤03破230号(个1),并指定广东经天律师事务所担任破产管理人。

（三）案件办理情况

梁某某创业失败后,受聘于其他公司担任技术工程师,月收入20,000多元,其配偶月收入约6000元,一家人居住在约35平方米的出租屋内。家庭主要财产为银行存款79,507.77元、第三方支付平台账户余额4.76元、住房公积金账户余额5619.9元、房屋租赁押金1500元、两项对外投资股权、两项有效知识产权。除此之外,还有手机、电脑、电动单车、空调、冰箱等工作和生活必需品。

截至债权申报期限届满日,梁某某个人破产重整案共有11家债权人向管理人申报30笔债权,申报债权总额为648,289.02元。经管理人审查、债权人会议及债务人核查,深圳中院裁定确认10家债权人的债权总额564,216.91元,债权性质均为普通债权。后补充申报债权5家,申报13笔债权总额200,443.22元,申报债权性质均为普通债权。管理人审查并经深圳中院裁定确认5家补充申报的债权总额为196,119.84元,债权性质均为普通债权。

2021年6月22日,深圳中院组织召开梁某某个人破产重整案第一次债权人会议,由债权人会议审议并表决通过豁免财产清单和重整计划草案。根据重整计划,梁某某一家除每月保留7700元的基本生活费用外,未来3年内,所有收入将用于偿还全部借款本金。2021年7月19日,深圳中院裁定批准梁某某重整计划,并终结梁某某个人破产重整程序。

二、相关文书摘要

就梁某某申请个人破产重整一案,深圳中院依法组成合议庭审查,并于2021年4月27日进行了听证调查。梁某某向深圳中院提交了以下材料:(1)破产申请书、破产原因及经过说明;(2)收入状况、社保证明、纳税记录;(3)个人财产清册、银行存款截图、商标登记信息;(4)个人债权债务清册、信用卡账单截图;(5)诚信承诺书。

关于破产原因。梁某某陈述:2018 年 6 月开始创业,2019 年 3 月成立了深圳市超壹科技有限公司,主要负责开发产品及销售,希望开发出具有创新专利的蓝牙耳机产品。2019 年八九月,梁某某带着开发好的产品去香港参加展会,但结果不理想,没有客户资源,便回去重新改善产品的研发。2020 年春节,产品重新设计好,却遇到了新型冠状病毒肺炎疫情,但梁某某认为有创意的产品可能会更符合以后的市场,就继续投入开发,同时增加了额温枪的开发。但在产品准备好之后,却没有找到销售渠道,只好以单卖配件的方式出售给其他厂家。2020 年 6 月,梁某某又继续开发此前设计的第二款产品,同时做出样品和采购物料,但最终在 2020 年 9 月末无法经营下去。虽然有客户,但梁某某发现与想象中的创业不一样,虽然有技术,但是没有资金,也不懂得市场运营,很多客户希望先供货出售,但是梁某某此时已经没有现金流了。

关于债权债务情况。根据梁某某申报的情况,截至破产申请提出之日,梁某某债务总额约 75 万元。梁某某现有 36,120 元存款、4719.9 元住房公积金,并持有两个公司的股权、两项专利、三个商标,固定工资收入约 25,000 元/月,无房产、车辆等大宗财产。

2021 年 4 月 27 日,梁某某向深圳中院提交了《变更个人破产类型申请书》,将破产清算申请变更为破产重整申请。深圳中院认为,梁某某提出的破产重整申请,符合个人破产有关法规规定。依照《深圳经济特区个人破产条例》第 2 条、第 8 条、第 13 条、第 106 条的规定,裁定受理梁某某的个人破产重整申请。深圳中院同时依照《深圳经济特区个人破产条例》第 19 条、第 23 条之规定,决定对梁某某采取限制消费行为措施,除确因生活和工作需要并经人民法院同意外,梁某某不得有下列消费行为:(1)乘坐交通工具时,选择飞机商务舱或者头等舱、列车软卧、轮船二等以上舱位、高铁及其他动车组列车一等以上座位;(2)在夜总会、高尔夫球场及三星级以上宾馆、酒店等场所消费;(3)购买不动产、机动车辆;(4)新建、扩建、装修房屋;(5)供子女就读高收费私立学校;(6)租赁高档写字楼、宾馆、公寓等场所办公;(7)支付高额保费购买保险理财产品;(8)其他非生活或者工作必需的消费行为。梁某某重整计划获得深圳中院批准后,深圳中院作出解除限制梁某某消费行为决定,并同时将决定书通知深圳市破产事务管理署。

办案总结及实务指引

一、本案为全国个人破产第一案，个人破产重整第一案

为贯彻落实十九届四中全会精神和中共中央、国务院《关于新时代加快完善社会主义市场经济体制的意见》健全破产制度之需要，在中央授权支持深圳经济特区先行先试个人破产制度的背景下，深圳率先出台全国首部关于个人破产的地方性立法——《深圳经济特区个人破产条例》，弥补了我国长期以来只有企业破产制度、没有个人破产制度的立法缺陷。梁某某个人破产重整案是该条例自 2021 年 3 月 1 日正式施行以来深圳中院受理的首宗个人破产案件，首宗个人破产重整案件，既是深圳经济特区先行先试的个人破产第一案、个人破产重整第一案，也是全国真正意义上的个人破产第一案、个人破产重整第一案。

梁某某因投资创业失败面临债务困境，通过个人破产程序公平清理债权债务，并在未来一定期限内以个人和配偶的收入尽可能地偿还所负债务，避免了被债权人频频追索之讼累，避免了被各种形式逼债之痛苦，实现了对债务人及其家庭成员精神层面的救济。同时，该案充分体现了个人破产制度“鼓励创新、宽容失败”的人文理念。更为重要的是，法院批准重整计划之后，解除对债务人的消费行为限制措施，为债务人走出困境和走向新生提供了重要的保障，生动体现了个人破产制度为“诚实而不幸”的债务人提供“全新开始”的立法追求，可以让债务人尽快地恢复为有生产力、有创造力的社会成员，有利于家庭和谐，有利于孩子的健康成长，并进而增进社会整体福祉。

二、妥善选择有利于公平保护债权人和债务人的程序

《深圳经济特区个人破产条例》规定了破产清算、重整、和解三种程序，根据其第 8 条、第 9 条、第 106 条规定，债权人和债务人均可申请债务人破产清算，重整则只能由债务人自行申请，故当两者发生冲突时，《深圳经济特区个人破产条例》第 106 条第 3 款规定，“人民法院认为符合重整受理条件的，应当裁定受理重整申请”，规定了破产重整优先于破产清算的安排。

破产重整与破产清算两种不同程序的利弊体现在《深圳经济特区个人破产条例》诸多条文中，关键在于债务人是否诚实偿债。就梁某某个人破产重整案件而言，梁某

某因创业失败而负债，有专业技术能力，月收入为20,000元以上，具备《深圳经济特区个人破产条例》第106条第1款的规定，即“有未来可预期收入”的重整条件。以梁某某现有的收入和负债进行测算，如果选择破产清算程序，则在两年考察期届满时就可以清偿剩余债务达到1/3，已达到了免除剩余未清偿债务的条件，但显然该等情形不利于债权人，且债务人有明显利用破产程序逃避债务的嫌疑。梁某某及其配偶非“躺平”一族，他们愿意继续勤奋努力工作，尽可能清偿债务，为此，其配偶愿意将其财产和收入纳入本案与梁某某一同偿债，扩大偿债资金来源，提高偿债资金额，尽其家庭所能3年内清偿债务本金，此举完全有利于债权人，也因此得到债权人的同情和支持。从梁某某个人破产重整案可以看出，选择个人破产重整程序，凸显了债务人的诚意，确保了案件的顺利推进，以致其重整计划草案和豁免财产清单得到了债权人会议高票通过。梁某某选择个人破产重整程序明显对于债权人给予了更为充分的保护。

梁某某个人破产重整案在债权申报期限内共有10家债权人申报的债权获得确认，10家债权人均为银行和网贷金融债权。在《深圳经济特区个人破产条例》实施的第一个月，在债务人提交的申请中，债务类型涵盖信用卡借款、小额借款、银行借款、民间借款等，涉及银行、网贷等金融债权的占94.8%，其中涉及信用卡借款的占90.9%，涉及小额借款的占74.3%。从目前梁某某个案及申请的数据可以看出，如何维护债务人个人和金融机构等债权人的双向公平，对于个人破产制度的实施至关重要。

对于债权人而言，其最重要的权益在于债权实现的清偿比例，故需重点关注偿债资金来源、偿债时间及偿债金额。个人破产与企业破产在破产清算程序中最大的区别之一在于破产程序结束后主体是否退出市场而注销（或死亡），因此，《深圳经济特区个人破产条例》对个人债务人设置了考察期，以及视为考察期届满的情形。梁某某个人破产重整案，在模拟破产清算状态下，经过2年考察期时梁某某可以清偿债务达到1/3，意味着在破产清算情形下，梁某某经过2年考察期就可以获得申请免除剩余近2/3的债务。由于以梁某某现有的收入标准即可测算得出该结果，显然对债权人而言，破产清算不是最有利的程序。梁某某从个人破产清算转为个人破产重整程序后，将偿债期限设定为3年，并将夫妻收入均纳入偿债范围，提高偿债资金额，实现普通破产债权约88.73%的受偿率，债权本金的全额清偿，实现了对债权人权益的最大保障。因此，对债权人而言，债务人根据其债权债务实际情况，选择正确的破产程序直接涉及债权的受偿,涉及对债权人实体权益的保障。梁某某个人破产重整一案,为个人破产程序对债权人的公平保护起到了很好的示范作用,为个人破产制度未来在全国范围内的顺利实施扫清障碍。

三、首次体现了深圳市破产事务管理署的作用

《深圳经济特区个人破产条例》充分借鉴了香港特别行政区的个人破产规范,将行政事务从法院审判中分离出来,符合国际通行做法。《深圳经济特区个人破产条例》规定成立破产事务管理部门,承担破产办理中的行政事务,明确个人破产事务的行政管理职责由深圳市人民政府确定的工作部门行使,主要职责包括确定管理人资质,建立管理人名册;提出管理人人选;管理、监督管理人履行职责;提供破产事务咨询和援助服务;协助调查破产欺诈和相关违法行为;实施破产信息登记和信息公开制度;建立完善政府各相关部门办理破产的协调机制等。梁某某个人破产重整案件从申请开始,到近执行完毕,全程均体现了深圳市破产事务管理署在破产程序涉及的行政事务中所发挥的重要作用,为破产制度的改革,为通过破产制度进一步营造良好的营商环境,为完善破产制度,均作出了优秀的实践。梁某某个人破产重整案,无论是受理前的深圳市破产事务管理署辅导,全程的信息公开,后期执行的监督,到宏观的管理人培训、管理人名册制定、报酬方案等,将人民法院的行政事务全部剥离出来,保证了审判的专业性和高效率,结束了破产制度的“跛脚”时代,充分体现了破产制度对经济的促进和调整作用。

【案例提供及评析人:广东经天律师事务所　杜艳芝、刘胜军、纪少燕、杜曦、朱文静】

45

引导债务人树立诚实守信价值观

——闫某个人破产重整案

核心要点

本案为《深圳经济特区个人破产条例》出台后首批被深圳市中级人民法院(以下简称深圳中院)受理的个人破产重整案件。

本案的典型示范意义主要体现在对债权人权益的保护措施、对债务人的救济及保护、告知社会什么是“诚实而不幸”的债务人等方面。

办案过程

一、债务人情况

债务人闫某,女,32岁,文化程度本科。闫某原为某电视台节目主持人,后辗转换过多次工作,收入水平一直处于较高水平。自2015年起,闫某开始投资创业,所投项目均因经营不善或停止经营或被受理破产,投资成本无法收回,闫某由此背负了260多万元巨额债务无力清偿。

二、案件受理情况

2021年4月18日,闫某向深圳中院提交个人破产清算申请,经法官面谈辅导后,2021年7月1日,其向深圳中院提交个人破产重整申请。2021年8月30日,深圳中院作出(2021)粤03破409号(个9)《民事裁定书》,裁定受理闫某个人破产重整一案。2021年8月30日,深圳中院作出(2021)粤03破409号(个9)《指定管理人决定书》,指定广东融关律师事务所担任破产管理人。

三、案件办理情况

管理人接受指定后,即通过面谈、现场走访及电话沟通等方式对闫某的基本情况进行了相关调查。闫某因工作的特殊性经常需要出差,其生活轨迹无固定模式,本案受理时其借住在深圳、上海好友家中,无须支付房屋租金。闫某名下无机动车或不动产,主要财产为银行卡中的余额7.5元、第三方支付平台账户余额45.03元、住房公积金账户余额41,466.81元、两项对外股权投资。除此之外,还有手机、电脑、爱马仕包、巴宝莉大衣、首饰、衣物等物品。闫某的主要收入来源为每月固定工资2万元,及预期商演报酬每年3万—7万元。

本案受理后,管理人通过发布公告、邮寄、电话、短信、电子邮件等方式通知债权人申报债权,共有14家债权人向管理人申报债权,合计申报总额为994,806.51元。管理人审查确认并经法院裁定确认13家债权人的债权,合计确认债权金额为972,208.4元。闫某另负有亲属朋友债务150余万元,其亲属朋友同意,若本案重整计划草案顺利通过,则其债权于重整计划执行完毕后另行与闫某协商解决。

2021年10月13日,闫某个人破产重整案第一次债权人会议召开,申报期内申报并依法享有表决权的9家债权人参加会议,深圳市破产事务管理署代表及深圳市破产管理人协会会员单位代表亦到场列席会议。管理人在会议上作了阶段性工作报告、债务人财产情况报告及债权审核报告,提请债权人会议核查《债权表》并要求债权人及债务人填写《债权核查意见反馈表》,发表《豁免财产清单》审查意见,并重点介绍了《重整计划草案》。会上,部分债权人对《豁免财产清单》《重整计划草案》的部分内容提出意见,管理人经与闫某沟通后,对《豁免财产清单》《重整计划草案》作出调整。根据《重整计划草案》,闫某每月的净收入20,000元扣除合理费用4000元后,可供清偿债务金额16,000元按月如期支付至管理人账户,管理人每3个月向债权人进行分配,清偿期限5年,最终实现普通债权本金加利息100%清偿。经管理人测算,在破产清算情形下,普通债权的清偿率仅为20.44%,破产重整情形下的清偿率远高于破产清算情形下的清偿率。最终债权人会议全票表决通过了《豁免财产清单》与《重整计划草案》。

2021 年 11 月 1 日，深圳中院裁定批准闫某重整计划，终结闫某个人破产重整程序。重整计划批准后，闫某每月均能按时还款，截至 2022 年 4 月，闫某已清偿债务金额合计为 132,377.59 元，比重整计划约定的同期清偿债务金额 96,000 元高出 36,377.59元，超计划金额进行还款。

2022 年 7 月 18 日，闫某向管理人提出延长重整计划执行期限的申请，理由为受新冠疫情影响，其所在工作单位裁减人员，其不幸成为被裁减人员之一，目前为失业状态，无收入来源，加之其父亲被确诊患有癌症，急需资金用于医治病症，暂无力继续按照重整计划的规定每月按时支付债权清偿款。经管理人调查，以上情况属实。管理人认为，本案重整计划执行期间，闫某积极配合管理人的工作，认真履行《深圳经济特区个人破产条例》及重整计划有关义务。在面临失业且无商演机会的情况下，闫某仍保持乐观态度，积极寻求工作机会，追求更好的工资待遇以保证重整计划顺利执行。管理人特向深圳中院申请延长本案重整计划。

2022 年 8 月 15 日，因闫某"自案件进入重整执行期间后能够遵守重整计划的约定，积极履行清偿义务，并超计划金额进行还款。现因失业及父亲患有重疾还款确有困难，属于条例规定的不可归责于债务人的客观原因"且闫某"承诺对债权人因延期所受损失予以补偿"，深圳中院裁定本案重整计划执行期间向后顺延 6 个月至 2027 年 4 月 30 日。截至目前，闫某已经恢复按重整计划进行偿债的状态。

办案总结及实务指引

一、惩戒债务人不诚实行为

个人破产制度的目的在于保护"诚实而不幸"的债务人，所以，对于债务人的不诚信行为应当予以严厉惩戒。本案中，债务人在管理人明确告知其权利义务的情况下，仍因自身法律意识淡薄、对个人破产制度的不熟悉、诚信意识不强，违反了债务人应当承担的义务，其存在多次离开深圳市时未按照要求向管理人主动报告，且未如实陈述其过去两年产生的商演收入的行为。管理人在发现债务人自行披露的商演收入低于管理人调查统计的商演收入后，第一时间要求债务人对商演收入情况进行说明，并向深圳中院申请对债务人违反《深圳经济特区个人破产条例》的行为进行处罚。因债务人对其未及时向管理人报备离开居住地、未如实申报收入的不诚信行为进行了深刻检讨，并承诺在日后案件推进中及时向管理人报备行踪、确认将所有可预期收入用于清偿债务，深圳中院最终决定对债务人罚款5000元以示惩戒。

个人破产制度作为帮助"诚实而不幸"的债务人重获新生的制度，实施前受到了社会各界的广泛关注，舆论界不乏质疑之声——个人破产制度是否会成为债务人逃废债的工具？本案的办理回答了这个问题，个人破产制度绝不容忍债务人的不诚信行为，绝不会让心怀不轨之人投机取巧。经管理人申请，深圳中院对债务人作出处罚决定，亦对债务人起震慑作用，帮助债务人树立诚实守信的价值观。

二、逐步获得债权人对个人破产制度的认可与支持

本案是深圳经济特区第二宗个人破产重整案件，债权人大多为金融机构债权人，个人破产制度于其而言较为陌生。债务人的金融机构债权主要产生自信用卡消费，各大金融机构都拥有各自成熟的还款机制来保证债权的实现，故金融机构债权人在债权申报、债权人会议等环节中普遍存在积极性不高的现象，部分债权人消极对待、拒绝申报。鉴于此，管理人通过线上及实地拜访的方式向债权人讲解个人破产制度的价值，让众多第一次接触个人破产制度的金融机构充分了解个人破产制度中对债权人的各类保护措施，引导其向管理人提交债权申报材料，通过个人破产制度实现其债权，并告知其应积极通过参与债权人会议等方式参与个人破产程序，积极行使对债务人的监督权。个人破产制度不仅在于保护"诚实而不幸"的债务人，亦有利于债权人节省实现债权的成本。在豁免财产清单及重整计划草案表决阶段，管理人听取债权人意见并与债务人沟通调整豁免财产清单及重整计划草案，调整后，普通债权本息可获100%清偿，本案重整计划草案最终经债权人会议全票表决通过，体现了债权人对个人破产制度从逐步接受到进一步认可、支持的过程。

三、根据客观情况变化及时调整重整计划执行期

在进入重整计划执行阶段后，债务人一直按照规定还款方式履行还款义务。但由于其父亲被检查出患有肺癌，债务人需将2022年5月、6月的工资用于支付其父亲的治疗费。再加之上海市因新冠疫情蔓延实行严格的管制措施，债务人所在的公司大规模裁员，其与公司于2022年6月30日解除劳动关系，处于失业状态，无收入来源。债务人于2022年7月18日向管理人提交《申请书》，申请延长6个月重整计划执行期限，承诺债权人因延期所受损失，按照银行同期贷款利率予以补偿。

与企业不同,个人破产重整计划执行期普遍较长,且因是以未来收入偿还债务,影响重整计划执行的因素更多。本案重整计划执行期内,债务人受新冠疫情影响失业,无收入来源以持续还款,只得申请延长重整计划执行期限。考虑到债务人在重整计划批准后的半年内一直积极还款,甚至超计划还款,且暂无法按重整计划还款确系客观原因导致,管理人特申请深圳中院延长本案的重整计划执行期限,深圳中院裁定将重整计划执行期限延长6个月。根据客观情况变化及时调整重整计划执行期给予了债务人喘息的时间,同时,延长期限内债务人需向债权人支付逾期利息,亦保障了债权人的权益,体现了个人破产制度的立法和司法温度。

四、真正实现个人破产制度对债务人的挽救功能

本案债务人年轻且有不错的工作和收入,但因被投资项目美好的蓝图所吸引而贸然投资,对创业公司面临的复杂性严重预估不足,导致亏损严重,让自己深陷泥淖,导致资金枯竭,最终无法清偿借款。在保证债权人合法权益的基础上,应当给予这类因参与商事活动导致无法承担债务的年轻人"重启"的机会。债务人通过再生产创造社会价值,可最大限度实现债权人利益,增进社会整体利益。

债务人申请个人破产时,尚未被债权人起诉或被申请强制执行,亦未被列入失信被执行人名单,可见债务人一直以来均通过自身行动积极偿债。通过个人重整程序,债务人能妥善解决其债务问题,避免了债务人年纪尚轻就被列入失信被执行人名单,保护了债务人的信用和未来发展,促使其发挥自身价值,更好地回馈社会。通过对债务人再生产的保护,真正地让"诚实而不幸"的债务人尤其是年青一代拥有再度前行的力量,让市场经济焕发更多活力。

综上所述,本案办理过程中,债务人闫某存在未如实陈述工资收入的不诚信行为,深圳中院对其罚款以示惩戒;闫某深刻认识到自身错误并以实际行动及时披露执行回款情况、积极还债,体现了个人破产制度引导债务人树立诚实守信价值观的制度价值。在债务人确因客观情况无法按重整计划按期还款申请延长重整计划执行期限时,在债权人利益可得到保障的前提下,深圳中院对本案的重整计划执行期限作出调整,给予一定时间让债务人闫某获得充分的喘息机会,使其及时调整自己的工作状态,充分实现个人社会价值,恢复还款能力,真正实现个人破产制度对债务人的挽救功能。

【案例提供及评析人:广东融关律师事务所　黄嘉蕙、李嘉豪】

46

债权人和债务人实现双赢

——刘某某个人重整案

核心要点

本案为深圳中院破产法庭第三宗个人破产重整成功的案例。

本案中，债务人诚实守信、具有良好的还款意愿和还款能力；其亲属、亲朋好友同意将自身债权作为劣后债权，不在破产程序中处理，是本案重整成功的比较重要的因素之一，促使刘某某的重整计划草案获得了所有债权人的一致同意。通过重整计划，债务人的债务问题得到有效清理，其基本生活得到了保障，工作生活恢复正常；债权人本金得到100%清偿，权益得到有效维护。通过个人破产重整，实现了债权人、债务人"双赢"的局面，为同类破产案件的办理提供典型范例。

办案过程

一、债务人情况

债务人刘某某曾是深圳某医院的一名医生。他是家中长子，自小学业优异，长大后从事医生职业，肩上肩负着家族的期望与重担。出于改善自己及家族生活水平的良好愿望，其放弃医生职业，草率地在自己不熟悉的领域进行投资，遭遇了挫折和失败，欠下了巨额债务。同时也给刘某某和家人带来了巨大的困扰。信用卡逾期、被债权人催收,利息、罚息快速增加,使其工作、生活彻底陷入困境,无法通过正常劳动创造收入来偿还债务。刘某某希望通过法律程序,协调与各债权人的关系,并愿意在未来相当长的时期内努力工作、偿还债务。故申请破产重整。

二、案件受理情况

2021年10月9日,深圳中院以(2021)粤03破483号(个17)《民事裁定书》裁定受理刘某某个人破产重整案件,并以(2021)粤03破483号(个17)《指定管理人决定书》指定广东广和律师事务所担任破产管理人。

三、案件办理情况

管理人接受指定后,分工合作,多次召开研讨会议,实地走访当事人工作场所、居住地点、访谈当事人。同时,积极联系债权人、债务人,协助刘某某制订符合各方利益的重整计划草案。重整计划草案于第一次债权人会议召开时获得100%的通过。从深圳中院裁定受理破产重整至裁定批准重整计划并终结个人破产程序,仅用时两个月零七天。现刘某某在管理人的监督下,按月按时执行重整计划。

管理人从深圳市破产事务管理署了解到,对个人破产重整成功的个人破产案件进行现场督查后,认为刘某某是执行重整计划并及时报告完成得最好的个人破产申请人。刘某某发自肺腑地对深圳市破产事务管理署工作人员介绍,由于管理人监督工作做得到位,自己能够根据《深圳经济特区个人破产条例》按时完成并及时申报重整计划执行情况。刘某某个人破产重整程序已终结近一年的时间,管理人目前仅是每月督促其按时还款并监督其完成申报等相关情况,刘某某与管理人的工作往来已逐渐减少,但刘某某对破产管理人的感激之情丝毫未减轻。正是由于管理人的协助和坚持,才使刘某某的工作和生活重新走上了正轨。

办案总结及实务指引

一、破产重整程序是法院在个人破产案件中优先适用的程序

截至2022年2月28日,深圳市中级人民法院共启动个人破产申请审查74宗,受理个人破产申请25宗。在法院立案审查的74宗申请中,破产清算申请19宗,占立案审查案件数的25.7%;重整申请44宗,占59.4%;和解申请11宗,占14.9%。在法院裁定受理的31宗案件中，破产清算程序6宗，占比19.3%；重整程序20宗，占比64.5%；和解程序5宗，占比16.1%。[1] 由此可见，破产重整是法院优先适用的程序。本案是个人破产重整案件，从管理人提供的资料来看，该案管理人为重整成功付出了很大的努力。该案为深圳中院破产法庭第三宗个人破产重整成功的案例，也是广东广和律师事务所担任个人破产管理人承办的第一案。

通过上述统计数据和本案，我们可以看出重整优先的司法引导。根据债务人、债权人、社会公众的接受度，逐步探索并引导仍具有偿债能力的债务人通过重整、和解实现债务纾缓，支持清偿能力丧失或者难以恢复的债务人通过清算减免债务，既能够保障债务人获得救济，又能够提升债权人的清偿率和社会接受度。[2]

深圳破产法庭在2022年5月17日发布的《加强个人破产申请与审查工作的实施意见》第9条进一步明确，[3] 申请个人破产清算的债务人，应当符合丧失清偿能力且清偿能力不可恢复的条件。这一过程，反映出司法实践引导取得的切实效果，也反映出个人破产司法认知不断深入细化。

二、亲属、朋友同事债权作为劣后债权

管理人接受深圳中院指定后，积极联系债权人、债务人，将前期的尽职调查工作尽可能地做到全面扎实。该案重点在于沟通协调亲朋好友债权人，同意将其债权作为劣后债权，不在破产程序中处理。在征得亲朋好友6家自然人债权人同意后，管理人协助刘某某制订了符合各方利益的重整计划草案。2021年11月24日管理人组织召开第一次债权人会议，随后以100%高票通过了重整计划草案。

债务人在破产重整过程中，多次出现心理压力，担心亲朋好友对自己有不好的看法，并想撤回个人破产重整的申请，管理人用专业知识多次疏导刘某某的个人心理问题，促使刘某某坚定地走完个人破产重整程序。

该案在债权申报程序中，共12家债权人申报债权。其中的6家自然人债权人中，有3家具有亲属关系，3家是朋友同事。按刘某某目前收入状况，全部债务在3年到5

---

[1] 参见曹启选、景晓晶、叶浪花：《个人破产制度先行先试中的实践示范与体系构建》，载《人民司法》2022年第22期。

[2] 参见曹启选、景晓晶、叶浪花：《个人破产制度先行先试中的实践示范与体系构建》，载《人民司法》2022年第22期。

[3] 参见深圳破产法庭：《加强个人破产申请与审查工作的实施意见》，载微信公众号“深圳破产法庭”2022年5月17日。

年无法全部获得清偿,即使能够清偿,清偿率也较低,且金融机构类债权人对亲属同期获得清偿有异议,此种情况很可能导致重整计划草案无法获得通过。本案若重整不成功,进入破产清算,则债务清偿率为65%。而如果6家自然人债权人不在破产程序中主张债权,债务清偿率则可提高到100%。在管理人的指导下,刘某某与亲属、朋友同事进行沟通,6家自然人债权人最终均同意不在破产重整程序中主张债权,在重整计划执行完毕后另行清偿。

在此,需要重点介绍下刘某某的同事,也是他工作和生活中的好大姐李某。李某是自然人债权人中金额最大的债权人。从刘某某开始申请个人破产,到开庭听证,再到第一次债权人会议,李某全程陪同,给予刘某某鼓励和帮助。据案件承办法官介绍,在法院举行听证,决定是否受理刘某某个人破产重整案时,毕竟个人破产是比较新鲜的法律事务,刘某某担心案件通过网络公开后,亲属、朋友同事会歧视自己。同时自己本身因债务问题并无多余可自由支配资产,刘某某有撤回个人破产申请的念头。这位李大姐当庭给刘某某做工作,鼓励其坚持下来,并主动提出申请个人破产若需要费用,相关费用由她来承担。案件承办法官看到刘某某还款的意愿,有重整成功的可能,也看到了刘某某最终决定继续坚持把破产程序顺利走完,更看到浓浓的人间真情,被李大姐真性情所触动,听证后决定受理刘某某的个人破产重整案。

本案中,如果亲属、朋友同事债权人没有同意其债权作为劣后债权,不在破产程序中处理,如果自然人债权人中债权额最大的债权人李大姐没有在第一时间站出来支持刘某某,支持亲属、亲朋好友债权作为劣后债权,不在破产程序中处理,并用真情感动刘某某等其他朋友、亲属关系债权人,最后6家自然人债权人全部同意劣后,本案重整计划草案很可能无法获得债权人会议通过。本案中,亲属、朋友同事同意其债权作为劣后债权,不在破产程序中处理,体现了浓浓人情味。亲属、朋友同事的支持是推动本案破产重整程序顺利进行的一大保障。

重整计划草案经债权人会议顺利表决通过并得到法院裁定确认后,刘某某长长松了一口气。长时间以来沉重的心理压力终于得到减轻,刘某某对债权人在参与审理过程中表现的同理心、同情心表达感激,对法官、破产管理人在案件办理过程中表现的高度专业、敬业精神表示肯定,更对《深圳经济特区个人破产条例》的创新之举表达了感恩之情。现刘某某积极主动按月履行还款计划,并及时向管理人和破产事务署报告。

三、实现了债务人与债权人的“双赢”

假设没有《深圳经济特区个人破产条例》的颁布与实施，刘某某没有申请个人破产，刘某某要面对12个债权人的债务催讨，面临巨大的催债压力。一些债权人甚至会采取过激的行为进行催收，给债务人造成巨大的心理负担。催收不成之后，大部分债权人会在不同的法院，提起针对刘某某的诉讼，对刘某某的财产开展竞赛式的法律行动。刘某某在经济紧张的情况下，要独自应对这些诉讼；不仅如此，诉讼中、诉讼结束后，刘某某的财产可能被采取查封、冻结等保全措施。刘某某的工资现金也会被冻结，刘某光继续工作的可能性不大，其大概率会丢掉工作。最终的结果就是刘某某因为自己的一次投资错误，而被纳入失信人名单，社会少了一个正常工作、正常纳税的纳税人、消费者，少了一名医生，多了一个“老赖”。对人民法院而言，债权人提起诉讼甚至申请强制执行债务人财产的过程也会产生巨大的司法资源成本。这显然是一个“多输”的局面。

相较而言，刘某某通过适用个人破产重整程序，进行债务重整，恢复了正常的生活和工作。而为了保住工作，取得理想的收入，刘某某必定会更加兢兢业业地工作，为单位、为社会创造价值和财富；同时，刘某某债权人的债权清偿率超过85%，债权人的合法权益得到了维护；对人民法院而言，通过一个个人破产案件的审理，解决了有可能会发生的至少12个诉讼案件要解决的问题，大大节约了司法资源。毫不夸张地说，通过本案的办理，让人们切实感受到了个人破产制度是利国利民，充满着人性与智慧的制度。

四、个人破产重整案件需要得到各方面特别是金融机构的支持

得益于刘某某所从事的职业及其本人的工作能力，刘某某恢复正常生活后，其本人的还款能力是能够达到重整计划规定的清偿率的。本案中，刘某某债权本金清偿率达到了100%。据本案管理人了解的情况，深圳中院个人破产重整成功的案例，本金清偿率基本上为100%。我们认为这个清偿率对债务人是比较苛刻的。在申请个人破产的债务人中，大量的经营企业失败的债务人，经营企业失败后面临着年龄大、家庭负担重、缺乏专业技能等问题。他们虽然具有良好的还款意愿，也有一定的还款能力，但是还远远没有达到能够把本金100%清偿的能力和程度。实践中，金融机构过高的还款期待，使重整的成功率大大降低，也大大打击了具有还款意愿的申请人的还款积极性。因此，我们也期望金融机构债权人坚持实事求是的态度，不要“一刀切”

地制定所谓的"最低还款线",而是根据案件的实际情况来决定个案中债务人可接受的清偿率。否则,深圳个人破产制度特别是个人重整制度的适用会受到影响。

【案例提供及评析人:广东广和律师事务所　别彦豪、邹芳、何治军、山海潮、张芳、黄洁莹、童锐;共同评析人:王科建】

47

个人破产的实质合并探索

——魏某某、吴某某合并重整案

核心要点

本案是2022年深圳经济特区第一宗夫妻破产重整案。本案涉及自然人能否实质性合并破产、特区外法律适用、特区外财产处置等极富挑战性的问题，具有典型性。

管理人团队克服重重困难，组织并主持债权人多轮谈判。债务人魏某某、吴某某根据其具有的财产和收入来源，具有未来可期的收入可供清偿债务和保障基本生活，遵循诚实信用原则，在人民法院和管理人的指导下依法制作了重整计划草案，以公平保护债权人利益，公正高效处理个人债务。2022年7月15日，深圳中院作出（2022）粤03破185、186号（个4、个5）《民事裁定书》，裁定批准魏某某、吴某某个人破产重整计划，并终结魏某某、吴某某个人破产重整程序。

办案过程

一、债务人情况

魏某某、吴某某是夫妻，于2000年前后来到深圳，2000年至2018年，基本均在工厂打工。2018年开始进入纸品包装行业进行创业，成立包装制品公司。受材料价格波动及新冠疫情影响，公司亏损严重。魏某某、吴某某由于债务金额太大，利息太高，大部分已逾期，无法清偿全部债务，故申请破产重整。

二、案件受理情况

2022年3月28日，深圳中院以（2022）粤03破185号、186号（个4、个5）《民事裁定书》裁定受理魏某某、吴某某个人破产重整案件，并以（2022）粤03破185号（个4）、（2022）粤03破186号（个5）《指定管理人决定书》指定北京德恒（深圳）律师事务所担任破产管理人。

三、案件办理情况

管理人自接受指定以来，通过开展债务人面谈、现场走访、调取银行流水、调取工商资料、通知申报债权、审查债权、与债权人沟通、阅卷等一系列的工作，调查债务人魏某某、吴某某的基本情况、财产状况、豁免财产情况、债务情况等。

由于本案是夫妻合并破产，而且，还涉及特区外财产处置等问题，办案过程并非一帆风顺。管理人在深圳中院指导下，反复论证合并破产、财产处置等问题，并且，与债权人保持沟通，听取债权人的意见。债务人在整个破产程序中备受煎熬，就个别债权人在进入破产程序后仍然进行扣款清偿及他们将来如何根据重整计划的规定清偿债务等问题与管理人多次进行沟通和讨论。

在各方共同努力下，债权人会议表决通过重整计划并获得深圳中院的认可。魏某某、吴某某重整计划的主要内容为：

（一）债务清偿方案。偿债资金来源于两个部分，债务人魏某某、吴某某名下的房产处置款、可预期的劳动报酬收入及贸易收入。资金优先清偿破产费用，其次清偿普通破产债权。管理人每三个月分配一次。

（二）债权调整方案。普通债权按照债权金额比例统一清偿。债务人魏某某、吴某某在5年内清偿所有借款本金后，所欠利息及违约金等予以免除。

（三）重整计划的执行期限。重整计划执行期为自深圳中院裁定批准重整计划之日起5年。

办案总结及实务指引

笔者怀着十分复杂的心情对该案进行评析。当一个家庭，特别是夫妻二人同时因创业失败而破产时,对这个家庭的打击可想而知。当我们论述拯救“诚实而不幸”的债务人时,更多是从法律理论上进行论述,而如何切实解决“诚实而不幸”的债务人的债务问题又不能仅仅依靠法律就可以解决,政府、社会都有责任帮助解决。

本案典型性有如下几个方面:

一、在我国建立个人破产制度具有现实意义

破产作为一种经济现象,是商品经济条件下市场竞争的必然产物,应当允许所有不能清偿债务的自然人、法人均可通过破产程序实现救济,并保障债权人的公平清偿。[1]

2020 年 8 月 26 日,深圳市第六届人民代表大会常务委员会第四十四次会议正式通过《深圳经济特区个人破产条例》。该条例于 2021 年 3 月 1 日实施。这部地方立法,不仅是深圳市立法机构为深圳经济特区成立 40 周年献上的一份厚礼,也在我国率先实现个人破产制度“零的突破”。[2]

《深圳经济特区个人破产条例》提供了个人破产清算、重整与和解三类程序,供不同情况的债务人适用,简单来说,如果债务人虽一时陷入困境,但未来收入可期,那么可以和债权人协商,根据双方商议结果选择重整或者和解。如果债务人今后可能没有稳定的收入,基本丧失清偿能力,那么这种情况一般通过破产清算来解决。[3]

《深圳经济特区个人破产条例》共 173 个条文,包括总则、申请和受理、债务人财产、债权申报、破产费用和共益债务、债权人会议、破产清算、重整、和解、简易程序、破产事务管理、法律责任、附则 13 章内容。《深圳经济特区个人破产条例》第 155 条规定,市破产事务管理部门履行确定管理人资质,建立管理人名册;提供破产事务咨询和援助服务;实施破产信息登记和信息公开制度等职责。有学者指出,《深圳经济特区个人破产条例》浓墨重彩之处在于增设破产事务管理部门,这一历史突破,在国内首次确立“法院裁判 + 机构管理 + 管理人执行 + 公众监督”四位一体的破产办理体系。

---

〔1〕 参见刘贵祥:《我国破产法的实施与改革完善》,载李曙光、刘延岭主编:《营商环境与破产重组》,法律出版社 2021 年版,第 18 页。

〔2〕 参见陈夏红:《深圳的破产事务管理部门设在哪里?》,载微信公众号“破产法快讯”2022 年 11 月 24 日。

〔3〕 参见陈夏红:《深圳个人破产如何行稳致远?》,载微信公众号“破产法快讯”2022 年 11 月 21 日。

本案由深圳中院根据魏某某、吴某某的申请，受理魏某某、吴某某的个人破产重整申请，适用《深圳经济特区个人破产条例》规定的个人破产重整程序。虽然魏某某、吴某某已经丧失清偿能力，但是，其有未来可预期收入，而且，魏某某、吴某某承诺通过辛勤工作清偿债务，本案通过适用个人破产重整程序，实现拯救“诚实而不幸”的债务人的立法目的，同时，在重整情况下，按重整计划进行清偿，本案普通债权的清偿率远远高于破产清算状态下的清偿率，最大限度保护了债权人利益。

二、关于夫妻共同破产

《深圳经济特区个人破产条例》第 171 条规定，符合本条例规定的债务人，其配偶可以选择同时适用本条例进行破产清算、重整或者和解。这是夫妻共同破产唯一的法律依据。

《民法典》第 13 条规定，自然人从出生时起到死亡时止，具有民事权利能力，依法享有民事权利，承担民事义务。与企业特别是公司被法律虚拟的法人人格不同，自然人是有血有肉的个人，具有独立人格。从企业破产的实践看，法人人格高度混同是法院在决定适用企业实质合并破产时主要考量的核心标准。[1] 由于自然人不存在人格高度混同的问题，所以，自然人破产中，无论是重整、和解还是清算，破产程序可以合并，亦即破产程序可以合并审理，统一召开债权人会议，统一制定重整计划等，这种合并和企业破产程序中的实质合并并不相同，属于破产程序的合并。[2] 由于我国实行法定的夫妻共同财产制度，夫妻一方破产的，其配偶可以选择同时进行破产清算、重整或者和解，加入破产程序中。

同时，关于共同破产情况下夫妻共同财产是否还要分割、夫妻个人债务如何处置、家庭共同财产是否会受到影响、夫妻是否还能与其他人合并破产等问题，《深圳经济特区个人破产条例》并没有规定，需要结合具体案例进一步研究。

---

〔1〕《全国法院破产审判工作会议纪要》规定：“关联企业实质合并破产的审慎适用。人民法院在审理企业破产案件时，应当尊重企业法人人格的独立性，以对关联企业成员的破产原因进行单独判断并适用单个破产程序为基本原则。当关联企业成员之间存在法人人格高度混同、区分各关联企业成员财产的成本过高、严重损害债权人公平清偿利益时，可例外适用关联企业实质合并破产方式进行审理。”

〔2〕 韩长印认为，实质合并第一案系美国 1941 年的 Sampsell 案，法院认为自然人股东设立公司并向公司转移财产系为了逃避个人破产债务，因此判令将该自然人股东与公司合并破产。在 Sampsell 案中，法院判令合并破产所依据的主要是破产撤销权规则，直到 1966 年，Chemical 案才正式将实质合并作为一项单独的破产法制度。参见韩长印主编：《破产疑难案例研习报告》（2021 年卷），法律出版社 2022 年版，第 31 页。

三、夫妻共同破产情况下,夫妻共同财产无须进行分割

在本案中,由于夫妻共同破产,而且,夫妻结婚多年,可以说,所有财产均是夫妻共同财产且均用于偿债,所以,夫妻共同财产无须进行分割。

如果夫妻一方单独个人破产,则需要区分夫妻共同财产,对区分夫妻共同财产有异议的债权人可以单独提起诉讼。

四、夫妻共同财产清偿夫妻共同债务

根据《民法典》第 1064 条规定,夫妻双方共同签名或者夫妻一方事后追认等共同意思表示所负的债务,以及夫妻一方在婚姻关系存续期间以个人名义为家庭日常生活需要所负的债务,属于夫妻共同债务。夫妻一方在婚姻关系存续期间以个人名义超出家庭日常生活需要所负的债务,不属于夫妻共同债务;但是,债权人能够证明该债务用于夫妻共同生活、共同生产经营或者基于夫妻双方共同意思表示的除外。管理人依据上述规定依法审核并认定夫妻共同债务。本案中,根据上述规定,债权人申报的债权均为夫妻共同债务。夫妻共同财产清偿夫妻共同债务,是本案显著的特点之一。

五、夫妻是否还能与其他自然人甚至企业合并破产

夫妻共同破产实质是破产程序的合并,而不像企业破产程序中的企业进行实质合并破产,但是,夫妻是否还能与其他自然人甚至企业合并破产?首先,关于夫妻是否还能与其他自然人,特别是共同居住的家属一起合并破产问题,《深圳经济特区个人破产条例》并未规定,需要进一步研究。而关于自然人与企业合并破产问题,从司法实践中,似乎可以得出自然人可以与企业合并破产的结论,比如 2012 年浙江省温州市中级人民法院审理的海鸥公司与兴瓯公司 2 家关联企业实质合并重整案中,2 家关联企业实际控制人一致,资产与人员高度混同,债权人会议通过了同意企业资产、债务和股东个人资产、债务合并处理的决议。2017 年福建省厦门市中级人民法院审理的厦门泰成系 12 家关联企业实质合并重整案中,法院经审理查明这 12 家关联企业的实际控制人均为陈氏父子,且存在多重贷款互保关系,财产由核心企业统一调配,导致各关联企业的财产权属界限模糊、无法准确区分,构成法人人格混同,法院据此裁定进行实质合并重整,并将实际控制人所控制的其他未进入破产程序的企业及其

个人财产一并纳入破产财产范围向债权人清偿。[1]

【案例提供及评析人：北京德恒（深圳）律师事务所　王科建、孙一丁、潘月、卜宏昭】

〔1〕 参见王静：《实质合并破产法律制度构造研究》，法律出版社 2021 年版，第 150 页。

48

未申报债权审查认定流程的创新

——李某某、温某某合并破产重整案

核心要点

本案是《深圳经济特区个人破产条例》实施后第一宗有财产担保债权人参与的个人破产重整案件，也是第一宗重整计划执行期限为 6 年的个人破产重整案件。本案办理中，人民法院通过识别债务人的偿债意愿、评估债务人的偿债能力，引导案件从个人破产清算程序转入个人破产重整程序，最终实现有财产担保债权本息 100% 清偿、普通债权本金 100% 清偿的办案目标。本案中个人破产清算程序与个人破产重整程序的转换路径、夫妻合并破产的裁决依据、对未申报债权的处理方式及重整计划草案的编写思路，是对个人破产制度的充分探索及创新，亦可为办理个人破产重整案件提供范本和参考。

办案过程

一、债务人情况

李某某、温某某系夫妻，于 2001 年登记结婚，婚后育有 2 名子女。二人在提交个人破产清算申请时，2 名子女均未成年。2018 年 10 月，李某某、温某某在深圳市福田区中心地段加盟永和豆浆店，将二人此前全部积蓄约 120 万元均投入用于支付加盟费、购买固定资产、支付工资及食材等运营成本。店铺于 2019 年 1 月开始营业，但经营状况不佳，经营收入无法覆盖运营成本，二人为经营店铺花光所有积蓄后，仍无法扭亏为盈。为维持店铺经营，从 2019 年下半年起，二人分别以向银行、亲朋好友借款及向小额贷款的方式筹措店铺运营资金，开始为经营负担个人债务。2020 年 3 月，受新型冠状病毒肺炎疫情影响，二人的豆浆店经营情况进一步恶化，导致家庭生活费用无法支付，于是二人将店铺清场、结清货款及员工工资并了结与店铺经营有关的债权债务。此时，丈夫温某某名下的负债约 100 万元，妻子李某某名下的负债约 20 万元，二人无力偿还债务。

二、案件受理情况

2022 年 1 月，李某某、温某某分别向深圳市中级人民法院（以下简称深圳中院）申请个人破产清算。2022 年 2 月 28 日，深圳中院作出（2022）粤 03 破 124 号（个 22）、（2022）粤 03 破 125 号（个 23）民事裁定书，分别裁定受理李某某及温某某个人破产清算两案，并依法指定深圳市中天正清算事务有限公司担任破产管理人。

三、案件办理情况

经管理人调查，李某某、温某某及 2 名未成年子女共同居住在深圳市龙岗区约 50 平方米的出租屋内。为维持生计，李某某自破产申请受理后开始从事酒店清洁工作，温某某从事网约车司机工作。二人每日工作时长均超过 9 小时，二人每月收入不固定，平均月收入约为 14,000 元。二人主要财产为 1 辆已设立抵押登记的北汽小型新能源电动汽车、具有现金价值的保单 1 份（现金价值约 17,823.6 元）、第三方支付平台账户余额合计 356.34 元、房屋租赁押金 2600 元。除此之外，还有床、桌椅、衣物、书本、手机、电单车、电视、空调、台式电脑、家具等工作、生活、子女学习基本物品。

2022 年 4 月 15 日，经查明二人各自名下债务为夫妻共同债务、财产为夫妻共同财产，深圳中院裁定将李某某及温某某个人破产两案进行合并破产审理。

本案共 11 家债权人向管理人申报/补充申报债权，申报债权总额 997,793.74 元，其中，1 家债权人申报有财产担保债权 127,025.48 元，10 家债权人申报普通债权 870,768.26 元。经核对债务人提交的已知债权人清单，除 11 家已申报的债权人外，另有 7 家已知债权人未及时向管理人申报债权，涉及债权金额 181,203.83 元，均为普通债权。管理人依据债务人提交的证据及债务人的自认，审查认定以上未及时申报的 7 家债权。经核查程序，全体债权人、债务人对管理人制作的债权表记载内容无异议。深圳中院裁定确认本案 18 家债权人共计 1,053,966.5 元的债权。18 家已裁定确认债权中,1 家为有财产担保债权,有财产担保债权金额 113,853.74 元;17 家为普通债权,普通债权金额 940,112.76 元。

2022 年 4 月 18 日,本案第一次债权人会议召开。第一次债权人会议中,债务人确认《债务人财产情况的报告》记载的情况属实,经审议,债权人对该财产报告均未提出反对意见。《李某某、温某某豁免财产清单》、《李某某、温某某财产管理方案》和《李某某、温某某破产财产变价方案》均获债权人会议表决通过。

2022 年 7 月,李某某、温某某以可以获得未来可预期收入为由,向深圳中院申请个人破产重整,并附重整计划草案。2022 年 8 月 12 日,深圳中院作出民事裁定书,裁定李某某及温某某个人合并破产清算程序转为个人合并重整程序。

2022 年 9 月,李某某、温某某向债权人会议提交《李某某、温某某重整计划草案》(普通债权本金的清偿率为 45%),由本案第二次债权人会议分组审议、表决重整计划草案,但有财产担保债权组、普通债权组均未表决通过《李某某、温某某重整计划草案》(普通债权本金的清偿率为 45%)。

2022 年 11 月,李某某、温某某修改重整计划草案,将《李某某、温某某重整计划草案》(普通债权本金清偿率 100%)重新提交第三次债权人会议分组审议、表决。修改后的重整计划草案内容为:李某某、温某某在 5 年内全额偿还有财产担保债权本金及利息,在 6 年内偿还普通债权本金,所欠普通债权利息及滞纳金等在还清借款本金后予以免除。

经管理人测算,在破产清算状态下,有财产担保债权的清偿率约为 40%(含抵押物变价所得不足清偿的有财产担保债权部分转入普通债权受偿的清偿率),普通债权的清偿率约为 12.54%,根据债务人提出的重整计划草案,在重整状态下,有财产担保债权及普通债权的清偿率均大大高于清算状态下的清偿率,符合《深圳经济特区个人破产条例》关于破产重整清偿比例不低于破产清算清偿比例的规定。同时,重整计划草案包含债权调整方案、债务清偿方案、执行期限等重要内容客观、完整;清偿方案与债务人目前收入情况较为匹配;债权清偿方案不损害有财产担保债权人的担保权利,对有财产担保债权人因延期受偿的损失予以公平补偿。重整计划草案具有合法性及可行性。

最后,《李某某、温某某重整计划草案》(普通债权本金清偿率 100%)获有财产担保债权组及普通债权组表决通过。2022 年 12 月 16 日,深圳中院裁定批准李某某、温某某重整计划并终结李某某、温某某个人破产重整程序。

办案总结及实务指引

一、引导债务人以家庭为单位尽力偿债

李某某及温某某均向深圳中院申请个人破产清算,个人破产清算案件受理后,深圳中院了解李某某及温某某基本情况后认为二债务人具有一定偿债能力及意愿,因此引导债务人通过积极工作增加收入来源,尽力偿债,促成李某某及温某某申请转入破产重整程序,并通过重整程序 100% 清偿借款本金。个人破产程序的转换不但有利于为金融机构挽回损失,更有效避免债务人利用个人破产清算程序消极逃债,对后续进入个人破产程序的债务人产生带头示范效应,有助于为社会树立正确的个人破产理念。

同时,深圳中院通过查明李某某及温某某的债务为夫妻共同债务、名下财产为夫妻共同财产的事实,裁定夫妻合并重整,通过个人破产重整程序鼓励夫妻二人在债务危机中共同扶持、主动努力承担家庭责任和社会责任,高效统一清偿家庭债务,形成互帮互助、互相关爱的优良婚姻家庭关系。在案件办理中,深圳中院多次指导管理人对李某某及温某某进行家访,并在家访过程中向债务人说明破产重整程序将对其家庭带来的积极影响。通过案件的办理,债务人及其未成年子女均对个人破产制度增加了理解和认识,有利于倡导诚实、守信的价值观。

二、债权审查认定流程的创新

本案中,债务人主动申报拖欠 18 家债权人的借款,但鉴于个人破产案件的部分债权金额较小,债权人怠于申报债权,且债权人主体不宜辨别,债权人内部工作流程较长等原因,其中 7 家已知债权人经多次催促仍未申报债权,甚至无法取得有效联系。为充分保护全体债权人合法权益,避免出现部分债权人因未能及时申报债权导致其不能通过个人破产程序受到合法清偿的不合理局面,深圳中院按照债务人的自认及其提交的证据裁定确认无法取得联系的 7 家债权,创新个人破产案件中的债权审查、认定的流程。

因债务人及管理人均不掌握部分已获裁定确认的债权人的具体联系方式,以上债权确认的创新举措虽对后续管理人组织债权人分组审议、表决通过重整计划草案增加一定工作难度,但该工作流程对债务人在案件中的如实陈述、申报债务提出更高要求,有利于维持个人破产案件办理的诚信原则,同时对管理人在案件办理中的沟通工作制定更高标准,系对执行个人破产制度的有益创新。

三、探索突破重整计划执行期限的限制

《深圳经济特区个人破产条例》第 115 条第 1 项规定:“除家庭住宅抵押贷款方案外,重整计划执行期限不超过五年,每次债务清偿间隔不超过三个月。”本案中,李某某及温某某的负债金额较高,但家庭资产价值较低,唯一价值较高的小汽车已设立抵押登记,且是债务人谋生工具,不宜处置。同时,受学历、年龄的限制,李某某及温某某的月收入较低,偿债能力有限。若将重整计划的执行期限限制在 5 年内,债权清偿率难以提高,个人破产重整制度的优势无法得到充分体现。

为使债务人尽力偿债,保护债权人的合法权益,深圳中院指导债务人适当增加重整计划的执行期限,以 100% 清偿债权本金为目的,探索突破《深圳经济特区个人破产条例》对重整计划执行期限的限制。经计算,若将重整计划执行期限设置为 6 年,债务人目前的收入水平可以实现 100% 清偿有财产担保债权本息、普通债权本金的目标。以此思路制作的重整计划草案最终获得债权人会议分组表决通过,并获深圳中院裁定认可。

虽然重整计划对普通债权的清偿期限为 6 年,突破了《深圳经济特区个人破产条例》“重整计划执行期限不超过五年”的规定,但鉴于重整计划对有财产担保债权的清偿期限另行承诺为 5 年,对其因延期受偿的损失予以公平补偿的同时,获得了普通债权组的表决通过,深圳中院对本案重整计划的批准是在同意债权人表达意志、提高各类债权的清偿比例、尊重债务人与债权人的协商结果的基础上,对个人破产重整制度中重整执行期限作出的新探索,充分彰显个人破产制度对尽力偿债的“诚实而不幸”债务人给予的司法保护。

综上所述,李某某、温某某因创业失利而陷入债务危机,二人通过个人破产重整制度获得喘息机会,并在进入破产程序后以家庭为单位积极、努力偿债,目前,二人开始执行重整计划。案件办理中,深圳中院创新债权审查、认定流程,并积极探索重整计划执行期限的设置思路,从案情出发,促成债务人依法重整的同时实现对债权人财产权益的最大保护。本案作为《深圳经济特区个人破产条例》实施后第一宗有财产担保债权人参与的个人破产重整案件,重整计划中对有财产担保债权清偿方式的设定可为日后类似案件的办理提供具有借鉴意义的样本。

【案例提供及评析人:深圳市中天正清算事务有限公司　迟浩好、任燕玲、彭幽寒、吴珊珊】

49

非用于居住的住宅房产的处置

——王某、蔡某合并破产重整案

核心要点

王某、蔡某合并破产重整案件是一宗典型的夫妻合并重整的案例。夫妻既是家庭生活共同体,也是家庭经济、生产经营共同体。夫妻共同财产与夫妻共同债务高比例交织的情况下,析产成本较高且没有必要,合并重整将有效地提升处理共同债务的效率,也将成为有配偶个人破产债务人办案模式的趋势。

本案在夫妻合并重整办案模式、非住房抵押贷款担保物权处置模式、未申报债权处理、平衡各方利益、债务人执行管理人监督模式等方面,均具有典型意义。

办案过程

一、案件简介

(一)债务人情况

王某、蔡某二人系夫妻,于 2014 年 1 月 23 日登记结婚,婚后育有两子,均未成年。两人均非深圳户籍但均在深圳居住及缴满社保 3 年以上。从 2019 年开始,王某通过贷款在深圳坪山开设了一家餐饮店铺,蔡某与亲戚合伙在深圳大鹏开设一家餐饮店铺,两家店铺因经营不善,加上新冠疫情影响均出现亏损。坪山店铺于 2019 年年底关闭,大鹏店铺已移交给他人管理。开店期间二人通过借贷维持店铺正常运转。信用卡、贷款利息过高加上家庭日常开支等因素,导致负债金额达 180 万余元,二人丧失清偿债务能力,资产不足以清偿全部债务。

（二）案件受理情况

王某、蔡某向深圳市中级人民法院（以下简称深圳中院）申请破产重整,经审查,深圳中院认为王某、蔡某因生产经营、生活消费负债,资产不足以清偿全部债务,具备破产原因。王某、蔡某努力工作,未来有可预期收入,具备重整条件,深圳中院于 2022 年 7 月 18 日裁定受理王某、蔡某破产重整案,案号为（2022）粤 03 破 369 号（个 28）、（2022）粤 03 破 370 号（个 29）。2022 年 7 月 26 日,深圳中院指定上海市锦天城（深圳）律师事务所担任破产管理人。

（三）案件办理情况

管理人经深圳中院指定以后,立即组建工作团队,严格按照《深圳经济特区个人破产条例》的规定开展债权通知与公告、告知债务人接管与调查、审查债务人的豁免财产清单、接受债权申报与审查债权、筹备债权人会议、协助债务人制订重整计划草案等工作。为保障债权人的合法权益,管理人团队对债务人的破产原因、婚姻家庭情况、财产状况、收入状况、财产交易状况、诚信状况作了全方面的细致调查。在深圳中院的指导下,管理人协助债务人及车辆抵押权人完成抵押物处置和抵押权行权,协助债务人与房产抵押权人参照家庭住宅抵押贷款方案之规定就抵押贷款的本金、利息、清偿期限和方式等内容达成协议,并最终达成重整计划草案。

本案重整计划草案制订过程中,管理人充分考虑有财产担保债权人、普通债权人及债务人等各方权益,最终使重整计划草案达成有财产担保债权组及普通债权组均 100% 表决通过,获得良好的办案效果。

二、相关文书摘要

2022 年 12 月 30 日,深圳中院裁定批准王某、蔡某重整计划并终结王某、蔡某个人破产重整程序。王某、蔡某重整计划主要内容为:

1. 债权清偿方案。（1）住房抵押贷款债权本息全额清偿。以房产变价所得清偿贷款债权,并按照一年期贷款市场报价利率（LPR）的标准补偿暂时无法处置房产而延期受偿的损失;（2）普通债权本金全额清偿,本金以外的债权调整为 0。普通债权本金每月清偿一次。

2. 重整计划偿债资金来源。偿债资金源于王某、蔡某的现有货币资金、住房公积金可支配余额、房产处置款及两人可预期的劳动报酬收入和可能的预期外收入。

3. 重整计划执行期限。对住房抵押贷款债权，债务人应当根据房地产政策、市场行情等及时变价房产，房产变价所得优先用于清偿住房抵押贷款债权，剩余金额用于清偿普通债权；对于普通债权，执行期限为自重整计划批准之日起 5 年。如在此期限内重整计划提前执行完毕的，则执行期限至实际执行完毕之日。

办案总结及实务指引

一、对于夫妻合并重整制度的实践具有典型意义

任何个人在社会当中都不是孤立的，个人破产必然会对债务人的婚姻家庭财产及其亲属生活造成影响。夫妻既是家庭生活共同体，也是家庭经济、生产经营共同体，夫妻共同财产与夫妻共同债务高比例交织的情况下，析产成本较高且没有必要，合并重整将有效地提升处理共同债务的效率。

王某、蔡某自 2014 年登记结婚，且婚后生育两子，生活、消费、经营均交织在一起，难以区分。王某、蔡某共同申请个人破产并被裁定受理夫妻合并重整后，夫妻名下债务合并、资产合并、未来收入合并和债务清偿合并，重整中指定同一管理人，适用同一份重整计划，免去区分夫妻共同财产/债务环节的烦琐耗时工作，最大限度地节省重整的成本与时间，且有利于将债务人家庭尽快从破产状态中拯救出来。夫妻合并重整模式也将是有配偶债务人办理破产案件的趋势。

二、非家庭住宅抵押贷款担保物权处置模式

王某、蔡某于 2018 年向银行贷款 78 万元购买惠州房产一套，并于 2021 年 12 月取得不动产登记证明。根据惠州房产政策，该房屋存在 3 年的转让期限的限制，且王某、蔡某无资金对该房屋进行装修并居住。即该房屋不属于《深圳经济特区个人破产条例》第 114 条第 2 款规定的债务人及其所扶养人“居住的房屋”，以及可以与抵押权人就该抵押贷款的本金、利息、清偿期限和方式等内容达成家庭住宅抵押贷款方案的家庭住宅，同时该房屋存在 3 年的转让期限的限制，限制期限内难以转让。

基于此，为合理处置该房产，管理人通过向惠州市住房和城乡建设局发函协商

沟通转让、向国家税务总局惠州大亚湾经济技术开发区税务局发函咨询该房产在惠州市存量房产交易计税价格评估系统中的价格、协助债务人在第三方交易平台及二手房交易市场上挂卖等多途径同时探索处置房产，以便及时维护房产抵押权人利益。最后，债务人积极配合重整、维护房产抵押权人利益的态度获得房产抵押权人谅解，且因该房屋目前处于限制转让期限内，考虑到惠州房地产二手买卖市场价格不理想等客观因素，为了使债务人财产的变现价值最大化，房产抵押权人与债务人参照家庭住宅抵押权之规定就抵押贷款的本金、利息、清偿期限和方式等内容达成协议确认：债务人应当根据房产政策、市场行情等及时变价房产；房产变价后，变价款应当优先清偿房贷债权，债务人应当同时给予有财产担保债权人因暂时无法处置房产延期受偿的损失，按照一年期贷款市场报价利率（LPR）的标准予以公平补偿。有财产担保债权的偿债资金在担保物房产变价并获得相应的变价款后即时支付。

三、对未申报债权的处理方式

本案中，根据债务人陈述、债权人申报情况，就债权人已申报部分，管理人审查确认且经债权人和债务人核查无异议并经深圳中院裁定确认的无财产担保债权 12 家，确认本金金额合计人民币 78 万元；除上述已申报债权外，根据债务人陈述，本案尚有债务人申报、管理人通知但债权人截至重整计划草案出具之日暂未申报的债权人共 2 家，未申报债权本金约 28 万元。

考虑到未申报债权人均为金融债权人，且各大金融机构在个人破产制度实施初期尚未能建立完备的债权申报等破产程序参与工作机制，未能及时申报债权，本案中，重整计划对普通债权的清偿方案为本金全额清偿，为避免债权人在重整计划执行完毕前补充申报债权导致债务人无财产可供清偿导致重整失败，重整计划中对未申报债权的处理方式为预留未申报债权本金，预留金额为债务人预估，具体金额最终以债权人债权申报且管理人审查人民法院最终裁定为准。

因未申报债权债权人未及时向管理人进行债权申报，因此，重整计划执行期内，债务人的还款优先清偿已申报债权部分。重整计划执行期间，如未申报债权人向管理人补充申报债权，经管理人审查确定、债务人及债权人会议核查并获得人民法院裁定确认后，管理人将根据重整计划已执行情况径行调整实际分配金额并通报人民法院及债权人会议。

重整计划执行期间，已申报债权和补充申报债权已按重整计划执行完毕，但未申报债权未执行完毕的，债务人应按照重整计划继续执行，执行的款项由管理人提存，提存的时间为重整计划规定的执行期限后满 2 年，但重整计划规定的执行期限不满 5 年的，提存时间自本重整计划裁定批准之日起 7 年届满。期限届满后提存款未受领的，退还给债务人。

四、平衡各类债权人、利益相关方的权益

王某、蔡某夫妻合并破产重整案件中，债务人虽为王某、蔡某两人，但涉及的却是包含两个未成年孩子及一位共同生活近亲属共计 5 口人的整个家庭。债权人方面，除 1 位朋友债权人，其余 12 家债权人包含房产抵押权人和车辆抵押权人在内均为金融债权人。为平衡好各方利益，管理人在案件办理过程中多方协调、尝试通过多种途径使债务人资产价值最大化、提高债权清偿比例、协助债务人制订更为合理且不过度增加债务人家庭负担的重整计划草案。最终，重整计划草案经有财产担保债权组及普通债权组双 100% 表决通过。管理人工作获得各方较好的办案评价。

五、重整计划实行由债务人执行、管理人监督的模式

《深圳经济特区个人破产条例》第 125 条虽规定重整计划由债务人执行，管理人协助和监督重整计划的执行，但因个人破产制度实施时间较短，法院、债权人及社会各界对破产欺诈行为较为警惕，在清偿模式上，实务中多数为债务人按照重整计划的规定按期将偿债资金支付至管理人账户中，再由管理人执行分配。

本案中，管理人采取走访、面谈及实际调查等方式，对债务人的破产原因、婚姻家庭情况、财产状况、收入状况、财产交易状况、诚信状况作了全方面的细致调查，认为王某、蔡某夫妻确属“诚实而不幸”的债务人。且王某系 IT 工程师，工资较高且稳定，蔡某在破产以后也积极求职获得稳定工资，基于此，管理人认为本案可以按照《深圳经济特区个人破产条例》立法之本意，重整计划由债务人执行，管理人协助和监督重整计划的执行。

重整计划由债务人执行，管理人不执行清偿款分配事宜可以提高分配效率、简化管理人工作，但并不代表管理人就可以放手交由债务人执行。本案中，为避免债务人不执行或存在执行欺诈行为，管理人同时制定了合理的监督措施，如普通债权的清偿周期为每月一次，债务人应当每月向深圳市破产事务管理署、管理人报告重整计划执行期间的收入、支出及债务清偿情况，较高频率的清偿周期可以让管理人及时掌握债

务人的执行情况;债务人应当确定仅用于执行重整计划清偿的专用账户,并应将专用账户查询密码提供给管理人,以便管理人及时查询账户支付明细等。

【案例提供及评析人:上海市锦天城(深圳)律师事务所 宗士才、陈庆修、包嘉多、陈闽、黄健铨、朱子鉴】

50 深圳经济特区个人和解第一案

——张某某个人破产和解案

核心要点

张某某1999年作为法定代表人为所在的公司的经营性贷款提供了连带保证责任担保,经法院20多年来多次执行,其房产被拍卖抵债后仍未能全额清偿债务。张某某退休后,仍主动向执行法院报告个人财产,每月以其养老金坚持偿债,个人仅保留2000余元基本生活费用。因年事已高,基础疾病频发,生活拮据,多处信访但无法律途径可予以救济。《深圳经济特区个人破产条例》实施后,张某某向深圳市中级人民法院(以下简称深圳中院)提交了个人破产和解申请,法院经审查于2021年7月16日裁定受理张某某个人破产和解申请。

本案是深圳第一宗也是全国首例审结的个人破产和解案件。本案和解协议履行完毕后,深圳中院下发深圳经济特区第一份免除债务人剩余债务民事裁定书,对张某某剩余未清偿债务予以免除。本案充分体现了个人破产制度对“诚实而不幸”的债务人的救济价值,使债务人在76岁时能从20余年的负债中解困。

办案过程

一、案件简介

（一）债务人情况

张某某，男，于1945年出生，原为武汉某高校讲师，后响应深圳经济特区建设辞职“下海”。其在1999年担任深圳某公司法定代表人期间，为任职公司的一笔183万元经营贷款向银行提供担保。因公司未能如期还款，债权人银行提起诉讼后，法院判决张某某对上述贷款本息承担连带还款责任。经法院20余年多次强制执行、恢复强制执行，其名下唯一房产被拍卖抵债后仍未能全额清偿债务。张某某退休后，仍主动向执行法院报告个人财产，每月以其养老金坚持偿债，个人仅保留2000余元基本生活费用，因年事已高，基础疾病频发，生活拮据，多处信访但无法律途径可予以救济。

（二）案件受理情况

《深圳经济特区个人破产条例》实施后，张某某于2021年6月7日向深圳中院提交个人破产和解申请。经听证后，深圳中院于2021年7月16日裁定受理张院生个人破产和解申请，案号为（2021）粤03破347号（个6），并指定上海市锦天城（深圳）律师事务所担任本案破产管理人。

（三）案件办理情况

本案管理人经指定成立后，严格按照《深圳经济特区个人破产条例》的规定开展通知与公告、告知债务人接管与调查、审查债务人的豁免财产清单、接受债权申报与审查债权、筹备债权人会议、协助债务人起草和解协议、与债权人沟通豁免财产清单与和解协议等各项工作。为保障债权人的合法权益，管理人团队对张某某的个人情况、负债原因、婚姻家庭情况、财产状况、收入状况、财产交易状况、历次执行情况作了全方面、细致、严格的调查工作。本案经管理人充分沟通，债权人表决同意了豁免财产清单，豁免张某某每月支付房租、水电费、自费医疗、基本生活开销的合理生活医疗费用4300元、医疗保险个人账户余额12,003.41元、高龄津贴每月200元、执行法院已发放的生活保障费余额9000余元。

最后，在严格核查债务人状况的前提下，在与债权人充分沟通以争取其支持与谅解的基础上,债务人与债权人最终达成和解方案:张某某履行约52,000元款项的支付义务后,剩余未清偿债务予以免除,和解协议执行期为1个月。2021年10月8日,深圳中院裁定终结张某某个人破产和解程序。2021年11月4日,本案和解协议全面执行完毕。

2022年4月8日,深圳中院出具深圳经济特区第一份免除债务人剩余债务民事裁定书及公告,裁定张某某对债权人剩余债务的清偿责任予以免除。

二、相关文书摘要

就张某某申请个人破产和解一案,深圳中院依法组成合议庭于2021年6月28日进行了听证调查。根据张某某提供申报的情况,其于2009年退休,每月由深圳市社保局发放退休金6000余元,执行法院依照执行裁定书扣划其退休金,每月向其发放2200元基本生活费用,无其他收入来源。深圳中院认为,张某某提出的个人破产申请,符合《深圳经济特区个人破产条例》的规定,于2021年7月16日裁定受理张某某个人破产和解申请,并指定上海市锦天城(深圳)律师事务所担任破产管理人。同日,深圳中院向张某某作出《履行个人破产程序义务通知书》《限制消费行为决定书》,要求其严格履行《深圳经济特区个人破产条例》规定的相关义务,直至根据条例规定应当解除义务之日止。

2021年8月24日,深圳中院组织召开第一次债权人会议,审议张某某豁免财产清单及和解协议草案,债务人张某某、债权人代表及管理人到场并发表意见。2021年9月22日,债权人向管理人反馈表决意见,同意并通过了张某某豁免财产清单及和解协议。

2021年10月8日,深圳中院认为,在张某某个人破产和解程序中,依法进行了债权申报、财产调查、制定豁免财产清单及和解协议草案、召开第一次债权人会议等,在管理人协助下,债务人与债权人达成和解协议。经审查,本案和解程序规范完整,和解过程公开透明,和解协议系债务人与债权人的真实意思表示,未损害国家利益、社会公共利益或他人合法权益,亦不违反法律、行政法规的强制性规定。债务人与债权人依法达成和解协议,管理人提请终结本案破产程序,符合《深圳经济特区个人破产条例》的规定,裁定终结张某某个人破产和解程序。

2022年4月8日,深圳中院出具深圳经济特区第一份免除债务人剩余债务(2022)粤03破申112号(个免1)民事裁定书及公告,裁定张某某对债权人剩余债务的清偿责任予以免除。

办案总结及实务指引

一、开启了个人破产和解程序的司法实践

办理破产是世界银行对于营商环境考评的一项重要指标。个人破产制度是完整的破产制度的重要组成部分。本案是深圳第一宗也是全国首例审结的个人破产和解案件。长久以来,在破产三大程序中,破产清算、破产重整程序实务案例众多,但是和解程序的实务推进屡屡受阻,其原因源于多个层面,包括传统和解文化的缺失、金融机构决策权限的限制、破产欺诈的客观存在、和解方案履行的不可控性等。

本案中,针对破产和解程序的现实困境,管理人与债权人多次深入沟通,了解债权人和解决策中的疑虑,针对税务、可豁免债权的性质、内部决策机制等问题逐一考虑并提供回应与解决对策。

二、实现了债务人的解困和救助,为债权人节约了追偿成本

本案自债务产生至今,已有20多年。债务人在该20年间,唯一的居住房产被拍卖,租住在深圳偏远的农民房内;退休后的养老金被执行,每月仅发放1900—2200元的基本生活费用。但随着债务人越发高龄,债务人既无其他稳定收入来源,同时晚年基础疾病频发,处于生活危困状态。债务人也曾通过向执行法院申诉,前往政府部门信访,频繁登门与债权人沟通协商和解,但受限于法律法规对个人破产和解制度的缺失和债权人作为金融机构的决策特殊性,各方虽均表达了人道主义同情却实难提供合法有效的救济路径。《深圳经济特区个人破产条例》的出台为张某某有效消解其债务提供了有效的解决路径。

本案受理后,管理人严格围绕"诚实而不幸"的首要原则对债务人开展调查工作。在调查工作中,一方面管理人需面对社会各界关于个人破产制度可能是逃废债工具的舆论压力,另一方面碍于债务人年事已高且对生活、医疗等各方面的急切需求,管理人需在极短时间内完成对债务人全方位调查的同时与其债权人保持密切联系以达到和解的目的。

对于"诚实"而"不幸"的把控,管理人分别从债务人的个人情况、负债原因、婚姻家庭情况、财产状况、收入状况、财产交易状况、历次执行情况等方面入手,通过各项

调查结果、比对债务人的陈述等手段，判断债务人是否存在隐瞒转移财产的情形。同时，管理人团队结合债务人的现状，对于债务人的豁免财产清单、和解方案均作了细致的核查，提供了切实有效的建议。最后，本案通过法院审理、管理人履职及深圳市破产事务管理署的有效监督，最终经和解，将张某某剩余未清偿债务予以免除。

该案不但充分体现了个人破产制度对“诚实而不幸”债务人的解困和救助价值，而且使债务人在76岁时能从20多年的负债中解困。

本案的成功办理也为债权人节约了无意义追偿的成本。因债务人年事已高，收入有限，且有基础疾病，依照传统的民事执行程序很难做到“案结事了”。通过破产和解程序可以一次性解决偿债问题，节约了所需的司法程序及时间成本。

本案的成功办理令社会公众通过鲜活的案例进一步感受到个人破产制度的人文关怀及立法“温度”。

三、为因生产经营负债的债务人解困提供了借鉴案例

2019年6月22日国家发展改革委、最高人民法院、工业和信息化部、民政部、司法部、财政部、人力资源社会保障部、人民银行、国资委、税务总局、市场监管总局、银保监会、证监会联合发布的《加快完善市场主体退出制度改革方案》中明确提出，“重点解决企业破产产生的自然人连带责任担保债务问题，明确自然人因担保等原因而承担与生产经营活动相关的负债可依法合理免责”。实务中，诸多企业经营者系因生产经营原因导致承担连带责任，在企业通过破产程序清算后，经营者及其家人仍无法从债务中解困。但企业的经营失败原因是多方面的，其中诸多的经营者是希望通过“东山再起”或以其他劳动、劳务收入所得继续偿债。本案债务也是债务人为所在公司承担连带保证责任所致，本案的快速成功结案，为该类经营者债务人的债务解困提供了可借鉴案例。

深圳中院出具民事裁定书，裁定张某某对债权人剩余债务的清偿责任予以免除，该裁定系深圳经济特区第一份免除债务人剩余债务裁定书，其标志着债务人通过破产程序真正从沉重的债务中得以解脱，无论对于个人破产程序的实践还是债务人个人的生活都具有深远意义。

【案例提供及评析人：上海市锦天城（深圳）律师事务所　宗士才、包嘉多、陈庆修、田莹、陈闽、何彦岐】

51

深圳经济特区个人破产清算第一案

——呼某个人破产清算案

核心要点

呼某个人破产清算案系《深圳经济特区个人破产条例》正式实施以来，深圳市中级人民法院(以下简称深圳中院)审结的第一宗个人破产清算案件。

本案在个人破产清算案件的调查流程和方式、合理平衡债务人基本生存权益和债权人利益、实现对“诚实而不幸”债务人的制度救济，为债务人重新投入社会活动、创造社会价值提供动力和希望等方面具有一定的典型性。

办案过程

一、案件简介

(一)债务人情况

债务人呼某于2014年至2016年投资经营深圳市呼延文化发展有限公司(以下简称呼延文化公司)，该公司经营场所与新一佳超市同处于深圳市罗湖区京基东方华都大厦。2016年8月，受新一佳超市有限公司破产清算影响，呼延文化公司不得不关闭，导致呼某负债480余万元。2018年，呼某卖掉唯一住房，将260万元卖房款全部用于偿还债务，之后坚持还债，仍欠100多万元未能清偿。

（二）案件受理情况

2021年6月9日，呼某向深圳中院提出个人破产申请。深圳中院经审查，于2021年9月2日裁定受理呼某个人破产清算申请一案，案号为（2021）粤03破417号（个11），并指定广东华商律师事务所担任破产管理人。

（三）案件办理情况

管理人接受指定后，对呼某破产事实和财产调查发现，呼某的财产包括呼某为其女儿购买的两份保险价值5万元、呼延文化公司60%股权、少量现金及家具、家电、手机等。呼某当前每月劳务收入约5000元。

本案中，共有7位债权人向管理人申报债权，申报债权总额为924,146.87元。2021年10月，本案召开债权人会议，呼某向债权人会议提交了《豁免财产清单》，豁免财产包括价值约3950元的家具、家电、手机等学习、生活用品，以及保障呼某本人及其所扶养人基本生活及权利的费用、基本生活费等必要生活支出费用。

经债权人会议表决，债权人对呼某的破产申请陈述、财产报告、债权表记载的债权均未提出异议，通过了《呼某财产报告》《呼某豁免财产清单》及《呼某破产案债权表》。

2021年12月6日，债权人会议表决通过《破产财产分配方案》后，经管理人申请，深圳中院裁定认可《破产财产分配方案》，同时终结呼某个人破产清算程序。

二、相关文书摘要

深圳中院查明，呼某财产包括呼某为其女儿购买的两份保险价值5万元、呼延文化公司60%股权价值231,632.68元、工资、少量现金、家具、家电、手机等；7家债权人向管理人申报债权，债权总额为924,146.87元。呼某陈述，除上述债务外，其仍欠平安普惠融资担保有限公司50万元，但是，截至管理人向深圳中院申请确认债权表之日，平安普惠融资担保有限公司没有向管理人申报债权。

关于豁免财产。呼某提出的豁免财产清单草案为：（1）家具、家电、手机等学习、生活用品，价值约3950元。（2）每月收入在扣除应缴纳的社会保险费后保留以下必要生活支出：①赡养费支出每月487.50元。呼某母亲在陕西省延安市生活，由呼某及其兄弟姐妹3人共同赡养，按照陕西省延安市最低工资标准每月1950元计算，呼某应承担487.50元赡养费。②抚养费支出每月3200元。呼某女儿就读高中，每月需支出学费400元、住宿费1000元、伙食费1200元、杂费600元。（3）呼某每月生活费支出 2200 元，按照深圳市最低工资标准每月 2200 元计算。

深圳中院认为，呼某为证明其破产、财产状况等事实，提交了破产申请书、破产原因和经过说明、财产报告、债权债务清册及相关证据材料。深圳中院受理其破产申请后，依法指定管理人。管理人经调查认为，呼某的陈述符合事实，债权人对呼某的陈述和管理人的调查结论也未提出异议。呼某因生产经营损失导致负债，资产不足以清偿全部债务，且在破产程序中遵守《深圳经济特区个人破产条例》规定的相关义务，符合宣告破产的条件。

办案总结及实务指引

一、我国第一宗人民法院审结的个人破产清算案

本案系《深圳经济特区个人破产条例》正式实施以来，深圳中院裁定的第一宗个人破产清算案件，相较于重整、和解程序协商免责，个人破产清算程序为法定免责，对债务人的审查最为严格，程序最为完整。

本案在破产申请、审查、受理、审理等环节都受到广泛关注，成为社会各界学习和认识个人破产制度的标志性案例。通过该案，可以看出什么样的人可以申请破产，法院在什么情况下会受理破产申请，法院如何选定管理人，法院如何审理个人破产案件，个人破产管理人、破产事务管理机构如何依法履职。

同时，也能看出人民法院在把握个人破产清算程序的审查要点，包括债务人是否具备法定破产原因、是否尽力偿债、是否诚实履行申报义务、是否存在转移财产行为等。宣告破产后，债务人仍将接受管理人、破产事务管理机构三至五年严格的免责考察监督，只有经过完整破产程序及免责考察期且符合法定条件的债务人，才能获得免除剩余债务的制度救济。本案的成功受理及办结，标志着我国个人破产制度真正实现了从无到有、真正进入了司法运行阶段，为以后相关个人破产案件的办理提供了可复制的样板。

二、切实防范破产欺诈

个人破产制度的出台在社会上之所以引起广泛热议，其原因之一就在于人们担心该制度是否引发欠钱不还的债务人申请破产，从而使个人破产制度沦为老赖的温

床和避风港。对于社会各界的担忧,《深圳经济特区个人破产条例》对于防范破产欺诈进行了专门规定,且深圳中院在受理呼某破产清算案时就已经高度关注了该情况。

一方面,深圳中院在受理本案之初,就已经明确债务人如实陈述、申报相关信息的义务。债务人应就破产原因、财产状况、所负债务等事实提供相应证明材料,证明其已尽力偿债,而债务仍无力偿还。债务人陈述的破产事实及其申报的破产信息,将作为法院判断其是否符合宣告破产条件的重要依据。债务人有虚假陈述、提供虚假证据等妨碍破产程序行为的,应承担相应的法律后果。除此之外,深圳中院还就呼某本人是否存在恶意消耗债务人财产,如是否存在过度消费、过度负债的情形,是否存在欺诈及偏颇清偿等情形进行了初步查明,在初步审查认定呼某本人不存在上述情形外,受理了其破产清算申请。

另一方面,本案指定管理人后,管理人继续依照《深圳经济特区个人破产条例》的有关规定,全面核查了债务人的陈述及其申报破产信息,详尽调查相关事实,对债务人是否依法履行相关义务进行核查,同时,要求呼某本人积极履行破产清算过程中的配合义务,如按照要求提交个人征信报告、如实申报个人财产状况、保管好并按照要求提交个人债权债务清册、妥善保管债务人财产、不得隐匿或转移财产、全力配合管理人对其进行财产调查、出席债权人会议并接受债权人质询、不得擅自离开住所地等,一定程度上限制呼某的各项权利,只有其通过了免责考察期的考察或者在免责考察期偿还债务达到了一定的金额比例,才能重新“复权”,因此这种从“失权”到“复权”的变化,其本质都是诚实信用原则的表现。

除此之外,全国首家个人破产事务管理机构——深圳市破产事务管理署在深圳挂牌成立,深圳市破产事务管理署的职能之一,就是对破产管理人办理破产、债务人履行相关义务的行为进行监督,严格落实破产信息公开公示规定,对呼某个人破产程序进行全流程的监管工作,最大限度地确保呼某系“诚实而不幸”的债务人,防范其破产欺诈。

三、精准审查债务人豁免财产

《深圳经济特区个人破产条例》第 36 条规定,“为保障债务人及其所扶养人的基本生活及权利,依照本条例为其保留的财产为豁免财产”。根据上述规定,豁免财产可由债务人自由管理、使用和处分。豁免财产是个人破产制度对债务人的保护,体现了立法者对人权的思考,目的是使债务人即便是经过破产清算仍能维系基本生存和再发展，其理论基础在于债权人对破产者的责难不应危及其生存权及发展权。

豁免财产的范围按照《深圳经济特区个人破产条例》第36条的规定，主要包括以下几类：(1)债务人及其所扶养人生活、学习、医疗的必需品和合理费用；(2)因债务人职业发展需要必须保留的物品和合理费用；(3)对债务人有特殊纪念意义的物品；(4)没有现金价值的人身保险；(5)勋章或者其他表彰荣誉的物品；(6)专属于债务人的人身损害赔偿金、社会保险金及最低生活保障金；(7)根据法律规定或者基于公序良俗不应当用于清偿债务的其他财产。由上述分类可以看出，立法者在对豁免财产列举时，在保护债务人财产时采取的是一种较保守和中立的态度，既避免了对债务人的过度保护，也满足了一般债权人的生活逻辑和心理预期，此举也是为使社会公众明白，豁免财产终究是低水平的、暂时的，是为了给债务人在破产程序期间及破产程序终结后的短暂支撑，债务人仍需积极、合理地自力更生，而非期待豁免财产能够满足生活需要。

本案中，管理人结合当地最低工资标准和债务人的实际情况，协助债务人向债权人会议提交了豁免财产清单，其中呼某对其母亲的赡养费按照其母亲所在地的最低工资标准作为赡养费基数，并按子女人数均摊；其生活费均按照其生活所在地深圳市的最低工资标准进行认定，豁免金额亦一次性获得债权人会议表决通过。

豁免财产的确定，是个人破产程序中的重要事项。对债务人提出的豁免财产清单，债权人会议经表决未通过的，法院应当结合当地生活水平和债务人实际情况审查确定，以保障债务人及其扶养人基本生活及权利的需要。本案结合当地最低工资标准和债务人的实际情况来确定豁免财产，为个人破产清算案件豁免财产的处理提供了思路，具有实践价值。

综上所述，本案的成功办理，让大众全面认识了个人破产制度在防范债务人恶意破产、逃避债务方面的规则设计，也感受到了法律在宽容失败、人文救济方面呈现的温度。深圳中院对该案的成功办结，进一步明确了个人破产裁判规则，积累了具有参考价值的示范案例，为全国范围内个人破产立法探索提供了有益的实践经验。

【案例提供及评析人：广东华商律师事务所　胡隽、陈东】

Part V

第五部分

其他破产法律服务

引 言

管理人办理破产案件，除了受法院指定担任管理人外，还可以代理债务人申请提起破产程序或为债务人及其股东、债权人、重整投资人等利害关系人提供专项法律服务，或担任专项法律顾问。本部分选了3个案例，介绍了管理人办理此类法律服务的做法及经验。

52

重整程序的启动

——代理四川盛马化工股份有限公司申请重整案

核心要点

债务人申请重整要有事实理由和法律依据，需要专业人员的法律服务，管理人作为办理破产事务的专业人员，可以担任债务人专项法律顾问，提前介入重整案件，为债务人申请重整提供法律服务。

本案中，律师团队做了大量的前期材料搜集、论证，拟定了重整预案，起草了重整申请书，多次参加政府、法院组织的协调会议，促使法院依法及时受理重整，从而为挽救债务人企业赢得了时间。

此案例在律师担任债务人重整专项法律顾问、促使法院尽快受理重整方面有一定的典型意义。该案被四川省高级人民法院评为“2019 年度全省法院十大典型案例”。

办案过程

一、案情简介

四川盛马化工股份有限公司（以下简称盛马化工或公司）的住所地在四川省大英县，是我国西南地区唯一隶属于地方的石油炼化企业，具有原油炼化、成品油销售等多项特许经营资质。基于企业地理区位优势及市场需求等因素，盛马化工2007年就被确认为四川省重点培育的大型企业、省骨干配套优势资源产业企业、省级科技创新试点企业，也是四川省遂宁市和大英县重点培植的化工产业龙头企业，曾为地方税收、职工就业等作出了重大贡献。

从2016年年初开始，盛马化工因石油市场价格波动、自身经营管理不善及对外投资失误等因素致使资金链断裂，拖欠金融机构借款、职工社保费、税款、供应商货款等巨额款项，爆发批量诉讼案件。企业不得不处于停产、半停产状态。根据四川中衡安信会计师事务所有限公司射洪分所出具的审计报告，截至2017年11月30日，盛马化工资产总计1,165,725,653.67元，负债合计1,982,050,789.39元。所有者权益为-816,325,135.72元。

盛马化工管理层曾多次想通过引入战略投资人实施重组，以改善公司资产负债比率、优化公司治理结构。多家战略投资人均对盛马化工有重组意向，但因公司多项核心资产及流动资金账户被各地法院查封冻结，投资人在司法破产程序外重组盛马化工面临极大的法律风险和经营风险。

北京德恒（珠海）律师事务所接受盛马化工（债务人）聘请担任重整专项法律顾问。

经过律师团队驻场对盛马化工的资产、债务、资质、产品及其销售市场的初步了解，我们认为，盛马化工已完全符合企业破产法规定的破产重整条件，且具有重整价值。可依法申请人民法院受理，进入破产重整程序。

盛马化工重整是四川省大英县人民法院管辖区域的重整案件，法院对受理重整非常慎重。政府急于挽救企业，对盛马化工的复工复产十分重视，党委、政府主要领导亲自召开多次协调会。律师团队向政府及法院提交了盛马化工的《重整预案》，向法院提交了《重整申请书》及必要的证据材料，回答了政府、法院关心的引进投资人、企业资质维护、员工安置、税收等重大问题，会同政府部门走访潜在的投资人，与主要债权人沟通协调，为债务人进入重整程序消除了障碍和顾虑。

2018年5月29日法院裁定受理重整。

2018年12月26日法院裁定批准重整计划，终止重整程序。此后盛马化工经过重整投资人注入资金，已逐步恢复生产并扩大产能，促进了当地的保就业、稳增长及经济、社会发展。

二、相关文书摘要

《重整申请书》(节录)

事实与理由：

申请人的主营业务为炼油。近年来，特别是2014年下半年以来，申请人在原油价格高位时购买了大批量原油，而国际原油价格突然暴跌。与此同时，国内成品油价格13次连降，致使申请人的产品价格大跌。这一时期，国家3次上调消费税也加大申请人的税收负担。此外，因环保需要，国家上调了汽油的生产标准，致使申请人生产达标产品的成本增加。受上述市场及政策等不利因素影响，导致申请人的生产成本剧增，经营收益持续下滑。继而，申请人生产资金链断裂，申请人已不能够正常开工生产，半停产长达两年，已经开始的设备更新技改升级项目被迫停工。

(一)申请人已明显资不抵债且丧失债务清偿能力

根据四川中衡安信会计师事务所有限公司射洪分所出具的审计报告，截至2017年11月30日，申请人所有者权益为-816,325,135.72。其资产已不足以清偿债务。

申请人拖欠金融机构借款、职工社保、税款、供应商货款等款项巨额债务的清偿期限已到，各债权人纷纷诉至法院，且查封及冻结申请人名下的多项资产。后续还将爆发批量诉讼案件，已明显丧失清偿能力。

(二)申请人具有重整价值和重整可能

申请人为中国西南地区唯一的一家隶属于地方的炼油企业，拥有《危险化学品经营许可证》《全国工业产品生产许可证》及《安全生产许可证》等行业特许资质。如果企业现金流正常，随时可以开工生产，且申请人生产的油品有非常巨大的市场需求及价格优势。

申请人的持续经营价值还表现在：一旦申请人正在实施的设备技改升级项目完成，根据2015年2月9日，国家发改委印发了《关于进口原油使用管理有关问题的通知》(发改运行〔2015〕253号)的规定，申请人将获得进口原油使用资质，并将获得130万吨/年的进口原油使用配额。这一政策红利，将使申请人大幅降低原材料(原油)的采购成本，进而极大提升盈利水平和稳定营运能力。

申请人的状况及重整意向已经吸引了国内石油行业同行的密切关注，已有多家潜在重整投资人对申请人进行了尽职调查及投资洽谈，部分潜在重整投资人现在就有意向对申请人投入前期资金，但由于申请人作为被执行人的多份裁判文书已经生效，申请人未进入破产重整司法程序，潜在投资人因担心投入资金有被法院执行的风险而不敢贸然注资。

如果贵院裁定受理申请人的重整申请，申请人将在法院及重整管理人的监督下，提前引入潜在重整投资人的资金以恢复生产。《重整计划》方案经法院批准后，重整投资人可全面注入资金给申请人，届时，申请人不仅可以偿还部分旧债，最大限度减少债权人损失，而且还能完成设备的技改升级，提高产品质量及生产规模，大幅提升申请人的盈利水平。与此同时，申请人约500人的职工就业有了保障，还可为国家和地方税收的增加作出新的贡献。

《中华人民共和国企业破产法》第2条规定："企业法人不能清偿到期债务，并且资产不足以清偿全部债务或者明显缺乏清偿能力的，依照本法规定清理债务。

"企业法人有前款规定情形的，或者有明显丧失清偿能力可能的，可以依照本法规定进行重整"。

基于以上事实、理由及法律依据，现向贵院提出重整申请，恳请贵院依法予以裁定受理。

重整申请书附件：

附件一，申请人主体资格证明：营业执照正副本（复印件）、法定代表人身份证明书、法定代表人身份证（复印件）；

附件二，申请人工商登记资料：企业信用信息公示报告、公司章程、股东名册、企业法定代表人与主要负责人名单；

附件三，申请人职工情况及安置预案；

附件四，审计报告（复印件）；

附件五，申请人的资产状况说明；

附件六，申请人在金融机构开设账户的详细情况；

附件七，债权清册；

附件八，债务清册；

附件九，申请人涉及担保的情况说明；

附件十，申请人涉及的诉讼情况；

附件十一，董事会决议、股东大会决议（复印件）。

《重整预案》(目录)

一、盛马化工的基本情况

(一)公司基本情况

(二)资产及负债情况

二、盛马化工面临的困境及亟须解决的问题

(一)阻止核心资产被强制执行程序碎片化

(二)职工工资无法支付

(三)资质维护与优化

(四)投资人进入盛马化工的现有通道受阻

三、盛马化工重整的可行性

(一)盛马化工符合企业破产重整之条件

(二)盛马化工具有重整价值和重整可能

(三)盛马化工将在重整程序中妥善安置职工

(四)盛马化工重整将最大限度保障债权人利益

四、盛马化工启动司法重整程序的必要性及优势

(一)有利于维持整体资产的完整性

(二)能够实现对全体债权人的公平清偿

(三)能够全面、彻底地化解众多社会稳定问题

(四)能够借助司法重整程序引入外部战略投资人,全面盘活存量资产

五、重整基本思路

(一)出资人权益调整

(二)债权分类、调整及清偿

(三)偿债资金来源

(四)经营方案

(五)重整计划的执行和监督期限

六、盛马化工重整的具体工作安排

(一)重整受理前的工作

(二)重整中的主要工作

七、盛马化工重整需要政府、法院给予的支持

(一)支持盛马化工尽快进入司法重整程序

(二)成立清算组,请求法院指定清算组担任管理人

(三)招募和推选战略投资人

(四)寻求政府对盛马化工后续发展的政策扶持

(五)寻求政府的维稳支持

(六)寻求法院支持批准重整计划

办案总结及实务指引

一、重整受理条件及重整的必要性

我国《企业破产法》第 2 条规定了重整的受理条件。

学理上认为,受理重整一般要符合一定的现金流标准和资产标准,即企业现金流断裂或资产小于负债,同时还需具备重整的必要性,即企业有重整价值。

如何识别企业的重整价值?最高人民法院在 2018 年 3 月 4 日发布的《全国法院破产审判工作会议纪要》第 14 条作了规定,即破产重整的对象应当是具有挽救价值和可能的困境企业,根据债务人的资产状况、技术工艺、生产销售、行业前景等因素,能够认定债务人明显不具备重整价值及拯救可能性的,应裁定不予受理。最高人民法院要求从资产状况、技术工艺、生产销售、行业前景四个方面来判断企业有无重整价值。

就盛马化工而言,企业的资产完整,生产设备可以正常运营,技术工艺成熟,能够将原油加工生产出合格的汽油、沥青等产品,其产品销售渠道畅通,市场及行业前景广阔。律师团队正是依据上述规定,结合债务人的实际,论证了债务人具有重整价值。

二、债务人申请重整应当提交的证据

我国《企业破产法》第 8 条规定了债务人申请破产除向法院提交破产申请书外,还应当提交财产状况说明、债务清册、债权清册、有关财务会计报告、职工安置预案及职工工资的支付和社会保险费缴纳情况。

由于上述规定较为笼统,各地法院在具体执行中要求提供更详细的证据材料,且

要求不完全相同。

本案律师团队在向法院提交重整申请书同时,向法院提交了11份证据作为附件,用以证明企业具备重整受理申请的条件,这些证据及材料具有一定的说服力。

为证明企业具有重整价值,律师团队还与企业共同研究,拟定了《重整预案》,详细、周密地论证了企业的重整价值及未来的重整计划框架。重整预案并不是企业破产法要求提供的证据,但在实践中对法院审查受理重整,有重要的参考作用。

三、为债务人的重整提供专项法律顾问

在破产办理业务中,为债务人企业提供重整专项顾问是律师的一项可以广泛开展的业务种类。

我国《企业破产法》及最高人民法院就律师在破产业务中担任破产管理人有明确规定,实践中,律师担任破产管理人业务已经随破产办理业务的兴起而开展起来,但律师担任债务人重整专项法律顾问并不普遍。

我国《律师法》第28条规定了律师可以从事业务的范围,律师可以接受委托担任法律顾问及从事非诉讼法律服务。重整业务本身就是法律业务,属于非诉讼法律业务。

律师业是实践性强的行业,有担任破产管理人资质和经验的律师,担任债务人的重整专项法律顾问有其经验优势。可以说,担任债务人的重整专项法律顾问是重整的基础性工作,也可以说是在法院受理破产前律师就可以从事的业务。实践中,许多陷入财务困境的企业由于不懂破产法,不去运用破产法保护自己,而是设法躲债、逃债、低价变卖股权或资产,甚至实际控制人玩失踪、跑路,一个本来具有持续经营价值的、完好的企业就这样被蚕食或消灭。可以预见,债务人重整专项法律顾问业务具有一定的市场需求。

如何做好债务人重整专项顾问呢?

首先,要明确专项顾问的目标。专项顾问的目标是促使有管辖权的法院尽快受理重整。因此一定要了解受理重整的条件及需要提交的证据,围绕这个目的,制订工作计划,开展相关工作。

其次,要在充分搜集财务、经营信息的基础上,拟定《重整预案》,论证重整的可行性,消除法院对重整识别问题的担忧。

最后,要与法院联系,促使法院对有重整价值的企业尽快受理重整,为重整成功赢得时间。

我国《企业破产法》规定的破产受理（包括重整受理）的条件比较笼统，破产程序的启动难是企业破产法实践中的难题之一。[1] 有些地方的法院担心破产案件工作量大、群体矛盾集中爆发而不愿意及时受理案件，这往往会使企业丧失最佳救治机会。企业的运营有其商业生态，原材料、技术和产品都要一定的经济周期。所谓“过了这个村，没有这个店”。破产案件受理难也影响律师担任债务人专项法律顾问的工作成果。

在破产受理及程序启动方面，德国的破产法及相关实践值得借鉴。比如，关于不能清偿到期债务的标准，德国联邦最高法院定为：债务人不能清偿其到期债务的比例达到10%以上，且在三个星期内无法消除。此外，根据公司经营人员对公司利益承担的信义义务，德国《破产法》第15条规定，在法人出现支付不能或资不抵债的情况下，法人经营管理机构应在三个星期内提出破产申请。如果拖延破产申请，将承担相应的法律责任。[2] 我国在今后的破产法修订中应该进一步细化破产受理的标准，降低执法的随意性并构建破产申请义务制度，为解决破产程序启动难创造制度环境。

【案例提供及评析人：北京德恒（珠海）律师事务所　崔峰、曾健、张晶晶、刘伟、吴永淇、党涵】

---

〔1〕 参见韩长印、何欢：《破产界限的立法功能问题——兼评〈企业破产法〉司法解释〈规定（一）〉的实际功效》，载《政治与法律》2013年第2期。

〔2〕 参见何旺翔：《德国联邦最高法院典型判例研究——破产法篇》，法律出版社2019年版，第35页。

53

实际控制人权益的维护

——代理四川天德制药有限公司等32家公司合并重整案

核心要点

四川天德制药有限公司等32家公司实质合并重整案，经历了“分别破产——整体合并”与“部分合并——全部合并”两个阶段，最终实现了债务人企业实质性合并。虽然32家公司的股东不同，但均系同一主体实际控制的企业。针对关联企业实质合并的标准及依据、关联企业股权担保的债权审核认定、重整路径选择及重整方案的设计等问题，代理人通过分析论证，使重整过程遇到的难点问题得以解决，推动了实质合并重整案件进程，协助通过重整计划草案。

办案过程

一、案件简介

四川天德制药有限公司等32家公司主要分布于四川省内江市、贵州省毕节市等地区，主营业务集中于医药生产、物流、房地产开发、矿业等相关领域，企业性质均为有限责任公司，四川天德制药有限公司等32家公司的股东虽有不同，但均系卢文广先生实际控制的企业。2017年12月27日，内江市人民政府、毕节市人民政府及相关单位负责人就四川天德制药集团暨关联企业有关帮扶问题达成一致意见，并形成了

《研究对四川天德制药集团暨关联企业贵州乌蒙山生物医药产业有限公司进行帮扶有关问题的会议纪要》,以期实现公平清偿各类债权,帮助企业脱困发展的目标。

2018 年 2 月 7 日,内江市中级人民法院分别裁定受理四川天德制药有限公司和内江广仁药业有限公司 2 家公司的重整申请,同时指定四川天德制药有限公司清算组为管理人。2018 年 2 月 26 日,法院分别裁定四川天德制药有限公司、内江广仁药业有限公司重整。2018 年 5 月 28 日,根据四川天德制药有限公司管理人申请,法院裁定贵州广明阳光置业有限公司、贵州省乌蒙山制药有限公司等 11 家公司与前述 2 家公司实质合并重整,同时指定四川天德制药有限公司管理人为以上 13 家公司管理人。2018 年 11 月 6 日,根据四川天德制药有限公司管理人申请,法院裁定隆昌金锋矿业有限公司等 19 家公司与前述 13 家公司实质合并重整,同时指定四川天德制药有限公司管理人为以上 32 家公司管理人。2019 年 12 月 27 日,法院裁定批准四川天德制药有限公司等 32 家公司重整计划草案,并终止 32 家公司合并重整程序。

二、相关文书摘要

《重整计划草案》(节录)

债权调整与清偿方案

(一)有财产担保债权的调整与清偿方案

1. 有财产担保债权的调整方案

(1)有财产担保债权优先受偿范围仅限于本金,除本金之外的其他债权按普通债权清偿方案清偿。

(2)建设工程款优先债权及抵押担保债权对应的财产是重整后公司继续生产经营所需的资产,全部予以保留,不作变现处置。有财产担保债权优先受偿金额以对应的特定财产评估价值的 75% 为限,不足部分按照普通债权清偿。

(3)同一财产同时存在建设工程款优先债权和抵押担保债权的,依照先建筑工程款优先债权后抵押担保债权之顺序进行清偿;同一抵押担保财产存在不同抵押担保债权的,抵押担保债权按抵押登记的先后顺位予以清偿。

(4)因本案为实质性合并重整,根据《四川天德制药有限公司等 32 家关联公司(汇总)专项审计报告》《资产评估报告》《采矿权评估报告》,天德制药等 32 家公司严重资不抵债,债务人股权价值调整为零。因此,有财产担保债权在对应的以债务人持有的天德制药等 32 家公司的股权之价值范围内优先受偿金额为 0。

2. 有财产担保债权的清偿方案

本案有财产担保债权中，累积优先受偿的金额共计464,452,796.48元（其中，建筑工程款优先债权受偿金额65,477,653.03元，抵押担保债权优先受偿金额398,975,143.45元）。有财产担保债权在其可以优先受偿的范围之内全额保留，延期清偿。具体安排为：

（1）延期清偿的方式及金额：有财产担保债权中依照本重整计划获得优先清偿的债权，在重整计划获得法院裁定批准之日起48个月内分四期清偿完毕，每期为12个月，各期依次清偿比例为5%、10%、35%、50%。

（2）延期清偿期间不计算利息。

（3）有财产担保债权未获优先受偿部分转入普通债权清偿的金额为525,275,401.07元，依照普通债权的清偿方案进行清偿。

（二）职工债权的清偿方案

天德制药等32家公司职工债权共9,754,387.57元，不作调整，在重整计划获得法院裁定批准之日起6个月内一次性现金100%清偿。

（三）税款债权的清偿方案

天德制药等32家公司税款债权共11,169,835.98元，不作调整，在重整计划获得法院裁定批准之日起6个月内一次性现金100%清偿。

（四）普通债权的调整及清偿方案

1. 普通债权仅清偿本金，对于除本金以外的其他债权不予清偿。

2. 每家普通债权人的债权本金在5万元以下的部分（含5万元）全额清偿，自重整计划获得法院裁定批准之日起6个月内一次性现金100%清偿。

3. 每家普通债权的债权本金超出5万元以上的部分按比例延期清偿。考虑到本案资产变现所存在的不利因素，为充分保障债权人的利益，该部分债权受偿比例提高至23%。自重整计划获法院裁定批准之日起48个月内分四期清偿完毕，每期为12个月，各期依次清偿比例为5%、10%、35%、50%。

（五）破产费用和共益债务的支付

本案中破产案件受理费用、管理人报酬、管理人执行职务的费用、报酬和聘用工作人员的费用将在投资人投资的重整资金中随时优先分期支付；管理人聘请中介机构的费用按照相关合同支付；其他破产费用根据重整计划的执行情况随时支付。

重整期间所发生的共益债务由债务人随时支付。

（六）暂缓确认债权

暂缓确认的债权待符合债权确认条件后，应由管理人进行债权审核，并报法院裁定确认。待法院裁定确认债权后，可以按照本重整计划规定的同类债权的清偿方案受偿。在确认前，受偿款项提存至管理人指定的银行账户。

（七）未申报债权

未依照《企业破产法》之规定申报的债权，在本重整计划执行期间不得行使权利。在重整计划执行完毕后，债权人可按照本重整计划规定的同类债权的清偿条件，向乌蒙山生物医药产业公司主张权利。

出资人权益调整方案

（一）出资人权益调整的必要性

债务人现已严重资不抵债，如果破产清算，现有财产将无法满足各类债务的清偿，出资人权益为零。为挽救企业，避免破产清算的风险，出资人应当和债权人共同努力，分担实现公司重生的成本。因此，本重整计划草案安排对出资人权益进行调整。

（二）出资人组

《企业破产法》第 85 条第 2 款规定，重整计划草案涉及出资人权益调整事项的，应当设置出资人组，对该事项进行表决。本重整计划涉及出资人权益调整，故设出资人组对出资人权益调整方案进行表决。鉴于法院已经裁定关联企业实质合并重整，关联企业的资产整体承担对外负债，因此本案出资人组由裁定进入重整程序时天德制药等 32 家公司股东名册记载的股东组成，采用以每个公司为主体分开表决的形式进行表决。重整计划之出资人权益调整方案对在 2018 年 11 月 6 日后至本重整计划规定的股权变更登记手续办理完毕前取得天德制药等 32 家公司股权的主体同样具有效力。

（三）出资人权益调整的内容

天德药业等 32 家公司在重整后保留乌蒙山生物医药产业公司等 18 家具有经营资质、价值的公司进行经营，其余公司予以注销。予以保留的 18 家公司中，除乌蒙山生物医药产业有限公司之股东外，其余 17 家公司的股东持有的股权全部无偿让渡给乌蒙山生物医药产业公司。予以注销的 14 家公司出资人权益调整为零，由管理人向原登记机关办理注销登记。

办案总结及实务指引

一、关联企业实质合并的标准及依据

当前我国关联企业实质合并破产实践案例虽然不少,但实质合并的标准并不统一,各项标准的适用规则更是各有不同。在多家关联公司实质合并破产的情形下,由于关联的成员公司数量众多,牵涉业务板块分散,往往债权债务关系更为复杂,分离资产负债更为困难。在这错综复杂的关联关系中,难免关联公司成员内部的关联程度也并不一致。在论证关联企业实质合并时,存在部分企业之间的关联程度并未达到法人人格混同的标准,甚至有的企业之间只是存在资产难以区分的情形。但是,将这部分企业因缺乏可靠的合并标准而排除在实质合并的范围之外,显然有损债权人的公平清偿,也不利于重整的推进。

本案考虑实质合并的标准有三个层面:第一,关联企业之间人格高度混同。第二,人格高度混同的结果是将损害债权人公平清偿利益。第三,合并重整有利于保持企业的整体经营能力。其中,关于第一项标准"关联企业之间人格高度混同"的认定依据,在实务中存在较大争议。对此,代理人提出了以审计机构独立出具的专业意见作为主要参考依据,通过审计确认关联企业间的债务、资产是否混同,以及混同的程度,并以此为基础,推动关联企业进入破产重整程序。

二、以关联企业股权担保的债权审核认定

在本案中,以关联企业股权作为财产担保的债权的审核认定问题非常突出,矛盾相当激烈。经过研究讨论,有三种具有代表性的观点:第一种观点认为,应当评估核定关联公司资产负债情况,对债务人公司享有的关联公司的股权进行评估,债权人某甲的债权为有财产担保债权,可获得优先清偿的范围为股权对应的评估价值,不足部分按照普通债权清偿。第二种观点认为,在实质合并破产的情形下,本案中关联企业整体上早已严重资不抵债,因此债务人公司享有的关联公司的股权价值也应该为零或为负值,因此不用对此项财产另行评估。债权人某甲的债权为有财产担保债权,但优先清偿的金额为零,未获得清偿部分按照普通债权清偿。第三种观点认为,在实质合并破产的情形下,所有关联企业成员应视为一个主体,关联企业间的相互持股关系不复存在,因此债务人公司对关联公司的股权"灭失",债权人某甲的有财产担保债权

因为对应担保财产"灭失"而失去优先性,债权应认定为普通债权。经过论证分析,代理人认为,既然是实质合并,那么关联企业成员间的资产、负债应当统一评估,且莫说资产负债高度混同不能区分的情形,即使单个企业的股权价值能够评估,该股权所对应的财产也不应该作为单个债权人的清偿部分,否则构成个别清偿。因此,第一种观点有局限性。而第三种观点中,将关联企业实质合并理解为主体合并,明显对关联企业实质合并有所误解,关联企业实质合并只是"拟制"的合并,只是在破产程序中对资产、负债的合并处理,并非真正地合并为一个主体。因此,代理人相对认同第二种意见,本案管理人最终也采纳了我们建议的第二种意见对该类债权作出审核认定结果。

三、重整路径选择及重整方案的设计

在本案中重整投资人的引进工作一波三折,困难重重。管理人早在2018年12月26日就在《企业家日报》第7版发布了《重整投资人招募公告》,并通过债权人会议,向全体债权人通报了招募公告的内容,欢迎各界意向投资人报名参与投资人遴选。在招募公告发出后,尽管设定投资者报名参与重整的条件已经相当宽松,但截至2019年5月,仍然未有企业或个人报名参与重整。在此情况下,四川省内江市人民政府充分发挥政府协调职能,通过政府渠道向四川投资集团有限公司、四川中药大健康投资集团有限公司等有实力的公司定向推荐招商。内江市经济合作局将债务人名下各大项目作为招商项目,面向全国进行了推介。债务人也在此期间利用自身社会资源分别与多家具有实力的公司积极进行洽谈,招募投资。但因债务人涉及行业多、投资回报不理想,以及债务人之资产、负债复杂等多方原因,直至重整计划提交之日,始终未能最终确定重整投资人。

鉴于未有重整投资人但每一板块业务均有意向投资人之现状,为最大限度减小全体债权人的损失,采用先清壳再引资的方式进行重整。在重整方案中着重对后续重整投资人的引进工作作出安排:在全面考量各类债权人的利益诉求之基础上,根据债务人的具体情况及结合意向投资人的意愿制订重整计划,为引进投资人、盘活资产、清偿债务创设有利条件;重整计划获得通过后,在重整计划执行期间,在管理人牵头及监督下,经原出资人配合,债务人或原出资人在重整计划规定的条件之基础上,与意向投资人签订具体的投资协议,就投资项目范围、出资金额、出资的期限及方式、股权让渡比例等有关事项进行明确约定。投资人根据投资协议之约定进行出资,参与企业的经营管理,完成对债务人的资产和营业事务的整合,为清偿债务提供资金来源，实现在充分保护债权人利益的同时恢复债务人持续经营能力的目标。通过上述安排，实质上选择了"债务人自行重整 + 分板块引进投资人 + 分阶段盘活资产 + 分期分类清偿债权"的整体思路和重整路径。

在司法实践中，关联企业实质合并，是企业破产重整中的难点问题。当多个关联企业进入破产程序时，在债务清理、财产界定等方面会面临很多复杂情形。但通过关联企业实质合并，各关联企业的财产打破了所有权界限，各关联企业之间的债权债务予以涤除，将整体上提高普通债权的清偿比例。本案中，通过将关联企业实质合并，以先清壳再引资的方式进行重整，解决了关联企业实质合并重整中因资产构成复杂而难以整体招募重整方的难题，从而实现了保护债权人的利益和挽救危困企业的双重目标，充分发挥出破产重整程序的立法价值。

【案例提供及评析人：广东卓建律师事务所　唐稳、胡环宇】

54

债务人股东合法权益维护

——代理恩平市丰泽陶瓷有限公司及股东申请并参与重整案

核心要点

恩平市丰泽陶瓷有限公司(以下简称丰泽公司)因经营困难,资产不足以清偿全部债务,被法院裁定进入破产清算程序。经分析债务人企业具有重整价值,经债权人申请,转入破产重整程序。丰泽公司因到期支票不能兑付,被债权人以涉嫌票据诈骗罪为由向公安部门报案。作为债务人的法律顾问,通过对真实债权债务关系的分析,支票不能兑付属于经济纠纷而非刑事犯罪,并且以犯罪论处与保护民营企业和民营企业家合法权益的政策要求相违背,后公安机关撤销对股东涉嫌票据诈骗罪案件。丰泽公司原两名股东系夫妻,他们均为具备完全民事行为能力的自然人,是各自独立的主体,不能根据二人具有夫妻关系就认定丰泽公司是一人有限责任公司。因此,不能以资产混同为由要求股东对公司债务承担连带责任。债务人顾问通过破产审计证明公司与股东之间存在真实的借款关系,管理人最终确认股东借款债权。通过与重整投资人、债权人沟通协商,有条件地免除了债务人股东的担保责任。

办案过程

一、案件简介

2019 年 7 月 12 日,恩平市人民法院以恩平市丰泽公司不能清偿到期债务,并且资产不足以清偿全部债务，明显缺乏清偿能力，具备破产原因，裁定恩平市丰泽公司进入破产清算程序。2020年10月19日，根据债权人的申请，恩平市人民法院认为通过重整解决企业困境，恢复生产经营，有利于更大限度保障债权人利益，维护职工合法权益，实现公司社会价值最大化，裁定恩平市丰泽公司进入破产重整程序。

二、相关文书摘要

（一）《债权复审通知书》（节录）

根据江门市永泰会计师事务所出具的永泰会所专审字〔2020〕028号审计报告的内容，“债权债务明细表”项下的“其他应付款”记载，冯某104,112,736.73元、陈某4,360,000元。但对于冯某于2010年7月向丰泽公司投入2510万元资本金，而后又于2019年5月将其中2460万元通过账务记载变更为丰泽公司欠股东借款的行为，审计报告未对该2460万元的款项性质进行确认。管理人认为该资金为冯某自愿对丰泽公司注入的投资款，需要自行承担经营风险，不能在2019年5月公司出现经营困难之际，通过账务更改的方式将2460万元变更为冯某对丰泽公司的借款，因此，将该2460万元不予认定为对丰泽公司享有的债权。

综上所述，管理人审查确认冯某的债权金额为79,512,736.73元，为普通债权；审查确认陈某的债权金额为4,360,000元，为普通债权。因冯某、陈某为丰泽公司的股东，参与丰泽公司的生产经营活动，股东债权的形成与公司长年累月的经营活动息息相关，参照《全国法院破产审判工作会议纪要》以及《第八次全国法院民事商事审判工作会议(民事部分)纪要》的指导意见，结合司法实践，确认冯某、陈某的债权性质为劣后债权，即股东债权的受偿顺序安排在其他普通债权人受偿之后。

（二）《重整计划草案》（节录）

1.出资人权益调整方案

(1)出资人权益调整的必要性

根据审计报告及评估报告，债务人已经严重资不抵债，如果进行破产清算，现有财产无法满足各类债权的清偿，出资人权益为零。为挽救债务人，避免破产清算的风险，出资人应当和债权人共同努力，帮助债务人恢复经营能力，分担实现债务人重生的成本。因此本重整计划草案安排对出资额人权益进行调整。

(2)出资人组

根据《企业破产法》第85条第2款的规定，重整计划草案涉及出资人权益调整事项的，应当设立出资人组，对该事项进行表决。出资人组由债务人现登记在册的2名股东冯某、陈某组成。

上述股东在重整计划草案规定的出资人权益调整方案执行完毕前，由于交易或非交易原因导致持股情况发生变动的，重整计划草案规定的出资人权益调整方案的效力及于其股权的受让方及继承人。

(3)出资人权益调整内容

冯某、陈某全部无偿让渡其所持债务人股权的100%由重整方或重整方指定的主体受让。重整方或重整方指定的主体持有重整后债务人100%的股权。

2. 债权及费用的清偿、支付方案

(1)清偿债务及支付费用的资金来源及金额

①债务人自有资金

债务人银行存款总额为763,093.23元，将优先用于支付破产费用及共益债务。

②重整方提供的资金

重整方共计提供100,692,582.23元用于支付破产费用及共益债务、清偿各类债权。

(2)确定债权的清偿方案

①职工债权

职工债权以货币清偿的方式于重整计划批准之日起1个月内全额清偿完毕。

②税款债权

税款债权以货币清偿的方式于重整计划批准之日起1个月内全额清偿完毕。

③普通债权(不含劣后债权)

普通债权清偿率为50%，以货币清偿的方式分6年按月清偿完毕，共计72期，每期清偿的金额为管理人审核确认的债权金额÷72，第一期清偿时间为重整计划批准之日起第四个月。

(3)预计债权、劣后债权的清偿方案

未向管理人申报的但受法律保护的债权，在重整计划执行期间内不得行使权利，在重整计划执行完毕后可按照同类债权的受偿比例及受偿方式向债务人行使权利。

劣后债权不予清偿。若劣后债权依法转换为一般普通债权的，则按照上述一般普通债权的清偿方案清偿，即债权金额50%分6年清偿。

办案总结及实务指引

一、通过对债权债务关系的分析，使债务人股东免于刑事责任

债权人以支票兑付不能为由，向各公安机关举报丰泽公司股东涉嫌票据诈骗罪。债务人股东被公安机关逮捕后拘留于看守所。作为债务人法律顾问，通过对债权债务关系的分析，我们认为本案属于履行合同中的违约行为，是经济纠纷，而不是刑事犯罪。本案中存在真实的基础交易，形成真实的债权债务关系，空头支票仅是付款时银行账户资金不足或没有资金兑付，被银行退回的支票，不构成签发空头支票骗取财物，不能以票据诈骗罪追究陷入财务困境的经营者的刑事责任。如果以民营企业违约问题对民营企业家进行刑事追究，与当前注重保护民营企业和民营企业家合法权益的政策要求相违背。中央政法委2018年11月14日召开会议，提出了《中央政法委关于依法保障和服务民营企业健康发展的指导意见》，明确要求："严格把握法律政策界限，准确认定经济纠纷和经济犯罪的性质，严格掌握入刑标准，坚决防止刑事执法介入经济纠纷，坚决防止把经济纠纷作为犯罪处理"。把债权人可以通过民事法律程序追收欠款当作受到诈骗损失处理，使案件定性出现重大偏差，把民事问题刑事化。上述欠款均属于民事纠纷，应让民事问题回归民事程序；丰泽公司已进入破产程序，各债权人应当依法向恩平法院申报债权，并在破产程序中依法受偿，按偿债比例在破产程序中依法清偿。最后，各公安机关就丰泽公司股东涉嫌票据诈骗罪一案均予撤案处理，有效维护了民营企业家的合法权益。

二、厘清债务人股东的有限责任与连带责任

在破产案件中，各债权人以公司资产与股东个人资产混同为由要求股东对公司债务承担连带还款责任。以丰泽公司两个股东系夫妻，债权人据此认为丰泽公司为一人有限责任公司，要求股东举证证明公司财产独立于股东自己的财产，否则应对公司债务承担连带责任。根据现行有效的《公司法》和《公司登记管理条例》，我国并未就夫妻设立公司设定特殊规则，所以夫妻之间可以像普通自然人一样共同出资设立有限责任公司而无特殊要求。一人有限责任公司，是指只有一个自然人股东或者一个法人股东的有限责任公司。债务人股东二人虽是夫妻关系，但是他们均为具备完全民事行为能力的自然人，是各自独立的主体，不能根据二人具有夫妻关系就认定丰

泽公司是一人有限责任公司。

民营企业破产保护的一个重要方面，是对民营企业家合法权益的保护，不仅包括人身安全，也包括合法财产权益。在企业破产的情况下，民营企业家损失的应当是投资金额，其他方面应本着实事求是的原则，严格遵循法律认定，避免他们承担过度责任。为此，作为债务人法律顾问经过详细梳理甄别，还原事实真相，揭示了公司使用股东账户向客户付款以及股东账户收取客户付款后又转入公司账户的事实，消除了公司财产与股东个人财产混同的认定风险，使股东免于对公司债务承担连带责任。

三、债务人股东与公司之间存在借贷关系，确认股东借款债权

为维持债务人企业运营，债务人股东多次将自有资金借给公司使用。债务人企业的记账凭证显示，公司有尚未偿还的借款，债务人股东据此向管理人申报债权。起初，管理人出具债权审核意见通知书，认为该证据缺乏双方关于成立借款合同法律关系的合意，缺乏借款项转账凭证等已经实际交付的证据，不予认可股东借款债权。为论证借贷债权，通过破产审计机构对该借贷关系的审计，证实了债务人股东与公司之间借款关系的成立。最终，管理人作出债权复核申请书，确认了债务人股东的债权。

四、在破产重整程序中一并解决股东的担保责任

在民营企业破产案件中，普遍存在股东为企业债务向债权人承担连带担保的问题。在企业破产还债后，债权人未受到清偿的部分，股东个人还要履行担保责任进行偿还。出现了企业破产，股东个人却要终生还债而无法解脱、无法再创业的问题。为此，在本案中作为债务人法律顾问，结合重整情况，代表债务人与重整投资人和债权人多次沟通协商，在客观说明破产原因（非股东过错，而是整个行业的严重下滑导致的经营亏损）、股东基本尽到善良管理经营的义务、股东个人资产有限追偿难度大等情况的基础上，通过重整投资人适当提高偿债比例，附条件请求债权人豁免股东担保责任。最终得到了债权人的认可，使丰泽公司获得重生的同时，股东也摆脱了连带债务负担。

恩平市丰泽公司破产案件中，作为债务人法律顾问，及时与属地政府沟通联系，妥善解决了职工稳定及争抢债务人财产问题。通过代理丰泽公司，快速向恩平市人民法院提出破产清算申请并说明了紧急情况，法院较短时间内作出受理裁定，丰泽公司较快进入了破产程序。因公司不能清偿货款，多名债权人诉请多地公安机关追究股东票据诈骗刑事责任，诉请多地人民法院要求股东对公司债务承担连带清偿责任。

在充分论证了经济纠纷与刑事犯罪的差异后，使债务人股东免予刑事追究，对部分公司债务不承担还款责任。在破产程序中，与破产受理法院、管理人、债权人、重整投资人充分协商，最终认定股东借款债权，新引入的重整投资人按照管理人或者法院最终确认的股东债权总额的26%的比例清偿股东债权，后重整投资人变更承诺为免除股东对丰泽公司的担保责任，充分保障了丰泽公司股东的合法权益和基本的生存权和发展权。

【案例提供：北京德恒（珠海）律师事务所　张文京；评析人：北京市中伦（深圳）律师事务所　王硕】

后记与致谢

本书是广东省破产管理人协会立项、资助的研究项目。

本书从案例征集到最终定稿前后历经了近两年时间，所选案例均具有一定代表性。仅广东国投破产清算案就创造了涵盖“府院联动”“协调审理”等10多项全国第一或首创。在广东，除了遍地开花的重整、和解及破产清算案件外，由于毗邻港澳，跨境破产案件时有发生，深圳的个人破产试点一枝独秀。希望本书能够记录、评析广东破产管理人向破产法顶峰攀登的点点足迹，为中国破产法的理论研究提供一些素材，为中国破产法律制度的健全添砖加瓦。“大道至简”，我们尽量用通俗易懂的文字，愿为破产法的理解与运用提供范例。

本书是集体研究、编撰的成果，是参与编撰的人员付出时间和奉献智慧的结晶。在此，我必须向参与人员致谢。

首先，非常感谢广东省破产管理人协会朱征夫会长及会长办公会议成员！没有协会的号召和支持，这项庞大的工作不可能完成。征夫会长在本书立项、案例申报、编撰进度、出版等各主要环节给予了悉心指导,并亲自为本书作序。

其次,感谢广东各地36家机构管理人提供的案例!也要对深圳市破产管理人协会在个人破产案例提供方面给予的协助表示感谢!案例提供者以开放的胸襟,向编委会提供案件介绍及重整计划、和解协议等相关文书。“巧妇难为无米之炊”,有了真材实料,才可能加工成饕餮盛宴。

最后,感谢所有编委会成员对本书编撰的付出与奉献。编委会成员在本书的案例遴选、标准把关、编撰宗旨拟定、本书大纲及文稿体例确定、文稿审阅修改、典型性评析等方面做了一系列扎实细致繁重的工作。编委会成员对申报的案例进行了认真品读,筛选了本书的案例。对选中的部分案例进行了重新编写,深入挖掘隐藏在案例中的办案思路和亮点,对案例的评析给予画龙点睛的指导。更为可贵的是,编委会成员都是工作在一线的破产管理人团队领军人物或肱股成员,他们编撰书稿是利用业余时间、不计报酬、牺牲节假日加班加点完成的,但他们提交的编撰文稿一点都不“业余”。

本书的部分文稿起草、文字校对、编辑会务等工作是由我自己的破产案件团队成员分担完成的。尤其是他们为我分担了办理破产案件的大量具体事务,使我能够腾出时间完成本书的统稿。在此,对他们表示由衷的感谢!

崔　峰
2023年1月
于南海边